A
ANDALUSIEN

»
Selig ist das Auge, das
diesen Garten der
Schönheit sieht
«

Ibn Zamrak

W0231095

baedeker.com

DAS IST ANDALUSIEN

TOUREN

REISEZIELE VON A BIS Z

LEGENDE

Baedeker Wissen
● Textspecial, Infografik & 3D

Baedeker-Sterneziele
★★ Top-Sehenswürdigkeiten
★ Herausragende Reiseziele

■ HINTERGRUND

■ ERLEBEN & GENIESSEN

■ PRAKTISCHE INFORMATIONEN

ANHANG

PREISKATEGORIEN

Restaurants
Preiskategorien
für ein Hauptgericht

€€€€	über 24 €
€€€	18 – 24 €
€€	12 – 18 €
€	bis 12 €

Hotels
Preiskategorien
für ein Doppelzimmer in der Hochsaison

€€€€	über 220 €
€€€	160 – 220 €
€€	120 – 160 €
€	bis 120 €

MAGISCHE MOMENTE

ÜBERRASCHENDES

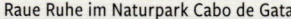

Raue Ruhe im Naturpark Cabo de Gata

D
DAS IST ...

... Andalusien

Die großen Themen
rund um Spaniens Süden.
Lassen Sie sich inspirieren!

Wunderschöne Badebuchten wie bei Nerja an der
Costa del Sol und im Hintergrund Berge wie die
Sierra de Tejeda: Das ist Andalusien. ▶

STEI-NERNE ZEUGEN

Sie thronen zwischen Himmel und Erde und zeigen Zähne aus Zinnen-reihen, die einst christ-lichen Eroberern entgegenbleckten: Andalusiens Burgen aus maurischen Zeiten. Als Zeugen der Geschichte künden sie von Abwehr, Kriegen und anderen auf-reibenden Ereignissen.

◄ Ein traumhafter Anblick: die Alhambra vor dem Hintergrund der Sierra Nevada

Der Löwenhof, einer der schönsten Orte der Alhambra von Granada

BEIM Bau der Festungen stand natürlich das Prinzip der Verteidigung und Abschreckung im Vordergrund – aber nicht ausnahmslos. Bei der Alhambra, der »roten Burg« über Granada, trügt der Schein. Und das mit voller Absicht.

▎Eine geniale Täuschung

Von außen betrachtet mag die **Alhambra** auf mögliche Feinde wie eine unerstürmbare Anlage auf einem Bergsporn gewirkt haben. Im Innern entpuppte sie sich als **orientalische Märchenwelt,** als bestens geplantes Sultansparadies

auf Erden. Aus Hecken und Büschen stiegen berauschende Düfte auf. Reich ornamentierte Hufeisenbögen zeichneten feine Schatten auf die Steine. Als Sinnbild der Reinheit und des Lebens strömte das Wasser dahin. Inschriften zitierten aus dem Koran und priesen Allah, bunte Keramikbänder und Stuckarabesken liefen über die Wände. In Bassins trieben die Spiegelbilder filigraner Arkaden, die die Grenzen zwischen Traum und Wirklichkeit verschwimmen ließen. Der militärische Charakter des Alhambra-Komplexes war der Vorburg vorbehalten, der Alcazaba, die von mehreren Türmen gekrönt wird.

▌ Verwirrung dem Feind!

Entscheidend bei der Anlage von Burgen war gewöhnlich, dass sie sich über verschiedene topografische Ebenen legten. Und sie genossen selbstverständlich eine strategische Vorzugslage, erhöht über allem in der Umgebung. In **Málaga** wird Ihnen das auf doppelte Art vor Augen geführt: mit der Alcazaba und dem Castillo de Gibralfaro. Die Wege hinauf sind lang.

Feindesverwirrung war den Bauplanern das höchste Gebot: Die Abwehr von Anstürmen sollte auch im letzten Moment noch möglich sein. Deshalb gab es bei den Maurenburgen unterschiedliche Mauerringe und keine geraden Zugänge. Rückten gegnerische Truppen an, sahen sie sich gezwungen, Rampen und Tore in beschwerlichem Zickzack zu passieren. Das machte sie im treffendsten Wortsinn verwundbar. Auf Belagerungen war man in der Burg eingestellt: Es gab entsprechende Vorratslager und Zisternen. Dass die Kastelle mit zunehmender Rückeroberung, der Reconquista, doch in die Hände der Spanier fielen, die sie dann teilweise umgestalteten, war das Schicksal der Geschichte.

Die Alcazaba von Málaga ist eine von gleich zwei Burgen in der Stadt.

ERSTÜRMEN SIE DIE BURG

Für Ihr besonderes Burgerlebnis ist die Alcazaba in Almería wie geschaffen. Am besten spätabends, dann erleben Sie die zauberhafte Atmosphäre aus Licht und hereinbrechendem Dunkel. Wo sich heute die Gartenterrassen befinden, breitete sich ursprünglich die kleine Wohnstadt der Vorburg mit Soldatenhäusern und Wegen aus. Darüber gelangte man zum Palastkomplex der maurischen Burgherren. Spätabendbesuche: Mitte Juni bis Mitte September dienstags bis samstags von 19 bis 22 Uhr (▶ S. 49).

DAS WILDE LEBEN

Durch die Lüfte schweben Gänsegeier und Steinadler, am Boden bahnen sich Rehe und Wildschweine ihren Weg durch Wälder und Strauchwerk. Berge, Sümpfe und Küsten geben Pflanzen und Tieren unterschiedlichster Art Raum. Viele Gebiete Andalusiens stehen als Naturparks unter Schutz. Zu den ökologischen Schätze gehören der Nationalpark Doñana und das Cabo de Gata.

Aussichtspunkt Mirador de la Amatista im Naturpark Cabo de Gata ▶

WIE knorrige Zauberwälder breiten sich Korkeichen im Naturpark **Los Alcornocales** aus. Schmetterlinge tanzen über Blumen und Felsen in der Sierra Nevada. Über der **Sierra Mágina**, dem Gebirgsmassiv am Rand des Olivenanbaugebiets von Jaén, kreisen Habichtsadler und Falken und halten Ausschau nach Beute. Agaven, Opuntien und Zwergpalmen haben sich an die Bedingungen in den kargen Gegenden um das **Cabo de Gata** angepasst. Andernorts fährt der Wind durch Aleppokiefern, verschwinden Eidechsen in Mauerritzen, gedeihen Zistrosen und wilde Olivenbäume – oder Steineichen, Ginster, Lavendel, Mastixsträucher, Myrten, Wacholder, Erdbeerbäume und aromatische Kräuter wie Thymian und Rosmarin. Wer vor den Küsten abtaucht, kann Bekanntschaft mit Delfinen machen, mit Zackenbarschen, Muränen und Rochen. Was für eine Vielfalt!

Unter Vögeln

Besonderen Raum nehmen die Sümpfe und Marschen der atlantischen Feuchtgebiete ein, wo viele Vögel Station machen – ob Löffler, Kraniche oder Graugänse, ob Fisch- oder Purpurreiher, ob Weiß- oder Schwarzstörche. Seidenreiher, Kormorane und Rohrweihen brüten hier ihre Eier aus. Ein Lieblingsplatz der Rosaflamingos liegt tief im Inland nordwestlich von Antequera. Die **Laguna de Fuente de Piedra,** ein Salzsee, ist die größte Flamingokolonie auf der Iberischen Halbinsel.

Naturmosaik

Ökologisch wertvoll ist auch der **Doñana-Nationalpark**: ein Mosaik aus Lagunen, Buschwäldern, Stränden, Wanderdünen und Sümpfen. Das Delta des Guadalquivir nimmt wichtigen Einfluss – aus seinen Ablagerungen gingen die Marismas (Marschen) hervor. Mit Ausnahme des Hochsommers sind diese markanten Ebenen überschwemmt und bieten Zugvögeln einen idealen Rastplatz auf ihrem Weg gen Afrika. In der Pflanzenwelt sorgt die Mischung aus Süß- und Meerwasser für Vielfalt, in der Region ansässig sind der Kaiseradler und der seltene Iberische Luchs, der vom Aussterben bedroht ist.

AUF BOOTSTOUR

In Sanlúcar de Barrameda startet eine Tour, die Ihnen den Nationalpark Doñana auf sanfte Weise näherbringt. Der Weg ist das Ziel: Sie fahren flussaufwärts auf dem Guadalquivir, Andalusiens König der Flüsse. Auf dem Programm steht ein geführter Landgang mit Informationen (span./engl.) zu Ökosystemen, Flora und Fauna – Sie haben gute Chancen, Vögel und auch ein paar andere der über 120 Arten im Park zu Gesicht zu bekommen. Leinen los: http://visitasdonana.com (unbedingt reservieren!).

LINKS: Der Leuchtturm im Naturpark
Cabo de Gata wurde 1863 gebaut.
UNTEN: Der Nationalpark
Doñana, ein wertvolles Naturmosaik
und Vogelparadies

EIN WASCH-ECHTER ANDA-LUSIER KEHRT HEIM

Bringt man Andalusien mit Prominenz in Verbindung, fallen einem wahrscheinlich zuerst die traditionellen Jetset-Tummelbecken von Marbella und Puerto Banús ein. Ein Andalusier aber ist berühmter geworden als alle anderen: Pablo Picasso.

Picasso ist allgegenwärtig: Plakat in Málaga ▶

...jeres de Argel (Delacroix) 1955

ER war ein Jahrhundertgenie, ein wandlungsfähiges Multitalent und Vorreiter des Kubismus: Pablo Picasso. Mit seiner ungebremsten Experimentierlust revolutionierte er die gesamte Kunst des 20. Jahrhunderts.

Picassos Geschichte begann in **Málaga**. Dort kam er am 25. Oktober 1881 in einem Mietshaus an der zentralen Plaza de la Merced zur Welt. Seine ersten zehn Lebensjahre verbrachte er in der andalusischen Mittelmeerstadt. Zu seinen späteren Lebensstationen zählten Barcelona, Madrid und Paris. Im Winter 1900 besuchte Picasso seine Geburtsstadt zum letzten Mal. Später verbot er sich, das ihm verhasste franquistische Spanien zu besuchen. Und da General Franco das Land immer noch regierte, als Picasso 1973 starb, sah er sein Heimatland nicht wieder. Und obgleich ihm Frankreich zum persönlichen Schicksalsland geriet, verleugnete Picasso nie seine **andalusische Seele**, seine spanische Urheimat.

IN PICASSOS WELT

Es gibt mittlerweile einige große Museen mit Werken des Jahrhundertgenies. In Málaga, im Museo Picasso ▶ S. 227), bekommen Sie einen ganz besonderen Einblick: Ein großer Teil der hier ausgestellten Arbeiten stammt aus den Privatsammlungen der Picasso-Kinder und -Enkel, darunter sind auch Arbeiten, die Picasso nie verkaufen wollte und im Atelier behielt. Daher ist die Ausstellung in Málaga eine sympathisch unsortierte Schau von intimen und längst weltbekannten Werken. Stile und Techniken sind so unterschiedlich und überraschend wie Motive und Materialien – gehen Sie auf Entdeckungsreise!

▌ Das spanische Wesen

Betrachtet man Picassos Werke unter den Aspekten seines ursprünglichen spanischen Wesens, stößt man immer wieder auf interessante Zusammenhänge. Im Fall seines Meisterwerks **»Guernica«**, das 1937 unter dem Einfluss der Zerstörung der gleichnamigen heiligen Stadt der Basken im Spanischen Bürgerkrieg entstand, liegen sie natürlich auf der Hand. Dann gibt es vielerlei Motive, die den **Stierkampf** ins Bild rücken, der in Andalusien bis heute glühende Verehrung genießt. Picasso faszinierte die Dramatik des Spektakels von klein auf. Als er acht Jahre alt war, nahm ihn sein Vater José zum ersten Mal mit in die nahe gelegene Arena in Málaga. In den Stier-

kämpfen sah Picasso eine besondere Manifestation des Spaniertums, genauer gesagt: des männlichen. Zu dem französischen Schriftsteller André Malraux soll er einmal gesagt haben:

»Das Leben der Spanier besteht darin, morgens zur Messe zu gehen, nachmittags zum Stierkampf und abends ins Bordell. Was ist der gemeinsame Bestandteil? Die Traurigkeit.«

Das Stierkampfthema in Picassos Werk konnte also gleichermaßen für Gewalt wie für Erotik stehen.

Die **Siesta** war ein weiteres Sujet, das er verewigte und das bis in die Gegenwart eine heilige Rolle in seiner südspanischen Heimat spielt. Natürlich bildete er auch hier die Realität auf seine eigene, unnachahmliche Weise ab.

OBEN: Der berühmteste Sohn der Stadt ist in Málaga angekommen.
UNTEN: Pablo und seine drei Jahre jüngere Schwester Dolores, genannt Lola, um 1889 in Málaga

DIE SEELE TANZT

Es kracht. Es donnert. Es bebt regelrecht auf der Bühne. Dieser Sound, diese Vibrationen brennen sich ein, gehen ins tiefste Innere. Andalusien ist die Flamencoregion und der Flamenco selbst ist Kunst – auch wenn er schon mal folkloristisch verklärt wird. Beim Flamenco live dabei zu sein ist ein Erlebnis.

SHOWTIME IN GRANADA

Sicher, Sie können Glück haben und erleben irgendwo in einer Kneipe einen spontan angestimmten Flamenco. Üblicher ist aber die Teilnahme an einer Show in einem sogenannten Tablao, wo Tradition und Kommerz auf angenehme Weise verschmelzen – am besten zu erleben in der Flamencostadt Granada. Als gute Adresse gilt hier der Centro Flamenco Casa Ana: www.flamencocasaana.com

DIE großen Drei des Flamenco lauten Gesang (cante), Tanz (baile) und Gitarrenspiel (toque). Seine Wurzeln sind jahrhundertealt, sie liegen im Milieu sozialer Randgruppen und sind untrennbar verbunden mit dem umherziehenden Volk der Gitanos. Das stammte wohl aus Nordindien, trat dann im 10. Jahrhundert als Musiker erst am persischen Hof auf und fasste schließlich im 15. Jahrhundert in Andalusien Fuß. Dort gehörten die Gitanos, wie andernorts auch, zu den Ausgegrenzten, den Fremdkörpern der Gesellschaft. Gemeinsam mit Landarbeitern und Tagelöhnern waren sie auf der untersten Sprosse der sozialen Leiter angesiedelt. Die Musik, der im Laufe der Zeit aufkeimende Flamenco, spendete Trost, gab Mut. Er ließ der Wehmut freien Lauf, stärkte das Gefühl der gegenseitigen **Solidarität** unter Besitzlosen und Unterdrückten. So stemmte man der Schwere des Lebens freie Gedanken entgegen – oft ging es dabei um die Liebe, ihre Dramatik und Tragik.

Nach und nach wurde der Flamenco gesellschaftsfähig. Heute hat er in der Kultur Andalusiens längst seinen unverrückbaren Platz gefunden. Nichts, so scheint es, drückt das andalusische Lebensgefühl stärker aus als der Flamenco.

Leidenschaft über alles

Erlebt man eine Show in einer typischen Flamencotaverne, einem **Tablao,** darf man beim Engagement eine hohe Messlatte anlegen. Von den Auftretenden wird erwartet, dass sie alles hineinwerfen, was geht. Sie schnippen mit den Fingern, sie klappern mit Kastagnetten, sie stacheln sich mit »Olé«-Rufen gegenseitig an. Tänzerinnen und Tänzer, die Bailaoras bzw. Bailaores, wirbeln mit Trommelschritten umher.

Mimik und Gestik sind gleichermaßen wichtig, bei den Damen darf das Kleid so richtig durch die Luft wehen. Dann wiederum holen Sängerinnen und Sänger, die Cantaoras bzw. Cantaores, das Maximum aus sich heraus. Und bei den Soli der Gitarristen kann man mit bloßem Auge dem Saitenspiel der Finger kaum mehr folgen. Nur so gelingt es allen, Gefühle zu transportieren, die so charakteristisch sind für den Flamenco – Leidenschaft über alles! Darum geht es. Eine Variante unter den Ausdrucksformen ist der **tiefinnere Gesang** (»cante jondo« oder »cante grande«), der vor Schwermut und Klage über eine unglückliche Liebe geradezu aus der Seele fließt.

Der Flamenco ist ein Lebensgefühl, ein Teil der Alltagskultur in Andalusien. Er fand auch Eingang in die Motive der Azulejos.

DAS AROMA ANDA- LUSIENS

Schmecken da Hasel- und Walnüsse durch? Mandeln vielleicht, Holz- und Zitronenaromen? Oder Pflaumen, Datteln und ein Hauch von Seesalz? Der Sherry gibt Andalusien ein ganz besonderes Aroma, schließlich hat er hier seine Heimat. Sherry ist allerdings nicht gleich Sherry ...

◀ Uralter Sherry im Ausstellungsraum der Bodegas Gonzales Byass in Jerez

DA LIEGT WAS IN DER LUFT

Willkommen im Allerheiligsten: Die Luft ist voller Aromen, wenn Sie ein Sherrylager betreten. Professionelle Führungen, auch auf Deutsch, bietet in Jerez de la Frontera ein Traditionsproduzent wie González Byass / Tío Pepe (www.tiopepe.com) an. Lassen Sie sich von den verschiedensten Gerüchen betören und erfahren Sie mehr über die Welt des Sherrys – eine Kostprobe am Ende versteht sich von selbst ...

DER berühmte Wein aus Andalusien wird heute häufig eher als ein etwas aus der Mode gekommener Aperitif angesehen. Kenner schwärmen dagegen von seiner unverwechselbaren »Persönlichkeit« und dem überragenden Preis-Genuss-Verhältnis. Seinen unverwechselbaren Charakter gewinnt der Weißwein erst durch einen besonderen Ausbau, der einer jahrhundertealten Tradition folgt. Zunächst wird der Sherry aufgespritet, also durch Zugabe von Alkohol verstärkt. Dann folgen zwei eigenwillige, komplexe Reifeprozesse. In Andalusien können Sie den Sherry gewissermaßen direkt an der Quelle probieren, ein Erlebnis, das auf den Geschmack bringt und zu den unterschiedlichsten Degustationsnotizen anregt.

Kreideböden und atlantisches Aroma

Der Sherry entstammt den Anbaugebieten zwischen Jerez de la Frontera, Sanlúcar de Barrameda und El Puerto de Santa María. Die Anbaufläche umfasst etwa 10 300 Hektar. Nicht allzu fern vom Meer breiten sich die Weingärten in atlantischem Klima aus. Das bedeutet unablässig abwechselnd land- und seewärts blasender Wind, 300 Sonnentage pro Jahr und vergleichsweise geringe Niederschläge. Kreideböden bilden einen idealen Grund. Dank ihrer Mischung mit Sand und Lehm speichern sie die Feuchtigkeit gut. Die alles beherrschende Rebsorte heißt **Palomino,** außerdem werden noch Pedro Ximénez und Moscatel angebaut.

Der Siegeszug des Sherrys

Wer wann genau den Sherry »erfand«, das Aufspriten mit Branntwein und das **Solera-Verfahren** (▶ Baedeker Wissen, S. 208 und 210), entzieht sich unserer Kenntnis. Fest steht, dass englisch-, irisch- und schottischstämmige Weinhändler im 18. /19. Jahrhundert das Geschäft mit den edlen Tropfen ins Rollen brachten und dem Sherry zum Siegeszug verhalfen – und der hält bis heute an: Sherry aus Andalusien wird in die ganze Welt exportiert. Sein Alkoholgehalt bewegt sich meist zwischen 15 und 22 Vol.-%.

Wenn Sie vor Ort einen »Sherry« bestellen, werden Einheimische damit kaum etwas anfangen können. Nicht nur, dass das Wort ungebräuchlich ist, beim Sherry müssen Sie sich etwas deutlicher erklären, da ist **ein kleines Sherry-Vokabular** sehr hilfreich (▶ S. 210).

OBEN: Sherry ausschenken ist eine Kunst.
UNTEN: Weine der Bodegas Tradición in Jerez und Palomino, die klassische Sherry-Rebsorte

T
TOUREN

Durchdacht, inspirierend, entspannt

Mit unseren Tourenvorschlägen
lernen Sie Andalusiens beste Seiten kennen.

Stille Gasse im Weißen Dorf
Castellar de la Frontera ▶

UNTERWEGS IN ANDALUSIEN

Strandvergnügen, Naturerlebnis und Kulturgenuss auf höchstem Niveau: In Andalusien muss man auf nichts davon verzichten, denn alles lässt sich wunderbar unter einen Hut bringen.

Vormittags ein Ausflug in die **maurische Vergangenheit**, nachmittags eine Wanderung in **einsamer Natur** und abends geht es zur Abkühlung **ins Meer** – das ist durchaus möglich, wenn man sich am »richtigen« Ort niederlässt. Das hängt nicht zuletzt davon ab, wie man nach Andalusien reist. Da die meisten Urlauber mit dem Flugzeug ankommen – die Flüge dauern ab Mitteleuropa ca. drei Stunden; mit dem Auto ist man zwei, drei Tage unterwegs, mit der Bahn ebenfalls – bietet es sich an, Andalusiens Ferienregionen anhand der Zielflughäfen vorzustellen.

Ankunft in Málaga: Costa del Sol

Málaga, die zweitgrößte Stadt Andalusiens, ist die Verkehrsdrehscheibe der Costa del Sol. Die »Sonnenküste« reicht von Tarifa im Südwesten bis zur Ostgrenze der Provinz Málaga; ihr Kern, die Küste von Málaga bis Estepona, ist das **größte zusammenhängende Feriengebiet Europas**. Wer kein begeisterter Strand- oder Partygänger ist, sondern Ruhe sucht, sollte in der Hauptsaison nicht zu lange bleiben, steht doch das **Nachtleben** gleichberechtigt neben dem Strandleben – an Discos, Restaurants, Bars, Events und allen denkbaren Vergnügungen an den vollen Stränden herrscht kein Mangel.
Ruhiger wird es, je weiter man von der Küste ins bergige Hinterland kommt. Schon 10 – 15 km vom Strand bieten sich hübsche kleinere Hotels oder Ferienhäuschen für einen **entspannten Urlaub mit Ausflügen** in Städte wie Ronda oder Antequera an. Man sollte allerdings auch Granada genossen haben, eine Übernachtung dort ist zu empfehlen. Die Costa del Sol ist **Europas Golferparadies** schlechthin. Viele Hotels haben eigene Plätze und bieten Golferurlaub an.
Costa Tropical nennt sich der zur Provinz Granada gehörende Abschnitt der Costa del Sol östlich von Málaga. Da Bausünden bislang weitgehend vermieden worden sind, zeigt sich die Sonnenküste hier noch **am schönsten und ursprünglichsten**, auch wenn die Küstenlinie steil und die Strände daher klein sind. Der Tourismus rund um den – allerdings zugebuaten – Hauptort Almuñécar gibt sich familiär.

Ankunft in Jerez de la Frontera: südliche Costa de la Luz

Jerez de la Frontera ist **der strategisch günstigste Zielflughafen** für Ferien an der südlichen Costa de la Luz, ein Ziel für alle, die Sonne, Sand und Meer **ohne übermäßigen Disco- und Entertainmenttrummel** genießen wollen. **Fantastische Strände** (insgesamt

265 km) mit feinstem Sand locken zum Bad im Atlantik. Für Wasser-
sportler, hauptsächlich Surfer, gelten die einsamen Buchten als Dorado. **Naturliebhaber** kommen im Nationalpark Doñana und in der
Sierra de Grazalema auf ihre Kosten.
Kulturbegeisterten wird es in Cádiz an der Küste und im Binnenland
in Jerez de la Frontera, den »Pueblos blancos« und vor allem im
nicht weit vom Meer liegenden Sevilla gefallen. Das Hinterland ist das
Land der Großgrundbesitzer, die sowohl Sherry, Manzanilla und Oliven anbauen als auch Kampfstiere und Pferde züchten – deshalb ist
es auch ideal für **Reiterferien**. Bei der Feriendomizilsuche ist zu bedenken, dass die Strände nördlich des Guadalquivir zwar herrlich
sind, aber verkehrsungünstig liegen, denn es gibt keine Brücke über
die Flussmündung, sodass sehr weite Umwege über Sevilla notwendig sind, will man an die südliche Costa de la Luz.

Wer in Sevilla aus dem Flieger steigt, hat viele Möglichkeiten. Die
nördliche Costa de la Luz ist nicht weit, und auch wenn es dort schon
einige große Retortensiedlungen wie Matalascañas oder Novo Sancti
Petri gibt, ist man glücklicherweise von Verhältnissen wie an der
westlichen Costa del Sol noch weit entfernt. Die Coto de Doñana liegt
gleich daneben und auch Jerez de la Frontera erreicht man leicht.
Nach Osten hin erstreckt sich von Sevilla aus das Guadalquivirbecken
– nicht gerade einladend, denn diese Gegend heißt nicht umsonst
»die Bratpfanne Andalusiens«: Hier erreicht das Quecksilber zwischen Juni und September problemlos über 40 °C! Aber um **Córdoba**, die alte Hauptstadt des Kalifats, kommt man nicht herum.

Ankunft
in Sevilla:
nördliche
Costa de
la Luz und
Guadalqui-
virbecken

Urlaub an der Costa de Almería bedeutet, dass man **einigermaßen
weit ab vom Schuss** ist (nach Granada sind es von Almería aus
170 km), dafür gibt es hier eine **einmalige Natur** und **einige der
besten**, weil noch nicht maßlos überlaufenen **Strände Andalusiens**. Letzteres gilt vor allem rund um das Cabo de Gata. An keinem
anderen Platz in Andalusien ist Afrika so gegenwärtig wie hier, wo es
gerade mal an 25 Tagen pro Jahr regnet: Über braune, ab und an von
schroffen Felsen durchbrochene vulkanische Hügel zieht sich ein
spärliches Pflanzenkleid. Diese Landschaft steht unter Naturschutz;
entsprechend wenig entwickelt ist die touristische Infrastruktur – anstatt Bettenburgen und Ferienanlagen sind hier vereinzelt Bungalowsiedlungen und kleinere Hotels zu finden. Lediglich San José ist etwas
größer geraten, aber trotzdem ein angenehmer Ort zum Bleiben.
Ganz anders sieht es an der Küste westlich von Almería aus: Sie ist ein
Ziel des Pauschal-Tourismus, was bedeutet, dass sich hinter langen,
meist sehr gepflegten Stränden die Hotel- und Bungalowanlagen türmen und daran oft das Plastikfolienmeer der Treibhäuser anschließt.
Kulturell ist an der Costa de Almería nicht allzu viel geboten, dagegen
umso mehr Natur: Von jedem Küstenort aus kann man Tagesausflüge

Ankunft in
Almería:
Costa de
Almería

Im Osten Andaluisens: die Festung
La Calahorra in karger Landschaft
südlich von Guadix

in die Sierra de Alhamilla oder in die Berge der Alpujarras machen, wo das Klima so mild ist, dass schon die Mauren hier Zitrusfrüchte anbauten. In der Sierra de Alhamilla sieht es aus **wie im Wilden Westen** – das ist wörtlich zu nehmen, denn hier gibt es Kulissendörfer, die heute mit ihren Darbietungen, wie »Banküberfall mit Schießerei«, große Publikumsmagneten sind und in denen hin und wieder immer noch Wildwestfilme gedreht werden.

Nordost-andalusien

Bleibt noch eine Region, in der **Badeferien nicht möglich** sind und die auch keinen Flughafen direkt vor der Haustür hat. Das im Wesentlichen die Region Jaén umfassende Nordostandalusien ist eine Entdeckung wert: Das **größte Olivenanbaugebiet der Erde** ist etwas für Menschen, die sich an **weiten, archaisch anmutenden Landschaften** erfreuen können, die das Erlebnis in freier Natur su-

chen (in der Sierra de Cazorla) oder einen Sinn für **stimmungsvolle Renaissancestädte** wie Baeza oder Úbeda haben.

Will man nicht den ganzen Urlaub am Strand verbringen, sondern auch Andalusien kennen lernen, wird man um einen **Mietwagen** oder das eigene Auto kaum herumkommen. Das Busnetz ist andererseits so dicht, dass man zumindest alle touristisch interessanten Orte problemlos erreicht. In den meisten Badeorten bieten örtliche Veranstalter **Busausflüge** ins Hinterland an, z. B. nach Granada. Andalusien **per Bahn ist nur bedingt zu empfehlen**, denn das Netz ist nicht allzu dicht. Vor allem liegen manche Bahnstationen kilometerweit außerhalb der Orte, in die man eigentlich möchte. Eine Ausnahme gibt es allerdings: den Luxuszug **Tren Al Andalus** für eine Kreuzfahrt auf Schienen (▶ S. 434).

Mobilität

Reisedauer
und Touren

Wer viel von Andalusien sehen will, sollte sich **Zeit für eine große Rundfahrt** Zeit nehmen (▶ Tour 1). Ideal in jeder Hinsicht sind drei Wochen Aufenthalt. Dann kann man gut eine Woche Badeurlaub machen und eine Woche lang das Land erkunden. Von der Costa del Sol aus bietet sich dann eine Rundreise zu den drei Hauptattraktionen Andalusiens mit jeweils zwei Nächten Aufenthalt nach Granada, Córdoba und Sevilla an. Von der südlichen Costa de la Luz aus erreicht man bequem Sevilla, Cádiz und Jerez de la Frontera; absolut empfehlenswert ist eine Rundfahrt in die Weißen Dörfer der Sierra de Grazalema. Wer nach einer Woche Badeurlaub an der Costa de Almería Lust hat, etwas zu unternehmen, kann die anschließende Woche mit einer Fahrt durch die Alpujarras nach Granada (ein Tag) beginnen, dort einen Tag verbringen, am dritten Tag via Jaén Baeza und Úbeda besuchen und am besten in Jaén übernachten. Auf der Rückfahrt nach Almería kann man sich noch die Höhlenstadt Guadix anschauen. Wer nur eine Woche Zeit hat, muss sich entweder für einen Badeurlaub oder für Kultur entscheiden. In letzterem Fall bieten sich zwei Alternativen: Nach Ankunft in Málaga kann man die schon oben erwähnte Rundreise zu den drei Hauptattraktionen Andalusiens machen oder eine gemütliche Tour durch die Weißen Dörfer (▶ Tour 2) unternehmen.

ANDALUSIEN IN DREI WOCHEN

Länge der Tour: ca. 995 km | **Dauer:** 3 Wochen

Tour 1

Diese Rundfahrt berührt die sehenswertesten Orte Andalusiens und ist in drei Wochen zu bewältigen. Wer nur zwei Wochen Zeit hat, kann Jaén und Umgebung, die nördliche Costa de la Luz, den Coto de Doñana und Gibraltar auslassen.

Von Málaga
nach
Granada

Ausgangspunkt ist ❶ ★★**Málaga**, wo man einen Tag braucht, um die Kathedrale, die Alcazaba und die Picasso-Stätten zu besichtigen. Von der Metropole der ★**Costa del Sol** fährt man auf der A-45 Richtung Norden nach ★**Antequera**, wo man auf jeden Fall die vorzeitlichen Megalithgräber besucht, aber auch im Gebirge ★**El Torcal** wandern kann. Der Parador von Antequera ist eine komfortable, günstig gelegene, wenn auch nicht sonderlich stilvolle Übernachtungsmöglichkeit. Auf der Autobahn A-92 durchquert man dann die Vega von Gra-

nada und erreicht die Maurenstadt ❷ ★★**Granada**, den ersten
Höhepunkt der Reise. Hier sollte man mindestens zwei, besser drei
Tage bleiben, um in Ruhe die Alhambra (Karten rechtzeitig vorbestel-
len!), die Kathedrale und die Altstadt genießen und vielleicht noch
einen Ausflug in die ★**Sierra Nevada** unternehmen zu können.

Die nächsten Übernachtungen sollte man in Jaén einplanen – vielleicht im herrlichen Parador auf der Burg –, das man auf der von Granada nach Norden führenden A-44 erreicht. Schon die Anfahrt durch
die endlosen Olivenhaine ist ein Erlebnis. In Jaén besichtigt man die
Kathedrale, das maurische Viertel und die mächtige Burg. Unbedingt
unternehmen sollte man von ❸ ★★**Jaén** aus eine eintägige Fahrt zu
den Renaissancestädten ❹ ★★**Baeza** und ❺ ★★**Úbeda** (etwa
105 km hin und zurück); für Naturliebhaber lohnt sich von Úbeda
auch ein Abstecher in die ★**Sierra de Cazorla** (ca. 55 km).

**Jaén und der
Nordosten**

Von Jaén geht es nach Córdoba, entweder zunächst nach Norden
über Andújar und von dort in westlicher Richtung auf der A-4 oder,

**Von Jaén
nach Sevilla**

was noch schöner ist, quer durch das Olivenland auf der A-316 und N-432 nach Córdoba. Auch **6** ★★**Córdoba** ist einen mehrtägigen Aufenthalt wert, besitzt es doch mit der Mezquita eine der größten (ehemaligen) Moscheen der Erde und die größte Altstadt aller spanischen Provinzstädte. Als Ausflugsziel von der alten Kalifenstadt aus bieten sich die Weinbaugegend von Montilla-Moriles um Lucena (ca. 75 km) und vor allem die untergegangene Residenz der Kalifen **7** ★★**Medina Azahara** (ca. 10 km) an. Mitten durch die Ebene des Guadalquivir hindurch verläuft die A-4, auf der man über **8** ★**Écija**, der Stadt der barocken Glockentürme, und **9** ★**Carmona** mit seiner Altstadt und der römischen Nekropole in die Hauptstadt Andalusiens fährt, nach **10** ★★**Sevilla**. Die Großstadt am Guadalquivir bietet herrliche Attraktionen: Sehenswürdigkeiten ersten Ranges wie die Kathedrale und den Alcázar, die Altstadt und das Triana-Viertel mit ihrem pulsierenden Nachtleben; besonders schön ist auch die Plaza de España. Auch in die Umgebung lohnen Ausflüge: die römische Ruinenstadt ★**Itálica** (10 km), die Burg von Alcalá de Guadaira (20 km), die nördliche ★★**Costa de la Luz** mit ihren lang gestreckten Badestränden um Huelva sowie Moguer, das Kloster ★**La Rábida** und Palos de la Frontera, die eng verbunden mit den Reisen des Kolumbus sind (91 km bis Huelva), schließlich ein eintägiger Ausflug in den **11** ★★**Parque Nacional de Doñana** (90 km bis zum Besucherzentrum El Acebuche).

Von Sevilla über die Costa de la Luz und Ronda zurück nach Málaga

Südlich von Sevilla liegt **13** ★★**Jerez de la Frontera**, Hauptstadt des Sherrys und der andalusischen Reitkunst, schnell zu erreichen über die Autobahn AP-4. Nur wenige Kilometer abseits kommt man zunächst aber nach **12** ★**Sanlúcar de Barrameda**, Stadt des Manzanilla, und weiter südlich von Jerez de la Froneratra lockt das klare Licht der alten Hafenstadt **14** ★**Cádiz**. Die Strecke auf der A-48 und N-340 südlich von Cádiz entlang der Costa de la Luz mit ihren Buchten und Stränden im ewigen Wind ist der erfrischende Teil der Rundfahrt nach der Reise durch das Landesinnere. Im küstennahen Weißen Dorf **15** ★**Vejer de la Frontera** oder in der Surferhochburg **Tarifa**, von wo aus sich ein Abstecher nach ★★**Gibraltar** anbietet, erholt man sich für die etwas anstrengende Fahrt auf der A-405 über San Roque, Castellar de la Frontera und Jímena de la Frontera hinein in die **Serranía de Ronda** (alternativ dazu kann man auch schon von Jerez aus auf der A-382 und A-372 via ★**Arcos de la Frontera** nach Ronda fahren).

In **16** ★★**Ronda**, atemberaubend über einer tief eingeschnittenen Schlucht gelegen, sollte man zwei Tage verbringen, um die Stadt und die Berglandschaft in der Umgebung kennenzulernen. Auf der letzten Etappe überquert man auf der A-397 die Sierra Bermeja und fährt an der Costa del Sol entlang über **17** ★**Marbella**, Fuengirola und Torremolinos zurück nach Málaga.

TOUR DER WEISSEN DÖRFER

Länge: ca. 250 km | **Dauer:** 3 Tage

Die Route der Weißen Dörfer (»Ruta de los Pueblos Blancos«) berührt die Hügel- und Berglandschaft des andalusischen Südwestens. Hier stehen nicht so sehr herausragende Kunstdenkmäler im Vordergrund, es geht vielmehr um das farbenfrohe Zusammenspiel außerordentlich schöner Landschaften mit den eingestreuten Flecken der weiß gekalkten Häuser in den Dörfern, die allesamt zu einem Spaziergang durch die engen Gassen einladen. Manche »Dörfer« sind allerdings längst zu Kleinstädten herangewachsen.

Tour 2

Die Fahrt beginnt in ❶ ★**Vejer de la Frontera**, hoch auf einem Hügel in der Nähe des Cabo de Trafalgar gelegen. Von hier führt die A-396 in nördlicher Richtung nach ❷ ★**Medina Sidonia**, alter Adelssitz inmitten des andalusischen Kampfstierzuchtgebiets. Auf einem Abstecher weiter ins Landesinnere lernt man mit Alcalá de los Gazules (ca. 40 km hin und zurück) eine weitere typische Ortschaft kennen. Von Medina Sidonia geht es weiter in nördlicher Richtung nach ❸ ★**Arcos de la Frontera**, das, majestätisch auf einem Felsen über dem Río Guadalete thronend, oft als das schönste Weiße Dorf bezeichnet wird.

Von Vejer de la Frontera nach Arcos de la Frontera

Hier beginnt einer der wohl angenehmsten Abschnitte der Tour: auf der A-372 durch Sonnenblumen- und Kornfelder, Olivenhaine und Eichenwäldchen über die ★**Sierra de Grazalema**. Am Fuß dieser Berge liegt El Bosque, beliebtes Zentrum des Wandertourismus in der geschützten Landschaft. Das Sträßchen windet sich hinauf zur Passhöhe Puerto del Bo-

yar, die herrliche Aussichten bietet, und läuft wieder hinab nach Grazalema, das sich unter der steil aufragenden Felszacke El Reloj an die Hänge schmiegt. Alternativ zur Fahrt über den Pass bietet sich ein ebenso schöner, etwas längerer Umweg an: von El Bosque auf der A-373 zum südlich gelegenen Ubrique und von dort über Villaluenga del Rosan nach Grazalema (ca. 40 km). Nördlich von Grazalema liegt Zahara de la Sierra – wer ein wirklich schönes Weißes Dorf sehen will, sollte diesen Abstecher unternehmen (ca. 50 km hin und zurück). Nächstes Ziel nach Grazalema ist ❹ ★★ **Ronda**, einzigartig um die Schlucht des Río Guadalevín gebaut. Zuvor zweigt bei La Quinta ein schmales Sträßchen zur ★**Cueva de la Pileta** ab, einer hoch im Berg gelegenen Höhle mit prähistorischen Malereien. In Ronda sollte man sich länger aufhalten, um von hier Ausflüge nach **Setenil** und nach **Olvera** zu unternehmen, zwei Weißen Dörfern, die durch ihre Lage in der felsigen Landschaft bestechen. Hier leben einige Menschen in recht komfortablen Höhlenwohnungen.

Von Ronda an die Costa del Sol

Nach der Besichtigung von Ronda geht es auf der A-369 in Richtung Süden bzw. später auf der A-405 nach Südwesten. Vorbei an Oliven- und Eichenhainen, durch malerische Dörfer, erreicht die Straße Jimena de la Frontera, von wo sie direkt nach Süden führt. Bei La Almoraima zweigt eine schmale Stichstraße in das hübsche Wehrdorf ❺ **Castellar de la Frontera** ab. Nach diesem Abstecher (ca. 15 km hin und zurück) setzt man die Fahrt nach Süden fort, erreicht die A-7/E-15 und hat die Wahl: nach Nordosten zur ★ **Costa del Sol oder** nach Südwesten zur ★★ **Costa de la Luz**.

TOUR DES ALTEN KALIFATS

Länge: ca. 180 km | **Dauer:** 2-3 Tage

Tour 3

Diese Route verläuft im Wesentlichen entlang der N-432 von Granada nach Córdoba und verbindet die bedeutendsten andalusisch-maurischen Städte. Sie durchzieht das Kernland des historischen Kalifats und unternimmt immer wieder Abstecher in kleinere Orte, in denen bei genauem Hinschauen noch Maurisches zu entdecken ist.

Durch das Kernland des alten Kalifats

So auch beim ersten Halt nach ❶ ★★**Granada**, in **Moclín**, das man auf einer Nebenstraße von Puerto Lope erreicht. Hier wirft man einen Blick auf die stolze Grenzfestung der nasridischen Herrscher von

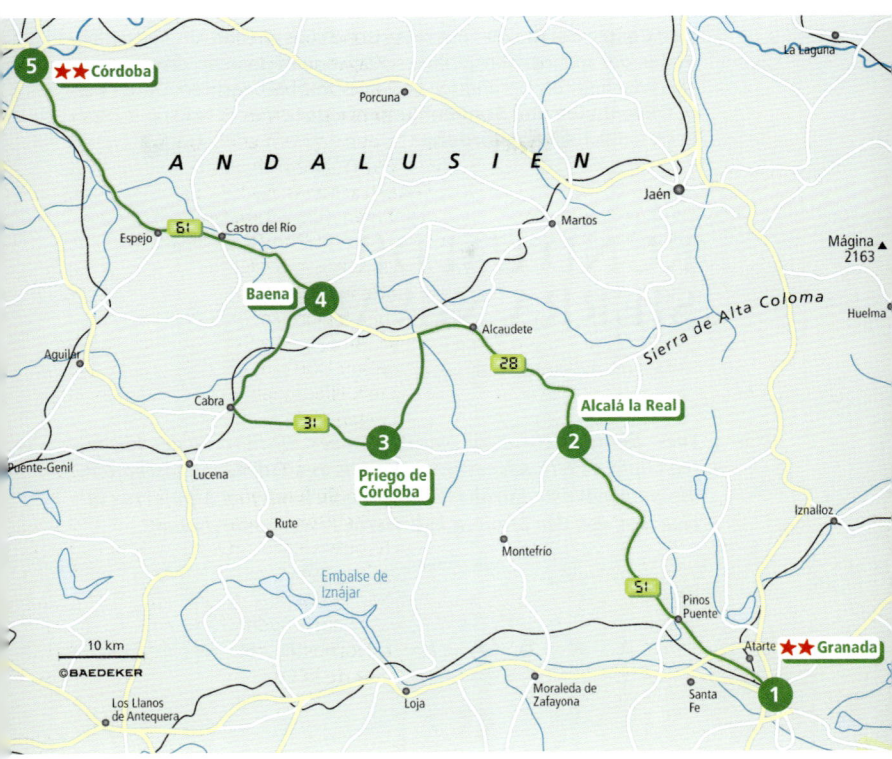

Granada und die Casa del Pósito, einen Kornspeicher aus der Renaissance. Wegen seiner Pfarrkirche im Mudejarstil lohnt von hier auch ein weiterer Abstecher nordostwärts in den kleineren Festungsort **Colomera** (20 km). An der N-432 wartet dann ❷ **Alcalá la Real** mit vielen alten Kirchen und der nächsten beeindruckenden Burg auf, dem Castillo de la Mota, das zusammen mit der zerstörten Burg von Castillo de Locubín einst den Pass über die zerklüfteten Sierras beherrschte. Das Castillo von Alcaudete ist ebenfalls sehenswert. Anstatt auf der N-432 direkt nach ❹ **Baena** mit seiner gotischen Pfarrkirche weiterzufahren, lohnt der Abstecher auf der A-339 in den Naturpark der **Sierras Subbéticas** (80 km) mit vielen Höhlen und Quellen, denn auch ❸ **Priego de Córdoba** ist den Besuch und eine Übernachtung wert; weiter geht es dann auf der A-339 über Cabra und dann auf der A-318 an **Zuheros** (mit der Cueva del Cerro de los Murciélagos) vorbei, dessen Burg die schönstgelegene auf diesem Abstecher ist. Von hier erreicht man wieder die N-432 und auf dieser

41

bald **Castro del Río**, das mit malerischen Gassen und Kirchen gefällt. Außer der maurisch inspirierten Küche sollte man an diesem Streckenabschnitt die berühmten Olivenholzmöbel beachten. Durch weite **Olivenhaine und Sonnenblumenfelder** erreicht man über Espejo schließlich **⑤ ★★Córdoba**.

RUND UM DIE SIERRA NEVADA

Länge: ca. 400 km | **Dauer:** 3-4 Tage

Tour 4 *Diese Route ist etwas für Naturliebhaber. Sie führt zu den höchsten Gipfeln Festlandspaniens, durch karge Tuffsteinlandschaften, die einzige Wüste Europas und schließlich mit den Alpujarras in eine alte, von den Mauren kultivierte Terrassenlandschaft.*

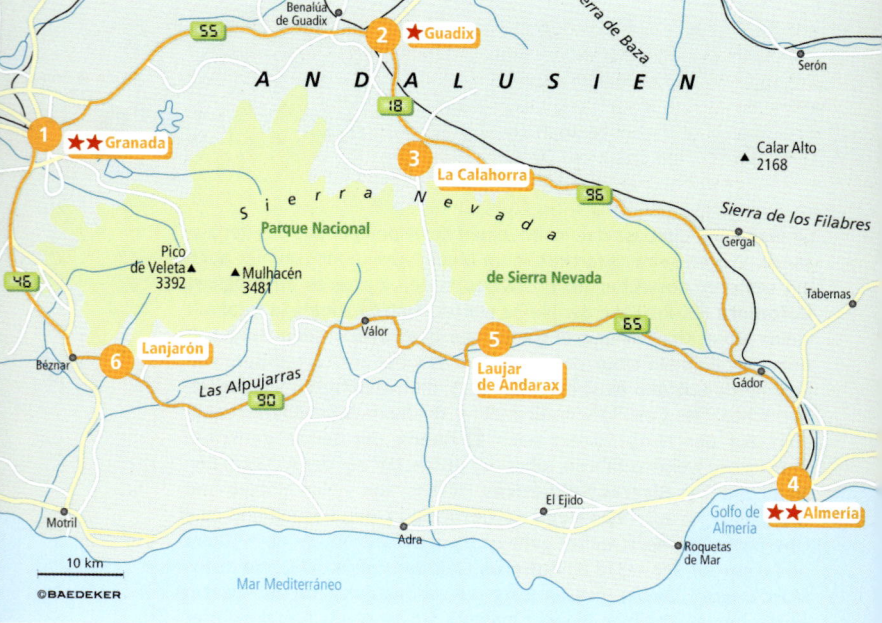

Direkt von ① ★★**Granada** aus kann man auf der höchsten Passstra-
ße Europas (A-395) als Tagesausflug an den Skigebieten vorbei bis
nahe an die höchsten Gipfel der ★**Sierra Nevada** (und Festlandspaniens) fahren (hin und zurück 88 km): zum Pico de Veleta. Für die
eigentliche Rundfahrt biegt man auf der Strecke hinauf zur Passhöhe
9 km nach Granada auf eine kleine Verbindungsstraße entlang des
Río Aguas nach Dúdar und Quéntar ein. Der herrliche Blick auf die
Gipfel der Sierra Nevada begleitet die Fahrt über La Peza bis nach
② ★**Guadix** mit seiner interessanten Kathedrale, doch sind die für
diese Gegend typischen **Höhlenwohnungen** die eigentliche Sehenswürdigkeit. Hat man diesen beschwerlichen Weg und nicht den über
die A-92 gewählt, sollte man in Guadix übernachten und am nächsten
Tag auf der die Hochebene Marquesado de Zenete durchquerenden
A-92 weiterfahren, die zu Abstechern in ihre hübschen Ortschaften
verführt – wobei man unbedingt die Renaissancefestung ③ **La Calahorra** (▶ Abb. S.32/33) anschauen sollte. In Huéneja findet man sehenswerte **arabische Bäder**, in Fiñana eine kleine, fast original ge-
bliebene Moschee. Schließlich führt die nunmehrige A-92 nach
④ ★★**Almería**. Hier kann man eine Übernachtung einplanen, damit
Zeit bleibt für eine Fahrt in die Sierra de Alhamilla oder zum ★★**Cabo de Gata**.

Von Granada
nach Almería

Zurück Richtung Granada begleitet man den Río Andarax durch die
★**Alpujarras**. Man durchquert das Gebiet der Moriskenaufstände
des 16. Jh.s, das noch lange nach der Reconquista **maurisch geprägt**
war, in dessen mildem Klima Maulbeerbäume gezogen wurden, und
wo die Menschen heute noch Gemüse, Zitrusfrüchte und Wein in
Terrassengärten anbauen. Der Weg führt via Gádor auf der A-348
nach Alhama de Almería und ⑤ **Laujar de Andarax**. Hier bietet sich
ein Ausflug zur Quelle des Río Andarax an. Weiter über **Juviles** mit
seiner bildschönen Kirche im Mudejarstil, dem mit 1480 m höchst-
gelegenen **Trevélez**, bekannt für seinen köstlichen »jamón serrano«
(luftgetrockneten Schinken), und **Capileira** geht es immer wieder
tief in die Täler am Südhang der ★**Sierra Nevada**. Über Órgiva, dann
⑥ **Lanjarón** – wo man noch übernachten könnte – und Durcal kehrt
man nach ① ★★**Granada** zurück.

Durch die
Alpujarras

Z
ZIELE

---

*Magisch, aufregend,
einfach schön*

Alle Reiseziele sind
alphabetisch geordnet. Sie haben
die Freiheit der Reiseplanung.

Die Kathedrale von Cádiz im Abendlicht ▶

LOS ALCORNOCALES

Provinz: Cádiz

E 7

Lassen Sie sich tief im Hinterland der Meerenge von Gibraltar von einer Unmenge knorriger Vertreter der Natur beeindrucken: den Korkeichen. Sie drücken dem Naturpark Los Alcornocales ihren Stempel auf.

Kork ist Natur

Die Korkeichenwälder im knapp 1700 km² großen Naturpark Los Alcornocales gehören zu den **größten zusammenhängenden Korkeichenbeständen weltweit**. In den höheren Lagen wachsen majestätische Exemplare. Korkeichen (Quercus Suber) heißen auf Spanisch »alcornoques«, und nach ihnen wurde das Naturschutzgebiet auch benannt. Die Wälder sorgen neben der wirtschaftlichen Nutzung zur Herstellung von Korken und Bodenbelägen auch für das ökologische Gleichgewicht. Sobald die begehrte Korkschicht sieben bis zehn Zentimeter dick ist – das ist in der Regel nach etwa 25 Jahren der Fall –, wird der Kork immer nur am unteren Teil der Eichen von Hand abgerindet. Danach hat der Baum neun bis zehn Jahre Zeit, um neue Rinde zu bilden. Zurück bleibt der nackte, rostbraune Stamm, der vor allem im Morgen- und Abendlicht interessante Farbeffekte abgibt. Die Schälung schadet dem Baum nicht, sondern regt ihn zu stetiger Neubildung der Rinde an, die immer feiner und hochwertiger wird. Im Verlauf ihres »Baumlebens« erfährt die Korkeiche so bis zu 20 Schälungen und liefert hierbei mehrere Hundert Kilogramm Kork pro Ernte.

Im Naturpark gibt es auch Schluchten und verstreute kleine Gebirgsmassive. Er ragt bis zu 1900 m hoch auf und reicht im Norden an die Sierra de Grazalema heran. Außer Korkeichen wachsen hier auch Steineichen, Lorbeer, Rhododendren, Erlen und wilde Olivenbäume. Er ist Rückzugsgebiet einiger bedrohter Tierarten und Durchgangsstation von Zugvögeln. Die Straße von Gibraltar ist – neben der Straße von Messina und dem Bosporus – ein »Hauptverkehrsknotenpunkt« im Vogelzug nach und von Afrika (▶ Das ist Andalusien, S. 12).

Künstler und Aussteiger

Einstiege in den Park

Gute Einstiege in den Naturpark finden Sie nordwestlich und nördlich von Algeciras. An der nach Ronda führenden Landstraße A-405 liegt 23 km von Algeciras entfernt **Castellar de la Frontera** malerisch auf einem Berg oberhalb des Guadarranque-Stausees. Man erreicht den kleinen Ort innerhalb einer maurischen Wehranlage aus dem 12. Jh. auf einer kurvigen Nebenstraße, die von der A-405 in Richtung Westen nach Castillo de Castellar (Castellar Viejo) abzweigt. In den 1970er-Jahren zogen viele Familien im Zuge des Baus

LOS ALCORNOCALES ERLEBEN

Centro de Visitantes del Parque
Natural Los Alcornocales
Ctra. A-2228 Alcalá de los
Gazules – Benalup Casas Viejas,
km 1, Alcalá de los Gazules
Tel. 658 12 26 86

LA ALMORAIMA €€
Das Hotel auf einer großen Finca am
Nordwestrand des Naturparks wurde
im 17. Jh. als Kloster gegründet. Für
alle, die gern in der Natur und offen
für kulinarische Freuden sind, bietet
es sich an.

Carretera Algeciras – Ronda, s/n
Castellar de la Frontera
Tel. 956 69 30 02
www.hotellaalmoraima.com

COMPLEJO TURÍSTICO
CASTILLO DE CASTELLAR/
HOTEL CASTLLO DE
CASTELLAR €€
Die ländliche Unterbringung ist so
rustikal, wie man das erwartet – hier
genießen Sie Ruhe und Abgeschie-
denheit und die Küche im Restaurant
El Aljibe.
Castellar Viejo
Tel. 956 69 31 50
www.tugasa.com

---

des Stausees Embalse de Guadarranque in das untere, neue Castellar,
Nuevo Castellar. Das von ihnen aufgegebene Dorf »oben« wurde zunächst durch Künstler und andere Aussteiger wiederbelebt.
Ein freundlicher weißer Ort, ein Stück weiter nördlich von Castellar
de la Frontera, ist **Jimena de la Frontera**, überragt von den Resten
einer maurischen Burg. Die restaurierte Iglesia de la Misericordia da-
tierte ursprünglich aus dem 15. Jahrhundert. In der Nähe von Jimena
de la Frontera wurden in der **Cueva de Laja Alta** Höhlenmalereien
aus dem ersten vorchristlichen Jahrtausend wiederentdeckt. Am
nordwestlichen Rand des Parque Natural Los Alcornocales liegt der
Ort **Alcalá de los Gazules** mit dem **Infozentrum des Naturparks**
(▶ oben).

▌ Algeciras

Auf den Spuren von Paco de Lucía
Die wenig attraktive Stadt mit ihren 122 000 Einwohnern liegt nahe
der Südspitze der Iberischen Halbinsel an der Westseite der Bahía de
Algeciras gegenüber von ▶ Gibraltar. Und diese strategische Bedeutung bestimmte stets ihr Schicksal, ob für Seeleute, Fischer, Drogen-
händler oder heute als größter Fährhafen nach Nordafrika.
Der Blick in die Geschichte zeigt, dass die Mauren das römische Portus Albo 713 als Al-Gezîra al-Khadrâ (»grünes Eiland«) neu gründeten. Um die palmenbestandene und brunnengeschmückte Plaza Alta,

Tor nach
Nordafrika

heute Hauptplatz der Oberstadt, begann sich die Stadt im 18. Jh. auszubreiten. Aus dieser Zeit stammen die Kirchen Nuestra Señora de Europa und Nuestra Señora de la Palma. 1897 folgte die Casa Consistorial (Altes Rathaus). Im Parque María Cristina sind die Reste einer merinidischen Badeanlage aus dem 13./14. Jh. zu sehen, darunter Teile von Mauern und Fußböden sowie eines Kanalisationssystems.

Größter Sohn der Stadt ist der weltberühmte Flamenco-Gitarrist **Paco de Lucía**, der 1947 hier geboren wurde und 2014 in Playa del Carmen in Mexiko starb (▶ S. 384). In der Stadt und ihrer Umgebung können Sie seinen Spuren folgen. Als Kind spielte er mit seinen Freunden auf der Plaza Alta, am Mercado de Abastos betrieb sein Vater ein Stoffgeschäft. An der Küste Richtung Getares erinnert ein Denkmal des Bildhauers Nacho Falgueras an den Gitarrenvirtuosen. Ein Besuch der »Punta del Faro«, so heißt auch eines seiner Lieder, hilft, seine Musik besser zu verstehen bzw. welchen Eindruck die Landschaft auf seine Musik ausübte. Die beiden Strände Rinconcillo und San García-Getares liegen etwas außerhalb.

★★ ALMERÍA

Provinz: Almería | **Höhe:** 16 m ü. d. M. | **Einwohnerzahl:** 199 800

M 6

Die Vorzugslage am Golf von Almería hat die Stadt nachhaltig geprägt. Einst rückten Seeräuber an, heute blasen Besucher zur Attacke – nicht zuletzt auf Tapas-Bars und die schön restaurierte Alcazaba, die größte maurische Festung in Andalusien.

»Spiegel des Meeres«

Voraus glitzert das Mittelmeer, während im Hinterland karge Hänge und schrundige Flanken aufsteigen. Mittendrin gibt sich die ausgeuferte Hauptstadt der Provinz Almería lebendig und modern und pflegt gleichermaßen historische Spuren. Hier, an der Südostspitze der Iberischen Halbinsel, befand sich von alters her ein Kulturgebiet am Kreuzungspunkt der Seefahrtswege von Nordafrika nach Europa und vom östlichen Mittelmeer in den Atlantik. Schon die Römer nutzten den bedeutenden Hafenplatz. Im Mittelalter führten die Mauren die Stadt zur Blüte und nannten sie Al-Mariyya, »Spiegel des Meeres«. Unter Abd ar-Rahman III. war Almería ab 955 ein wichtiger Hafen des Kalifats; nach dessen Zerfall wurde sie Hauptstadt eines Kleinkönigreichs (Taifa), das mächtiger war als Sevilla. Doch auch dies währte nicht lange, und Almería verkam vorübergehend zum Seeräubernest. Erst 1489 gelangte die Stadt endgültig in die Hände von Christen. Ab dem 19. Jh. wurden von hier die im Hinterland abgebauten Erze verschifft. Nach dem Niedergang des Bergbaus be gann um die 1980er-Jahre der Gemüseanbau im Umland, da klimatisch die Provinz Almería auf der Sonnenseite des Lebens steht. An durchschnittlich **320 Tagen im Jahr scheint die Sonne**, weshalb in der Ebene rund um die Provinzhauptstadt in großem Stil Gemüse unter Plastikplanen gezogen wird, mittlerweile spricht man sogar vom **größten Gemüsegarten Europas.** Gleichermaßen gibt es Strände und Promenaden. Die Provinzhauptstadt dient als Sprungbrett südostwärts in die Gegenden um das ▶ Cabo de Gata, wo die Naturlandschaften vergleichsweise unberührt und die Strände noch nicht überlaufen sind. Die Küste westlich von Almería dagegen hat sich dem Massentourismus ergeben.

▍ Wohin in Almería?

Zweitgrößtes maurisches Bauwerk Europas

Alcazaba

Die zinnenbesetzten Türme und Mauern wecken schon aus der Ferne Neugier und Entdeckerlust. Diesen architektonischen Schatz sollte sich niemand entgehen lassen, doch er fordert seinen Tribut: Wer aus der Unterstadt kommt, gerät beim Aufstieg auf die Alcazaba ganz schön außer Puste.

Die riesige Alcazaba nahm im 10. Jh. unter Abd ar-Rahman III. erste Gestalt an, wurde vergrößert und unter den Katholischen Königen abermals erweitert. Schon die reinen Zahlen beeindrucken: Die umbaute Fläche der Festung umfasst mehr als 35 000 m², über 20 000 Menschen konnten in ihren Mauern Zuflucht finden. Drei Mauerringe

II Zweiter Burgbezirk	
	7 Zisterne	**I** Erster Burgbezirk
III Dritter Burgbezirk	**8** Ermita de San Juan	
	9 Casas musalmanas	**1** Rampe
15 Torre del Homenaje	**10** Baños publicos	**2** Puerta de la Justicia
16 Patio de Armas	**11** Palacio de Al Mutasin	**3** Torre de los Espejos
17 Torre de la Noria	**12** Mirador de la Odalisca	**4** Baluarte del Saliente
del Viento	**13** Patio de Al Mutasin	**5** Zisterne
18 Torre de la Pólvora	**14** Baños de la Reina	**6** Torre de la Vela

ALMERÍA ERLEBEN

OFICINA DE TURISMO
Paseo de Almería, 12
Tel. 950 21 05 38
www.turismodealmeria.org
Mo. – Sa. 10 – 14 u. 16 – 19, So. nur
10 – 14 Uhr

❶ PEÑA EL TARANTO
Authentischer Flamenco
Calle Tenor Iribarne, 20
www.eltaranto.com

Haupteinkaufszone ist die Calle de las
Tiendas mit vielen kleinen Gassen
ringsum. Gute Adresse ist auch der
Zentralmarkt (Mercado Central) in
der Circunvalación del Mercado.

FERIA VIRGEN DEL MAR
Etwa zehn Tage und Nächte wird in
der zweiten August-Hälfte gefeiert.

❶ CLUB DE MAR €€€€
Nehmen Sie Platz an fein gedeckten
Tischen – dieses Gourmetrestaurant
ist eine altbewährte Adresse mit
Fischspezialitäten und edlem Ambiente am Sporthafen.
Playa de las Almadrabilla
Tel. 950 23 50 48; Di. geschl.
http://rcmalmeria.com

❷ RESTAURANTE VALENTÍN €€
Die Bar ist eine gute Adresse für Tapas. Aus der Küche kommt alles, was
das Herz begehrt: vom Schwertfisch
über Hummer bis zur Paella. Dazu

können Sie sich einen guten Tropfen
genehmigen – der Weinkeller ist mit
350 Sorten bestückt. Das Restaurant
ist in mehrere Bereiche gesplittet.
Calle Tenor Iribarne, 19
Tel. 950 26 44 75
Mo. Ruhetag
www.restaurantevalentin.es

❸ CASA PUGA €€
Die Tapas mit Fisch- und Fleischgerichten sind Legende; deshalb ist es
in dem seit 1870 existierenden Lokal
mittags und abends brechend voll.
Calle Jovellanos, 7
Tel. 950 23 15 30
So. geschl.

❹ TABERNA NUESTRA TIERRA €
Das schlagkräftigste Argument für
einen Besuch dieser Taverne sind die
Tapas: die Mini-Gourmetkunstwerke.
Calle Jovellanos, 16
Mobil 679 89 74 32
www.tabernanuestratierra.com

❶ GRAN HOTEL ALMERÍA €€
Das Hotel genießt eine strategisch
günstige Lage beim Sporthafen. Bis
zum nächsten Strand Zapillo sind's
etwa 400 m zu Fuß. Nett sitzt oder liegt
man um den kleinen Außenpool; Eine
Augenweide ist der Block aber nicht.
Avenida Reina Regente, 8
Tel. 950 23 80 11
www.ohtels.es

❷ HOTEL LA PERLA €
Das einst älteste Hotel der Stadt ist
eine Adresse für Gäste, die günstig
übernachten wollen, aber nicht viel
Wert auf Komfort legen.
Plaza del Carmen, 7
Tel. 950 23 88 77
www.hotellaperla.es

ALMERÍA

200 m

©BAEDEKER

N

passen sich dem Verlauf des Hügels an und bilden drei unterschiedlich hohe Burgbezirke. Eine steile Zickzackrampe führt hinauf und durch die Puerta de la Justicia hinein in den ersten Bezirk, der bei Belagerungen Flüchtlinge und zum Ausbruch bereite Verteidiger aufnahm; er ist zu einer **sehr hübschen**, von Wasserläufen durchzogenen **Gartenanlage** umfunktioniert worden.

Wie ein Schiffsbug ragt im Osten die **Saliente-Bastion** über die Stadt hinaus, auf die man von hier einen fantastischen Blick hat. Im zweiten Burghof, dem ältesten Teil der Anlage, befanden sich die Paläste der maurischen Herrscher und die Moschee, unter der eine Zisterne lag; davon ist bis auf die Grundmauern kaum etwas erhalten. Die Zisterne allerdings kann besichtigt werden. Den obersten Ring erbauten die

51

christlichen Eroberer als abgeschlossenes Festungswerk. Hier gruppieren sich rund um den Waffenhof drei mächtige Türme: die viereckige gotische Torre del Homenaje mit dem Wappen der Katholischen Könige, die Torre de la Noria del Viento (Windmühlenturm) und die Torre de la Pólvora (Pulverturm) mit einigen alten Kanonen. Die Aussichten sind überall prächtig. Im Blick haben Sie Berge und Meer, die Hafenanlagen, die Kathedrale und zu Füßen der Festung das alte Gitanos-Viertel La Chanca. So schön Aussichten und Stimmung sind – manche Teile der Burg sind zu heftig restauriert worden.

Zugang über die Calle Almanzor | April – Mitte Juni Di.-Sa. 9 – 21, So. 10 – 15; Mitte Juni – Mitte Sept. Di. – Sa. 9-15 u. 19 – 22, So. 10 – 15; Mitte Sept. – Ende März Di. – Sa. 9–18, So. 10–15 Uhr | Eintritt für EU-Bürger frei

SINNESRAUSCH

Hoch oben über Almería, direkt hinter dem Zugang in den ersten Burgbezirk der Alcazaba, kommen die eleganten Festungsgärten zum Vorschein – sie befreien die trutzige Anlage von ihrer militärischen Urfunktion und wirken wie eine friedvolle Oase: Setzen Sie sich, lauschen Sie dem sanften Plätschern des Wassers, das durch kunstvoll gefertigte Bodenkanäle fließt. Riechen Sie die üppige Fülle von Hibiskus und Bougainvilleen, und erspähen Sie leuchtende Blütentupfer!

Ein Bollwerk zur Verteidigung

Am Übergang vom ersten zum zweiten Burgbezirk zieht sich die un- **Stadtmauer**
ter Maurenfürst Jairan (auch Jayrán) erbaute Stadtmauer hinab in
die Schlucht La Hoya und wieder hinauf zum Cerro de San Cristóbal
gegenüber der Alcazaba. Auf diesem Hügel erbauten die Tempelritter
das **Castillo de San Cristóbal**, von dem noch mehrere Türme stehen. Die große Jesus-Statue wurde 1928 aufgestellt.

Ein Park entlang des Hafens und das Herz von Almería

Am Hafen zieht sich der mit Palmen bestandene Parque de Nicolás Sal- **Am Hafen**
merón entlang; ganz am Ostende überquert in luftiger Höhe die histo- **und in der**
rische Trasse der Erzverladebahn die Straße – ein kurioser Anblick. **Altstadt**
Auf dem **Paseo de Almería** flaniert man, kauft ein, geht in eines der
Straßencafés. Zu den auffallenden Gebäuden gehören der Sitz der Zi-
vilregierung, einst ein Kasino, sowie die zusammenhängenden Pracht-
bauten von Teatro Cervantes und Círculo Mercantil; die dahinterlie-
gende Basílica de la Nuestra Señora del Mar ist der Schutzheiligen der
Stadt geweiht, deren Figur im Jahr 1502 am Strand gefunden worden
sein soll. Rechter Hand vom Paseo geht es zur Markthalle (Mercado).

Gotteshaus und Wehrkirche

Beim Bau von Kathedralen, vor allem in Küstenstädten, hatten die Pla-
ner immer mögliche Überfälle von Feinden oder Piraten im Hinterkopf.
So entstanden Wehrkirchen – und die Kathedrale l gibt ein treffendes **Kathedrale**
Beispiel ab mit ihren mächtigen Ecktürmen, der turmartigen Apsis und
den Zinnen. Diego de Siloé erbaute sie kurz nach dem Erdbeben von
1522 an der Stelle der Freitagsmoschee. Weniger wuchtig wirken das
Hauptportal und die Puerta de los Perdones, beide von Juan de Orea,
mit Doppelsäulen, Figurenschmuck und dem Wappen Karls I.. Herausragendes Kunstwerk im dreischiffigen Kirchenraum ist das aus Nuss-
baumholz geschnitzte Chorgestühl, ebenfalls von Juan de Orea
(1558), dessen ungewöhnliche Figurenreliefs neben Kirchenmännern
und Heiligen u. a. auch einen Arbeiter, Beamte und eine Maurin zeigen.
Mo. – Fr. 10 – 14.30 und 16 – 19, Sa. 10 – 19, So. 10 – 18 Uhr | Eintritt: 6 €

Ein »Maurentöter«

Netter Platz in der City ist die arkadengesäumte Plaza Vieja (Plaza de **Rund um die**
la Constitución). Von ihr führt die geschäftige Calle de las Tiendas **Plaza Vieja**
zur Puerta de Purchena am Nordende des Paseo de Almería. Kurz
davor erhebt sich die aus dem 16. Jh. stammende Kirche Santiago el
Viejo mit einem 55 m hohen Turm und einem Portal mit der Figur des
hl. Jakobus als »Maurentöter« (Santiago Matamoros).
In der Calle Tenor Iribarne können Sie die **Aljibes Árabes** besichtigen, maurische Zisternen aus dem 11. Jahrhundert.
Aljibes Árabes: Fr. 18 – 21 (im Winter 17 – 20), Sa. 10.30 – 13.30 u.
18 –21 (im Winter 17 – 20 Uhr) | Eintritt frei

Von der Alcazaba hat man einen hinreißenden Blick auf die Stadt und die Küste.

Museo de Almería

Einen modernen Mantel trägt das **Museo de Almería,** das Archäologische Museum im Westen der Stadt; von der Vorzeit bis zur Maurenherrschaft sind die lokalen Funde gut dargestellt.
Carretera de Ronda, 91 (Eingang Calle Hermanos Pinzón) | Di. – Sa. 9 – 21, So. 9 – 15 Uhr | Eintritt frei

Rund um Almería

Mittelmeer und Plastikmeer

Westliche Costa de Almería

Die westliche Costa de Almería liegt im Fokus des Pauschaltourismus: Hier türmen sich hinter langen, meist sehr gepflegten Stränden die Hotel- und Bungalowanlagen, und auf diese folgt das Plastikmeer der Treibhäuser. An Pools, Park- und Sportanlagen, Supermärkten und Discos herrscht sowohl in **Aguadulce** als auch im kurz darauffolgenden **Roquetas de Mar** kein Mangel. **Almerímar** ist eine aus dem Boden gestampfte Luxus-Urbanisation mit großer Golfanlage. Hier sind Freizeitkapitäne willkommen, die an einem der 1100 Liegeplätze festmachen.

Ein Ausflug in die Geschichte

Die archäologische Grabungsstätte von Los Millares, nord-nord- **Los Millares**
westlich ab Almería auf der A-92 und A-348 zu erreichen, bezeugt,
dass hier, hoch über dem Tal des Río Andarax in der wüstenhaften
Sierra de Gádor, zwischen 2500 und 1500 v. Chr. Menschen lebten,
die Glockenbecherkeramik herstellten und ihre Toten in Megalithgräbern bestatteten. Ab Los Millares können Sie auf der A-348 die
Fahrt in die fruchtbar-grüne Terrassenlandschaft der Alpujarras
fortsetzen.

Los Millares: Mi.–So. 10–14 Uhr | Eintritt frei

Wilder Westen

Wer noch dem Glitzern des Mittelmeers an der Bucht von Almería
nachhängt, reibt sich in der Sierra Alhamilla verwundert die Augen. **Sierra**
Überall steigen kahle Flanken auf. Die sandbraune, spärlich bewach- **Alhamilla**
sene Landschaft erinnert an den Südwesten der USA, was ab den
1960er-Jahren Filmproduzenten nicht entging. Sie verwandelten die
Sierra zum **Drehort von Wildwestfilmen**, denn die Produktionskos-
ten waren hier relativ gering. Und genügend potenzielle Statisten gab
es auch. Nicht nur allerlei Spaghetti-Western wurden hier gedreht,
auch US-Produktionen kamen nach Spanien und mit ihnen Stars wie
Clint Eastwood, Anthony Quinn und Burt Lancaster.

Die besten Filmzeiten gehören zwar der Vergangenheit an, doch
touristisch aufgezogene **»Westernorte«** mit typischen Kulissen
halten die Traditionen aufrecht. Der größte und professionellste
unter ihnen ist – als Teil des »Oasys-Parks« (mit Zoo und Wasserpark) »Mini Hollywood«. Bei den Western- und Stuntshows pfeifen
die Kugeln, im Saloon steigen Cancan-Shows. An der Strecke nach
Tabernas folgt das kleinere »Fort Bravo«/»TexasHollywood«. Die
Öffnungszeiten wechseln häufiger, Aufschluss gibt die jeweilige
Website. Die Eintrittspreise sind recht hoch.

Mini Hollywood/Oasys Park: www.oasysparquetematico.com | Wes-
ternshows gewöhnlich um 12 und 17, Cancan im Saloon um 13 und 16
Uhr | Eintritt: 23,50 €
Fort Bravo/Texas Hollywood: www.fortbravo.org | Eintritt: 19,40 €

Energie aus der Sonne

Nicht nur die Besucher, auch die Versuchsfelder der Plataforma So- **Plataforma**
lar de Almería tanken Sonne in der **Wüste von Tabernas**. Diese An- **Solar de**
lage in der Nähe des gleichnamigen Ortes können Sie im Rahmen von **Almería**
Führungen besuchen. Hunderte von Spiegeln folgen dem Lauf der
Sonne, bündeln das Licht und werfen es auf einen 80 m hohen Emp-
fänger, wo es in Energie umgewandelt wird (▶ Baedeker Wissen
S. 56).

Anmeldung unter www.psa.es oder unter Tel. 950 38 79 90
Eintritt: 8 €

DIE ENERGIE DER SONNE

Dank seiner geografischen Lage und der hervorragenden klimatischen Bedingungen ist Andalusien ein idealer Standort für die Erzeugung erneuerbarer Energien. Das hat auch die andalusische Regierung erkannt und treibt deshalb den Bau v.a. solartechnischer Anlagen voran. Denn in einer strukturschwachen Region ist jeder neue Arbeitspatz willkommen.

▶ **Solarturmkraftwerk PS10**
Europas erstes kommerzielles Solarturmkraftwerk liegt ca. 10 km nördlich von Sanlúcar la Mayor (Prov. Sevilla); Anfahrt via Los Ranchos del Guadiamar.

200 m

▶ **Technische Daten**

Anzahl der Spiegel	624
Turmhöhe	114 m
Baukosten	35 Mio €
Leistung	11 MW
Stromerzeugung im Jahr	23 GWh

Solarturmkraftwerke

Turm mit Absorber

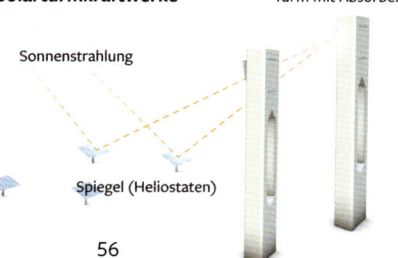

Sonnenstrahlung

Spiegel (Heliostaten)

▶ **Solarthermische Kraftwerke**
... basieren nicht auf Photovoltaik, sondern nutzen die Wärmeenergie der Sonne, um durch Erhitzen einer Absorberflüssigkeit Dampf zu erzeugen. Dieser treibt eine Turbine an, und ein Generator erzeugt aus dieser Bewegung elektrischen Strom.

Solarkraftwerke in Andalusien
Andalusien ist mit 425 GWh Solarstrom im Jahr die zweitgrößte
Erzeugerregion für Sonnenenergie
der Welt.

SPANIEN

Parabolrinnenkraftwerk Andasol 1
Das erste Parabolrinnenkraftwerk Europas
liegt bei Aldeire/La Calahorra (Prov. Granada).

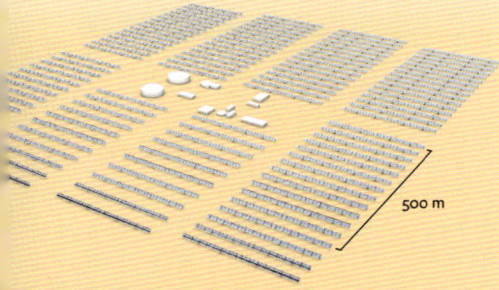

500 m

Technische Daten

nzahl der Parabolspiegel	209 664
ollektorfläche	510 120 m²
Wirkungsgrad	15 – 28 %
eistung	150 MW
tromerzeugung im Jahr	180 GWh

arabolrinnenkraftwerke

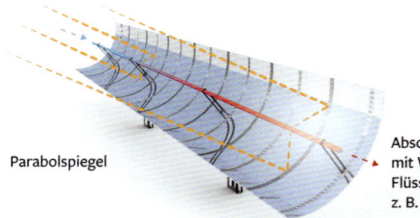

Parabolspiegel

Absorberrohr
mit Wärmeträger-
Flüssigkeit
z. B. Thermoöl

Strommix in Spanien
in Prozent

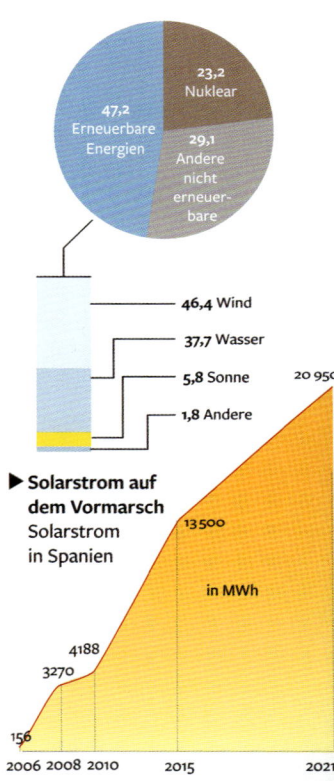

23,2 Nuklear

47,2
Erneuerbare
Energien

29,1
Andere
nicht
erneuer-
bare

46,4 Wind
37,7 Wasser
5,8 Sonne
1,8 Andere

**Solarstrom auf
dem Vormarsch**
Solarstrom
in Spanien

in MWh

20 950

13 500

4188
3270

156

2006 2008 2010   2015   2021

Kollektorflächenvergleich
in ha

PS10   Andasol 1–3

7,5   15,3

0,7
Fußballfeld
zum Vergleich

17,0

Helgoland
zum Vergleich

57

WER SCHNELLER ZIEHT ...

Cowboys zücken vor dem Saloon ihre Colts, Pferde ga-
loppieren über die staubige Straße – es ist Western- und
Stuntshowzeit in »Mini Hollywood«! Der kultige Wes-
ternkulissenort liegt in der Wüste von Tabernas, die karge
Landschaft hat schon für viele Wildwestfilme als Drehort
gedient. Tun Sie's Stars wie Clint Eastwood gleich und
atmen Sie in der Sierra Alhamilla die Symbiose von Film-
geschichte und Szenerie – aktiv mittendrin im Geschehen
oder einfach nur staunend aus sicherer Entfernung ...

Sorbas und die Unterwelt

Sorbas   Nordöstlich von Tabernas geht es weiter nach Sorbas, einem für seine **rote Töpferware** bekannten Ort mit einem freundlichen Hauptplatz. Der Ostrand von Sorbas fällt senkrecht zum Río de Aguas ab –
in 40 m Höhe hängen die Häuser im Fels über dem Tal. Höhlenkundler
finden östlich von Sorbas im sog. Karst de Yesos de Sorbas ein unter-
irdisches Höhlenlabyrinth, das sich auf Führungen erkunden lässt.
Höhlenführungen: Zeiten und Anmeldung s. www.cuevasdesorbas.
com | Eintritt: 18 € (1,5-2stündige Basisvariante), 30 € »Kombinierte
Route« (4 Std.), 50 € »Technische Route« (4,5 Std.)

ALMUÑÉCAR UND COSTA TROPICAL

Provinz: Granada | **Höhe:** Meereshöhe | **Einwohnerzahl:** 25 900

»Tropische Küste«, Costa Tropical, der Name hat etwas. So nennt man den Küstenabschnitt, der zur Provinz Granada gehört. Almuñécar ist der Hauptort der Costa Tropical und nicht frei von Bausünden, doch es gibt Kieselstrände, breite Promenaden, historische Spuren – und überraschende Zusatzziele.

Blickt man über die zubetonierten Ränder Almuñécars hinaus, folgen steile Küstenlandschaften mit fast tropischem Klima. Lokale Agrarprodukte sind Chirimoyas, Zuckerrohr, Avocados und Mangos. Almuñécar war eine phönizische Gründung und trug seinerzeit in der Tat den Namen »Sexi«. Die Reste von Pökelgruben, die später die Römer übernahmen und heute im Park El Majuelo liegen, belegen die Präsenz der Phönizier. Für die Geschichte Andalusiens hat der Ort große Bedeutung – hier landete 755 nach seiner Flucht aus Damaskus Abd ar-Rahman I., der Gründer des Emirats und späteren Kalifats von Córdoba.

Echt »Sexi«

▌ Wohin in Almuñécar und Umgebung?

Auf historischen Spuren

Die Oberstadt bewahrt die ursprünglichsten Teile Almuñécars mit ihren Gassen und weiß getünchten Häusern. Nach wie vor imposant ist der Rest der auf römischen Fundamenten stehenden **maurischen Burg** (Castillo de San Miguel). Sie wurde 1489 von den Christen erobert und im 16. Jh. ausgebaut. Heute ist sie stark restauriert und bietet unverändert schöne Ausblicke auch ins Bergland.

Oberstadt

Unweit der Burg befindet sich das **Archäologische Museum** in der Cueva de los Siete Palacios (»Höhle der sieben Paläste«), einer mehrschiffig gewölbten Anlage römischen Ursprungs. Die Grottenstrukturen haben Seltenheitswert; Amphoren und Öllämpchen zählen zu den Exponaten.

Castillo de San Miguel und Cueva de los Siete Palacios: im Sommer Di.–Sa. 10–13.30 und 18.30–21, So. bis 13 Uhr, sonst wechselnd, aber immer Mo. geschl. | Eintritt: je 4 €

Wo der Kalif an Land ging

Einfach zugänglich sind die Strände, die zentrale Playa Puerta del Mar, die Playa San Cristóbal und die Playa Velilla. Auf den Promena-

Unterstadt

ALMUÑECAR UND COSTA TROPICAL ERLEBEN

OFICINA DE TURISMO
Palacete de la Najarra
Avenida de Europa, s/n
Tel. 958 63 11 25
www.turismoalmunecar.es
tgl. 9.30–13.30 und 18.30–21Uhr

Mitte/Ende Juli Jazzfestival (Jazz en la Costa) und Fiestas del Carmen, im August Patronatsfest von Almuñécar

Beliebte Tapas-Reviere finden Sie um den Rathausplatz (Plaza de la Constitución), die Plaza Kelibia und hinter dem Paseo Puerta del Mar.

LOS GERANEOS €€ – €€€
Alleine die vielfotografierte Fassade mit Geranienschmuck (daher der Name des Restaurants) ist einladend. Auf den Teller kommen teils sehr kreative Kombinationen, bei denen Meeresfrüchte nicht fehlen dürfen.
Plaza de la Rosa, 4
Tel. 958 63 40 20

CASABLANCA €–€€
Das maurisch-verspielte Hotel mit 39 gemütlichen Zimmern liegt sehr günstig gegenüber der Playa de San Cristóbal; von hier aus lässt sich alles problemlos zu Fuß erkunden.
Plaza San Cristóbal, 4
Tel. 958 63 55 75
www.hotelcasablancaalmunecar.com

---

den geben sich die Einheimischen ihrem Lieblingsvergnügen hin, eben dem Promenieren. Während der Sommersaison öffnet in Strandnähe der **Wasserpark** AquaTropic mit Kamikaze-Rutschban und Wasserfall.

Einen Einschnitt nahe der Playa de San Cristóbal setzt der Küstenhügel **Peñón del Santo**, zu dessen Füßen ein übermannsgroßes Denkmal an Abd ar-Rahman I. erinnert. Dann geht's über Stufen hinauf zu einer lohnenden Aussichtsesplanade.

Ein nicht-alltägliches Ziel ist der schattige **Vogelpark** (Parque Ornitológico Loro Sexi) hinter der Plaza de Abderramán, wo eine Vielzahl tropischer Vögel zu Hause ist, v. .a Papageien. Sie teilen sich das Gelände mit Lemuren.

Aqua Tropic: im Sommer tgl. 11–19 Uhr | Eintritt: 24,50 €
www.aqua-tropic.com

Parque Ornitológico Loro Sexi: Juli, Aug. Di.–So. 10.30–14 u. 18 bis 21, April–Juni u. Sept. Di.–So. 10.30–14 und 17–20, sonst Di. – So. 10.30–14 und 16–18 Uhr | Eintritt: 4 €
http://parquelorosexi.almunecar.es

EIN THRON ÜBER DER KÜSTE

Gehen Sie's an im Ferienstädtchen Almuñécar an der Costa Tropical: Steigen sie zwischen den Stränden hinauf auf den Hügel Peñón del Santo. Hier, über der Küste und fernab von allem, nehmen Sie die Aussichten über Meer und Berge in sich auf und lauschen dem Spiel von Wind und Wellen …

Ausflugsziele in der Umgebung

Westlich von Almuñécar liegt, geschützt zwischen den Felvorsprün-   Strände
gen Cerro Gordo und La Punta de la Mona, die **halbkreisförmige
Bucht La Herradura** mit einem Strand. Ein Sträßchen führt weiter
zur **Marina del Este**, einem kleinen Jachthafen mit ruhigem Kiesel-
strand; Taucher starten von hier zu Exkursionen.

Ab der Nationalstraße nach Nerja gibt's nach ca. 10 km einen Abzweig hinab zur steinigen **Playa de Cantarriján**, einem **Nacktbadestrand** zwischen Felsen. Die Klippen gehören zu dem kleinen Naturschutzgebiet Paraje Natural Acantilados de Maro-Cerro Gordo.

Ostwärts ab Almuñécar erreicht man nach 14 km auf der Küstenstraße den Ort **Salobreña**, wo malerische Gassen zu einer nasridischen
Burg ansteigen. Badegäste steuern die Playa de la Charca und die
Playa de la Guardia an, Lokale tischen leckere Fischgerichte auf. Insbesondere sonntags, dem spanischen Hauptausflugstag, ist viel los.

Weiter östlich geht es über **Motril** mit den zwei sehenswerten Kirchen La Encarnación und Nuestra Señora de la Cabeza und der bis
1994 betriebenen Rohrzuckerfabrik Nuestra Señora del Pilar in die
Strandorte La Calahonda und Castell de Ferro.

LAS ALPUJARRAS

Provinzen: Granada, Almería

*Es gibt Gebirgslandschaften und Bergdörfer, die einfach in
ihren Bann ziehen und begeistern. So wie die Alpujarras,
die sich zwischen die Sierra Nevada und das Küstenhinterland
des Mittelmeers schieben.*

K 6

Vielfältige Natur und kulinarische Freuden

Entdecken Sie Schluchten, Flusstäler, Weiße Dörfer mit ihren übereinandergestapelten Häusern – doch nicht nur all das. Bis heute haben sich sichtbare Einflüsse der Mauren erhalten, etwa die niedrigen steinernen Häuser mit ihren zylindrischen Kaminen oder die Terrassengärten und Bewässerungssysteme. Zur Erklärung: Bereits im 8. Jh. siedelten sich hier Berber an, die später eine lukrative Seidenindustrie aufbauten. Nach dem Verlust Granadas 1492 zogen sich viele Mauren in die entlegene Gegend zurück, bis sie nach mehreren blutigen Aufständen 1568 endgültig vertrieben wurden. Einige Familien mussten allerdings bleiben, um den christlichen Neusiedlern die ausgeklügelten Bewässerungssysteme und Terrassengärten zu erhalten, in denen Getreide, Oliven, Zitrusfrüchte und Gemüse wuchsen. Noch heute wird alles in diesem Stil bewirtschaftet. Ab Anfang des 20. Jh.s wurden die Alpujarras von Schriftstellern und Wanderern wiederentdeckt, der Brite Gerald Brenan (1894–1987) machte einen der attraktivsten Landstriche Andalusiens mit seinem Buch »Südlich von Granada« einem größeren Publikum bekannt.

Die Alpujarras zeigen sich bei Bubión mit kinotauglichem Bergpanorama und malerischen Dörfern.

Freuen Sie sich auf eine vielfältige Natur, zu der Agaven, Feigen- und Granatapfelbäume gehören. Örtliche Tourismusbüros informieren über Wanderwege. Und für die Fraktion der Nichtvegetarier gibt's »schweinische« Noten dazu – dem luftgetrockneten Schinken aus Trevélez sei Dank.

▌ Fahrt durch die Alpujarras

Kommen Sie unbedingt mit dem Mietwagen – anders gelingt es kaum, die Alpujarras von West nach Ost zu durchqueren und die wichtigsten Stationen kennhenzulernen. Unterwegs finden Sie angenehme Übernachtungsmöglichkeiten.

Reizende Dörfer

Halten Sie sich von Granada zunächst auf der A-44 nach Süden. Nach 39 km zweigt die A-348 ab nach **Lanjarón**, einem Bergkurort, in dem eine bekannte Mineralquelle sprudelt und wo sich Burgreste erhalten haben. Lanjarón ist das Tor in die Alpujarras.

Tor in die Alpujarras

Hinter Lanjarón geht es auf schmaler und kurviger Straße, die bei Órgiva abzweigt, tief hinein ins **Valle del Poqueira**. Drei reizende Dörfer – Pampaneira, Bubión und Capileira – reihen sich hier im Schatten des Veleta aneinander, allesamt gute Ausgangspunkte für Wanderungen und Standort von Webereien, die bunte Decken und Teppiche (jarapas) herstellen.

Am Rand der gewaltigen Poqueira-Schlucht liegt **Pampaneira** mit der lauschigen Plaza de la Libertad, Freiluftcafés, Andenkenläden, schmalen Gassen und Blumenkübeln neben den Hauseingängen. Achten Sie in Bubión auf die kunstvollen Hauskamine, ehe die Luft in Capileira, 1436 m ü. d. M., etwas dünner wird.

Über Pitres, Pórtugos und das malerisch gelegene Busquístar führt die A-4132 auf 1476 m ü. d. M. nach **Trevélez**, das sich rühmt, die höchstgelegene Ortschaft Spaniens zu sein. Im Schatten der Bergriesen der Sierra Nevada reift in den Depots einer der **besten luftgetrockneten Schinken** des Landes heran. In Geschäften können Sie sich mit diesem »jamón serrano« eindecken, am besten scheibchen- oder stück- und nicht gleich keulenweise.

Über Narila fahren Sie weiter nach **Yegen**, wo eine Plakette jenes Haus markiert, in dem Gerald Brenan von 1920 bis 1934 lebte und die Lebensgewohnheiten der Dorfbewohner in seinem Buch »Südlich von Granada« aufzeichnete. Über Mecina Alfahar geht es dann nach Ugíjar wieder zur A-348, die nach 20 km auf die A-347 trifft (diese führt nach Süden über Berja hinab an die Küste).

Nach Norden steigt die Straße in großen Kehren allmählich wieder an und durchquert die zur Provinz Almería gehörenden Alpujarras (**»Alpujarra almeriense«**). Ihr Hauptort ist **Laujar de Andarax**, wo am

LAS ALPUJARRAS ERLEBEN

OFICINA DE TURISMO
Avenida de la Alpujarra, s/n
Lanjarón, Tel. 958 77 04 62
http://turismo.lanjaron.es
Hilfreiche Informationen, auch zu
Wanderrouten durch die Berge.

Infos über die einzelen Orte s.
www.alpujarraturistica.com

LA FRAGUA €€
Spezialitäten vom Schwein gibt es in
diesem Restaurant im berühmten
Schinkendorf, aber auch Lamm, Wild
und vegetarische Gerichte. Wunderbare Aussicht vom Speiseraum.
Trevélez
Cárcel, 4
Tel. 958 85 85 73
www.hotellafragua.com/
restaurant

EL CORRAL DEL CASTAÑO €€€
Dieses Restaurant dürfte kaum jemand enttäuscht verlassen, weder
von der Qualität noch der aufgetisch-
ten Menge her. Im Sommer sitzt man
draußen.
Capileira
Plaza Calvario, 16
Tel. 958 76 34 14

LANDUNTERKÜNFTE
Umfangreiche Informationen und
Kontakte zu Landunterkünften bzw.
Landhäusern (casas rurales) in den
Alpujarra mit weit über 200 Einrich-
tungen unter
www.alpujarraturistica.com.

LAS TERRAZAS €
Dem Namen entsprechend hat das
ruhig gelegene Haus drei Terrassen,
dazu gibt es einen Aufenthaltsraum.
Wer mag, kann in diesen Gemein-
schaftseinrichtungen gut mit anderen
Travellern in Kontakt kommen. Hüb-
sches Bergpanorama. Im Winter knis-
tert das Feuerholz im Kamin.
Bubión
Plaza del Sol
Tel. 958 76 30 34
http://terrazasalpujarra.com

FINCA LOS LLANOS €
Schönes Hotel (40 Z.) am oberen
Ortsrand mit Restaurant, Swimmingpool und schönen Ausblicken. Im Restaurant lokale Gerichte kosten.
Capileira
Carretera de Sierra Nevada
Tel. 958 76 30 71
www.hotelfincalosllanos.com
http://gloriarestaurantecapileira.
com

östlichen Ortsausgang der Río Andarax entspringt. Beachten Sie die
Reste einer Alcazaba und die Kirche La Encarnación, die auf den Ruinen der während des Moriskenaufstandes niedergebrannten Moschee
errichtet wurde. Nach der Niederlage von 1492 soll der letzte Mau-
renkönig Boabdil sich zunächst hier niedergelassen haben, wurde bald
darauf aber zur Übersiedlung nach Marokko gezwungen. Nun führt
die Straße meist hoch über dem Tal des Río Andarax durch eine Terrassenlandschaft und nette Dörfer wie Ohanes zum **Thermalbadeort
Alhama de Almería**. Von dort sind es noch 30 km nach ▶ Almería.

ANDÚJAR

Provinz: Jaén | **Höhe:** 211 m ü. d. M. | **Einwohnerzahl:** 36 200

Das Gold aus der Gegend um Andújar ist klein und oval: Oliven. Die Stadt am rechten Ufer des Guadalquivir ist ein Zentrum der andalusischen Olivenölproduktion. Touristisch liegt Andújar abseits der Hauptrouten.

Unweit der heutigen Stadt, bei Los Villares, lag das altiberische Illiturgi, der eigentliche Ursprung von Andújar. Die Mauren bauten um Andújar eine starke Befestigung, die Christen machten es nach der Eroberung im 13. Jh. zu ihrem ersten Vorposten in Andalusien. In der heutigen Wirtschaft spielen auch Tonwaren eine Rolle, die »alcarrazas« oder »jarras«, die mit Blumenmotiven bemalt oder als groteske Figuren gestaltet sind.

❚ Wohin in Andújar und Umgebung?

El Greco in der Kirche
Der beschauliche Mittelpunkt der Stadt ist die Plaza de España, die von einem gelb und weiß gestrichenen Torhaus in zwei Hälften geteilt wird. Rundum stehen hübsche Häuser, das Rathaus und die Kirche San Miguel, die schöne Schnitzarbeiten besitzt.
Bedeutendste Sehenswürdigkeit von Andújar ist die Kirche **Santa María la Mayor**, ein dreischiffiger, einfacher Renaissancebau mit plateresker Fassade. Das Gotteshaus birgt zwei wertvolle Gemälde: »Christus am Ölberg« von El Greco und »Die Unbefleckte Jungfrau« von Pacheco. Der mudejare Glockenturm ist nicht mit der Kirche verbunden, vermutlich geht er auf das Minarett einer Moschee zurück.

Andújar

Unberührte Natur und eine berühmte Märtyrerin
Nördlich und östlich von Andújar erstreckt sich der Parque Natural Sierra de Andújar, ein Stück unberührte Natur in der wildromantischen **Sierra Morena**, durchzogen vom Río Jándula, der sich zu zwei Seen weitet. Die Eichen- und Pinienwälder durchstreifen Damhirsche, Wildschweine, iberische Luchse und selbst Wölfe; in den abgelegensten Gebieten nisten noch Adler und Geier. Über die Wandermöglichkeiten informiert das Besucherzentrum.
Mitten in der Einsamkeit der Berge liegt das **Santuario de la Virgen de la Cabeza**, in dem die von Petrus nach »Illiturgi« entsandte Märtyrerin verehrt wird, vor allem bei der Wallfahrt am letzten Aprilsonntag. Die Legende berichtet, dass sie 1227 einem Hirten erschienen sein soll, worauf zehn Jahre später mit dem Bau der Kapelle begonnen wurde. Die einst gotische Kirche wurde im Spanischen

Parque Natural Sierra de Andújar

ANDÚJAR ERLEBEN

OFICINA DE TURISMO
Plaza de España, 1
Tel. 953 50 49 59
www.turismodeandujar.com

ROMERÍA DE NUESTRA SEÑORA DE LA CABEZA
Viele Pilger begeben sich am letzten
Sonntag im April auf die Wallfahrt zum
Heiligtum der Patronin von Andújar

LOS PINCELINES DE ANDÚJAR
€€–€€€
Hier, in einem der besten Lokale der
Stadt, nehmen Sie an fein gedeckten
Tischen Platz. Fleisch, Fisch, Meeresfrüchte – alles finden Sie hier hübsch
und schmackhaft zubereitet. Gern ge-
lobt wird auch der aufmerksame Service.
Calle Escritor Alcalá Venceslada,
36
Tel. 953 51 11 54

Bürgerkrieg völlig zerstört und danach wieder aufgebaut. Von der
Höhe genießt man einen überwältigenden Panoramablick.
Centro de Visitantes Parque Natural: Ctra. Andújar- Santuario de la
Virgen de la Cabeza, Km 13 (A-6177) | Fr. – So. 9 – 14 Uhr
Santuario: www.santuariovirgencabeza.org

★ ANTEQUERA

Provinz: Málaga | **Höhe:** 577 m ü. d. M. | **Einwohnerzahl:** 42 300

G 5

*Der Stolz Antequeras ist felsig, klobig und hat einige Tausend Jah-
re auf dem Buckel: die zum UNESCO-Weltkulturerbe ernannten
Dolmen. Doch das ist längst nicht alles in diesem Städtchen in der
gleichnamigen Hochebene, wo der Río Guadalhorce entspringt.*

Kirchen, Burg und Dolmen

Antequera liegt zwischen der wild zerklüfteten Sierra del Torcal und
einem landwirtschaftlich geprägten Gebiet. Das Stadtbild mag sich
nicht aus einem Guss präsentieren, doch in der Altstadt überrascht
die Vielzahl der oft mit mudejaren Elementen versetzten Kirchen aus
Renaissance und Barock. Diese, die Alcazaba und die Zeugnisse der
Megalithkultur machen Antequera zu einem lohnenden Reiseziel.
Auch die Ziele im erweiterten Umland sind außerordentlich attraktiv
und abwechslungsreich. Unter den Römern als Anticaria zu Bedeutung gelangt, bauten die Mauren den Ort zu einer großen Festung aus,
die 1410 von den christlichen Truppen erobert wurde.

▌ Wohin in Antequera?

Drei Megalithgräber

Lassen Sie sich einfangen von gewaltigen Stützsteinen und der Stimmung in schlauchartigen Gängen! Mit den Megalithgräbern Cueva de Menga, Viera und El Romeral besitzt Antequera drei prähistorische Grabanlagen, die zu den **besterhaltenen und eindrucksvollsten** ihrer Art gehören, weshakkb sie auch auf der Welterbeliste der UNESCO stehen. Die Dolmen belegen in der europäischen Vorgeschichte die erste bewusste Einbindung einer monumentalen Architektur in eine ebensolche Landschaft; heute reichen Wohngebiete nahe heran, doch das schmälert nicht ihre Zugkraft.

⭐ Dólmenes de Antequera

An der Ausfallstraße Richtung Granada liegt linker Hand der Eingang in einen modernen Archäologiekomplex. Die eigentlichen Dolmen Menga und Viera sind in einen Hügel hineingebaute Ganggräber. **Menga** wird auf das 3. Jt. v. Chr. datiert und ist nach dem Lauf der Sonne in Ost-West-Richtung ausgerichtet. Das gesamte Grab ist 25 m lang und bis zu 3 m hoch. Ein von drei Pfeilern gestützter Gang mündet in die ovale Grabkammer, die aus 15 Megalithblöcken besteht. Diese tragen fünf riesige Steinplatten, von denen eine 180 t wiegen soll. **Viera** stammt aus ungefähr derselben Zeit, ist jedoch wesentlich kleiner. Ein von Steinplatten gebildeter Gang führt zur annähernd kubischen Grabkammer.

In isolierter Lage nordöstlich der Innenstadt gelangen Sie zum Dolmen **El Romeral**. Er ist ebenfalls aus dem 3. Jt. v. Chr. und besteht aus zwei Kammern, in die ein 24 m langer Gang führt.

Di.–Sa. 9 – 18, So. 9 – 15 Uhr | Eintritt frei
www.antequerapatrimoniomundial.com

Eine Festung und zwei Kirchen

Dominiert wird die Altstadt von der stark restaurierten Maurenfestung Alcazaba. Man erreicht sie über den Arco de los Gigantes, 1585 zu Ehren Philipps II. errichtet und mit dem Stadtwappen geschmückt. Von der Burg erhalten geblieben sind zwei Mauerabschnitte und die große Torre de Papabellotas, die einen barocken Aufsatz trägt. Wunderbar ist der Blick über das weiße Häusermeer der Stadt, Olivenhaine, die Sierra de Chimenea und den isolierten, flossengleich aufsteigenden **Felsgiganten La Peña**.

Alcazaba

Auf dem Burgplateau befindet sich auch die Renaissancekirche Santa María la Mayor. Erwähnung verdient außerdem die nahe **Kirche El Carmen** (17. Jh.), die einst Teil eines Karmeliterklosters war. Die schlichte Fassade steht im Kontrast zum barocken Innenraum und dem churrigueresken Holzretabel aus rötlichem Pinienholz, dessen Szenen von Antonio Primo geschnitzt wurden.

Alcazaba: im Sommer tgl. 10–18 Uhr, außerhalb der Saison oft über Mittag geschl. | Eintritt: 6 € (zusammen mit der Kirche Santa María la Mayor)

Kirchen, Kirchen, Kirchen und zwei Museen

Durch die Altstadt

Wichtiger Anlaufpunkt in der Altstadt ist die brunnengeschmückte **Plaza de San Sebastián** und dem im 18. Jh. erbauten Backsteinturm der **Iglesia de San Sebastián**. Das Kirchenschiff stammt aus dem 16. Jh., die Hauptfassade ist in platereskem Stil reich verziert, die Turmfigur als »Angelote« bekannt. An San Sebastián lehnt sich die weiß getünchte, einschiffige **Iglesia de la Encarnación** aus dem 16. Jh. an mit einer schönen Artesonadodecke.

Von San Sebastián führt die Calle Encarnación zur **Plaza del Coso Viejo** mit dem barocken Palacio de Nájera, der das **Stadtmuseum** (Museo de la Ciudad de Antequera) beherbergt. Unter den Ausstellungsstücken ragen der Marmorkopf der »Venus von Antequera« und ein bronzener Ephebe heraus, römische Kopie eines griechischen Originals aus dem 1. Jh. n. Chr. An der Plaza Coso Viejo zeigt ein Reiterstandbild König Ferdinand I., der Antequera 1410 aus der Hand der Muslime eroberte.

Von der Plaza del Coso Viejo gehen Sie ein kurzes Stück weiter zur Plaza de las Descalzas mit dem Kloster der barfüßigen Karmelitinnen, in dem sich das **Museo Conventual de las Descalzas** der Sakralkunst widmet; sehenswert sind Skulpturen von Pedro de Mena und Pedro de Roldán sowie ein Gemälde der heiligen Theresa von Luca Giordano. Kehren Sie auf die Plaza de San Sebastián zurück, beginnt dort auch die **Calle Infante Don Fernando**, die Hauptgeschäftsstraße der Stadt. Ihrem Ende zu liegt rechter Hand der **Palacio Consistorial** mit einem schönen Innenhof, einstmals Klosterkreuzgang, dessen Säulen aus Marmor aus der Sierra del Torcal bestehen. An den Palast schließt die Kirche **Nuestra Señora de Los Remedios** an. Sie bewahrt einen Retabel von Antonio Ribera.

Letzte im Bunde nennenswerter Kirchen sind an der Plaza de Abastos die spätgotische **Iglesia de San Zoilo** mit mudejarer Holzdecke im 17. Jh. angebrachten aufwendigen Stuckarbeiten sowie die **Iglesia de Belén** in der Calle Belén, deren Innenraum ein schönes Beispiel für die Überschwänglichkeit des andalusischen Barocks ist.

Stadtmuseum: Di.- Fr. 10-14 u. 16.30-18.30, Sa. 9.30-14 u. 16.30 bis 18.30, So. 9.30- 4 Uhr | Eintritt: 3 €

Museo Conventual de las Descalzas: Di.-Fr. 10-14 u. 17-19.30, Sa. 9-12.30 u. 17-19, So. 9-12.30Uhr | Eintritt: 3,30 €

| Rund um Antequera

Einblicke in die Erdgeschichte

Paraje Natural El Torcal de Antequera

Rund 10 km südlich von Antequera, zu erreichen auf der A-7075 Richtung Villanueva de la Concepción, liegt der Eingang zum Naturschutzgebiet El Torcal. Das zerklüftete Gebirge ist eine fantastische Karstlandschaft, die Auffaltungsprozesse, Sturm und Regen in Jahr-

OBEN: Die Urgewalt der Natur spürt man in El Torcal hautnah inmitten jahrtausendealter Gesteinsformationen.

UNTEN: Der »kleine Königsweg« führt durch spektakuläre Landschaft. Einer der Höhepunkte ist die Überquerung der Schlucht.

ANTEQUERA ERLEBEN

OFICINA MUNICIPAL DE TURISMO
Calle Encarnación, 4
Tel. 952 70 25 05
http://turismo.antequera.es
Mo.–Sa. 9 –18.30, So. 10–14 Uhr

REAL FERIA DE AGOSTO
Großes, einwöchiges Stadtfest im August mit Stierkämpfen und Jahrmarkt

RESTAURANTE PARADOR DE ANTEQUERA €€€€
Das Restaurant bietet einen exquisiten Querschnitt der regionalen Küche. Natürlich können Sie in dem angenehmen, ruhigen Haus, das von einer Parkanlage umgeben ist, auch übernachten. Schöner Ausblick auf die Ebene von Antequera.
Paseo García del Olmo, 2
Tel. 952 84 02 61
www.parador.es

RECUERDOS TAPAS BODEGA €
Für all jene, die ein besonderes Häppchen-Paradies mit kulinarischer Kleinkunst suchen. Natürlich gehört ein guter Tropfen dazu. Das macht richtig Appetit!
Calle Laguna, 5
Tel. 951 35 63 65

HOTEL CONVENTO LA MAGDALENA €€€–€€€€
Luxushotel mit 21 Zimmern in einem ehemaligen Kloster (1584) außerhalb von Antequera, direkt an einem Golfplatz. Schöner Wellness-Bereich mit Glasfront zum Garten. Gäste können zwischendurch auch die Reste des Klosters erkunden, die Kirche, Krypta und restaurierte Wandmalereien.
Urbanziación Antequera Golf
Tel. 951 06 03 52
www.hotellamagdalena.com

---

tausenden aus dem porösen Kalkstein geschaffen haben. Zwei markierte Rundwanderwege führen durch das Gebiet: Die grüne Strecke (Ruta Verde) ist 1,5 km lang und dauert 45 Min., die gelbe, 3 km lange Strecke (Ruta Amarilla) eröffnet in 1200 m Höhe einen herrlichen Blick auf das Tal von Málaga.
Informationszentrum: April–Okt. tgl. 10–19, übrige Monate bis 17 Uhr

Garganta del Chorro

Ein Dorado für Naturfans
Südwestlich des Torcal-Gebirges durchstößt der Río Guadalhorce die Gebirgskette in einer bis zu 400 m tiefen und 3 km langen Schlucht. Diese gigantische Felslandschaft, die Garganta del Chorro bzw. Desfiladero de los Gaitanes, lockt Naturfans an. Die Anfahrt ab Antequera führt über das bei Gleitschirmfliegern (parapente) beliebte Valle de

Abdalajís und den Burgort Álora; eine Zusatzattraktion unterwegs ist der Lobo Park (▶ unten). Nördlich der Schluchtlandschaft ist der Fluss zu vier Seen aufgestaut, der schönste ist der Gaitanejo. In der Schlucht leben Gänsegeier und vereinzelt Steinadler. Schöne Aussichten in die Schlucht bietet ein **Rundwanderweg** bei den Stauseen; auch vom höher gelegenen Tajo de la Encantada, den man über Bobastro erreicht, überblickt man die Schlucht. Die Ruinen von **Bobastro** zeugen von einem mozarabischen Hügelfort, das der im 9. Jh. zum Christentum konvertierte Rebell Ibn Hafsun errichtete. Von hier aus leistete er Widerstand gegen die Omaijaden und ließ sich nach seinem Tod 917 in der Kirche beisetzen. Abd-ar Rahman III. nahm 927 Bobastro ein und ließ die gesamte Anlage zerstören.

Für Schwindelfreie

Eine weitere Attraktion in der Gegend ist der **Schluchtenpfad** Caminito del Rey, der nach ambitionierter Renovierung wiedereröffnet worden ist. Ursprünglich wurde der Weg gebaut, um den Zugang zum Wasserkraftwerk Sociedad Hidroeléctrica del Chorro zu erschließen und die Materialanlieferung für den Bau eines Kanals zwischen zwei Talspperren zu ermöglichen. Die Arbeiten zogen sich zwischen 1901 und 1905 hin, genutzt wurde der Pfad bis in die 1970er-Jahre. Benannt ist das »Weglein des Königs« nach König Alfonso XIII., der den Pfad bei der Einweihung der Talsperre Conde del Guadalhorce 1921 beschritt.

Bei der umfangreichen Renovierung wurde vor allem die Wegstrecke über der 100 m tiefen Schlucht über den Guadalhorce-Fluss wiederhergestellt, allerdings meist über dem originalen Weg. Einige Stellen sind nun mit einem Glasboden ausgestattet, um die spektakuläre Schlucht und den ursprünglichen Klettersteig sichtbar werden zu lassen. Die sich zwischen steilen Wänden dahinziehende Strecke ist 7,7 km lang; davon entfallen 4,8 km auf die Eingangsbereiche und 2,9 km auf den Klettersteig selbst. Der Weg kann auf eigene Faust oder mit einem kundigen Führer in einer Gruppe begangen werden.

Eintritt: 10 €, mit Führung 18 € | Zugang nur mit online-Reservierung unter www.caminitodelrey.info

Caminito
del Rey

Vorsicht, Wölfe!

Ein ungewöhnliches Ziel, an der Landstraße A-343 südwestlich von Antequera auf dem Weg nach Álora, ist der Lobo Park. Hier leben verschiedene Wolfsarten in extrem großzügig bemessenen Gehegen mit Buschwerk und Steineichen. Die Tiere, die in erster Linie aus Zoos und Wildparks stammen, haben hier eine neue Heimat gefunden. Die Präsenz des Menschen ist ihnen also vertraut.

Carretera A-343 Antequera-Álora, km 16 | Führungen Do.–So. 11, 13, 15 und 16.30 Uhr | Eintritt 11.50 €, Kinder 3-12 Jahre 7,50 € www.lobopark.com

Lobo Park

6X
ERSTAUNLICHES

Überraschen Sie Ihre Reisebegleitung: Hätten Sie das gewusst?

1.
ROSIGE AUSSICHTEN ...

... haben Sie an der **Laguna de Fuente de Piedra**. An dem Salzsee im tiefen Inland können Sie sich unzählige Flamingos vors Fernglas oder Teleobjektiv ziehen. (**S. 73**)

2.
»GROTTE DER WUNDER«

Auf Spanisch heißt sie **Gruta de las Maravillas** und hält mit der Pracht ihrer Tropfsteine und unterirdischen Seen das, was im Namen mitschwingt. Ein Top-Ziel in Aracena. (**S. 74**)

3.
STADT DER MUSEEN

Wer hätte gedacht, dass gerade **Málaga** als **»Stadt der Museen«** heraussticht? Über drei Dutzend stehen zur Wahl, angeführt von echten Tempeln der Kunst: dem Picasso-Museum, dem Centre Pompidou Málaga und dem Museum Carmen Thyssen. (**S. 219**)

4.
SPIEGEL-ARMEE

Wie in einem Science-Fiction-Film fühlen Sie sich in der **Wüste von Tabernas.** Die ausgeklügelten Spiegelsysteme der Plataforma Solar de Almería fangen die Sonne ein und verwandeln sie in Energie. (**S. 55**)

5.
HÖHLENLEBEN

Seltsam, dass in **Guadix** immer noch viele Menschen in Höhlen leben: in echten Wohnhöhlen, aber nicht frei von Komfort. Im städtischen Höhlenviertel Barriada de las Cuevas, verraten kalkweiße Schornsteine die Domizile im Fels. (**S. 178**)

6.
UNTER WÖLFEN

... dürfen Sie sich im **Lobo Park** südwestlich von **Antequera** fühlen. Hier haben die Raubtiere in den Großgehegen riesigen Auslauf. (**S. 71**)

Rosa Flamingos

Die Laguna de Fuente de Piedra, beim gleichnamigen Ort 18 km nordwestlich von Antequera, ist einer der letzten großen Brutplätze für rosa Flamingos in Europa (▶ Das ist Andalusien, S. 14). Zu Tausenden treffen sie im Frühjahr an diesem weit ausgreifenden Salzsee ein und bleiben bis August/September, um ihre Jungen großzuziehen. Die Lagune selbst ist eingezäunt, es gibt jedoch Beobachtungspunkte (Fernglas oder leistungsstarkes Teleobjektiv mitbringen!). Weitere Infos erhalten Sie im Besucherzentrum. Außer Flamingos kann man auch Seeregenpfeifer, Stelzenläufer, Kraniche, Lachseeschwalben, Störche, Reiher und vielleicht sogar einen Fischadler ausmachen.

Laguna de
Fuente de
Piedra

Uralter Ort

Archidona, 15 km nordöstlich von Antequera, war karthagischer Stützpunkt während der Punischen Kriege. Hier gilt es bei schönster Aussicht auf die umliegende Landschaft die Ermita de la Virgen de Gracia zu besichtigen, eine einstige Moschee, die gegen Ende des 15. Jh.s in eine Kirche umgebaut wurde. Den Mittelpunkt der Stadt bildet die achteckige Plaza Ochavada, im 18. Jh. nach französischem Vorbild angelegt.

Archidona

ARACENA

Provinz: Huelva | **Höhe:** 732 m ü. d. M. | **Einwohnerzahl:** 8300

Die Natur gibt die Wege vor: Inmitten von Olivenbaum-, Feigen- und Mandelgärten liegt in der Sierra de Aracena, im äußersten Nordwesten Andalusiens, das Bergstädtchen Aracena.

Aracenas gesundes Klima bringt Erfrischung zur Sommerhitze an der Küste. Lokale Einnahmequellen sind Töpferwaren, Korkverarbeitung und Tourismus. Für Besucher interessant sind einmal die Freiluftskulpturen zeitgenössischer andalusischer Künstler, die Burganlage und vor allem eine Tropfsteinhöhle, die Gruta de las Maravillas.

❚ Wohin in Aracena und Umgebung?

Eine Burg, eine Kirche und ein Schinkenmuseum

Begeben Sie sich auf historische Spuren. Dazu müssen Sie wissen, dass Sancho von Portugal die Stadt im Mittelalter den Mauren abnahm, sie aber 1267 an Kastilien abtreten musste. Alfons X. übergab Aracena dem Templerorden, der eine Burg errichtete. Zur Burganla-

Historische
Spuren

ge gehört eine spätgotische Kirche der Templer. Sie geht auf eine Moschee zurück; der Sockel des vormaligen Minaretts trägt heute den Glockenturm.

Unterhalb der Burg liegt an der Plaza Alta das Cabildo Viejo, ein Lagerhaus aus dem 15. Jh., in dem eine Regionalausstellung untergebracht ist. Gegenüber fällt die Iglesia Nuestra Señora de la Asunción aus dem 16./17. Jh. auf. Schließlich lädt in der Calle Gran Vía noch das **Museo del Jamón** (Schinkenmuseum,) zu einem Besuch ein.

Museo del Jamón: tgl. 10–14 u. 16–19 Uhr | Eintritt: 3,50 €

Gruta de las Maravillas

Die Höhle der Wunder

Sie hat bereits einen fantastischen Klang: Gruta de las Maravillas, »Höhle der Wunder«. Die Tropfsteinhöhle steckt mit ihren Sälen und Seen im Burgberg. Gesteins- und Kristallformationen spiegeln sich herrlich im Wasser.

Eingang: Ermita de San Pedro | Führungen: tgl. 10–13.30 und 15–18 Uhr | Eintritt: 12,50 €, Mitte Juni bis Mitte Sept. 15 €

Jabugo

Schinken über alles

Jabugo, 16 km westlich von Aracena, ist weithin als Zentrum der Schinkenherstellung bekannt. Hier wird der köstliche luftgetrocknete Schinken hergestellt, den die in den Eichenwäldern der Sierra halbwild lebenden Schweine liefern. Die Luxusvariante dieses Schinkens heißt **»pata negra«**. Neben der Rasse der »Schwarzhufer«, einer Züchtung aus Wild- und Hausschwein, ist auch die Verarbeitung ein wichtiges Qualitätsmerkmal. Die Landschaft um Jabugo gehört zum Parque Natural de la Sierra de Aracena y Picos de Aroche.

Almonaster la Real

Eine uralte maurische Festung

Den Anstoß zu Ihrem Besuch in Almonaster la Real (27 km westlich von Aracena) gibt die Burganlage muslimischen Ursprungs mit einer Moschee aus dem 10. Jh.; in diese wiederum wurden Reste eines westgotischen Vorgängerbaus integriert.

An der Kirche San Martín fallen die typischen Elemente des aus dem nahen Portugal gekommenen manuelinischen Stils auf: tauartig verschlungene Säulen und reiche Ornamentik mit Muschel- und Krabbendekor. Vom Mirador de San Cristóbal, einem Aussichtspunkt, hat man einen herrlichen Blick auf die Sierra und den Ort.

Aroche

Stierkampf und Rosenkränze

Im 42 km westlich von Aracena liegenden Aroche bauten die Mauren auf römischen Fundamenten ihre Wehrmauer; auch das Castillo de las Armas, dessen Innenhof heute als Stierkampfarena dient, stammt aus dieser Zeit. Kurios ist das **Museo de Rosario**, das eine beachtliche Sammlung an Rosenkränzen ausstellt.

Museo del Rosario: im Tourismusbüro (Edificio Mercaroche) nachfragen

ARACENA ERLEBEN

OFICINA DE TURISMO
Mueso del Jamon, Gran Via, s/n
Mobil 663 93 78 77
www.aracena.es
tgl.10–14 und 16–18 / 19 Uhr

JOSÉ VICENTE €€€
Ein Klassiker in Aracena, spezialisiert
auf Schweinefleisch – aber auch Ge-
müse und Lammrippchen sind klasse.
Die Auswahl ist klein, aber fein.
Avenida Andalucía, 53
Tel. 959 12 84 55

MONTECRUZ €€€€
Dieses Restaurant hat schon einige
Preise eingeheimst. Ein kulinarisches
Aufwärmprogramm können Sie mit
Tapas starten. Dann geht's mit Schin-
ken, Wild oder saisonalen Pilzgerich-

ten weiter. Hier dürfen Sie hohe Maß-
stäbe anlegen.
Calle San Pedro, 36
Tel. 959 12 60 13
http://restaurantemontecruz.
metro.rest

FINCA VALBONO €€
Dies ist der richtige Ort für Ferien auf
dem Land. Die im Parque Natural de
la Sierra de Aracena y Picos de Aroche gelegene Finca bietet Ferienhäuschen und ein Hotel mit Zimmern und
Apartments (alquerías), ein Restaurant, dazu Sportmöglichkeiten, Pool
und einen Reitstall.
Carretera Aracena-Carboneras,
km 1,2
Tel. 959 12 77 11
www.fincavalbono.com

5000 Jahre Bergbaugeschichte

Südlich von Aracena beginnt das historische Bergbaugebiet von Río
Tinto. Benannt ist es nach dem »Gefärbten Fluss«, Río Tinto, dessen
stark mineralienhaltiges Wasser viele verschiedenen Farbschattie-
rungen aufweist. Lange hatte man fälschlicherweise angenommen,
der Fluss sei durch den Bergbau verseucht. Die letzte Mine schloss
2001. Mittlerweile sind große Teile des Gebiets unter Schutz gestellt
worden. Sogar die NASA hat schon am Río Tinto geforscht, da es dort
die gleichen Mineralien gibt wie auf dem Mars.

Minas de Ríotinto und **Nerva** sind die Hauptorte des historischen
Kupferbergbaugebiets, das schon in iberischer und römischer Zeit
erschlossen wurde und 1873 bis 1954 der britischen Río Tinto Mining Company gehörte. Im **Museo Minero,** das in einem ehemaligen englischen Hospital untergebracht ist, erfahren Sie einiges
über die 5000-jährige Bergbaugeschichte. Hauptattraktionen sind
die Nachbildung einer römische Mine sowie der luxuriöse Eisen-
bahnwaggon eines Maharadschahs, der 1892 in Birmingham für
Königin Viktoria aus Anlass eines Indienaufenthaltes erbaut und
dann für einen Besuch Alfons' XIII. nach Ríotinto transportiert

Minengebiet
Río Tinto

OBEN: Phönizier, Römer, später Briten und Spanier bauten hier Kupfer, einst auch Gold und Silber ab. Für das rötlich gefärbte Wasser des Río Tinto sind Mineralien verantwortlich, keine Umweltschäden.

UNTEN: Juwel der spanischen Gastronomie: der Jabugo-Schinken. Vor Ort finden Sie ihn unter seinem Namen Jamón Ibérico.

wurde. Am Ortsrand liegt das **Barrio Bellavista**, das mit viktorianischen Häusern und einem presbyterianischen Friedhof samt Kirche für die britischen Angestellten der Minengesellschaft errichtet wurde. Heute ist das Viertel Teil des **Parque Minero de Ríotinto**, zu dem noch ein Bergbaumuseum, die Casa 21, die zeigt, wie die Briten lebten, eine Bergwerksbahn, die Mine Peña de Hierro und der Tagebau Corta Atalaya gehören. Wie man die Bodenschätze noch bis Ende 2001 abbaute, wird hier deutlich. Gezogen von einer Diesel- oder einer Dampflok, zuckeln Sie mit der Bergwerksbahn in viktorianischen Waggons durch das historische Areal. Es gibt verschiedene »Erlebnispakete« mit Besuchsstationen und Bahnfahrten.

Drei Kilometer nördlich von Ríotinto kann man die römische Grabstätte **Necrópolis de la Dehesa** aus dem 2. Jh. n. Chr. besichtigen.

Parque Minero de Ríotinto: tgl. 10.30–15 u. 16–19/20 Uhr | Eintritt: von 5 € (Museo Minero und Casa 21) über 11 € (Zugfahrt) bis 24 € (Kombiticket Museen, Minen, Zugfahrten) | Online-Reservierung empfohlen s. https://parquemineroderiotinto.es/

★ ARCOS DE LA FRONTERA

Provinz: Cádiz | **Höhe:** 185 m ü. d. M. | **Einwohnerzahl:** 30 900

Weiß getünchte Hausfassaden, verwinkelte Gassen, Blumenschmuck: der Stoff, aus dem Andalusiens Weiße Dörfer (pueblos blancos) sind und aus dem auch Arcos de la Frontera gestrickt ist. Ein Gesamtkunstwerk, zumindest im oberen Ortsteil.

E 6

Wer von Osten her kommt, sieht Arcos de la Frontera, kurz Arcos, von seiner schönsten Seite: 160 m hoch über dem Río Guadalete kleben halbkreisförmig die weißen Würfelhäuser an der Felswand. Aus dem Häusergewirr ragen die Türme der Hauptkirchen empor. Das gibt eine wunderbare Einstimmung auf dieses Weiße Dorf, wobei der Terminus »Dorf« in die Irre führt. Treffender wäre, Dorf in XL-Format, denn Arcos ist deutlich größer als andere Orte. Fast ein Städtchen.

Klassisches Weißes Dorf

Schon die Karthager und Römer machten sich die strategisch günstige Lage auf dem Felsrücken zunutze, um weite Teile des Umlands zu überwachen. Das maurische Medina Arkosch war ab dem 11. Jh. Hauptstadt einer Taifa; unter den Christen bekam Arcos später seinen heutigen Namen. Der örtliche Grundriss ist unverkennbar maurisch geblieben.

ARCOS DE LA FRONTERA ERLEBEN

OFICINA DE TURISMO

Cuesta de Belén, 5
Tel. 956 70 22 64
www.turismoarcos.es
Tgl. 10–14, Mi.–Sa. auch
16.30–19.30 Uhr

SEMANA SANTA

Außer Prozessionen gibt's Ostersonn-
tag ein Stiertreiben (Toro del Alelu-
ya) auf offener Straße.

FERIA DE SAN MIGUEL

Ende September steigt das Hauptfest
zu Ehren des Stadtpatrons.

BAR LA CÁRCEL €

Geben Sie sich den Freuden der
Häppchen-Kultur in einer der urigs-
ten und traditionellsten Tapas-Bars in
der Altstadt hin. Gut und günstig –
was will man mehr?
Calle Deán Espinosa, 18
Tel. 956 70 04 10

RESTAURANTE PARADOR DE ARCOS DE LA FRONTERA €€€€

Die Küche steht auf gewohnt hohem
Paradores-Niveau. Kosten Sie ge-
schmorten Stierschwanz (rabo de
toro) oder Auberginen in Honig
(berenjenas a la miel). Und danach
ein Kalorienbömbchen in Form einer
typischen Cremespeise (natillas).
Plaza del Cabildo, s/n
Tel. 956 70 05 00
www.parador.es

HOTEL EL CONVENTO €

Wer in der Altstadt nett übernachten
und kein Vermögen ausgeben will,
liegt mit diesem Haus goldrichtig.
Es ist in einem ehemaligen Kloster
eingerichtet worden. Einige der
13 Zimmer sind nach bedeutenden
Personen, darunter Dichtern, benannt. Terrasse mit schöner Aussicht.
Calle Maldonado, 2
Tel. 956 70 23 33
www.hotelelconvento.es

❚ Wohin in Arcos de la Frontera und Umgebung?

Plaza del
Cabildo

Zwischen Himmel und Erde
Höher und höher geht's beim Ortsspaziergang, bis Sie die Plaza del
Cabildo erreichen, den Dreh- und Treffpunkt in der Altstadt. Der
Blick vom Aussichtspunkt (Mirador) ist atemberaubend. An dem
Platz liegen das Rathaus, eine Burg arabischen Ursprungs, die Casa
del Corregidor aus dem 16. Jh. (heute Parador-Hotel) und die **Basílica Menor de Santa María de la Asunción**. Deren wuchtiger qua-
dratischer Turm überragt alle umliegenden Gebäude. Ein hervorra-
gendes Beispiel für den plateresken Stil des 16. Jh.s gibt das fein
gearbeitete Westportal. Im dreischiffigen Innern fallen das spägoti-

Arcos de la Frontera thront hoch oben auf dem Nordhang über dem Guadalete.

sche Fächergewölbe und das Hauptretabel aus dem 17. Jh. auf, das die Himmelfahrt Marias zum Thema hat. Dahinter bildet die Apsis den ältesten Gebäudeteil mit mudejaren Stilelementen. Verehrung genießt die Marienfigur der Ortsheiligen Virgen de las Nieves. Kurios sind die Kirchenbögen, die rückwärtig über die Gasse reichen.

Eine weitere sehenswerte Kirche, die **Iglesia de San Pedro**, entstand auf den Resten einer maurischen Festung. Der spätgotische Innenraum birgt ein feines Hauptretabel aus dem 16. Jh. und zeigt die Heiligen Petrus und Hieronymus. Rechts und Links davon stellte Francisco Pacheco, der Lehrer von Diego Velázquez, den heiligen Ignatius und die Jungfrau Maria dar.

Adelspaläste

Bei einem Bummel durch das Gassengewirr in der Altstadt geht es nicht darum, einem strikten Plan zu folgen, sondern die Eindrücke des Weißen Dorfs auf sich wirken zu lassen. Im Vorbeigehen werden Ihnen ein ums andere Mal weitere Kirchen und auch Adelspaläste aus dem 15. bis 17. Jh. auffallen. Beachtenswert sind der Palacio de Mayorazgo

Bummel durch die Altstadtgassen

79

gleich bei der Kirche San Pedro, der Convento de la Encarnación mit einem platteresken Portal und der Palacio del Marqués de Torresoto. Die gotisch-mudejare Fassade des Palacio del Conde de Águila aus dem 15. Jh. in der Cuesta de Belén ist eine der stadtältesten.

Ein kleines Naherholungsgebiet

Lago de Arcos

Lust auf Rudern, Kajakfahren, einen kleinen Strand? Ein Stück nordöstlich des Orts breitet sich der künstlich angelegte See Lago de Arcos aus, ein lohnendes kleines Naherholungsgebiet.

Maurische Burg, barocke Kirche und römische Reste

Bornos und Villamartín

Bornos, ca. 10 km nordöstlich von Arcos am gleichnamigen Stausee (Embalse de Bornos), bildete sich um eine maurische Burg, die ihr heutiges Aussehen im 15. und 16. Jh. erhielt. Die Kirche Santo Domingo de Guzmán trägt spätgotische und barocke Züge. Außerhalb des Stadtkerns befinden sich die Reste der römischen Siedlung **Clarissa Aurelia**. Von Bornos führt die CA-6102 nordwestlich nach **Espera** mit seiner sehr gut erhaltenen maurischen Burg.

Großzügig mit Kirchen und Adelspalästen wurde Villamartín, 9 km nordöstlich von Bornos, im 16. Jh. angelegt. Dass hier schon in prähistorischer Zeit gesiedelt wurde, beweist der **Dolmen von Alberite** 4 km südlich des Orts, der auf ca. 4000 v. Chr. datiert wird.

★★ BAEZA · ★★ ÚBEDA

Provinz: Jaén

K 3/4

Harmonie in Stein. Klobiges Pflaster, verschnörkelte Fassaden, Fenster mit schmiedeeisernen Gittern, historische Herrenhäuser mit arkadengesäumten Innenhöfen und den Wappen ihrer adligen Besitzer über den Eingangsportalen: Das kleinstädtische Doppel Baeza und Úbeda mit seinen Palästen und Platzensembles ist ein Freilichtmuseum der Renaissance und gehört zu Recht zum UNESCO-Weltkulturerbe.

Perlen der Renaissance

Ohne allzu tief in die Geschichte einzutauchen, stellt sich zunächst die Frage: Wie kommt es in diesem entlegenen Winkel der Provinz Jaén zu solch einer gebauten Pracht? Kurze Antwort: Weil es hier einst **besonders viele Blaublüter** hinzog. Die längere Erklärung beginnt mit der Reconquista bzw. nach deren erfolgreichem Abschluss Mitte des 13. Jahrhunderts. Damals ließen sich besonders viele adlige Familien in den alten maurischen Siedlungen Bayyasa (Baeza)

und Obdah (Úbeda) nieder. Treue Gefolgsleute in den Schlachten gegen die Mauren wurden mit Ländereien und Sonderrechten belohnt und unter Kastilien-Leóns Herrscher Ferdinand III. dem Heiligen in Bruderschaften wie der »Kompagnie der 200 Bogenschützen des Herrn Santiago« zusammengeführt. Dort unterstanden sie direkt dem König. In und um Úbeda und Baeza bauten sich Grafen, Markgrafen und andere Ehrentitelträger große landwirtschaftliche Betriebe auf. Ihr Wohlstand spiegelte sich in besonders prachtvollen Stadtpalästen wider. Besonders gut erging es zwei Sekretären der Könige Karl I. und Philipp II., Francisco de los Cobos und Juan Vázquez de Molina. Im Laufe des 16. Jh.s erwarben sie riesige Vermögen und steckten dieses in private Prunkbauten. Als Architekten beauftragten sie den bekannten Andrés de Vandelvira (1509–1575), ein Meister der Renaissancebaukunst.

Auch von der geografischen Lage als Grenz- und Handelsstädtchen zwischen Andalusien und der kastilischen Mancha profitierten Baeza und Úbeda. Baeza erhielt im 16. Jh. sogar eine Universität. Heute ziehen Baeza und Úbeda als **Weltkulturerbe-Doppel** viele Besucher an; darüber hinaus spielen Oliven-, Getreide- und Weinbau im Umland eine wichtige Rolle im Wirtschaftsleben.

Ein Zauber liegt über der Altstadt von Baeza, erst recht an der Plaza del Pópolo.

 **Baeza**

Höhe: 790 m ü. d. M. | Einwohnerzahl: 15 800

Plaza del
Pópuló

Hannibals Gattin

Bester Einstieg für Ihren Stadtbummel in Baeza ist die Plaza del Pópulo mit ihrem Renaissance-Ensemble. Den Brunnen **Fuente de los
Leones** in der Mitte der Plaza schmücken vier Löwenfiguren aus den
römischen Ruinen von Cástulo bei Linares und eine iberisch-römische Frauengestalt. Sie soll Himilke darstellen, die aus Cástulo stammende Gemahlin des karthagischen Feldherrn Hannibal. Die Fassade
der **Antigua Carnicería**, der Mitte des 16. Jh.s erbauten Fleischerei,
wird durch eine Galerie und ein außerordentlich großes Wappen
Karls V. geprägt. In der **Casa del Pópulo** fertigten einst Kanzleischrei-
ber hinter den Doppeltüren im Untergeschoss die Schriftstücke des
im Obergeschoss tagenden Gerichts an. Heute ist hier das Tourismusbüro untergebracht. Die Schlusspunkte setzen das Stadttor Puerta de Jaén und der Triumphbogen Arco de Villalar.

Prächtige Fassade

Universität
und

Palacio de
Jabalquinto

Zunächst geht es treppauf und dann durch die Sträßchen Romanones und Beato Avila in Richtung Plaza Santa Cruz. Dabei passieren Sie
die 1542 gegründete und 1875 in ein Gymnasium umgewandelte **Antigua Universidad**. Durch das Portal, gekrönt von einem die Dreifal-
tigkeit darstellenden Medaillon, betritt man den Innenhof. Hier erinnert ein Denkmal an den 1939 im französischen Exil gestorbenen
Lyriker Antonio Machado, der 1912–1919 Französischlehrer am
Gymnasium war. »Land um Baeza, von dir werde ich träumen, wenn
ich dich nicht mehr sehe«, schwärmte er von seinem Aufenthalt.
Absoluter Höhepunkt ist der **Palacio de Jabalquinto** dank seiner
fantastisch aufwendigen Fassade. Das Palais wurde Ende des 15. Jh.s
im Stil der isabellinischen Gotik für die Grafen von Jabalquinto und
Benavente erbaut und umfasst einen hübschen zweistöckigen Arka-
denhof und eine monumentale Barocktreppe.
Gegenüber vom Palast lohnt die spätromanische **Iglesia de Santa
Cruz** mit ihren spätgotischen Fresken einen Blick.
Palacio de Jabalquinto: Mo.–Fr. 9–14 Uhr | Eintritt frei

Maurischer Ursprung

Kathedrale

Über der weiträumigen **Plaza de Santa María** erhebt sich die gotische Kathedrale Santa María, errichtet auf den Grundmauern der
einstigen Moschee und zuletzt 1567–1593 umgebaut. Ihr Turm grün-
det auf dem Minarett, maurisch ist auch noch die Puerta de la Luna im
Westen, während die im Süden eine Gasse überspannende Puerta del
Perdón gotischen Stil zeigt. Im u. a. von Andrés de Vandelvira gestalteten Innenraum ist die **Capilla Mayor** mit ihrem Sterngewölbe und
dem aufwendigen, vollständig vergoldeten Retabel mit gedrehten

BAEZA ERLEBEN

OFICINA DE TURISMO
Plaza del Pópulo, s/n
Tel. 953 77 99 82
https://turismo.baeza.net

CASA DEL ACEITE
Hier bekommt man unterschiedliche
Olivenöle, auch die besten (nämlich
die kaltgepressten) und solche aus
ökologischem Anbau.
Paseo de la Constitución, 9
www.casadelaceite.com

SEMANA SANTA
Stimmungsvolle Prozessionen wäh-
rend der Karwoche in Baeza und
Úbeda

FERIA DE AGOSTO
Patronatsfest im August

ROMERÍA DEL CRISTO
DE LA YEDRA
Wallfahrt am 1. September-Samstag
mit Musik, Tanz und Marsch der
Bruderschaften, die von schön
geschmückten Karren und Reitern
begleitet werden

❶ PALACIO DE GALLEGO
€€€–€€€€
Unweit der Kathedrale gehen in die-
sem Boutique-Restaurant exquisite
Küchen-Noten und Geschichte – der
Palast datiert vom Ende des 16. Jh.s –
eine gelungene Symbiose ein. Grillge-
richte bilden einen Schwerpunkt.
Calle Santa Catalina, 5

Mobil 667 76 01 84
http://palaciodegallego.com

❷ TABERNA CASA ANDRÉS
€€–€€€
Hier wid schmackhafte Regional-
küche zu einem anständigem Preis-
Leistungs-Verhältnis geboten.
Paseo de las Murallas, 8
Tel. 953 05 22 68

❸ PACO'S €
Auf ins Häppchen-Vergnügen! Diese
Bar im Hotel Puerta de la Luna steht
im Ruf, zu den besten Tapas-Adressen
in Baeza zu zählen – aber es gibt mehr
als nur Häppchen.
Calle Canónigo Melgares Raya, 7
Tel. 953 74 70 19
www.hotelpuertadelaluna.com

❶ TRH BAEZA €
Modern ausgebautes Vier-Sterne-
Hotel mit einem Renaissancehof in
einem ehemaligen Nonnenkloster aus
dem 16. Jh.; die 84 Zimmer ordnen
sich um den Kreuzgang des einstigen
Konvents an. Pflegt seinen Charme,
gut gelegen.
Calle Concepción, 3
Tel. 953 74 81 30
www.trhhoteles.com

❷ CARMEN BOUTIQUE €
Das liebevoll eingerichtete Design-
hotel (13 Z.) befindet sich in einem
Haus aus dem frühen 19. Jh., einem
ehemaligen Frauengefängnis. Mit
Mini-Garten und ebensolchem Pool.
Calle Carmen, 15
Tel. 953 18 95 10
http://fuentenueva.com

BAEZA

San Andrés

El Salvador

Calle de San Francisco

Convento de San Francisco

Cipriano

Casa de los Mendoza

Tornero

Jurado de la Parra

Ayuntamiento

Hospital de la Concepción

❶

Plaza del General Samaniego

Palacio de los Elorza

Casas Consistoriales Bajas

Gaspar Becerra

Platerías

Jaén

Po. de Tundidores

Plaza de España

O Narvaez

San Pablo

Calle de San Pablo

Palacio de Salcedo

Palacio Cerón

Po. de la Constitución

P. Alhóndiga

Barbacana

Torre de los Aliatares

O Barreras

Cozar

Aguayo

Fuente de los Leones

Plaza del Pópulo

Antigua Carnicería

La Alhóndiga

Puerta de Jaén, Arco del Villalar

ℹ

Casa del Pópulo

Capillo del Cristo del Cambrón

Romanones

Pósito

Compañía

Calle Julio Burel

Universidad

Beato Ávila

Santa Cruz

C. del Carmen

Cuesta San Gil

Plaza Cruz Verde

C. Obispo Romero Mengibar

Palacio de Jabalquinto

Seminario de San Felipe Neri

Pza. Sta. María

Plaza Sta. Cruz

Sacramento

Calle de la Merced

❷

❶
❸

Fuente de Santa María

Casas Consistoriales Altas

Plaza Palacio

Plaza Santa Clara

Plaza de Requena

Catedral

C. Cabreros

C. San Juan Bautista

100 m

❷

Paseo las Muralleas

©BAEDEKER

🍴 (restaurant symbol)
❶ Palacio de Gallego
❷ Taberna Casa Andrés
❸ Paco's

🏠 (lodging symbol)
❶ TRH Baeza
❷ Carmen Boutiqe

Säulen sehenswert. Beachten sollten Sie auch das kunstvolle Chorgitter von Bartolomé de Jaén und die sechseckige schmiedeeiserne Kanzel von 1580. Im Kreuzgang erinnern noch einige Bögen im Mudéjarstil an die einstige Moschee.

Mit der Kathedrale verbunden sind die sog. **Casas Consistoriales Altas**. Sie wurden Ende des 15. Jh.s erbaut und tragen die Wappen von Johanna (später »die Wahnsinnige« genannt) und Philipp II. An der Fassade des ehemaligen **Konzilseminars San Felipe Neri** gegenüber verewigten sich die Seminaristen mit Stierblut, so heißt es jedenfalls.

Catedral de Baeza: Mo.–Fr. 10–14.30 u. 16–19, Sa. 10–19, So. 10 bis 14.30 u. 16–17.30 Uhr | Eintritt 6 € | https://catedraldebaeza.es

Städtischer Mittelpunkt

Zurück in der Unterstadt, schlendern Sie von der Plaza del Pópulo zum Paseo de la Constitución, dem Mittelpunkt von Baeza. Im Osten endet er an der Plaza de España mit dem Uhrturm Torre de los Aliatares, der nach einem Maurengeschlecht benannt ist. Auffällig am Paseo sind **La Alhóndiga**, die ehemalige Getreidemarkthalle mit ihrer dreifachen Bogengalerie, und die Anfang des 17. Jh.s als Ratsgebäude erbauten **Casas Consistoriales Bajas.** Die »Unteren Konsistorialgebäude« wurden eigens mit einem Balkon versehen, von dem die hohen Herren einst Festlichkeiten auf dem Platz verfolgen konnten.

Rund um den Paseo de la Constitución

Weitere schöne Paläste sehen Sie, wenn Sie von der Plaza de España durch die Calle de San Pablo gehen: den gotischen Palacio de los Condes de Garcíez mit Innenhof und doppeltem Arkadengang, den burgähnlichen Palacio Cerón, die Casa Acuña und schließlich die Casa Cabrera mit ihrer plateresken Fassade. Eine seltsame Baugeschichte hat das Rathaus an der Pasaje Cardenal Benavides. Es wurde im 16. Jh. als Justizgebäude und Gefängnis erbaut. Auffällig: die schönen Balkone, der Rosettenschmuck und prächtige Wappen, darunter das Philipps II. Weiter abseits der Besucherwege liegt die **Iglesia de Santa María del Alcázar y San Andrés**. Der Altarraum der Kirche wurde von Vandelvira entworfen. Neun gotische Tafelgemälde haben in volkstümlicher Manier neutestamentliche Szenen zum Thema.

 ## Úbeda

Höhe: 748 m ü.d.M. | Einwohnerzahl: 34 200

Die fast noch schönere Schwesterstadt

Baezas 9 km nordöstlich gelegene Schwesterstadt Úbeda ist mehr als doppelt so groß und fast noch beeindruckender. Die Geschlossenheit des Altstadtbilds und die Zahl der Renaissancebauten haben ihr den Beinamen »Salamanca Andalusiens« eingebracht. Auch hier versuchten im 16. und 17. Jh. die Adelsfamilien, sich im Bau prächtiger Paläste gegenseitig zu übertreffen.

»Salamanca Andalusiens«

Großartiges Ensemble

Nirgends sonst in Úbeda zeigt sich die einstige Größe des Städtchens so sehr wie auf der Plaza de Vázquez de Molina, seinem Hauptplatz.

 Plaza de Vázquez de Molina

ÚBEDA ERLEBEN

OFICINA DE TURISMO
Plaza de Andalucía, 5
Tel. 953 75 01 38
http://turismodeubeda.com

Haupteinkaufsstraßen sind die Calle Mesones und Calle Obispo Cobos sowie die Straßen zwischen Plaza de Andalucía und Hospital de Santiago.

ALFARERÍA TITO
Geschäft mit ausgefallener Keramik
Plaza del Ayuntamiento, 12

SEMANA SANTA
Stimmungsvolle Prozessionen während der Karwoche

FIESTA DE SAN MIGUEL
Stadtfest, das seit 1233 dokumentiert ist und immer um den 29. September gefeiert wird. Mit Feuerwerk, Stierkämpfen, Konzerten, Acts auf der Straße.

❶ AL ANDALUS €€€
Wer Grillgerichte mag, ist hier genau richtig aufgehoben.

Calle de los Canos, 22
Tel. 953 79 18 62

❷ ANTIQUE €–€€€
Breites Preisgefüge von der Tapas-Bar bis zu den exquisiten Köstlichkeiten des Restaurants
Calle Real, 25
Tel. 953 75 76 18
http://restauranteantique.com

❶ PARADOR DE ÚBEDA €€€–€€€€
Unschlagbare Lage mitten im historischen Zentrum in einem Renaissancepalast am schönsten Platz; 35 Zimmer und herrlicher Innenhof. Das Restaurant serviert regionale Gerichte mit frischen Zutaten; auch die Weinauswahl ist beachtlich.
Plaza Vázquez de Molina, s/n
Tel. 953 75 03 45
www.parador.es

❷ YIT EL POSTIGO €
Eine solide Moderne und bezahlbare Preise sind Markenzeichen dieses 26-Zimmer-Hauses. Mit kleinem Pool.
Calle Postigo, 5
Tel. 953 75 00 00
www.hotelelpostigo.com

Markanter Zivilbau ist der **Palacio de las Cadenas,** heute der Sitz des Rathauses (Ayuntamiento). Vázquez de Molina, Sekretär Philipps II., ließ ihn Mitte des 16. Jh.s von Vandelvira erbauen. Dieser wählte für jedes der drei Stockwerke eine andere Säulenform: unten korinthische, in der Mitte ionische Säulen und darüber Karyatiden. Zwei einen Wappenschild haltende Löwen bewachen den Eingang. Die Kirche **Santa María de los Reales Alcázares** gegenüber wurde, wie auch andernorts üblich, über der Hauptmoschee errichtet und

ÚBEDA

©BAEDEKER

Puerta del Losal

Carmelitas
Descalzas

Palacio de los
Bussianos

Oratorio de San
Juan de la Cruz

San Nicolás

Calle Trinidad

Av. de Ramón y Cajal

Esplanada Córdoba

Calle Minas

Corredera de San Fernando

Calle Ventanas

Museo

Calle las Parras

San Pablo

Losal

Monumento a San
Juan de la Cruz

Palacio de
los Cobos

La
Trinidad

Calle Don Juan

Plaza
del 1 de Mayo

Calle Real

Ayuntamiento
viejo

Casa de los
Salvajes

Hospital del
Salvador

Plaza de
Andalucía

Palacio de
Guadina

Plaza del Ayun-
tamiento

El Salvador

San Pedro

Juan Montilla

Parador del
Condestable
Dávalos

Plaza de
Vazquez
de Molina

↑ Linares

Calle Victoria

Santa
Clara

Palacio
de Vela y
los Cobos

Hospital
de Santiago

Carrera Obispo Cobos Mesones

San Isidoro

Palacio de
las Cadenas

Antiguo Pósito

Calle Rastro

Palacio de
la Rambla

Casa Museo
Arte Andalusí

Palacio de
Mancera

Calle Ancha

S. Domingo

Corazón
de Jesús

Cárcel del

Calle Chirinos

Fuente de Rivas

Calle Sagasta

Plaza
de Toros

Palacio de
Medinilla

Santa María Obispo
de los Reales
Alcázares

Casa de
las Torres

Jurado Gómez

Saludeja

Baeza,
Jaén

Puerta
de Granada

Alcázar

Granada

🍴♟

① Al Andalus
② Antique

🏠

① Parador de Úbeda
② YIT El Postigo

besitzt anstatt eines Glockenturms zwei schmale Glockenträger. Innen können Sie prächtige gotische Kapellen und Renaissance-Chorgitter von Bartolomé de Jaén bewundern. Der Kreuzgang gehörte
einst zur Moschee.

Das Ensemble um den Platz vervollständigen die **Cárcel del Obispo**
(»Bischofsgefängnis«), einer in der ersten Hälfte des 15. Jh.s von
Doña Mencía López de Zambrana, Schwester des Bischofs Sancho
Iñiguez, gegründeten Anstalt für arme Frauen, sowie das Palais des
Markgrafen von Mancera aus dem 16. Jahrhundert. In einem weite-
ren Renaissancepalast ist heute der Parador untergebracht.

Die **Sacra Capilla del Salvador**, ein Meisterwerk der Renaissance-
Architektur, ist das herausragendste Gebäude am Platz. Erbaut wurde sie in der ersten Hälfte des 16. Jh.s nach Plänen von Diego de Siloé. Stifter war der 1547 in der Krypta beigesetzte Francisco de los
Cobos, der aus Úbeda stammende Sekretär Kaiser Karls V. Die relief-
geschmückte Hauptfassade flankieren zwei niedrige Rundtürme. Im

Bogen über dem Eingangsportal entdecken Sie allegorische Darstellungen des Glaubens und der Gerechtigkeit; darüber thront Christus als Erlöser. Unter der hohen Kuppel der Capilla Mayor steht hinter einem prächtigen Chorgitter das Retabel, das einzig eine Christusfigur schmückt, Überbleibsel einer im Spanischen Bürgerkrieg verbrannten Figurengruppe von Alonso de Berruguete. Prachtvoll gestaltete Vandelvira auch die Sakristei.

Steht Ihnen der Sinn nach noch mehr Baukunst, werfen Sie einen Blick auf das **Hospital del Salvador**, ein gelungenes Beispiel für verschiedene Formen der Säulengestaltung in der Renaissance.

Sacra Capilla del Salvador: Di.–So. 11–14 und 17–19 Uhr
Eintritt: 5 €

Blick über die Dächer von Úbeda. Letzlich ist es Geschmackssache, welche der beiden Renaissancestädte nun die schönere ist – Baeza oder Úbeda.

Zwei Wilde mit Wappen

Auf der Calle Horno Contado erreichen Sie die Plaza del Primero de Mayo. Beachten Sie unterwegs auf der linken Seite ein kurioses Detail an der **Casa de los Salvajes**, dem »Haus der Wilden«: Über dem schön gearbeiteten Portal halten zwei mit Fellen bekleidete »Wilde« das Wappen des Hausbesitzers Francisco de Yago, Kammerherr des Bischofs.

Die **Plaza del Primero de Mayo** war im Lauf ihrer Geschichte Marktplatz, Stierkampfarena und Hinrichtungsstätte während der Inquisition. In der Mitte steht ein Gedenkkreuz für Johannes vom Kreuz (Juan de la Cruz, 1542–1591). Das alte Rathaus stammt aus dem 16. Jahrhundert. Doch weitaus wichtiger ist die **Iglesia de San Pablo**, ein Bau aus der Zeit der Reconquista und nach der Capilla del Salvador die bemerkenswerteste Kirche der Stadt. Auf dem Mittelpfeiler des isabellinischen Hauptportals steht der Apostel Paulus, darüber die von Engeln umschwebte Maria. Innen verdienen die plateresque Capilla del Camarero Vago und die schönen Gitterwerke Beachtung. Ein kurzer Weg durch die Gasse Juan de la Cruz bringt Sie auf die Spuren des Mystikers **Johannes vom Kreuz**, der 1591 in Úbeda starb. Das Oratorium und ein Museum mit Reliquien und persönlichen Gegenständen erinnern an den Heiligen.

Museo Juan de la Cruz: Di.–So. 11–13, 17–19 Uhr | Eintritt: 3,50 €
sanjuandelacruzubeda.com

Bummel zur Plaza del Primero de Mayo

Alles wird man nicht ansehen können

Zurück auf der Plaza del Primero de Mayo, schlendern Sie durch die Calle Marqués de Molina in die Calle Real, die Flaniermeile der Stadt. Hier haben Sie Gelegenheit zu weiteren Kurzabstechern: zur spätmittelalterlichen **Sinagoga del Agua** in der Calle Roque Rojas, durch die Calle Juan Montilla zum **Palacio de Vela de los Cobos**, einem Renaissancepalast mit einer über die Ecken laufenden Arkadenreihe im Obergeschoss, zur Plaza de Santa Clara mit dem 1290 gegründeten Kloster **Monasterio de Santa Clara**, zur Plaza de San Pedro mit der Iglesia de San Pedro mit Renaissancefassade und zur Plaza de Andalucía mit der **Torre del Reloj**, einem im 16. Jh. auf der alten Stadtbefestigung erbauten Uhrturm.

Die Fülle der historischen Bauwerke in Úbeda ist enorm – es gibt mehrere Dutzend, mehrheitlich stammen sie aus der Renaissance. Alles werden Sie nicht sehen können oder wollen, daher hier nur kurze Zusatzverweise. Beachtenswert sind ferner die **Casa Mudéjar**, heute Sitz des Archäologischen Museums mit Exponaten aus prähistorischer, iberischer, römischer und arabischer Zeit, das Hospital de Santiago in der Calle Obispo Cobos, Sterbeort des Architekten Vandelvira, den Palacio de La Rambla an der Plaza del Marqués sowie den Palacio de Medinilla und die Casa de las Torres, beide in der Calle Jurado Gómez. An die Plaza de San Lorenzo im Südteil der Altstadt stößt die Kirche selben Namens, und die Puerta de Granada hat als

Weitere Bauwerke und Museen

Teil des Festungsrings die Zeiten überstanden. Nordöstlich der Alt-stadt zeigt das **Museo de la Alfarería Paco Tito** einen aufschlussrei-chen Querschnitt durch die Töpferkunst.

Museo Arqueológico: Calle Cervantes, 6 | Juli/Aug. Di.–So. 9–15, übri-ges Jahr Di.–Sa. 9–21, So. 9–15 hr | Eintritt frei

Museo de la Alfarería Paco Tito: Calle Valencia, 12 | Mo.–Sa. 8.30–14 und 16.30–20, So. 10–14 Uhr | http://pablotito.es

❚ Rund um Baeza und Úbeda

Alles über das grüne Gold

Museo de la Cultura del Olivo

Wie man Olivenöl herstellt, was man alles daraus machen kann und die Kulturgeschichte des Olivenbaums zeigt und erzählt das Museo de la Cultura del Olivo auf der **Hacienda de la Laguna**. Dieses Land-gut stammt aus dem 17. Jahrhundert.

Museum: von Baeza A-316 Richtung Jaén, Ausfahrt 15 Richtung Puen-te del Obispo, weiter auf der A-6109 und ca. 2 km hinter Puente del Obispo rechts | ganzjährig tgl. 10.30–13.30; März–Juni, Sept., Okt. zu-sätzl. Fr. u. Sa. 16.30–19.30, Nov.–Feb. Fr. u. Sa. 16–19 Uhr | Eintritt: 4,50 € (Museum, Verkostung), 10,50 € (Kombiticket mit der 2 km ent-fernten Ölmühle La Labor | www.museodelaculturadelolivo.com Hacienda: www.aceiteshaciendalalaguna.com

Mehr Bauten von Vandelvira und andere Sehenswürdigkeiten

Canena, Sabiote, Villacarillo

Renaissance-Architekt Andrés de Vandelvira hat weitere Zeugnisse hinterlassen. Etwa 10 km nordwestlich von Úbeda liegt **Canena**, des-sen maurisches Castillo er zu einem Palast umbaute. **Sabiote**, 9 km nordöstlich von Úbeda am Rand einer Hochebene, besitzt außer ei-ner von ihm gestalteten Kirche noch ein großes maurisches Castillo und ein Karmelitinnenkloster. In **Villacarillo**, über Torreperogil – ei-nem hübschen Ort mit malerischen Gassen – auf der N-322 in nord-östlicher Richtung zu erreichen, schuf er mit der Kirche La Asunción eines der bedeutendsten Renaissancewerke der Provinz.

Nordöstlich von Villacarillo erreichen Sie auf kurzer Bergstraße nach links das Bergdorf **Iznatoraf**, dessen Pfarrkirche von 1602 ein schö-nes Beispiel für eine ländliche Renaissance-Architektur ist. Vom Ort haben Sie eine grandiose Aussicht auf Dörfer und Berge. Wer noch weiter fahren will, erreicht das hübsche Städtchen **Villanueva del Arzobispo**, wo Johannes vom Kreuz lebte, und das von einer mäch-tigen Burg überragte **Beas de Segura**, wo die hl. Teresa von Ávila ein Kloster der Unbeschuhten Karmelitinnen gründete.

Andrés Segovias Geburtsstadt

Linares

In der Industrie- und Bergbaustadt Linares (58 000 Einwohner; 24 km nordwestlich von Baeza) kam 1893 **Andrés Segovia** zur Welt. Das

LINARES ERLEBEN

OFICINA DE TURISMO
Antiguo Pósito
Tel. 953 10 01 83
www.turismolinares.es

LOS SENTIDOS €€€€
Das beste Restaurant in Linares.
Untergebracht ist es in einem alten
Haus, die Küche ist innovativ.

Calle Doctor, 13
Tel. 953 65 10 72
www.lossentidos.net

**HOTEL CASABLANCA
BOUTIQUE €**
Ein feines, gepflegtes Haus mit geräu-
migen Zimmern und fairem Preis-
Leistungs-Verhältnis. Es gibt aber nur
sieben Zimmer.
Plaza Alfonso XII, 1
Tel. 953 07 14 10
www.hotelcasablancaboutique.
com

Casa Museo im Palacio de los Orozco (17. Jh.) erinnert an den weltberühmten Gitarristen; hier wurde er auch nach seinem Tod 1987 in
Madrid begraben. Das **Archäologische Museum** in der Casa del Torreón (17. Jh.) zeigt frühzeitliche, phönizische, griechische, iberische, römische und maurische Funde, u. a. auch aus dem altiberi-
schen Cástulo. Aus dem Ort, der 6 km nordöstlich von Linares
ausgegraben wurde, soll auch Hannibals Gattin Himilke stammen. Die
Kirche im Zentrum von Linares wurde im 13. über einer Moschee errichtet; Umgestaltungen aus dem 16. Jh. erfolgten nach Plänen von
Vandelvira. Innen ist ein schönes Retabel aus dem 16. Jh. zu sehen.
Casa Museo Andrés Segovia: Calle Cánovas del Castillo, 59 | Di., Do.,
Sa. 10–13.30 Uhr | https://fundacionsegovia.wixsite.com/
museoandressegovia
Archäologisches Museum: Calle General Echagüe, 2 | Di.–Sa. 9–20, So.
bis 15 Uhr | Eintritt frei

Schlachten, Bergbau, Schluchten

Seine Bekanntheit verdankt das 13 km westlich von Linares gelegene
Bailén berühmten Schlachten: 208 v. Chr. schlug hier Publius Cornelius Scipio d. Ä. den Karthager Hasdrubal, und im Sommer 1808 be-
zwangen spanische Truppen die Franzosen und fügten damit den na-
poleonischen Armeen erstmals eine Niederlage zu – ein Sieg von
hohem symbolischen Wert auch für Europa.

Bailén

Von Bailén führt die A-4 durch schier endlose Olivenplantagen nach
Norden in die **Sierra Morena**. Bald geht nach links eine Stichstraße
zum am Rande der Sierra de Andújar liegenden **Baños de la Encina**
ab. Über dessen malerischen Gassen erhebt sich die maurische **Burg
Burgalimar**, die mit ihren 14 Türmen und der mächtigen Torre de

Homenaje (Bergfried) im 10. Jh. erbaut wurde. Weiter nordwärts auf der A-4 folgt **La Carolina**. Es ist der Hauptort jener Bergbausiedlungen, die deutsche und französische Kolonisten angelegt haben, die zwischen 1767 und 1769 von Karl III. in die Sierra Morena geholt worden waren. Die ehemals reichen Bleierzbergwerke der Umgebung sind längst aufgegeben; im Ort gibt es einige Adelshäuser, die klassizistische Kirche La Concepción und das von Juan de la Cruz gegründete Karmeliterkloster. In unmittelbarer Nachbarschaft, 2,5 km rechts der A-4, liegt **Navas de Tolosa**, ebenfalls ein ehemaliges Kolonistendorf, wo 1212 das vereinigte Heer der Könige von Kastilien, Aragonien und Navarra die Almohaden vernichtend schlug und damit das Signal zur Reconquista gab. Schließlich windet sich die A-4 über die Desfiladero de Despeñaperros (Schlucht der hinabstürzenden Hunde), den historischen Übergang von Andalusien in die Mancha; die wildromantische Landschaft ist heute geschützt.

# ★★ CABO DE GATA (NATURPARK)

Provinz: Almería | **Höhe:** Meereshöhe bis 493 m ü. d. M.

An keinem anderen Platz in Andalusien ist Afrika so gegenwärtig wie an dem südöstlich von Almería ins Meer vorspringenden Cabo de Gata. Das liegt nicht an kulturellen Hinterlassenschaften, sondern an den vorherrschenden klimatischen Bedingungen, die der Landschaft den Stempel aufdrücken: Hier regnet es lediglich an 25 Tagen im Jahr!

Das heiße, trockene Klima prägt die Landschaft. Über die braunen, ab und an von schroffen Felsen durchbrochenen vulkanischen Hügel zieht sich ein spärliches Pflanzenkleid aus Espartogras, Ginster, Agaven, Feigenkakteen und Zwergpalmen, hier und da ein Dattelpalmenhain, dazwischen eingesprenkelt weiß gekalkte Häuser vor dem Blau des Meeres – **Nordafrika lässt grüßen!** Die Zwergpalme ist neben der Kretischen Dattelpalme übrigens die einzige in Europa heimische Palmenart. Aus dem Espartogras werden Stuhlbespannungen, Taschen und Körbe gefertigt, wie man sie z. B. in Níjar findet. Die Tierwelt besteht vor allem aus Vögeln und Reptilien, deren Arten sonst eher seltener anzutreffen sind, darunter Wüstengimpel, Habichtsadler, Flamingos, Strandläufer, Säbelschnäbler, Stülpnasenottern und Geckos; auch Skorpione fühlen sich hier heimisch.

Diese einzigartige, noch recht ursprüngliche Landschaft gehört größtenteils zur Gemeinde Níjar und steht als **Parque Natural Cabo de Gata-Níjar** unter Naturschutz (▶ Das ist Andalusien, S. 12). Entsprechend wenig entwickelt ist die touristische Infrastruktur – keine Bettenburgen und Ferienanlagen, sondern vereinzelte Bungalowsiedlungen und kleinere Hotels von überschaubarer Größe. Lediglich der **Strand- und Hafenort San José** ist etwas größer geraten. Wer hier Ferien macht, sucht Naturerlebnisse vor allem beim Wandern und Radfahren und kann an einigen der schönsten, noch nicht überlaufenen Stränden Andalusiens baden.

RAUE RUHE

Trauen Sie sich hinaus in die Wildnis. Abseits eingefahrener Traveller-Wege und touristischer Infrastruktur erwarten Sie im Naturpark Cabo de Gata echte Strandperlen: rau, schattenlos und oft menschenleer – vergessen Sie also nicht Ihren Sonnenschirm, denn mittags flirrt die Luft, und die Hitze wird nicht selten zur Herausforderung! Spüren Sie die durchdringende Wärme, bevor Sie kurzerhand ins kristallklar-türkisfarbene Nass abtauchen …

Wohin am Cabo de Gata?

Kap der Katzen? Achatkap?

Westküste Von ▶ Almería aus erreicht man das Kap auf einer ausgeschilderten, nah der Küste verlaufenden Nebenstraße. Sie berührt den Ort **San Miguel de Cabo de Gata** mit kleiner Promenade und historischem Wachturm), hinter dem ausgedehnte **Meerwassersalinen** beginnen, die noch in Betrieb sind. Im nachfolgenden **La Almadraba de Monteleva** türmen sich im Salzwerk die Salzberge. Die Salinen bieten größeren Kolonien von Flamingos und Stelzenläufern Lebensraum, die von einer Hütte aus beobachtet werden können (Abzweig links der Straße). Rechts der Straße zieht sich die lange, wilde Playa de Cabo de Gata hin.

Südöstlich von La Almadraba de Monteleva windet sich die Straße am Hang hinauf, bis sich hinter einer engen Kurve plötzlich der **fantastische Blick auf das Kap** mit dem Leuchtturm eröffnet (▶ Abb. S. 15). Cabo de Gata bedeutet zwar »Kap der Katze«, doch ist dies eine Verballhornung von Cabo de Agata, was »Achatkap« meint. Von der Plattform unterhalb des Leuchtturms hat man einen tollen Blick hinab auf die **vulkanischen Klippen**, die Namen wie Las Sirenas tragen. Vom Kap führt ein extrem ausgedehnter Wanderweg oberhalb der Steilküste nach San José: Die Strapazen – alleine der lange Auf- und der nicht minder lange Abstieg – sind nicht zu unterschätzen!

Ein Wanderparadies: Dünen und Strand bei San José

Die schönsten Strände, perfekte Kulissen und Ferienorte

Vom Kap kommt man mit den Auto nicht auf direktem Weg nach San José an der Ostküste. Stattdessen muss man eine riesige Inlandsschleife unternehmen: Es geht zurück über San Miguel de Cabo de Gata und über Ruescas nach El Pozo de los Frailes, wo ein hölzernes, einst von einem Esel bewegtes Wasserschöpfrad (noria) steht. Weiter südöstlich am Meer erwartet Sie **San José**, eine nicht unsympathische Mischung aus Fischer- bzw. Jachthafen und Feriensiedlung.

Die schönsten der rauen Strände in diesem Teil des Naturparks liegen südwestlich von San José. Nach etwa 2 km langer Holperstrecke erreichen Sie zunächst die wunderbare **Playa de los Genoveses**. Sie ist über 1 km lang, 50 m breit, hat hellen Sand, und es gibt hier, trotz dem es sehr flach ist, ordentliche Wellen. Überragt wird der Strand vom Vulkanhügel Morrón de los Genoveses. Auf andere Art schön, mit schwarzem Sand und nur ca. 350 m lang, ist die **Playa del Monsúl**, ein Stück weiter südwestwärts. Hier ragt das Vulkangestein aus dem Sand heraus. Zwischen den Stränden Genoveses und Mónsul bringt Sie ein etwa zehnminütiger Fußweg von der Piste zur **Playa Baronal**, einem Nacktbadestrand. Zu guter Letzt geht's zur wunderschönen »Halbmondbucht«, **Cala de la Media Luna**.

Zurück in El Pozo de los Frailes, wählen Sie die Abzweigung nach Los Escullos, wobei man die **höchste Erhebung** am Kap umfährt, den 493 m hohen Cerro del Fraile. **Los Escullos** ist eine Feriensiedlung mit schönem Strand unter einem bizarren Felsbogen und einem Fort aus dem 18. Jh.; das folgende **La Isleta del Moro** ist ein winziger Fischerhafen mit einer kleinen Feriensiedlung und angenehmer Bar. Danach steigt die Straße hinauf zum **Mirador de la Amatista** (Abb. S. 12/13), von dem man einen herrlichen Blick auf die gesamte Ostküste hat.

Auf der Rückseite des Mirador schauen Sie weit ins Tal von **Rodalquilar**. In dem ehemaligen Bergarbeiterdorf – an den Hängen erkennt man noch die Reste der erst in den 1960er-Jahren aufgegebenen Goldmine – geht es heute sehr ruhig zu. Den Strand von Rodalquilar, El Playazo mit der Batería de San Ramón aus dem 18. Jh., erreicht man über eine Buckelpiste 3 km östlich, die an den Resten des nasridischen Castillo de la Batería vorbeiführt. Zur Gemeinde gehört auch das Gehöft **Cortijo del Fraile**, wo sich im Sommer 1928 eine Familientragödie abspielte, die der Dramatiker Federico García Lorca zum Vorbild für sein Theaterstück »Bluthochzeit« nahm.

Cineasten interessiert, dass in **Albaricoques**, Luftlinie 10 km westlich von Rodalquilar, der Aufstieg der Spaghetti-Western und die Karriere von Clint Eastwood begannen. Das Nest (an der AL-4200), in dem Sergio Leone 1964 »Für ein Paar Dollar mehr« drehte, ist heute noch genauso sonnenverbrannt und (fast) ausgestorben, dass man eigentlich darauf wartet, dass Eastwood gleich um die Ecke kommt.

Ostküste

★

Strände

CABO DE GATA ERLEBEN

OFICINA DE INFORMACIÓN
San José, Avenida de San José, 27
Tel. 950 38 02 99
www.cabodegata-nijar.com
Mo.–Sa. 10–14 und 17.30–20.30,
So. 10–14 Uhr

CENTRO DE VISITANTES LAS AMOLADERAS
Infozentrum des Naturparks
Bei Ruescas
Tel. 950 16 04 35
Im Sommer Mo., Di. geschl.

MEDITERRAÉO €€–€€€
Eine beliebte Adresse im Hafenbereich für jene, die Seafood mögen. Nach der Einkehr können Sie die ersten Kalorien beim Bummel rund ums Hafenbecken oder an der Strandpromenade verbrennen.
Puerto Deportivo de San José
Tel. 950 38 00 93

PIRATA MAIMONO €
Ein ideales Plätzchen, um sich auf einen Drink (oder zwei) zu treffen.

San José
Calle del Correo, 22
Mobil: 661 28 96 78

HOTEL DOÑA PAKYTA €€
Über dem Strand gelegenes Vier-Sterne-Haus (13 Z.) mit schönen Blicken über die Bucht. Eine Treppe bringt Sie vom Hotel direkt zum Strand.
San José
Calle Correo, 51
Tel. 950 61 11 75
www.playasycortijos.com

MIKASA €€€€
Suchen Sie Luxus und exklusives Ambiente? Das Interieur des Hauses hat schon führende spanische Lifestylezeitschriften inspiriert. Es ist geschmack- und liebevoll duchgestylt. Die 16 Zimmer haben entweder eine Terrasse oder einen Balkon. Nur 200 m vom Strand entfernt. Mit Spa und Tennisplatz.
Agua Amarga
Carretera de Carboneras, 20
Tel. 950 13 80 73
www.mikasasuites.com

Hinter Rodalquilar, vorbei an der Abzweigung zum **Ferienort Las Negras**, windet sich die Straße zwischen steilen Schluchten hinauf, um bald in die Ebene von Almería abzufallen und den Blick auf das Mar plástico (»Plastikmeer«) freizugeben: In aus weiß leuchtenden Kunststoffbahnen gebauten Gewächshäusern wird ein gigantischer Gemüse- und Obstanbau betrieben. Trotzdem lohnt sich die Strecke, denn so erreicht man – via Campohermoso, A-7, N-341 und AL-5106 – den im äußeren Nordosten des Naturparks gelegenen **sehr angenehmen Ferienort Agua Amarga** mit einem gepflegten Sandstrand, hübschen Bars direkt dahinter und weiteren schönen Buchten südlich. Nördlich jenseits der Mesa de Roldán schließt die Playa de los Muertos an.

★ CÁDIZ

Provinz: Cádiz | **Meereshöhe** | **Einwohnerzahl:** 114 200

*Es riecht nach Meer und weiter Welt – die unglaublich entspannt
wirkende Hafenstadt Cádiz liegt spektakulär auf einer Halbinsel am
Atlantik. Zu entdecken gibt es viel: Promenaden, Strände, Gassen
und zahlreiche Zeugnisse einer langen, wechselvollen Geschichte.*

D 6

Die Bucht und der Ozean haben seit je die Entwicklung von Cádiz
geprägt. Die bis zu 15 m hohen, starken Festungswälle mit vielen
Wachtürmen schützten die Stadt einst gegen Piraten, andere Angrei-
fer und hohejAtlantikwogen. Die Altstadt mit ihren großzügigen Plätzen, Barockkirchen, Stadtpalästen und einem Gewirr enger Gassen –
genau das ist Ihr Ziel. Über den Rest – die hohen Wohnblocks in der
Neustadt und die Industrieanlagen, die bei der Anfahrt zunächst wenig Gutes verheißen – breiten wir lieber den Mantel des Schweigens.
Sehr schön sind auch die ausgedehnten Strände südlich und die unter Naturschutz stehenden Marschlandschaften südwestlich der
Stadt, in deren Hafen immer mehr Kreuzfahrtschiffe anlegen.

Die hohen weißen Flachdachhäuser mit ihren charakteristischen ver-
glasten Balkonen (miradores), die die Feuchtigkeit vom Meer abhal-
ten sollen, und die mit Palmen bepflanzten Parks verleihen Cádiz einen ganz eigenen Reiz. Am besten ist das alles von der Torre Tavira zu
erkennen (▶ S. 102). Oft liegt über der Altstadt ein weißes, milchi-
ges Licht, das eine eigenwillige Atmosphäre schafft, daher wird die
Stadt auch »Silbertässchen« (tazita de plata) genannt. Eine ganz
besonder Stimmung herrscht hier während des Karnevals.

*Im
»Silber-
tässchen«*

Die älteste Stadt Europas

Cádiz hat eine lange Geschichte. Es wurde um 1000 v. Chr. von den
Phöniziern als Gadir (Festung) gegründet und ist somit die älteste
Stadt der Iberischen Halbinsel und Europas. Dann stieg sie zur be-
deutendsten Handelsstation Karthagos im Atlantikverkehr auf. Ihre
Blütezeit setzte sich unter den Römern fort. Im Mittelalter büßte Cádiz an Bedeutung ein, bis im 16. Jh. ein neuerlicher Aufstieg begann.
Neben Sevilla avancierte Cádiz zum wichtigsten Hafen für die mit
Schätzen beladenen Schiffe aus den neuen Kolonien in Lateinamerika
– was aber auch Feinde anlockte. 1587 versenkte der legendäre Francis Drake eine auf Reede liegende Flotte, 1596 zerstörte der Earl of
Essex über ein Drittel der Stadt. Doch Cádiz erholte sich und erhielt
1717 – Sevilla war wegen der Versandung des Guadalquivir ausgefal-
len – **das Privileg zum Handel mit den Kolonien**.
1805 lief von hier die französisch-spanische Flotte aus, die von Admiral Nelson am Kap Trafalgar vernichtet wurde. Während des spani-

*Lange
Geschichte*

schen Unabhängigkeitskriegs konnten die Franzosen Cádiz nicht einnehmen, daher traten 1810 in der Stadt die Cortes zusammen und verabschiedeten 1812 **die erste liberale Verfassung Spaniens**.

▌ Wohin in Cádiz?

Aufgepasst!

In Cádiz sind die Entfernungen recht groß. Die Stadt komplett und am Stück zu erkunden, dürfte nur erprobten Asphaltwanderern gelingen. Zu empfehlen ist zunächst eine Besichtigung der Innenstadt. Die lange Außenrunde, die Uferpromenade am Atlantik, verlangt ausreichend Kondition und Zeit.

CÁDIZ

©BAEDEKER

🍴🍷🍽
1 El Faro
2 Atxuri
3 Balandro
4 La Tabernita
5 Las Flores

🏠
1 Parador Hotel Atlántico
2 Argantonio

CÁDIZ ERLEBEN

ANREISE
Drei Wege führen nach Cádiz. Der interessanteste ist die Zufahrt über Puerto Real auf der Brücke der N-IV über die Bucht von Cádiz. Von hier erblicken Sie die Stadt schon aus der Ferne. Die andere Route umfährt die Bucht über San Fernando. Beide Strecken münden in die durch die Neustadt zur Plaza de la Constitución führende Zufahrtsstraße, die vor der Puerta de Tierra endet. Auch die Autobrücke La Pepa führt über die Bucht von Cádiz ins Zentrum.

CÁDIZ · CENTRO DE RECEPCIÓN DE TURISTAS
Paseo de Canalejas, s/n
Tel. 956 24 10 01
Mo.-Fr. 8.30–18.30 (im Sommer 9–19), Sa./So. 9–17 Uhr
http://turismo.cadiz.es

MEDINA SIDONIA · OFICINA DE TURISMO
Calle San Juan (Pl. de Abastos)
Tel. 956 41 24 04
www.turismomedinasidonia.es

PARKEN IN CÁDIZ
Am besten meiden Sie mit dem Auto die Innenstadt. Parkplätze gibt es u. a. am Zugang zur Altstadt und am Bahnhof.

In der Altstadt von Cádiz trifft man sich vor Mitternacht in der Calle Zorilla an der Plaza de la Mina, rundum sind Bars und Kneipen. Zur kühleren Jahreszeit kann sich dieser Treffpunkt etwas um die Plaza San Francisco/Calle Rosario verlagern. Junge Leute gehen am Wochenende bis in die Morgenstunden auf der kleinen zusätzlichen

Halbinsel Punta San Felipe im Norden der Plaza España aus. Im Sommer geht nach Mitternacht die Post ab um die Plaza Glorieta – am Paseo Marítimo findet man Discos und Bars; auch im Winter gut besucht ist die Calle General Muñoz Arenilla.

Die Einkaufszone erstreckt sich zwischen der Plaza de las Flores und der Calle San Francisco und auf der Calle Columela mit ihren Seitenstraßen. Die im Haupttext erwähnte Markthalle bietet Köstlichkeiten en masse.

KARNEVAL
Nur noch auf der Kanareninsel Teneriffa wird in Spanien der Karneval ausgelassener gefeiert als in Cádiz. Wer ihn miterleben möchte, sollte weit im Voraus eine Unterkunft buchen oder lieber gleich auf die Umgebung ausweichen. Zehn Tage lang – vom Donnerstag vor Rosenmontag bis zum Sonntag nach Aschermittwoch – herrscht Ausnahmezustand, wenn die »murgas« durch die Straßen ziehen, kostümierte Gruppen, die satirische Lieder und Sketche zum Besten geben. Am Sonntag vor Rosenmontag gibt es einen riesigen Umzug.

SEMANA SANTA
Während der Karwoche starten gewöhnlich mehrere Prozessionen am Tag.

FESTIVAL INTERNACIONAL DEL TÍTERE CIUDAD DE CADIZ
Internationales Marionettenfestival in der zweiten Mai-Hälfte

CÁDIZ EN DANZA
Internationales Festival des zeitgenössischen Tanzes Ende Juni

FISH & CHIPS

Tatsächlich haben nicht die Engländer den Bratfisch erfunden, sondern die Fischer von Cádiz. Probieren können Sie ihn – z. B. Makrele – in allerlei »freidurías« und in gar nicht so teuren Fischrestaurants, etwa an der Plaza de las Flores, an der Plaza de San Juan de Dios oder an der Plaza Tío de la Tiza.

❶ EL FARO €€€€

Hier treffen Sie eine sichere Wahl bei exquisiten Meeresfrüchten und Fisch, ein Klassiker lokaler Speisekunst.
Calle San Félix, 15
Tel. 956 21 10 68
www.elfarodecadiz.com

❷ ATXURI €€€€

Im traditionsreichen Atxuri, 1947 von einer baskischen Familie eröffnet, finden Sie baskische mit andalusischer Küche bestens kombiniert, z. B. bei den Fischgerichten. Und es gibt gewöhnlich großzügige Portionen.
Calle Plocia, 7
Tel. 956 25 36 13
www.atxuri.es

❸ BALANDRO €€€

Falls Sie hier einkehren, sollten Sie angesichts der Vielfalt an Fisch und Krustentieren nicht auf den Cent achten. Zu den Spezialitäten gehören frische Salate mit galicischer Seekrake (pulpo) und Goldbrasse mit Kartoffeln und Knoblauch.
Alameda de Apodaca, 22
Tel. 956 22 09 92
www.restaurantebalandro.com

❹ LA TABERNITA €

Ein Paradies der kleinen, einfallsreichen Köstlichkeiten. Manche gehen so weit, die »Tabernita« als beste Tapas-Bar in ganz Cádiz zu rühmen.
Calle Virgen de la Palma, 32

❺ FREIDURIA LAS FLORES €

Typisch für Cádiz: Hier bekommt man frisch gebratenen Fisch und Meeresfrüchte auch zum Mitnehmen. Der große Andrang spricht für die Qualität.
Plaza Topete, 4

CÁDIZ €€

Gut essen, auch Tapas, können Sie in **Medina Sidonia** in dieser Mischung aus Bar und Restaurant am Hauptplatz.
Medina Sidonia
Plaza de España, 13
Tel. 956 41 02 50

❶ PARADOR HOTEL ATLÁNTICO €€€€

Ein modernes Schmuckstück. Das Hotel (124 Z.) mit Spa gewährt einen traumhaften Blick aufs Meer. Auf gleichermaßen hohem Niveau, qualitativ und preislich, steht die Gastronomie.
Avenida Duque de Nájera, 9
Tel. 956 22 69 05
www.parador.es

❷ HOTEL ARGANTONIO €€

Ruhiges, charmantes und stilvoll eingerichtetes Hotel in einem Haus aus dem 19. Jahrhundert. Die 15 Zimmer zeigen den Geschmack für Details, die sich überall im Haus fortsetzen.
Calle Argantonio, 3
Tel. 956 21 16 40
www.hotelargantonio.com

MEDINA SIDONIA €–€€

Zur Übernachtung in Medina Sidonia bietet sich das gleichnamige, kleine freundliche Hotel an.
Medina Sidonia
Plaza del Llanete de Herederos
Tel. 956 41 23 17
www.tugasa.com/hotel-medina-sidonia

Das Tor zur Altstadt

Klassischer Einstieg einer Besichtigungstour ist die Puerta de Tierra. Das Überbleibsel der historischen Befestigungsanlage riegelte einst die Stadt zur Landseite ab. Im Mitteltrakt befinden sich Aufgänge; von oben genießt man weite Ausblicke. Heute befindet sich hier ein Marionettenmuseum (Museo del Títere).

Puerta de Tierra

Halten Sie sich ab der Puerta de Tierra in Richtung Meer und Promenade Campo del Sur. Die mächtigen Kuppeltürme der Kathedrale weisen den Weg. Zuvor passieren Sie das **Teatro Romano** aus dem 1. Jh. v. Chr., das erste römische Theater auf der Iberischen Halbinsel. Mithilfe von Filmen und Modellen wird im Interpretationszentrum des Theaters die römische Ära lebendig.

Museo del Títere: Bóvedas de Santa Elena | Di.-So. 10-21 Uhr Eintritt frei | **Centro de Interpretación del Teatro Romano:** Calle Mesón, 13 | April- Sept. Mo.-Sa. 11-17 und So. 10-14 (jeden ersten Mo. im Monat geschl.), Okt.-März Mo.-Sa. 10-16.30 und So. 10-14 Uhr | Eintritt frei

Direkt am Meer

Mit ihrer mächtigen gelben Kuppel ist sie im Stadtbild gewiss nicht zu übersehen: die von zwei großen achteckigen Kuppeltürmen flankierte neoklassizistische Kathedrale mit ihrer recht schmucklosen Hauptfassade. Ihre Bauzeit erstreckte sich von 1720 bis 1838. Im Innern der 85 m langen und 60 m breiten Kathedrale beeindrucken gewaltige Pfeiler und die Vierungskuppel über dem Hauptaltar. Das Chorgestühl ist aus Mahagoni gearbeitet. In der unter dem Meeresspiegel liegenden, 1726 beendeten Krypta befinden sich neben Bischofsgräbern das Grabmal des aus Cádiz stammenden und in Argentinien verstorbenen Komponisten **Manuel de Falla** (1876 bis 1946). Einen herrlichen Blick über die Stadt genießen Sie von der Torre del Reloj, dem Uhrturm. Im **Museo Catedralicio** sind vor allem drei Monstranzen sehenswert: die fast 5 m hohe Silbermonstranz aus dem 17. Jh., die mit angeblich einer Million Edelsteinen besetzte »Custodia del Millón« von 1721 und die von Enrique de Arfe geschaffene älteste Monstranz mit einem Amethystkreuz an der Spitze. Unter den Gemälden sind eine »Kreuzigung« von Alonso Cano und eine »Unbefleckte Empfängnis« von Murillo besonders zu beachten.

Kathedrale

Die benachbarte **Iglesia de Santa Cruz** wird gewöhnlich die »Alte Kathedrale« genannt. Sie stammt ursprünglich aus dem 13. Jh. und wurde nach ihrer Zerstörung 1596 durch die Briten im Renaissancestil erneuert; das Innere ist mit Malereien und einem figurenreichen Hochaltar (um 1650) ausgestattet.

Kathedrale und Museum: Mo.-Sa. 10-20, So. 13.30-20 Uhr | Torre del Reloj Mo.-Sa. 10-20, So. 12-14.30 u. 15.30-20| Eintritt: 7 € (inkl. Torre del Reloj) | http://catedraldecadiz.com

Unter Palmen

Rathaus

Nehmen Sie sich nun die drei prägnantesten Plätze vor. Den Auftakt macht die palmenbestandene **Plaza de San Juan de Dios** mit dem stattlichen Rathaus, 1799 erbaut und 1861 verändert. Auf der weiten **Plaza de España** am Ende des Hafenboulevards erinnert ein mächtiges Denkmal an die 1810–1812 in Cádiz tagenden Cortes.

Archäologie und Malerei

Museo de Cádiz

Der schönste Platz der Innenstadt ist die üppig mit Palmen und Grün bestandene **Plaza de la Mina**. Hier befindet sich das Museo de Cádiz mit zwei Sammlungen. Im Erdgeschoss informiert die **archäologische Abteilung** u. a. über erste Siedlungsspuren in der Region und über die phönizischen Stadtgründer. Zwei Sarkophage aus dem Jahr 400 v. Chr. ragen besonders heraus, auf ihnen sind ein Mann mit lockigem Bart und eine Frau mit sehr feinen Gesichtszügen abgebildet. Weitere Exponate stammen aus der Römerzeit und informieren über Bestattungstechnik, Handel, Alltag und Religion. Die **Gemäldesammlung** im ersten Stock trumpft vor allem mit Werken von Zurbarán (u. a. »Ekstase des hl. Bruno« und »Engel mit Weihrauch«), José de Ribera (»Ecce Homo«), Murillo (»Stigmatisierung des hl. Franziskus«) und Rubens (»Heilige Familie«; zugeschrieben) auf. Im zweiten Stock geht es dann mit einer kleinen ethnografischen Sammlung und zeitgenössischer Kunst weiter.

Museo de Cádiz: Di.–Sa. 9–21, So. 9–15 Uhr | Eintritt frei

Auf den Spuren von Goya

Oratorio de la Santa Cueva

Wenden Sie sich nun den Gotteshäusern zu. Über die Plaza San Francisco und vorbei an der Iglesia del Rosario (Skulpturen von San Servando und San Germán, den Schutzpatronen der Stadt) gelangen Sie zum Oratorio de la Santa Cueva, das 1783 als ovaler Bau mit zwei übereinander angeordneten Kapellen entstand. Drei der fünf Lünetten in der Kuppel malte **Francisco de Goya** 1795 aus; die Fresken sind seltene Beispiele für religiöse Themen des Meisters und zeigen »Die Hochzeit zu Kana«, »Abendmahl« und »Brotvermehrung«.

Calle Rosario, 10 | Mo.–Fr. 10.30–16, Sa. 9–14 Uhr | Eintritt: 5 €

Steigen Sie Cádiz aufs Dach!

Torre Tavira

Nach einem kurzen Fußweg von der Plaza de las Flores erreichen Sie die Torre Tavira. Sie wurde 1704 erbaut und ist mit 34 m der höchste Turm in Cádiz. Im 18. Jh. gab es in der Stadt 160 solcher Wach- und Aussichtstürme, von denen die Kaufleute und Spediteure schon von Weitem erkennen konnten, welches Schiff gerade in den Hafen einlief. Im obersten Stockwerk ist eine **Cámara obscura** installiert. Durch ein Spiegelsystem werden bewegte Bilder der Stadt auf eine große Leinwand projiziert.

Palmen, Fassaden, Menschen in helles Licht getaucht: die Plaza vor dem Rathaus

Einen Besuch wert ist der große **Mercado Central**, ganz in der Nähe der Plaza de las Flores, die bis zur Plaza Libertad reicht. Hier werden riesige Tunfische zerlegt, rundum laden Stände zum Imbiss ein.

Torre Tavira: Calle Marqués del Real Tesoro, 10 | Mai bis Sept. tgl. 10-20, Okt.-April 10 - 18 Uhr | Eintritt: 7 €

Markthalle: Mo.-Sa. 9-15; die Gastronomie: Mo.-Fr. 9-15.30, Sa. 9-16, Di.-Do. 20-24, Fr. u. Sa. 20-1 Uhr

Frühes Parlament

Cádiz ist verwinkelt und steckt voller sehenswerter Bauten. Das werden Sie aufs Neue merken, wenn Sie sich zum **Or**atorio de San Felipe Neri durchschlagen, einem Ovalbau von 1671, in dem 1812, während der Besetzung Spaniens durch Napoleon, die Cortes tagten und die erste liberale Verfassung des Landes verabschiedeten. Den Hochaltar zieren das Gemälde »Unbefleckte Empfängnis« von Murillo und ein »Kopf Johannes' des Täufers« von Pedro Roldán. Nebenan informiert das **Museo de las Cortes de Cádiz** über die Geschichte der Stadt und ihre verfassunggebende Versammlung.

Oratorio de San Felipe Neri

Ebenfalls sehenswert ist das barocke **Hospital de Mujeres**, das in der Capilla de Nuestra Señora del Carmen ein **Werk von El Greco** zeigt, die »Ekstase des hl. Franziskus«.

Oratorio de San Felipe Neri: Mo.–Fr. 10.30–16, Sa. 9–14 Uhr | Eintritt 5 €
Capilla de Nuestra Señora del Carmen: Mo.–Fr. 10–16 Uhr
Eintritt: 5 €

Bummeln

Barrio de la Viña

Wie geschaffen für einen Bummel ist das Barrio de la Viña im südwestlichen Teil der Altstadt, wo im 18. Jh. hauptsächlich Fischer und Hafenarbeiter wohnten. Hier reihen sich im Sommer auf der **Plaza Tío de la Tiza** Straßenkneipen mit lecker zubereiteten Fischhappen aneinander.

Cádiz und das Meer

Am Atlantik entlang

Ein Spaziergang auf der Uferpromenade am Atlantik ist schon wegen der Ausblicke auf das Meer ein Erlebnis. Ein möglicher Einstieg ist die Alameda de Apodaca, die Uferpromenade beginnt unweit der Plaza de la Mina. Die erste der im 17. Jh. zum Schutz der Stadt errichteten Bastionen ist die **Baluarte de Candelaria.** Im August finden hier donnerstags üblicherweise Flamenco-Abende statt und im Sommer steigen weitere Kulturveranstaltungen.

Den Feierabend versüßen sich viele Gaditanos an der Playa de la Caleta, sehr gerne im Balneario de la Palma.

Der Bastion gegenüber erhebt sich die 1737–1764 im Kolonialstil erbaute Kirche Nuestra Señora del Carmen. Im benachbarten neoklassizistische Palast (1759) zeigt das Centro Cultural Reina Sofía Werke des in Cádiz geborenen Bildhauers Juan Luis Vasallo (1908–1986).

Beliebtes Ziel der Gaditanos ist der **Parque Genovés.** An die dahinter gelegene Festung Castillo de Santa Catalina schließt sich der **Stadtstrand Playa de la Caleta** an mit dem nostalgisch anmutenden Balneario de la Palma aus dem Jahr 1925. Im Süden der Caleta reicht eine Mole weit hinaus ins Meer; sie endet am Castillo de San Sebastián aus dem 17./18. Jh. und am Leuchtturm. Hier zeigt sich Cádiz von einer besonders schönen, aber auch rauen Seite!

Vom Campo del Sur an der Südseite der Altstadt kommt man, vorbei an Kathedrale, römischem Theater und dem früheren Gefängnis, heute Casa de Iberoamérica, zur bereits bekannten Puerta de Tierra.

Abkühlung?

Zum Baden bieten sich außer dem Stadtstrand die langen Playas de Santa María, Victoria und Cortadura an, die südlich parallel zur großen Zufahrtsstraße hinter den Hochhäusern liegen. Die Playa de la Victoria wird gerne ihres feinen Sandes wegen gerühmt. | Strände

Ein Stück weiter südlich geht's an die zu Chiclana de la Frontera gehörigen Strände wie die 7 km lange **Playa de la Barrosa.** Den Stränden verdanken urbane Siedlungen wie La Barrosa oder das am Reißbrett entworfene Edeldomizil Novo Sancti Petri ihre Existenz. Golf spielt dort eine große Rolle. **Chiclana de la Frontera** ist bekannt für den Wein, vor allem Moscatel, und die Iglesia de Jesús Nazareno.

 ## Medina Sidonia

Eine Hochburg des süßen Handwerks

Welten liegen zwischen der Küstenstadt Cádiz und dem knapp 12 000 Einwohner zählenden Medina Sidonia, das auf einem lang gezogenen Buckel, dem Cerro del Castillo, thront. Dabei ist es von Cádiz nur knapp 45 km in Richtung Südosten entfernt. | Ein weißes Landstädtchen

IDie Mauren brachten die Zuckerbäckerei nach Andalusien. Besondere Fertigkeiten entwickelten die **Konditoreien** von Medina Sidonia, weshalb die Stadt bis heute eine Hochburg des süßen Handwerks ist. Berühmt sind die »Alfajores« aus Mandeln, Haselnüssen, Honig und Zimt – besonders gut sind sie aus der Konditorei Sobrina de las Trejas an der Plaza de España.

im Lauf seiner weiteren Entwicklung wurde Medina Sidonia Sitz des gleichnamigen Adelsgeschlechts. Die Herzöge von Medina Sidonia stiegen zu den reichsten Großgrundbesitzern Andalusiens auf; hre Nachfahren halten den ältesten Herzogtitel Spaniens und sind eine der prominentesten Magnatenfamilien Andalusiens.

Die ersten Sonnenstrahlen haben die Kirche Santa María la Coronada in Medina Sidonia bereits erreicht, die Hügel ringsum liegen noch in leichtem Nebel.

Ein großes Stadtfest steigt normalerweise Ende Mai/Anfang Juni in Verbindung mit der Feria de Ganado, einem Viehmarkt.

Medina Sidonia hat sich sein **altmaurisches Ortsbild** mit weißen Würfelhäusern bewahrt. Auch die drei Stadttore – Arco de Belén, Arco de la Pastora und Puerta del Sol – stammen aus jener Epoche. Auf schmalen Gassen geht es bergauf in den Festungsbezirk. Bedeutendster Rest der Burg ist die **Torre de Doña Blanca**, in der im 14. Jh. Peter der Grausame seine Gemahlin Blanca de Borbón, mit der er aus politischen Gründen verheiratet war, gefangen hielt – während er sich mit einer anderen Dame vergnügte. Königin Doña Blanca wurde nur 22 Jahre alt. Damals hieß es, sie sei auf Befehl ihres skrupellosen Gatten vergiftet worden, doch vermutlich war sie, wie Wissenschaftler heute annehmen, an einer Krankheit wie Tuberkulose gestorben.

Auf dem Burghügel erbaute man Ende des 15. Jh.s die Kirche **Santa María la Coronada**. Hier tagte die Inquisition, wie Schnitzereien – Schwert, Palme, Dominikanerkreuz – auf einer Bank hinter dem Chorgestühl belegen. Von der Höhe bieten sich fantastische Fernblicke. Ebenfalls erwähnenswert sind die Reste der römischen Kanalisation (1. Jh. v. Chr.) und – am Stadtrand – ein westgotisches Kirchlein aus dem 7. Jh., die **Ermita de los Santos Mártires**.

Medina Sidonia eignet sich auch als Durchgangsstation. Richtung Osten geht es ins Weiße Dorf **Alcalá de los Gazules** (23 km östlich) und in den Naturpark **Los Alcornocales** (▶ S. 46).
Santa María la Coronada: Sommer 11–14 u. 17–20 Uhr | Eintritt: 2,50 €

Anreise mit dem Linienboot?
Die für ihren Sherry berühmte Stadt (▶ S. 263) liegt nur 18 km nördlich von Cádiz. Man erreicht sie in 30 Min. mehrmals täglich mit einem Linineboot und genießt unterwegs ein tolles Panaroma.
Fahrplan und Preise: http://siu.cmtbc.es

El Puerto de
Santa María

★ CARMONA

Provinz: Sevilla | **Höhe:** 248 m ü. d. M. | **Einwohnerzahl:** 29 300

E 5

Carmona steht eher selten auf dem Programm von Reisenden. Schade eigentlich. Der Kern des Landstädtchens gehört zu den schönsten der kleineren Städte in Andalusien. Und eine einzigartige Römerstätte gibt's in der Unterstadt obendrauf.

Das Städtchen thront auf einem kahlen Hügelrücken mitten in der Vega de Corbones, einem der fruchtbarsten Landstriche Andalusiens. 206 v. Chr. übernahmen die Römer den bereits in vorgeschichtlicher Zeit bewohnten Ort. Sie umfassten die Anhöhe mit einer Mauer, die später von den Mauren und Christen erweitert wurde. Die Siedlung entwickelte sich zu einer wichtigen Station an der Fernstraße von Córdoba nach Sevilla. Im Mittelalter nahm Ferdinand III. den Mauren 1247 ihr »Karmuna« ab, im Anschluss entwickelte sich der Ort zu einer beliebten Residenz der Herrscher. Peter der Grausame (Pedro el Cruel) und Isabella die Katholische kamen besonders gern. Zahlreiche herrschaftliche Häuser zeugen von dieser Epoche.

Geschichtsträchtiges Landstädtchen

▌ Wohin in Carmona?

Ein schöner Auftakt
Aus dem Westen kommend, an der Hauptstraße Richtung Altstadt, hebt sich die Iglesia de San Pedro ab (15./17. Jh.). Ihr hoher Barockturm erinnert an die Giralda von Sevilla. Im überschwänglich barock ausgestatteten Innern sehen Sie bemerkenswerte Taufbecken aus grüner Keramik (um 1500) und die prachtvolle Capilla del Sagrario (1760). Sie ist ein Werk des Sevillaner Künstlers Ambrosio Figueroa, der hier die maurische Tradition in Hufeisenbögen wieder aufleben ließ.

San Pedro

CARMONA ERLEBEN

CENTRO DE RECEPCIÓN TURÍSTICA
Alcázar de la Puerta de Sevilla s/n
Tel. 954 19 09 55
www.turismo.carmona.org
Mo.–Sa. 10–18, So. 10–15, Juli,
Aug. Mo.– Fr. 9–15, Sa., So. 10–15
Uhr

SEMANA SANTA
Während der Karwoche brechen insgesamt acht Laienbruderschaften zu ihren Prozessionen auf.

FERIA
In der dritten Mai-Woche steigt das Stadtfest – und das schon seit 1466.

ROMERÍA DE LA VIRGEN DE GRACIA
Am ersten Sonntag im September gibt es eine farbenprächtige Wallfahrt zu Pferd und Wagen. Das Patronatsfest zu Ehren der Virgen de Gracia folgt vom 8. bis 16. September.

LA ALMAZARA DE CARMONA €€€–€€€€
Sehr gute traditionelle Fleisch- und Fischgerichte zu angemessenen Preisen. Hier weiß man, dass auch das Auge mit isst.
Calle Santa Ana, 33
Tel. 954 19 00 76

MOLINO DE LA ROMERA €€€
Wer's rustikal mag, ist hier gut aufgehoben. In einer ehemaligen Ölmühle aus dem 15. Jh. beim Alcázar wird in historischem Ambiente Regionales aufgetischt.
Calle Puerta de Marchena
Tel. 954 14 20 00
http://molinodelaromera.es

PARADOR ALCÁZAR DEL REY DON PEDRO €€€–€€€€
Traumhotel (63 Z.), das in seiner Architektur dem Palast Peters des Grausamen nachempfunden ist. Am Rand der Altstadt über dem Bétis-Tal. Hier können Sie in eleganter Atmosphäre auch ausgezeichnet essen.
Tel. 954 14 10 10
www.parador.es

Ein schöner Überblick

Puerta de Sevilla Von hier geht es geradewegs über die Plaza de Blas Infante zur Puerta de Sevilla. Der Torbau mit einem Hufeisen- und drei Rundbögen gehört zum **Alcázar de Abajo,** der unteren Burg, und ist Teil der Stadtmauer. Vom Turm genießt man einen herrlichen Ausblick. Heute ist hier die **Touristeninformation** zu Hause. Am anderen Ende der Stadt steht die Puerta de Córdoba, zwischen beiden Stadttoren verlief einst mitten durch die Siedlung die Römerstraße Via Augusta.
Alcázar de la Puerta de Sevilla: Mo.–Sa. 10–18, So. bis 15, im Juli, Aug. Mo.–Fr. 10–15 und 16.30 –18, Sa., So. bis 15 Uhr | Eintritt: 2 €

Ein Gotteshaus mit wechselvoller Geschichte

Hinter dem Tor geht es auf der Calle Prim in die etwas höher gelege- Plaza de
ne Altstadt, an der Kirche San Bartolomé (15. Jh.; rechts) vorbei zur San
Plaza de San Fernando, dem Hauptplatz des Städtchens. Ihn umste- Fernando
hen sehenswerte Stadthäuser im Mudejarstil und aus der Renaissance; im barocken Rathaus sollte man einen Blick in den Hof werfen, dessen Boden ein römisches Mosaik bedeckt.

Bald darauf folgt die **Kirche Santa María**. Sie wurde im 15. Jh. über
den Resten einer Moschee erbaut, an die noch der Patio de los
Naranjos, der »Orangenhof«, mit seinen Hufeisenbögen erinnert.
Zeugnis für ein schon vor der Moschee bestehendes christliches
Gotteshaus ist eine westgotische Säule aus dem 6. Jh., auf der ein
Kalendarium mit den Namenstagen von Ortsheiligen eingemeißelt
ist, das älteste dieser Art in Spanien. Innen ragt der platereske
Hauptaltar mit Passionsszenen heraus; beachtenswert sind auch die
beiden Kapellen Capilla del Cristo de los Martirios und die Capilla de
San José y San Bartolomé mit drei Retabeln. Über den Orangenhof
betreten Sie die Ausstellung mit den schönsten Stücken des **Kirchenschatzes**.

Einblick in die Stadtgeschichte

In nächster Umgebung der Kirche befinden sich drei Adelspaläste aus Adels-
dem 17. und 18. Jh.: der Palacio de los Rueda, der rotbraun getünchte paläste &
Palacio de los Aguilar (ehemals Rathaus) sowie hinter der Kirche links Stadtmuseum
der 1755 mit schönem Portal und Eisenbalkon fertiggestellte **Palacio
del Marqués de las Torres**, der heute das Stadtmuseum (Museo de
la Ciudad) mit Exponaten zur Lokalgeschichte beherbergt.

Museo de la Ciudad: Calle San Ildefonso, 1 | Mitte Juni–Ende Aug.
Mo.–Fr. 10–14, übrige Monate Mo. 11–14 u. Di.–So. bis 19 Uhr
Eintritt: 2,50 € | www.museociudad.carmona.org

Kunst im Kloster

Folgen Sie am Convento de las Descalzas der Hauptstraße weiter, Convento de
kommen Sie zum rechts liegenden, 1460 gegründeten Convento de Santa Clara
Santa Clara. Die Kirche der Klarissinnen besitzt Heiligenbilder aus der
Schule **Zurbaráns**, darunter wohl auch einige vom Meister selbst.
Das Gemälde über dem Hauptaltar stammt von Valdés Leal. Noch
immer wohnen hier Ordensschwestern, die auch Gebäck verkaufen.

Do.–Mo. 11–14 u. 16–18 Uhr | Eintritt: 2 € | http://clarisascarmona.
com

Am Ostende der Altstadt

An der Puerta de Córdoba haben Sie das Ostende der Stadt erreicht. Puerta de
Das Tor geht auf die Römer zurück, wurde aber im 17. Jh. umgestal- Córdoba
tet, wobei man die wuchtigen Achtecktürme an den Flanken auf römische Quader setzte.

Andalusiens schönster Parador?

Alcázar de Arriba

Auf dem höchsten Punkt der Stadt, am Rand des hier jäh abbrechenden Stadthügels, liegt der Alcázar de Arriba, die obere Burg. Sie wird auch Alcázar del Rey Don Pedro genannt, denn Peter der Grausame wählte die almohadische Burg zu seinem Lieblingssitz. Aus dieser Zeit ist jedoch kaum noch etwas erhalten. Der jetzt in der Burg untergebrachte **Parador** ist einer der schönsten Andalusiens.

Römische Bestattungskultur

Necrópolis Romana

Carmonas wichtigste Sehenswürdigkeit, das römische Gräberfeld, befindet sich am südwestlichen Ortsrand; gegenüber sieht man die reste des Amphitheaters.. Um die 1000 Gräber aus dem 2. Jh. v. Chr. bis zum 4. Jh. n. Chr. wurden hier angelegt, etwa ein Viertel davon freigelegt. In einige kann man sogar hinabsteigen. Viele lassen sich durch mehrere Urnennischen, Vorhöfe und Triklinen (Ruhebänke) für die Leichenmahle als **Familienmausoleen** einordnen; oft sieht man noch Reste von Wandmalereien und Stuck. Die Toten wurden meist in zum Grab gehörenden Verbrennungskammern eingeäschert; es gibt auch Gräber für Erdbestattungen. Ein kleines Museum informiert über die Bestattungstechniken der Römer und zeigt Funde aus der Nekropole.

Die große **Tumba del Elefante** ist das merkwürdigste Grab. Sie verdankt ihren Namen einer sehr gut erhaltenen Elefantenskulptur, deren Bedeutung rätselhaft geblieben ist; vielleicht symbolisiert sie ein langes Leben. Das Grab besteht aus mehreren Räumen mit Triklinen und einem steinernen Wasserbehälter. In der **Tumba de Servilia** sind die besterhaltenen Wandmalereien des Gräberfelds zu sehen, darunter die Darstellung einer Dame mit Harfe. Die Größe des zweistöckigen Grabes und die reichen Grabbeigaben lassen darauf schließen, dass hier eine vornehme Familie bestattet wurde. Benannt ist das Grab nach der im Museum aufgestellten Frauenstatue ohne Kopf, auf deren Sockel der Name »Servilia« eingemeißelt steht. Die **Tumba del Póstumo** ist ein Beispiel für eine Erdbestattung – allerdings galt dies nur für den Herrn, zu beiden Seiten der Grube befinden sich Nischen für die Urnen seiner Sklaven.

Calle Jorge Bonsor | Di.-Sa. 9–18, So. 10–15 Uhr | Eintritt für EU-Bürger frei | www.museosdeandalucia.es

▌ Rund um Carmona

Gemälde von Francisco de Zubarán

Marchena

Im Landstädtchen Marchena, 27 km südöstlich von Carmona, sind noch Reste der mittelalterlichen Stadtbefestigung zu sehen. Besonders wertvoll in der gotisch-mudejaren Kirche **San Juan Bautista** ist der Hochaltar; Alejo Fernández und seine Werkstatt schufen im frü-

Mehr als 1000 Grabstätten legten die Römer in der Nekropole von Carmona an.

hen 16. Jh. Tafelbilder und Skulpturen, die das Leben Christi und Johannes' des Täufers schildern. Auch das Chorgestühl (18. Jh.) und der spätgotische Seitenaltar mit einer Abendmahlsdarstellung sind von hohem künstlerischen Wert. Zur Kirche gehört ein Museum mit neun Gemälden von Francisco de Zurbarán.

Barocke Bauten

Monumente geben den Weg vor – denn dieser 23 km östlich von Carmona liegende Ort besitzt eine Reihe beachtlicher, vor allem barocker Bauten. Von der maurischen Burg am Hauptplatz stehen noch Mauern und vier Türme. Die bedeutendste Kirche ist die fünfschiffige Santa María de las Nieves, an der vom 16.-18. Jh. gebaut wurde, ihre Capilla de la Virgen de Lourdes ist mit Azulejos ausgekleidet.

Fuentes de Andalucía

Römische Reste in einer alten Bergbaustadt

Über den Guadalquivir hinweg erreichen Sie 25 km nördlich von Carmona, am Fuß der Sierra Morena, Villanueva del Río y Minas. Hier wurde in der Antike Bergbau betrieben. An Stelle des Römerkastells entstand das beeindruckende **Castillo de Mulva**; außerhalb liegen die gut erhaltenen Reste einer römischen Siedlung.

Villanueva del Río y Minas

★★ CÓRDOBA

Provinz: Córdoba | **Höhe:** 123 m ü. d. M. | **Einwohnerzahl:** 322 100

Córdoba ist einfach packend: mit der Mezquita-Catedral, dem baulichen Mega-Erbe der Mauren, und mit all seinen Plätzen und verwinkelten Gassen. Sieht man von Granada und Sevilla ab, kann der Atmosphäre und Magnetkraft der Stadt am »großen Fluss« Guadalquivir sonst niemand in Andalusien das Wasser reichen. Daher gehört sie zum UNESCO-Weltkulturerbe.

»Stadt der Wunder«

Lassen Sie sich treiben, genießen sie den Zauber, der für die Einwohner Córdobas Alltag ist: die engen gewundenen Gassen, die kleinen Plätze, die weiß getünchten Häuser mit kühlen Innenhöfen. Córdoba besitzt einen der größten Altstadtkerne Spaniens und die fantastische Mezquita, die die einstige Hauptstadt des Kalifats zu einem **»abendländischen Mekka«** und einem der allerersten Reiseziele in Andalusien macht. Zur maurischen Blütezeit im Mittelalter sprach man von der »Stadt der Wunder«. Genüssliche Einkehr- und Shoppingmöglichkeiten – hier wird u. a. das Silber- und Lederhandwerk gepflegt – geben dem Erleben zusätzlich Reize. Nicht zu vergessen der Ausflug nach Medina Azahara, einst die Palaststadt der Kalifen.

Córdoba leuchtet: Der Blick geht am Puente Romano entlang über den Guadalquivir zur Mezquita.

Wo das Mittelalter leuchtete

Schon in altiberischer Zeit bestand hier am Knie des Betis (Guadalquivir) eine Siedlung, die dem Karthager Hannibal für seinen Kriegs-
zug über die Alpen Söldner zur Verfügung stellte. Unter den Römern
stieg der Ort zur Hauptstadt der Provinz Hispania Ulterior auf, büßte
jedoch später an Bedeutung ein. Das änderte sich aufs Neue, als der
750 aus Damaskus vertriebene Omaijade **Abd ar-Rahman I.**, seit 756
erster Emir von Córdoba, den Grundstein für die Entwicklung zur seinerzeit glänzendsten Stadt Europas legte. Er führte neue Kulturpflan-
zen und raffinierte Bewässerungsmethoden ein, entfaltete eine umfangreiche Bautätigkeit und förderte die Wissenschaften. Ihren
Höhepunkt erlebte die Stadt unter **Abd ar-Rahman III.**, der sich 929
zum »Kalif des Westens« erhoben hatte. Zu dieser Zeit lebten in Córdoba vermutlich zwischen 500 000 und einer Million Menschen. Es
gab fast 500 Moscheen, 600 öffentliche Bäder, prachtvolle Paläste,
eine große jüdische Gemeinde, 17 höhere Lehranstalten, reiche Bib-
liotheken und zahllose Schulen, an denen ein **reger Austausch** zwischen christlichen, muslimischen und jüdischen Gelehrten stattfand.
Im maurischen Córdoba gab es sogar Straßenbeleuchtung, gepflasterte Fahrwege sowie eine Vielzahl von Kunsthandwerkern. Es strahl-
te einen Glanz aus, der in Europa ohnegleichen war; nur das byzantinische Konstantinopel und Bagdad, Metropole des östlichen Kalifats,
konnten sich auf dieselbe Stufe stellen. Doch das Kalifat von Córdoba
ging an inneren Streitigkeiten zugrunde und wurde 1031 in mehrere
kleine Königreiche aufgeteilt, die »Taifas«. Nach der Eroberung
durch Ferdinand III. 1236 geriet Córdoba vorübergehend in Vergessenheit – ist aber längst zum neuerlichen Mal aufgeblüht, nicht zuletzt befeuert durch den Tourismus.

Aufstieg zur
maurischen
Metropole

 Mezquita-Catedral

März–Okt. Mo.–Sa. 10–19, So. 8.30–11.30 u. 15–19, Nov.–Febr. Mo.–
Sa. 8.30–18, So. 8.30–11.30 u. 15–18 Uhr | Eintritt: 11 €, Glockenturm
zusätzl. 2 € | http://mezquita-catedraldecordoba.es

Aus einer großen Zeit

Das von einer Kirche in eine Moschee und wieder in eine Kirche um-
gebaute Gotteshaus vereint 1000 Jahre christliche und islamische
Architekturgeschichte. Die Mezquita-Catedral ist die **bedeutendste
Schöpfung maurisch-religiöser Baukunst in Spanien** und bis
heute eine der großartigsten Moscheen der Welt. Ursprünglich stand
hier ein römischer Tempel und später eine westgotische Basilika. Zu
Beginn der Maurenzeit teilten sich Christen und Muslime zunächst
dieses Gotteshaus. Kurz vor der Jahrtausendwende entstand dann
eine der prachtvollsten Moscheen der Welt. Nach der christlichen
Eroberung Córdobas 1236 blieb sie drei Jahrhunderte lang unverän-

1000
Jahre west-
liche und
islamische
Architektur-
Geschichte

MEZQUITA-CATEDRAL

Die ehemalige Hauptmoschee des westlichen Islam – eine der größten Moscheen der Erde – und heutige Kathedrale (Mezquita-Catedral) ist die bedeutendste Schöpfung maurisch-religiöser Baukunst in Spanien.

❶ Maksûra
Ursprünglicher Kalifen-Gebetsraum

❷ Kathedrale
Bischof Alonso Manrique beschloss 1523 die Errichtung einer großen Kathedrale inmitten des islamischen Gebetsraums. Sie wirkt in ihrer Stilmischung aus Gotik und Renaissance wie ein architektonischer Fremdkörper.

❸ Campanario (Glockenturm)
Nach dem Bau der Kathedrale um 1599 begann man mit dem Umbau des Minaretts zum Glockenturm. Den Turm krönt ein Standbild des Erzengels Raphael, des Schutzheiligen der Stadt.

❹ Zinnengekrönte Mauer
Das Bauwerk umgibt eine 9 – 20 m hohe Mauer mit turmartigen Strebepfeilern und den klassischen Schmuckelementen des Islam – rot-weiße Hufeisenbögen, florale und geometrische Ziermuster und kufische Schriftbänder.

❺ Wasserbecken
An großen Wasserbecken im Patio de los Naranjos, die nicht alle erhalten sind, wurden die rituellen Waschungen vorgenommen, bevor man die einst zum Hof hin offene Gebetshalle betrat.

❻ Muslimischer Gebetsraum
793 Säulen tragen die Bögen mt den abwechselnd rot-weißen Keilsteinen aus Kalkstein und Ziegeln. In der Mezquita waren weder Wege noch Richtung vorgegeben, jede beliebige Stelle war ihr Mittelpunkt, denn für Muslime ist jeder Platz, an dem gebetet wird, Allah gleich nah. Damals drang Tageslicht durch die heute zugemauerten Pforten, und Tausende brennende Öllämpchen erhellten den Raum zusätzlich.

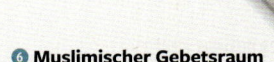

❼ Mihrâb Nuevo (Neuer Mihrâb)

Unvergleichbar und unübertroffen ist die
Gebetsnische des Vorbeters, die die
Richtung nach Mekka anzeigt – sie ist das
Allerheiligste der Moschee. Die aus einem
einzigen Marmorblock gehauene, die Welt-
muschel symbolisierende Kuppel strömt
über vor floralen und geometrischen
Mustern, Koranversen und Mosaiken, die
byzantinischen Künstlern zu verdanken sind.

❽ Capilla del Cardenal

Hier wird der Kirchenschatz aufbewahrt:
Größte Kostbarkeiten sind eine silberne
Monstranz (1510 – 1516) und ein Prozessions-
kreuz von Enrique de Arfe, neun Heiligen-
stauen, ein Elfenbeinkruzifix von Alonso
Cano sowie arabische Handschriften
(9./10. Jh.).

❾ Arkaden

Unter den Arkaden an der Nordseite trafen
sich Studenten und Lehrer, um zu disputieren. Westlich des Glockenturms gaben die
Ärzte Auskunft, östlich sprachen die Qadi
Recht.

50 m
©BAEDEKER

N

Erste Moschee unter
Abd ar-Rahman I. (785)

Erster Anbau unter
Abd ar-Rahman II. (um 850)

Zweiter Anbau unter
Al Hakam II. (um 960)

Dritter Anbau unter
Almansur (um 990)

Patio de los Naranjos

Catedral

1 Campanario (Torre de Alminar)
2 Puerta del Perdón
3 Puerta del Caño Gordo
4 Virgen de los Faroles
5 Puerta de Santa Catalina
6 Almansur-Becken
7 Puerta de las Palmas
8 Puerta de los Deanes
9 Postigo de la Leche
10 Puerta de San Esteban
11 Puerta de San Miguel
12 Coro
13 Crucero
14 Capilla Mayor
15 Capilla Villaviciosa
16 Capilla Real
17 Postigo del Palacio
18 Maksûra
19 Mihrâb Nuevo
20 Capilla del Cardenal
21 Capilla del Santo
   Cristo del Punto
22 Postigo del Sagrario

dert. Erst im 16. Jh., wenige Jahrzehnte nach Abschluss der Reconquista, keilten die Christen – als Zeichen des Triumphs über die »Ungläubigen« – in die ehemalige Moschee ein Gotteshaus hinein und verursachten irreparable Schäden. Doch zum Glück ist das, was sie übrig ließen, immer noch so grandios, dass es die Besucher bis heute mitreißt. Der Name des Bauwerks, »Mezquita-Catedral«, »Moschee-Kathedrale«, bringt dieses Zwitterwesen aus Islam und Katholizismus zum Ausdruck.

Eine Abfolge von Umbauten

Baugeschichte

Córdobas Hauptmoschee konnte es an Schönheit und Ausmaßen mühelos mit den großen Moscheen im Orient aufnehmen! Allerdings entstand sie nicht aus einem Guss. Baubeginn war 785 unter Abd ar-Rahman I. Es entstanden elf zum Orangenhof hin offene Schiffe und der Mihrâb, die nach Mekka ausgerichtete Gebetsnische am Ende des et-

EL ALMA DE CÓRDOBA

Eine ganz besondere Atmosphäre herrscht spät abends in der Mezquita-Catedral. Je nach Jahreszeit ist das Bauwerk aus Tausendundeinenacht auch über die üblichen Öffnungszeiten hinaus zugänglich. Dann spürt man die Seele Córdobas. Online-Reservierungen auf http://mezquita-catedraldecordoba.es, Preis 18 €

was größeren Mittelschiffs. Im 9. und 10. Jh. folgten dann unter verschiedenen Herrschern – vor allem unter Abd ar-Rahman II., Al Hakam II. und Almansur – Erweiterungsbauten, darunter der »Neue Mihrâb« (Mihrâb Nuevo) und die Maksûra, der Gebetsraum des Kalifen. Schließlich bestand die Moschee aus 19 Schiffen, einer asymmetrisch liegenden Gebetsnische und bot Platz für 40 000 Gläubige. Sie war 230 m² groß, 134 m breit und 179 m lang. Trotz aller Eingriffe wirkt das Bauwerk erstaunlich homogen – und wäre noch homogener, wären nicht die Christen gewesen. Was mit der Einsetzung der Capilla Villaviciosa begann, setzte sich Ende des 14. Jh.s mit einer ersten Kathedrale fort, für die fünf Schiffe weichen mussten. 1523 begannen die einschneidendsten Veränderungen, nachdem Bischof Alonso Manrique die Errichtung einer großen Kathedrale mitten in der islamischen Gebetshalle beschlossen hatte. Der junge **Kaiser Karl V.** hatte nichts dagegen, doch als er wenige Jahre später den Fortgang der Bauarbeiten besichtigte, soll er zu den Domherren gesagt haben:

>»
> Wenn ich gewusst hätte, meine Herren, was Sie vorhatten, hätte ich es nicht gestattet, denn was Sie hier gebaut haben, findet man überall, aber was Sie zerstört haben, gibt es nirgends auf der Welt.
> «

Der Kathedralbau, eine Stilmischung aus Gotik und Renaissance, wurde im Wesentlichen 1599 abgeschlossen; um diese Zeit begann auch der Umbau des Minaretts zum 60 m hohen Campanario (Glockenturm).

Spiel der Formen, Farben und Proportionen

An der Nordseite, unter dem Campanario, befindet sich auch der **Haupteingang, die Puerta del Perdón** (Gnadentor). Der zugängliche Glockenturm entstand aus dem Minarett und erhielt 1593 seine

Glockenturm, Orangenhof und Gebetsraum

117

OBEN: Der Wald aus 793 Säulen und die Bögen mit den rot-weißen Doppelarkaden sind auch in der islamischen Welt ohne Vorbild.

UNTEN: Über dem Allerheiligsten der Moschee, dem Mihrâb Nuevo, spannt sich ein Mosaikbogen, geschaffen von byzantinischen Kunsthandwerkern.

heutige Gestalt. Als Nächstes öffnet sich der mit Orangenbäumen und Palmen bestandene **Patio de los Naranjos** (Orangenhof) mit einem Brunnen für die rituelle Reinigung vor dem Gebet. Hier trafen sich Studenten und Lehrer, um zu disputieren, Ärzte gaben Auskunft und Qadi sprachen Recht.

Vom Orangenhof führt der Weg hinein in die einstige Moschee. Im Halbdunkel zeigt sich der endlos erscheinende **Wald aus 793 Säulen** bei jedem Schritt aus einer anderen Perspektive. Sie sind aus Marmor, Jaspis, Porphyr, Granit, und viele stammen aus antiken Ruinen. Sie tragen die Bögen mit den abwechselnd rot-weißen Keilsteinen aus Kalkstein und Ziegeln. Ihr Anblick zieht hinein in den orientalischen Kosmos, ein Spiel der Formen und Proportionen. Sind es tatsächlich uniforme Reihen, sind es Spiegelungen? Immer gleich und doch wieder anders, dazwischen Dämmerlicht und huschende Schatten. Ein Gitter teilt an der Südostwand den **Mihrâb Nuevo** (Neuer Mihrâb) und seinen Vorraum – die **Maksûra** – ab. Schon im Vorraum sehen Sie reichste Ausschmückungen. Insbesondere eine Vielzahl von Bogenformen, Mosaiken und kufischen Schriftbändern zeigt die handwerkliche Meisterschaft, die ihren Höhepunkt in der prächtigen Kuppel in Form einer Blüte fand. Unvergleichbar und unübertroffen bleibt der Mihrâb Nuevo selbst. Er öffnet sich hinter einem Hufeisenbogen, den zwei Säulenpaare aus dem alten Mihrâb flankieren und zeigt die Richtung nach Mekka an. Über dem **Allerheiligsten der Moschee** spannt sich ein Mosaikbogen mit floralen Ornamenten, der von einem Alfiz mit kufischen Schriftbändern eingefasst ist, die die Namen Allahs wiedergeben.

Irreparable Zerstörungen

Der Einbau der Kathedrale verursachte irreparable Schäden. Sie wurde auf Geheiß von Bischof Alonso Manrique nach dem Abbruch von 63 Säulen erbaut, Chor und Altarraum entstanden zwischen 1523 und 1539 sowie zwischen 1547 und 1599.

Kapellen und Kathedrale

Links neben dem Mihrâb entstand im 18. Jh. die **Capilla del Cardenal** zur Aufbewahrung des Kirchenschatzes. Die **Capilla Villaviciosa** gegenüber dem Mihrâb Nuevo ist der ehemalige Mihrâb der Moschee Abd ar-Rahmans II. Er wurde zur ersten christlichen Kapelle in der Moschee umfunktioniert, besticht aber nach wie vor durch variantenreichen maurischen Säulenschmuck und die gewagte Konstruktion der Kuppel. Daneben liegt die in mudejarem Stil mit Fayence- und Stuckverkleidungen gearbeitete **Capilla Real** (14. Jh.). Sie war ursprünglich gedacht als Grabkapelle der kastilischen Könige Ferdinand IV. und Alfons XI., deren Gebeine 1706 jedoch in die Kirche San Hipólito umgebettet wurden. Im Herzen der Moschee bilden das als Chor dienende gotische **Kreuzschiff** und die **Capilla Mayor** eine Kirche für sich. Beachtenswert ist das reich geschnitzte barocke Chorgestühl von einem Sevillaner Künstler, das 1758 entstanden ist.

CÓRDOBA ERLEBEN

CENTRO DE RECEPCIÓN DE VISITANTES

Plaza del Triunfo
Tel. 957 46 97 07
www.turismodecordoba.org
Mo.–Sa. 9–19, So. 9 –14.30 Uhr
Ein Informationskiosk steht an der Plaza de las Tendillas.

KOMBITICKET

Für 12 € gibt es ein günstiges Kombiticket (Bono de Museos Municipales) für den Alcázar de los Reyes Cristianos, die Baños del Alcázar Califal und das Museum Julio Romero de Torres. Auch der Besuch des Stierkampfmuseums ist – sofern Sie es nicht abschreckt – im Preis enthalten.

Es gibt eine Menge Adressen, um etwas zu trinken oder sich ins Nachtleben zu stürzen. Beliebt sind u. a. die Zona Vial Norte mit ihren Pubs und die Plaza de la Corredera. Viel los ist in der Neustadt meistens in der Calle Cruz Conde nördlich der Plaza de las Tendillas sowie um die Avenida Tejares und die Avenida Gran Capitán.

❶ TABLAO FLAMENCO CARDENAL

Die professionellen Flamencoshows finden hier begeisterte Anhänger.
Mo.–Do. um 20.30, Fr., Sa. 21 Uhr
Calle Buen Pastor, 2
Mobil 691 21 79 22
http://tablaocardenal.es

Córdoba ist bekannt für seine Ziegen- und Schafsleder-, Keramik- und Silberschmiedearbeiten. Modisches lässt sich gut einkaufen im Viertel zwischen der Plaza de las Tendillas und der Avenida del Gran Capitán und in der die beiden Straßen verbindenden Conde de Gondomar.

EL ZOCO

Auswahl an cordobesischem Kunsthandwerk aus Leder, Silber oder Keramik gibt es auf diesem Kunsthandwerkermarkt in der Judería. Das Angebot ist durch die Auswirkungen der Corona-Krise massiv geschrumpft. Der Innenhof ist und bleibt jedoch sehenswert
Calle Judíos, bei der Synagoge

SEMANA SANTA

Annähernd 40 Laienbruderschaften rüsten sich während der Karwoche zu ihren Prozessionen – spektakulär.

CRUCES DE MAYO

Fest der Maikreuze Anfang Mai (mitunter starten die Feierlichkeiten schon Ende April).

FIESTA DE LOS PATIOS

Viele der mit Blumen geschmückten Innenhöfe (Patios) bekommen Sie normalerweise nicht zu sehen. Nicht so bei der Fiesta de los Patios in der ersten Maihälfte, wenn der schönste Innenhof gekürt wird. Die Fiesta steht sogar auf der UNESCO-Welterbeliste.
http://patios.cordoba.es

FERIA DE MAYO

Ende Mai steigt das Hauptfest der Stadt am gegenüberliegenden Ufer des Guadalquivir.

FESTIVAL DE LA GUITARRA

Anfang Juli steht das große Gitarrenfestival mit nationalen und internationalen Künstlern an, die an verschiedenen Orten in der Stadt auftreten.

CÓRDOBA

Las Ermitas
Sierra de Córdoba

Av. Al-Nasir

San Cayetano

Muralla

Cuartel

Torre de
la Malmuerta

Av. del Ollerías

Estación
RENFE

Collegio de
la Merced

Plaza
de
Colón

Manolete

S. M. de
Aguas Santas

Moriscos

Calle Costanillas

Calle Fraíles

Medina Azahara

Avenida de América

Av. de Cervantes

Avenida del Gran Capitán

Ronda de los Tejares

Conde Priego

Palacio
de Viana

San Agustín

San Lorenzo

San Rafael

Calle Santa María de Gracia

Plaza de
los Dolores

Conv. Capuc.

Cuesta
del Bailio

Ocaña

Casa de Fernández
de Córdoba

Santa Marta

San
Miguel

Gob. Civil

C. San Pablo Realejo

San
Andrés

Alfaros

La Magdalena

El Carmen

Plaza de Toros

San
Hipólito

C.
Alfonso XIII

Ayuntamiento

Casa de los
Villalones

Museo de
Joyería

Concepción

Calle Gondomar

Plaza
de las
Tendillas

San Pablo

Gutiérrez de los Ríos

Alfonso XII

Campo Madre de Dios

San
Nicolás

El Salvador

Plaza de la
Corredera

San Pedro

Jardines de
la Victoria

Casa de
las Hoces

Santa
Victoria

Conserv.

Museo
Arqueológico

San
Francisco

C. Tornillo

Carlos Rubio

Don Rodrigo Agustín Moreno

Santiago

Paseo de la Victoria

Calle Cardenal Herrero

C. Barroso

Calle Rey Heredia

Arco del
Portillo

Fuente del Potro

Museo de
Bellas Artes

Casa del
Indiano

JUDERÍA

Casa de los
Marqueses
del Carpio

Museo Julio Romero
de Torres

Posada
del Potro

Paseo de la Ribera

Puerta del
Almodóvar

San
Bartolomé

Calle de
las Flores

Molino
de Martos

Los Mártires

Sinagoga

Museo
Taurino

Mezquita-
Catedral

Guadalquivir

A-4

San
Jacinto

Pal. Episcopal

Campo Santo
de los Mártires

Luis de la Cerda

Ronda de Isasa

Puerta del Puente

Calle del Compositor Rafael Castro

Caballerizas
Reales

Triunfo

Puente
Romano

Alcázar

Av. del Conde de Vallellano

Avenida del Alcázar

Molinos
árabes

Torre de la
Calahorra

A-4

Sevilla

Avenida del Campo de la Verdad

©BAEDEKER

Legend:

🍴🍷 (Restaurants)
1. Almudaina
2. Recomiendo
3. El Caballo Rojo
4. Casa Pepe de la Judería
5. Cocina 33
6. Salinas
7. El Pisto

🏠 (Hotels)
1. NH Collection
2. Eurostars Conquistador
3. Abetos del Maestre
   Escuola
4. Los Naranjos

🍸 (Entertainment)
1. Tablao Flamenco
   Cardenal

❶ ALMUDAINA €€€€

Eine der besten Traditionsadressen in Córdoba, in einem historischen Gebäude mit sieben Räumen und herrlichem Patio gegenüber vom Alcázar. Gespeist wird im überdachten Innenhof.

Campo de los Santos Mártires, 1
Tel. 957 47 43 42
http://restaurantealmudaina.com

❷ RECOMIENDO €€€€

Nehmen Sie an einem der fein gedeckten Tische Platz – und lassen Sie sich von den fantasievollen Kreationen von Küchenchef Periko Ortega überraschen. Das Restaurant liegt weit nördlich des Zentrums, ist aber für Gourmets jeden Abstecher wert.

Calle Mirto, 7
Tel. 957 10 73 51
www.recomiendopower.com

❸ EL CABALLO ROJO €€€

Hier ist es nicht einfach, an den Tapas vorbei ins Restaurant zu kommen – probieren Sie Lammnieren, und Sie werden neugierig, welche Genüsse erst das Restaurant auffährt. Eine kulinarische Reise quer durch Andalusiens Kochtöpfe.

Calle Cardenal Herrero, 28
Tel. 957 47 53 75
www.elcaballorojo.com

❹ CASA PEPE DE LA JUDERÍA €€€

Hier erwartet Sie eine einladende Traditionstaverne mit gehobener cordobesischer Küche. Das Küchenteam leistet eine exzellente Arbeit. Highlight ist die Dachterrasse (azotea), auf der Sie bei Dunkelheit eine besondere Stimmung genießen.

Calle Romero, 1
Tel. 957 20 07 44
http://restaurantecasapepe
lajuderia.com

❺ COCINA 33 €€–€€€

Nicht nur die originelle Einrichtung hat was, sondern auch die exzellente Küche strotzt nur so vor Einfallsreichtum. Eine echte Entdeckung in der Restaurantszene von Córdoba.

Paseo de la Ribera, 24
Tel. 957 11 02 78

❻ TABERNA SALINAS €€–€€€

Wenn Sie es rustikal mögen, so wie die Andalusier, dann sind Sie hier gut aufgehoben. Das gibt ein echtes Córdoba-Feeling. Bei den Cordobesern ist diese Taverne äußerst beliebt – und das schon seit 1879. Auf der Karte stehen so bodenständige Gerichte wie Bohnen mit Ochsenschwanz, hausgemachte Kroketten, Fleischbällchen und gebratene Auberginen.

Calle Tundidores, 3
Tel. 957 48 29 50
www.tabernasalinas.com

❼ CASA EL PISTO €–€€

Allein die Dekoration mit Bildern, Azulejos, hängenden Schinken und Knoblauchzöpfen sowie vielerlei Schnörkeln mehr wird Sie in dieser typischen, alteingesessenen Tapas-Bar (seit 1880) begeistern. Besonders gut, was natürlich Geschmackssache ist: Manitas de Cerdo (Schweinepfoten) und Rabo de Toro (Stierschwanz), aber auch die Boquerones fritos (frittierte Sardellen) und die Ensaladilla rusa (russischer Salat) sind nicht zu verachten. Der Wein wird in Krügen ausgeschenkt.

Plaza de San Miguel, 1
Tel. 957 47 01 66
www.casaelpisto.com

❶ NH COLLECTION AMISTAD CÓRDOBA €€€€

Dieses Luxushaus an der Stadtmauer in der Judería kultiviert die Essenz Córdobas. Es ist in zwei Stadtpalästen

aus dem 18. Jh. untergebracht
(108 Z.). Zur historischen Atmosphäre gehören Innenhöfe, Bögen
und kunstvolle Deckenschnitzereien.
Auch das Restaurant ist durchaus zu
empfehlen.
Plaza Maimónides, 3
Tel. 957 42 03 35
www.nh-collection.com

❷ EUROSTARS
CONQUISTADOR €€–€€€

Das Leitmotiv ist hier die mozarabi-
sche Dekoration. Großer Vorteil ist
die zentrale Lage bei der Mezquita,
die man aus vielen der 128 Zimmer
und vom schönen Speisesaal aus
sieht. Relativ große Zimmer (15 m²).
Während der Karwoche erheblich
teurer.
Calle Magistral González Francés,
15–17
Tel. 957 48 11 02
www.eurostarshotels.com

❸ HOTEL ABETOS DEL
MAESTRE ESCUELA €–€€

Eine gute Adresse für die, die etwas
außerhalb der Stadt logieren wollen.
Das Vier-Sterne-Haus im Kolonialstil
mit 36 Zimmern bietet schöne Gärten und Ausblicke. Weitere Pluspunk-
te sind die beiden saisonalen Außenpools, die Sonnenterrasse und das
Restaurant.
Avenida San José de Calasanz, km
2,8
Tel. 957 76 70 63
www.hotelabetos.com

❹ CASA DE LOS NARANJOS €

Hier logieren Sie in einem gepflegten
Haus mit 20 Zimmern, zwei hübschen
Patios und schattigen Umgängen. Die
Zimmer im Erdgeschoss sollten Sie
aus Lärmgründen besser vermeiden.
Bis zur Judería brauchen Sie etwa
zehn Minuten zu Fuß.
Calle Isabel Losa, 8
Tel. 957 47 05 87
www.casadelosnaranjos.com

▌ Rund um die Mezquita

Römisches und maurisches Erbe

Südlich der Mezquita gelangen Sie zum Ufer des Río Guadalquivir. Die
1765 auf der Uferstraße aufgestellte Säule **Triunfo de San Rafael**
trägt das Standbild des Erzengels Raphael. Die **Puerta del Puente**
unterhalb der Terrasse bzw. unter dem Straßenniveau, ein im 16. Jh.
zu Ehren Philipps II. erbauter dorischer Triumphbogen, diente einst
als Brückentor. Am Flussufer steht ein restauriertes maurisches
Schöpfrad, das Abd ar-Rahman II. im 10. Jh. erbauen ließ. Unübersehbar ist der Puente Romano, der sich in 16 Bögen über das Wasser
spannt. Der Name erinnert an die Römer, die hier um 48 v. Chr. eine
erste Brücke bauten. Im Mittelalter errichteten die Mauren auf den
Fundamenten die heutige 223 m lange Brücke, die den Blick freigibt
auf die Reste arabischer Wassermühlen in den seichten Fluten.

Puente
Romano

Reise ins maurische Andalusien

Auf der anderen Flussseite endet die Brücke am mächtigen Festungsturm Torre de la Calahorra, der 1369 unter Heinrich II. errichtet

Torre de la
Calahorra

wurde. Das hier untergebrachte **Museo vivo de Al-Andalus** lässt in acht Sälen das maurische Andalusien lebendig werden. Unter anderem werden die großen Philosophen der Zeit vorgestellt wie Averroes, Maimónides, Ibn al-Arabi und Alfons X. der Weise. Weitere Themen sind Medizin, Astronomie, Geografie und Musik. Mit modernen Mitteln und Modellen werden die Bewässerungstechnik der Mauren, die Alhambra von Granada sowie die Moschee von Córdoba erklärt. Vom Dach des Turms bietet sich ein schöner Blick auf die Altstadt und die Mezquita.

Museo vivo de Al-Andalus: März–Mai, Okt. tgl. 10–19, Juni–Sept. 10–14 und 16.30–20.30, Nov.–Feb. 10–18 Uhr | Eintritt: 4,50 €
www.torrecalahorra.es

Vom Kalifenpalast zum Sitz der Katholischen Könige

Alcázar de los Reyes Cristianos

Südwestlich der Mezquita erstreckt sich der Campo Santo de los Mártires, angeblich der Hinrichtungsort der christlichen Märtyrer. Hier wurden die **Arabischen Bäder** (Baños del Alcázar Califal) ausgegraben. Sie gehörten ursprünglich zum Kalifenpalast, der sich einst bis zur Calle Torrijos erstreckte, also bis zum heutigen Palacio de Congresos und zum Bischöflichen Palast, der 15. Jh. errichtet wurde. Der Alcázar de los Reyes Cristianos, **die Burg der christlichen Könige** mit mächtigen Burgmauern und Türmen, wurde im 13. und 14. Jh. auf den Überresten eines arabischen Vorgängerbaus errichtet. Hier wohnten Ferdinand und Isabella und hier empfingen sie 1486 Kolumbus. Bis 1821 war die Burg Sitz der Inquisition, später dann Gefängnis. Von den Türmen erhalten sind die Torre de los Leones mit sehr schönen mudejaren Arbeiten, die Torre del Río und die Torre del Homenaje, beide mit bemerkenswerten Kreuzrippengewölben. Im Alcázar werden in einem **Museum archäologische Funde** ausgestellt, darunter ein römischer Sarkophag aus dem 3. Jh. n. Chr. mit feinen Reliefs und römische Mosaiken.

An das Hauptgebäude schließen sich **prächtige Gärten** mit Wasserspielen an, die von den Resten der maurischen Stadtmauer mit der Puerta de Sevilla begrenzt werden. Vor den Mauern wurde dem großen Philosophen Averroes ein Denkmal gesetzt. Ein Erlebnis ist die abendliche Wasser-, Licht- und Tonshow (Espectáculo de agua, luz y sonido), die im Hochsommer in den Gärten stattfindet.

Die **Caballerizas Reales**, die Königlichen Stallungen, ließ Philipp II 1570 angrenzend an die Gärten des Alcázar bauen. Hier kann man einstündige Shows mit andalusischen Rassepferden genießen.

Alcázar de los Reyes Cristianos: Mitte Juni–Mitte Sept. Di.–So. 8.15–14.45; Mitte Sept.–Mitte Juni Di.–Fr. 8.15–20, Sa. 9.30–18, So. 8.15–14.45 Uhr | Eintritt: 5 €
www.alcazardelosreyescristianos.cordoba.es

Caballerizas Reales: Calle Caballerizas Reales, 1 | Eintritt: 16,50 €
Online-Buchung unter https://cordobaecuestre.janto.es

Platzkonzert in der Judería an unter den Augen von Moses Maimonides.

Im historischen jüdischen Viertel

Judería

Im Norden und Nordwesten der Mezquita erstreckt sich der Barrio der cordobesischen Juden, das historische jüdische Viertel. Mit seinem Labyrinth enger Gassen, weiß getünchter Häuser, versteckter Innenhöfe voller Pflanzen und lauschiger Plätze herrscht hier eine ganz eigene Atmosphäre.

Ein Aushängeschild Córdobas ist die herausgeputzte **Calleja de las Flores** (Blumengässchen), die ihrem Namen alle Ehre macht und zu touristischen Stoßzeiten auch sehr gut besucht ist. Sie erreichen es, wenn Sie von der Nordostecke der Mezquita durch die Calle Velásquez Bosco gehen und sich dann rechts halten.

Die Hauptstraße des historischen Judenviertels ist die **Calle Judíos**. Sie beginnt im Süden an der Plaza de Maimonides, wo ein Bronzedenkmal an den großen jüdischen Gelehrten gleichen Namens (gest. 1204) erinnert. Die ebenfalls hier gelegene barocke Casa de las Bulas beherbergt das Stierkampfmuseum **Museo Taurino**. Auf die Calle Judíos stoßen außerdem der Eingang in den überdachten Kunsthandwerksmarkt El Zoco und die alte **Synagoge** (Calle Judíos, 20). Sie wurde bis zur Vertreibung der Juden 1492 genutzt und gehört zu den drei erhaltenen jüdischen Gotteshäusern in Spanien aus dem Hochmittelalter (die beiden anderen befinden sich in Toledo). Innen zeigt sie die typischen mudejaren Schmuckelemente. Hebräische Schriftbänder geben Bibelpsalmen wieder; eines davon an der Nische für die Thorarolle in der Ostwand nennt als Gründungsdatum 5075, was dem Jahr 1315 des gregorianischen Kalenders entspricht. An der Südwand liegt der Aufgang zur Frauenempore.

Die schöne **Casa de Sefarad** gegenüber der Synagoge hält die Erinnerung an das jüdische Leben in Córdoba lebendig. Der richtige Ort für eine Tapas-Pause in der Judería ist die **Bodega Guzmán** nahe der Synagoge (Calle Judíos, 7). Hauswein ist der (bittere) Amargoso Montilla. Auch Einheimische kehren hier gerne ein. Dass es innen meist etwas dunkel ist, sollte Sie nicht abschrecken!

Wie man sich im maurischen Córdoba zu Hause einrichtete und wie Papier hergestellt wurde, zeigt die anschließende **Casa Andalusí** aus dem 12. Jahrhundert. Im Norden endet die Calle Judíos an der gut erhaltenen **Puerta de Almodóvar**, vor der ein Denkmal an den römischen Dichter und Philosophen Seneca erinnert.

Museo Taurino: Mitte Juni-Mitte Sept. Di.-So. 8.15-14.45; Mitte Sept-Mitte Juni Di.-Fr. 8.15-20, Sa. 9.30-18, So. 8.15-14.45 Uhr Eintritt: 4 € | http://www.museotaurinodecordoba.es
Sinagoga: Juli/Aug. Di.-So. 9-15; übrige Monate Di.-Sa. 9-21, So. 9-15 Uhr | Eintritt für EU-Bürger frei | **Casa de Sefarad:** Di.-So. 11-18 Uhr | Eintritt: 4,50 € | www.casadesefarad.com | **Casa Andalusí:** tgl. 10-21 Uhr | Eintritt: 4 €

In der übrigen Altstadt

Die Altstadt nördlich und östlich der Mezquita ist ein im Lauf der Jahrhunderte entstandenes Gewirr enger Gassen, in denen man – vielleicht eher als in der herausgeputzten Judería – heute noch ein Gefühl für das alte Córdoba bekommt.

Schätze vergangener Zeiten

Museo
Arqueológico

Das archäologische Museum im prächtigen Renaissancepalast **Casa Paéz** und einem Erweiterungsbau an der Plaza Don Jerónimo Paéz zählt zu den feinsten Andalusiens. Die Reise durch die Zeiten umfasst vorgeschichtliche Funde, iberische Exponate wie eine Hirschjagdszene, römische Stücke, u. a. Büsten des Germanicus und des Commodus, einen Mithras-Altar und Mosaiken sowie frühchristliche Funde, darunter ein Sarkophag mit fast vollplastischen Bibelszenen. Die maurische Abteilung zeigt kostbare Stücke aus der Kalifenresidenz Medina Azahara, darunter ein 62 cm großes Hirschkalb aus Bronze aus dem 10. Jahrhundert.

Mitte Juni-Mitte Sept. Di.-So. 9-17; Mitte Sept-Mitte Juni Di.-Sa. 9-20, So bis 15 Uhr | Eintritt für EU-Bürger frei | www.museosdeandalucia.es

Kunst am »Fohlenplatz«

Die Plaza del Potro östlich der Mezquita nahe dem Flussufer war im 16. Jh. Mittelpunkt und Marktplatz der Stadt. Sie hat ihren Namen von einer kleinen Brunnenskulptur in Gestalt eines Fohlens. In der Herberge **Posada del Potro**, in der schon Cervantes abstieg, informiert das **Centro Flamenco Fosforito** über Entstehung und Werdegang des Flamenco (▶ Das ist Andalusien, S. 20). Die Klosterkirche **San Francisco** an der Plaza besitzt u. a. Gemälde von Valdés Leal.

Plaza del Potro

Das Hospital de la Caridad gegenüber, im 16. Jh. von den Katholischen Königen gestiftet, beherbergt zwei Museen. Das **Museo de Bellas Artes** (Museum der schönen Künste) besitzt u. a. Werke von Ribera, Sorolla und Valdés Leal. Zudem werden Cordobeser Künstler gezeigt. Über den Hof hinweg kommen Sie zum Eingang des **Museo Julio Romero de Torres**. Torres (1874–1930) war der Sohn des Direktors des Kunstmuseums und machte sich als Maler dunkler Schönheiten, vor allem Gitanas, einen Namen. Dabei geizte er bei den Darstellungen nicht mit deren Reizen. Aus den Bildern, die in Córdoba sehr populär sind, spricht eine tiefe Sinnlichkeit.

Kleine Oasen der Ruhe findet man in den Patios im jüdischen Viertel Córdobas.

In der ein paar Straßenzüge ostwärts der Plaza del Potro gelegenen **Kirche San Pedro** (13. Jh.), von der noch die maurischen Apsiden und zwei Portale erhalten sind, versammelten sich zur Zeit der Kalifen die lokalen Christen zum Gebet. Im Jahr 1542 ließ Hernán Ruiz die Renaissancefassade hinzufügen.

Centro Flamenco Fosforito: tgl. außer Mo. ab 10 Uhr | Eintritt frei
http://centroflamencofosforito.cordoba.es | **Museo de Bellas Artes:**
Juli. u. Aug. Di.–So. 9–15, übrige Monate Di.–Sa. 9–20, So. 9–15 Uhr |
Eintritt für EU-Bürger frei | www.museosdeandalucia.es |
Museo Julio Romero de Torres: Mitte Juni–Mitte Sept. Di.–So. 8.15–
14.45; Mitte Sept–Mitte Juni Di.–Fr. 8.15–20, Sa. 9.30–18, So. 8.15–
14.45 Uhr | Eintritt: frei | http://museojulioromero.cordoba.es

SINNLICHE SCHÄRFE

Im Museo Julio Romero de Torres spüren Sie bis heute, wie der Maler die Identifikation der Menschen mit ihrer geliebten Heimat Andalusien durch seine Kunst noch zu steigern vermochte. Als einer der wichtigsten Künstler der Region malte er mit Vorliebe Frauen, Musen, Gitanas: In diesen Porträts legte er mit sinnlicher Schärfe die Volksseele frei und vereinte Erotik und Schwermut zu gleichen Teilen. Erfassen Sie jedes Detail der Gemälde und spüren Sie die Intensität, die in seinen Werken steckt!

Hinrichtungen, Stierkämpfe und mehr

Von der Plaza del Potro nach Norden kommen Sie zur Plaza de la Corredera, einem völlig von Arkadenhäusern umschlossenen, im Jahr 1683 angelegten Platz, auf dem Hinrichtungen und Stierkämpfe stattfanden. Die Stiere wurden in der Calleja del Torril an der Ostseite für ihren Einsatz bereitgehalten. Cafés und Restaurants erfüllen den Platz mit Leben. Einen Besuch wert ist auch die Markthalle (16. Jh.). Nördlich der Plaza de la Corredera gelangen Sie zum **Rathaus**. Links davon wurden die Reste eines römischen Tempels aus dem 1. Jh. n. Chr. freigelegt.

★
Plaza de la
Corredera

Gegenüber vom Rathaus erhebt sich die 1241 unter Verwendung von Material aus der Palaststadt Medina Azahara erbaute **Iglesia de San Pablo**. Ihre Kirchenschiffe sind mit Artesonado-Decken im Mudéjarstil abgeschlossen und an den Wänden mit Azulejos verkleidet. Gotischen Ursprungs ist die Capilla del Rosario mit dem Grab eines Großmeisters des Calatrava-Ordens, während der Altarraum barock ausgestattet ist; maurisch wiederum ist das Gewölbe der Sakristei. Sehenswertestes Kunstwerk ist die Figurengruppe »Virgen de las Angustias« von Juan de Mesa.

Die **Casa de los Villalones** von 1560 unweit der Kirche verrät mit ihrer dreifachen Loggia im Obergeschoss italienischen Einfluss.

▌Nördliche Stadtviertel

Zwischen alt und neu

Die **Plaza de las Tendillas** verbindet das historische mit dem modernen und geschäftigen Córdoba. Das Reiterdenkmal für den Gran Capitán Gonzalo Fernández de Córdoba, die Springbrunnen und die Bars sind beliebter Treffpunkt nach dem Einkauf.

Shoppen &
Flanieren

Vom Platz nach Westen führt die Calle Conde de Gondomar zum Bulvar del Gran Capitán, einer Flaniermeile. Ungefähr in der Mitte steht die **Iglesia de San Hipólito**, in die 1706 die Gebeine von Ferdinand IV. und Alfons XI. aus der Capilla Real der Mezquita überführt wurden. Südlich davon können Sie den Rest einer kleineren Moschee sehen, den Glockenturm von San Juan, das ehemalige Minarett. Es zeigt noch Zwillingsfenster mit Hufeisenbögen.

Vom Kirchenplatz vor San Miguel, nördlich der Plaza de las Tendillas, gehen Sie durch die **Conde de Torres**, wenden sich an der Ecke beim Kapuzinerkonvent nach rechts und erreichen die Plaza de los Dolores. Auf ihr steht **ein Wahrzeichen Córdobas**, ein von acht schmiedeeisernen Laternen umgebener Christus am Kreuz, der **Cristo de los Faroles**, ein besonders bei Dunkelheit eindrucksvoller Anblick. Die Kirche bewahrt die populärste Madonnenfigur der Stadt, die gold- und brokatüberladene Virgen de los Dolores.

Weiter im Norden erhebt sich an der Nordostseite der **Plaza Colón** die achteckige, zinnenbewehrte Torre de la Malmuerta aus dem

Nur Ruinen erinnern an die Medina Azahara, die Palaststadt der Kalifen von Córdoba.

15. Jh. Ein Stück südöstlich der Plaza de Colón liegt die festungsartige Iglesia de Santa Marina de Aguas Santas, kurz nach der Eroberung Córdobas begonnen und mit mächtigen Strebepfeiler ausgestattet.

Ein Gesamtkunstwerk

Palacio de
Viana

Wieder in Richtung Altstadt, kommen Sie zum Palacio de Viana, einem pompösen ehemaligen Stadtpalast mit Garten, zwölf zauberhaften Höfen (Patios) und einer unglaublichen Vielzahl an Räumen voller Lederarbeiten, Silber, Porzellan, Azulejos, Möbeln und Gemälden. Plaza de Don Gome, 2 | Juli/Aug. Di.–So. 9–15, übrige Monate Di.–Sa. 10–19 und So. 10–15 Uhr | Eintritt: 6 €, mit Führung 10 € www.palaciodeviana.com

 Medina Azahara

Die Stadt der Blume

Palaststadt
der Kalifen

Der maurische Zauber geht weiter – und zwar ca. 10 km westlich von Córdoba in der Medina Azahara (auch Madinat al-Zahra). Freuen Sie sich auf ein Freilichtmuseum aus der Kalifenzeit, auch wenn der einstimmende Museumsbau, der eine Vielzahl interessanter Exponate beherbergt, sich als Klotz der Moderne entpuppt.

Nachdem **Abd ar-Rahman III.** sich als Kalif von Córdoba gefestigt hatte, begann er, eine repräsentative Residenz außerhalb der Stadt zu erbauen. Er wählte dafür einen Abhang der Sierra de Córdoba über der Ebene des Guadalquivir und gab ihr, vermutlich zu Ehren seiner Lieblingsfrau, den Namen Madinat al-Zahra (die Blume).

Die Arbeiten setzten 936 ein und dauerten fast ein Vierteljahrhundert. Heere von Arbeitern und Handwerkern waren beschäftigt, aus Kalkstein, Ziegeln und kostbarsten Materialien eine Stadt zu bauen, die in ihrer Glanzzeit Platz für 30 000 Menschen bot. 941 wurde als erstes Gebäude die Moschee samt Vorhof und Brunnen für die rituellen Waschungen fertiggestellt.

Medina Azahara erstreckte sich auf 1500 x 750 m. Zwei Tore führten hinein, das Bergtor im Norden und das Tor der drei Kuppeln im Süden. Die Stadt war **Schauplatz prunkvoller Feste und Empfänge** für Gesandte. Doch die Pracht hielt keine 75 Jahre – die inneren Zwiste, an denen das Kalifat von Córdoba zerbrach, verschonten auch Medina Azahara nicht. Im Jahr 1010 fielen Berber in die Stadt ein und zerstörten sie. Die Almohaden und die Almoraviden benutzten die Trümmer als Steinbruch, Medina Azahara geriet in Vergessenheit. Erst zu Beginn des 20. Jh.s begannen Ausgrabungen.

Palastbezirk und Garten

Die **Stadt war in drei Bezirke unterteilt.** Die höchste Ebene nahm Rundgang der Palastbezirk ein mit der Residenz des Kalifen, den Häusern für die höchsten Würdenträger, dem »Saal der Botschafter«, dem Militärquartier und den Gärten. In der mittleren Ebene waren weitere Gärten und eine Menagerie angelegt; in der unteren Ebene lagen Wohnhäuser für die Hofbediensteten, Läden und Werkstätten.

Den Auftakt zum heutigen Besuch macht das **Museum**, das über die Geschichte der Palaststadt informiert und Fundstücke wie Keramik, Säulenkapitelle und Glas ausstellt. Vom Museum bringt ein Bus Besucher zum Eingang des Ausgrabungsareals. Je nach Interesse empfiehlt es sich, für den Besuch zwei bis drei Stunden einplanen. Auch wenn heute der allergrößte Teil der Palaststadt zerstört ist, die verbliebenen (restaurierten) Bauten geben – umgeben von Zypressen, Palmen, Steineichen und Olivenbäumen – doch einen überwältigenden Eindruck von der Pracht, die einst hier herrschte.

Höhepunkt der Anlage ist der **Saal Abd ar-Rahmans III.**, auch »Saal der Botschafter« genannt, denn hier empfing der Kalif die Gesandten fremder Fürsten. Es ist das prächtigste Gebäude der Ruinenstätte. Hinter einer Front von fünf Hufeisenbögen, die auf roten und blauen Marmorsäulen mit kunstvollen Kapitellen ruhen, öffnet sich zunächst ein Vorraum. An ihn schließt sich der dreischiffige Hauptraum an, den ebenfalls von roten und blauen Säulen getragene Hufeisenbögen abteilen. Jenseits der Seitenschiffe, durch Wände abgetrennt, lagen die Schlaf- und Ruheräume. Überwältigend ist die Formenvielfalt der in feinster Steinmetzarbeit ziselierten Flachreliefs der Wände. Florale Motive wechseln ab mit Vogeldarstellungen und kufischen Schriftzeichen, die den Kalifen lobpreisen und die Bauzeit des Palastes (952–957) angeben. Unterhalb der vor dem Saal Abd ar-Rahmans III. verlaufenden Rampe erstrecken sich die zu Zeiten des Kalifen mit exotischen Pflanzen bewachsenen und durch ein ausgeklügeltes Kanalsystem bewässerten **Gärten**. Gegenüber des Saals stehen die Reste des Pavillons des Kalifen, den von vier Wasserbecken umgeben.

Carretera de Palma del Río, km 5,5 | Juli-Sept. Di.-So. 9-15, Okt. bis März Di.-Sa. 9-18 und So. 10-15, April-Juni Di.-Sa. 9-21, So. 10-15 Uhr | Eintritt für EU-Bürger frei | Obligatorische Busfahrt (bus lanzadera) 2,50 €; organisierter Bustransfer ab Córdoba 9 €, Tickets im Tourismusbüro (► S.120) oder online www.turismodecordoba.org www.museosdeandalucia.es

▌ Rund um Córdoba

14 Einsiedeleien

Las Ermitas

Auf den Höhen der Sierra de Córdoba fanden in frühchristlicher Zeit Christen Zuflucht. Die heutigen 14 Einsiedeleien, deren Besuch sich vor allem wegen der Aussicht auf die Ebene des Guadalquivir und Córdoba lohnt, entstanden jedoch erst im 18. Jahrhundert. Man erreicht sie von Córdoba auf der stadtauswärts nach Norden zunächst Richtung Parador und dann zum Naturpark Arruzafa führenden Straße; auch von der Palaststadt Medina Azahara aus kann man sie ansteuern. Dort oben spazieren Sie entlang der schönen, von Zypressen und Palmen gesäumten Allee zur 1732 gegründeten Kapelle. Davor sehen Sie einen Friedhof und das Häuschen eines Eremiten. Unterhalb des Wegs liegt der Aussichtspunkt mit einer monumentalen, 1929 aufgestellten Christusstatue.

Im Sommer Di.-So. 10-13.30, sonst Di.-Sa. 10-13.30 u. 1719, So. bis 15.30 Uhr | Eintritt: 1,50 €

Eine Burg wie aus dem Bilderbuch

Castillo de Almodóvar del Río

Den Bilderbuchvorstellungen einer mittelalterlichen Burg entspricht das Castillo, das mit seinen Zinnenreihen und mächtigen Türmen weithin sichtbar über **Almodóvar del Río** thront, das 25 km westlich von Córdoba im heißen Becken des Guadalquivir liegt.

Zur Überwachung des Verkehrs auf dem hier schiffbaren Guadalquivir errichteten die Mauren im 8. Jh. die Burg, die als »der Christen Plage« den Kastiliern und Aragonesen schwer zu schaffen machte. 1240 von Ferdinand dem Heiligen erobert, erhielt sie im 14. Jh. unter Peter dem Grausamen ihre heutige Gestalt. Von oben genießen Sie eine wunderschöne Aussicht auf das umliegende Land. Fans von »Game of Thrones« werden das Kastell als Burg der Tyrell of Highgarden wiedererkennen. Sollte sich in Almodóvar del Río der Hunger melden: Die Taberna La Viuda tischt schmackhafte Regionalkost auf.

Castillo: Juni/Juli Mo.–Fr. 9–15.30 , Sa. u. So. 11–20; April, Mai, Aug., Sept. Mo.–Fr. 11–14.30 u. 16–20, Sa. u. So. 11–20, übrigen Monate Mo.-Fr. 11–14.30 u. 16–19, Sa. u. So. 11–19 Uhr | Eintritt: 9 €
http://castillodealmodovar.com | **La Viuda:** Calle Vicente Aleixandre, 4

Typisch Andalusien

Nordostwärts gelangen Sie nach 35 km Fahrt durch Baumwollfelder und Olivenbaumkulturen zum malerisch über dem Guadalquivir liegenden Montoro. Es war in der Maurenzeit wichtige Festung und ist mit seinen Kirchen, Herrenhäusern und Straßenzügen typisch für eine andalusische Kleinstadt. Besonders um die **Plaza de España** mit der Kirche San Bartolomé (15. Jh.) und dem Rathaus (16. Jh.) lohnt ein Bummel mit Einekher in die Taberna Casa José, deren Rückseite auf den Guadalquivir schaut. Auch ein kleines **Olivenölmuseum** gibt es.Ein Stück außerhalb betreiben Schweizer das Landgut Olivetum Colina mit eigenem Olivenöl und rustikalen Quartieren.

Montoro

Montoro ist Ausgangspunkt für Ausflüge in den **Parque Natural de la Sierra de Cardeña y Montoro**, wo noch Wölfe und Luchse leben.

Taberna Casa José: Tel. 957 16 22 32 | http://tabernacasajose.com.
Museo del Aceite: Calle Mártires, 10 | Sa. 10–13.30 Uhr | Eintritt frei
Olivetum Colina: Mobil 648 79 31 34 | www.olivetum-colina.es

★ ÉCIJA

Provinz: Sevilla | **Höhe:** 110 m ü. d. M. | **Einwohnerzahl:** 39 800

Écija am linken Ufer des Río Genil ist für drei Dinge bekannt: Wegen seiner elf mit Azulejos gekachelten Kirchtürme heißt es auch »Stadt der Türme«; die hier gezüchteten Andalusier- und Araberpferde genießen landesweiten Ruf, und schließlich gilt Écija als die heißeste Stadt Spaniens, daher wird es auch »El sartén de Andalucía«, die »Bratpfanne Andalusiens« genannt.

F 4

Das auf eine iberische Siedlung zurückgehende römische Astigi entwickelte sich dank der Lage am Fluss zu einem bedeutenden Handelsplatz. Die Mauren befestigten die Stadt und errichteten von Moscheen, bis sie 1240 von Ferdinand III. vertrieben wurden. Das schwere Erdbeben, das 1755 Lissabon zerstörte, brachte auch viele der aus den Minaretten entstandenen Kirchtürme zum Einsturz; sie wurden im barocken Stil der Zeit aufgebaut – heute Écijas touristisches Kapital.

Stadt der Türme

▎ Wohin in Écija?

Zentraler Anlaufpunkt

Plaza de
España &
Iglesia de
Santa María

Willkommen am urbanen Dreh- und Angelpunkt: der weit ausgreifenden Plaza de España mit Brunnen, Palmen, Einkehrmöglichkeiten und dem Rathaus. Die im 18. Jh. erbaute Kirche Santa María links hinter dem Rathaus beherbergt im Kreuzgang eine Skulpturensammlung, aus der ein Marmorkopf des Germanicus herausragt. Schön ausdekoriert ist der Innenraum.

Zeugnisse aus der Stadtgeschichte

★

Palacio de
Benamejí

In dem barocken Palacio de Benamejí aus dem 18. Jh. nahe der Kirche befindet sich das **Museo Histórico Municipal**. Hier werden römische Mosaike und andere archäologische Reste gezeigt, die unterhalb der Plaza de España gefunden wurden. Herausragendes Exponat ist die 2,11 m große Skulptur einer Amazone, ein Exponat aus der Römerzeit.

Museo Histórico Municipal:
Juni– Mitte Sept. Di .-Fr. 10-14.30, Sa. 10–14 und 20–25, So. 10–15; übrige Monate Di.-Fr. 10–13.30 und 16.30–18.30, Sa. 10–14 und 17.30–20, So. 10–15 Uhr | Eintritt frei | http://museo.ecija.es

ÉCIJA ©BAEDEKER

Santa Cruz
Convento marroquíes
Convento filipensas
San Pablo y Domingo
Descalzos
Convento de las Teresas
Plaza de Abastos
C. Comedias
San Francisco
San Juan
Palacio de Alcántara
Conde
Ayuntamiento
Plaza de España
❶
Palacio de Valhermoso
Santa María
Santa Bárbara
Castelar
Palacio de Peñaflor
Palacio de Benamejí ❷
❶
Avda. Miguel de Cervantes
Emilio
Coronel Pujou
Palacio de Almenara Alta
Arco de Belén
San Gil
Sor Ángela de la Cruz
Calle Cintería
Palacio de Santaella
San Antonio
Córdoba
Palacio de los Aguilar
Merced
Convento de la Merced
C. Maritorija
C. Barquete
Santiago el Mayor
Sevilla, Carmona ↓

Im Zeichen Jakobs

An der Plaza de Santiago stehen Sie vor der im 15. Jh. begonnenen und nach dem Erdbeben veränderten Kirche **Santiago el Mayor**, wobei einige der Mudejar-Elemente restauriert wurden. Über dem Portal erkennen Sie das Symbol der Jakobspilger, die Jakobsmuschel. Im Innern finden Sie u. a. Gemälde von Alejo Fernández und Pedro de Campaña.

Noch mehr Kirchenschätze

Der Mudejar-Palast aus dem 14./15. Jh. hinter dem Rathaus beherbergt ein Karmelitinnenkloster, den Convento de las Teresas. Vorbei an der Iglesia

🍴 ☕

❶ Pasareli
❷ Bar La Reja

🏠

❶ Platería

ÉCIJA ERLEBEN

OFICINA DE TURISMO
Palacio de Benamejí, Calle Elvira, 1 a
Tel. 955 90 29 33
http://turismoecija.com
Mo.–Sa. 10–14 u. 16.30–18.30., So.
10–14 Uhr

GÖTTLICHES GEBÄCK
Das Geheimrezept datiert aus der
Mitte des 18. Jh.s – seither backen
die Nonnen im Monasterio Santa
Florentinadanach feinste Bizcochos
(Biskuits), die sie dort auch verkau-
fen. Unbedingt probieren!
Calle Zurcideras, 3

❶ PASARELI €€
Hier erleben Sie ein typisch altein-
gessenenes Lokal mit guten Fisch-,
Fleisch- und Tortillagerichten im Her-
zen der Stadt. Es gibt auch Tapas.
Emilio Castelar, 10
Tel. 955 90 43 83
Sonntagabend und Mo. geschl.

❷ BAR LA REJA €
Klein, aber fein (um nicht zu sagen:
hervorragend) ist dieser Spot mit Tapas und Köstlichkeiten wie Schinken,
Käse und Pasteten. Die Auswahl ist
nicht riesengroß, dafür exquisit. Für
viele der beste Platz in Écija.
Cintería, 16
Tel. 954 83 30 12
www.barlareja.es

❶ HOTEL PLATERÍA €
Hier treffen Sie eine solide Wahl in
günstiger Zentrallage (18 Z.); günstige Hausmannskost im Restaurant
Calle Platería, 4-A
Tel. 955 90 27 54
http://hotelplateria.net

---

de la Concepción – sie besitzt eine sehr schöne Artesonadodecke –
gehen Sie nach rechts zur **Iglesia de los Descalzos**, deren barocker
Innenraum zu den schönsten in Écija zählt.
In der nördlich von der Plaza de España liegenden **Iglesia de Santa
Cruz**, die anStelle einer Moschee erbaut worden ist, verdienen vor
allem das im 13. Jh. geschaffene Bildnis der Nuestra Señora del Valle
und ein als Altar benutzter westgotischer, mit Reliefs verzierter
Steinsarkophag aus dem 4./5. Jh. Beachtung. Im angeschlossenen
Museo de Arte Sacro sind Kirchenschätze zu bewundern, hervorzu-
heben ist eine Sammlung barocker Goldschmiedekunst.
Museo de Arte Sacro: Di.–Soa. 10–13.30 Uhr | Eintritt frei

Der schönste Turm der Stadt
Über dem Gassengewirr östlich der Plaza steigt der kandelaberartige
Turm der Iglesia de San Juan auf, der wohl schönste in der Stadt, der
an die Giralda von Sevilla erinnert. Erbaut wurde er 1745, heute ist er
städtisches Wahrzeichen. Er kann bestiegen werden.

Iglesia de
San Juan

Spaniens längster Balkon

Adelspaläste

Hinter der Kirche erreichen Sie den **Palacio de Valhermoso** (16. Jh.), dessen platereske Fassade in der Gebäudeecke liegt. Unter den historischen Adelspalästen Écijas ragt aber besonders der **Palacio de Peñaflor** gegenüber vom Palacio de Valhermoso hervor. Er besitzt eine prachtvolle, mit Fresken bemalte Fassade aus dem 18. Jh. und ein herrliches Portal sowohl mit geraden als auch mit gedrehten Säulen aus rosa Marmor. Entlang der gesamten Gebäudefront zieht sich im Obergeschoss ein schmiedeeiserner Balkon, angeblich der längste in ganz Spanien.

ESTEPONA

Provinz: Málaga | **Höhe:** Meereshöhe | **Einwohnerzahl:** 71 900

Estepona an der westlichen »Sonnenküste«, der Costa del Sol, ist während der Saison eines der bekanntesten Tourismuszentren mit Sonnen- und Spaßgarantie. Zur riesigen Feriengemeinde gehören viele Hotels und ein buntes Freizeitangebot, im und am Wasser.

Vom Fischerdorf zum Massenziel

Estepona war einer der ersten Urlaubsorte, den ausländische Touristen an der Sonnenküste »entdeckten«. In den 1960er-Jahren setzte dann der Massentourismus ein, und aus dem beschaulichen Fischerdorf wurde eine gut funktionierende Urlaubsmaschine. Allerdings machen der hübsche Ortskern und ein ansehnlicher Fischerei- und der Jachthafen den Unterschied zu anderen Touristenorten an der Cossta del Sol aus.

An der Küste Ferienmaschine, im Hinterland Natur und Ruhe

Schlusspunkt der westlichen Costa del Sol

Estepona ist der westliche Abschluss der Costa del Sol, des größten zusammenhängenden und am dichtesten besiedelten Feriengebiets Europas. Bis in die Mitte des 20. Jh.s verirrte sich kaum ein Reisender hierher, doch dann entdeckte der Pauschaltourismus den Küstenstrich, an dem an 320 Tagen im Jahr die Sonne scheint. Es begann ein Bauboom, der schwere Verschandelungen der Küstenlandschaft mit sich brachte, zahlreiche Nichtspanier in Erst- oder Zweitwohnsitze anlockte und für starke Verkehrsflüsse sorgte. Wer Ruhe sucht, wird während der Sommersaison hier kaum glücklich werden, denn das Nachtleben steht gleichberechtigt neben dem Strandleben. Völlig anders als die Küste zeigt sich das **bergige Hinterland, ein Paradies** für Naturliebhaber.

In Estepona haben Sie sowohl den hinterliegenden Gebirgsgürtel der Sierra Bermeja im Blick als auch den Felsen von Gibraltar, der sich aus dem Meer erhebt.

Wohin in Estepona und Umgebung?

Für Frühaufsteher

In Estepona haben sich Reste der ursprünglich maurischen Festung sowie von mittelalterlichen Wachtürmen erhalten. In der Altstadt führt der Weg zur schmucken **Plaza de las Flores** mit ihren Orangenbäumchen, Bänkchen und Cafés. Nicht weit von dort entfernt folgen die Kirche Nuestra Señora de los Remedios (18. Jh.) und die Plaza del Reloj. In der Calle Terraza finden Sie zahlreiche Restaurants, in der Calle Real reihen sich die Bars aneinander. Einen Besuch wert ist auch der **Markt**. Ab etwa 6 Uhr in der Früh landen im Fischerhafen, dem Puerto Pesquero, die Boote ihren Fang an, der danach zur Fischversteigerung geht.

Estepona

Im Weißen Dorf Casares, im Hinterland von Estepona, herrscht ein anderer Rhythmus als in den Megaferienzentren der Costa del Sol.

ESTEPONA ERLEBEN

OFICINA DE TURISMO
Plaza de las Flores, s/n
Tel. 952 80 20 02
http://turismo.estepona.es

FIESTA MAYOR
Das Hauptfest der Stadt steigt zwischen dem 5.und 10. Juli, inklusive Feuerwerk.

FISCHERFEST
VIRGEN DEL CARMEN
Am 16. Juli wird das Fest der Schutzheiligen mit Prozessionen zu Land und Wasser gefeiert.

LA CASA DE MI ABUELA €€€€
Hier kommen Gäste mit Fleischhunger hin. Das »Haus meiner Großmutter« ist ein kleines, uriges, ruhiges Lokal. Spezialitäten des Hauses sind argentinische Steaks.
Calle Caridad, 54
Tel. 952 79 19 67

LAS GITANILLAS €€
Ein Klassiker ifür Tapas und Fischgerichte. Typisch spanische Kost.
Calle Caridad, 107
Tel. 952 80 68 47

KEMPINSKI HOTEL BAHÍA €€€€
Betten Sie sich unter fünf Sternen und legen Sie eine hohe Messlatte an. Das Luxushotel besitzt eine wunderschöne Parkanlage. Elegant eingerichtet sind die Zimmer mit Balkon oder Terrasse. Drei Außenpools, ein beheizter Innenpool. Das alles hat selbstverständlich seinen Preis.
Carretera de Cádiz, km 159
Playa El Padrón
Tel. 952 80 95 00
www.kempinski.com

Ein schönes Ziel ist die Meerespromenade **Paseo Marítimo**. Ihr Herzstück erstreckt sich zwischen der Playa de la Rada und dem Fischerhafen. Ungewöhnlich ist die elliptische, 1972 gebaute Stierkampfarena, der **Orquidario de Estepona lockt** mit seiner markanten Kuppel und der Orchideen-Sammlung.
Die Strände der Gemeinde sind 21 km lang, das Angebot an Wassersportmöglichkeiten ist enorm. Außerdem gibt es mehrere Golfplätze, Reitmöglichkeiten und Tennisanlagen. Auf Familien mit Kindern zugeschnitten ist **Selwo Aventura**, eine Mischung aus Wildfreigehege und Zoo mit 2000 Tieren auf einem Riesenareal nahe der Sierra Bermeja. Hier leben Elefanten, Vögel und vielerlei Tiere mehr.
Orquidario: Calle Terraza, 86 | Di.–Sa. 10–13.30 u. 15–18, So. 10–14 Uhr | Eintritt: 3 € | www.orchidariumestepona.com
Selwo Aventura: nahe Estepona bei km 162,5 der A-7 | Mitte Feb.–Mitte Dez. 10–18 Uhr; s.a. Website | Eintritt: 25,90 €, online günstiger| http://selwo.es

Weißes Dorf im Naturparadies

Abseits vom Rummel an der Küste bietet das Hinterland der Sierra Bermeja ruhige Plätze in von Korkeichen und Pinien geprägter Berglandschaft. Besonders hübsch ist das auf einem Bergrücken gelegene **Weiße Dorf Casares**, nur 15 km von der Küste. Dörflicher Treffpunkt ist die Plaza de España.

Sierra Bermeja

Eine Luxusferiensiedlung

Sotogrande, 23 km südwestlich, ist eine Luxusferiensiedlung mit einigen der schönsten Golfplätze an der Costa del Sol. Der Jachthafen bietet Ankerplätze direkt vor der Tür. Rund um das Hafenbecken reihen sich Fischrestaurants, Bars und Cafés auf. Die südlich anschließenden **Sandstrände** sind naturbelassen. Nördlich liegt die Playa del Puerto, mit ihren Bars der Schauplatz des sommerlichen Treibens.

Sotogrande

Die Entdeckung der Langsamkeit

Zeit sollte man mitbringen, wenn man einen Ausflug nach Genalguacil unternimmt. Denn es dauert ein Weilchen, bis man nach knapp 45 km auf kurviger Straße über Manilva, Gaucín und Algatocín in dem Dorf in der Serranía de Ronda ankommt. Überall in den Gassen stehen oder hängen Werke zeitgenössischer spanischer Künstler, die auf Einladung der Dorfgemeinschaft zweimal im Jahr hier arbeiten und ihre Werke zurücklassen. Deshalb ist Genalguacil auch als **pueblo museo** (Museumsdorf) bekannt.

Genalguacil

FUENGIROLA

- -
Provinz: Málaga | **Höhe:** Meereshöhe | **Einwohnerzahl:** 82 600
- -

Fuengirola ist wie Estepona einer jener Megaferienspots an der Costa del Sol, in denen es im Sommer ganz schön heiß zugeht – und zwar in jeder Beziehung.

Fuengirola entstand aus der römischen Siedlung Suel, die erst von den Mauren und dann 1485 von den Katholischen Königen erobert wurde. Sehenswert in historisch-kulturellem Sinn kann man Fuengirola nicht nennen, sieht man vom **Castillo Sohail** ab, dem wiederaufgebauten maurischen Kastell auf einem Parkhügel über dem Südstrand Ejido. In der Stadt, auf halber Strecke zwischen Marbella und Málaga, lösen sich Hotelhochhäuser mit nicht minder einförmigen Bars, Restaurants, Souvenirgeschäften, Nachtklubs und Discos ab. Andererseits ist für die Unterhaltung der Gäste bestens gesorgt. Wer hierherkommt, weiß, was er will.

FUENGIROLA ERLEBEN

OFICINA DE TURISMO
Paseo Jesús Santos Rein, 6
Tel. 952 46 74 57
http://turismo.fuengirola.es
Mo.–Fr. 9.30–18,
Sa., So. 10–14 Uhr

MARENOSTRUM FUENGIROLA
Dutzende Konzerte zwischen Mai und
September, u.a.im Castillo Sohail
http://marenostrumfuengirola.
com

FIESTA DE LA
VIRGEN DEL CARMEN
Mitte Juli mit Meeresprozession

FERIA
Fuengirolas Volksfest (6.–12. Okt.)
ist weithin bekannt; mit Romeria (religiöse Wallfahrt), Flamenco, Paella
und jeder Menge Bier.

MESÓN LA SALINA €€€€
Eines der besten Restaurants der
Stadt mit ausgezeichneten Grill-
fleischgerichten. Hervorragend sind
auch die Boquerones salineros
(Sardellen) und die frittierten Auber-
ginen. Aufmerksame Bedienung.
Avenida Salinas, 28
Tel. 952 47 18 06; Mi. geschl.
www.mesonlasalina.com

BISTRO MICHEL €€-€€€
Ein unscheinbarer Eingang führt in
dieses kleine Bistro hinein, das mit
seiner großartigen Küche und freund-
lichem Service überrascht. Und auch
die Preise stimmen!
Calle Orquídeas
Tel. 952 66 07 66
Betriebsferien meist erste Au-
gusthälfte

OCCIDENTAL FUENGIROLA
€€–€€€
Typisches, gepflegtes Urlauberhotel.
Hier bettet man sich unter vier Ster-
nen. Bei entsprechendem Urlaubs-
budget wählt man ein Zimmer mit
Meerblick. Breites Preisgefüge.
Calle Miguel Márquez, 43
Tel. 952 47 06 00
www.barcelo.com

❚ Wohin in Fuengirola und Umgebung?

Das Kapital von Fuengirola
Der **8 km lange feinsandige Strand** ist das Kapital von Fuengirola;
beliebte Treffpunkte sind die große Marina, die Plaza de la Constitución und die Strandpromenade. Familien mit Kindern steuern gernn
den **Bioparc** an, einen Zoo, in dem die aus tropischen Regionen wie
Südostasien und Äquatorialafrika stammenden Tiere in geräumigen
Gehegen leben.
ganzjährig tgl. ab 10 Uhr, unterschiedliche Schließungszeiten
Eintritt: 23 € | www.bioparcfuengirola.es

Ein touristisches »Pueblo«

In den Bergen oberhalb von Fuengirola ändern sich Klima und Pano- Mijas rama. 9 km landeinwärts liegt das Dorf Mijas, das in Fuengirola als typisches Weißes Dorf angepriesen wiird. Vor Ort wird man aber feststellen, dass ein Großteil seiner weiß gekalkten Häuser Bars, Restaurants und Souvenirläden beherbergen, betrieben von Briten, Franzosen oder Deutschen, und dass das »typisch Andalusische« sehr aufgesetzt wirkt.

Vom Südhang der Sierra de Mijas hat man aber schöne Ausblicke auf das Mittelmeer. Der an der Küste liegende Ortsteil Las Lagunas de Mijas bietet den großen **Wasserpark** Aquamijas.

Aquamijas: April–Ende Sept. tgl. ab 10.30 Uhr | Eintritt: 27 € http://aquamijas.com

Typische Weiße Dörfer

Wirklich typische Weiße Dörfer sieht, wer sich weiter ins Hinterland Tieferes von Mijas vorwagt. Dort kann man wandern und ruhige Orte wie Hinterland Alozaina, Casarabonela oder Alhaurín el Grande kennenlernen. Von Alhaurín geht es weiter nach **Coín** mit seinen vier schönen gotischen Kirchen sowie einem Bischofspalast aus dem 16. Jh.; wenige Kilometer vor dem Ort stehen noch die Reste eines römischen Aquädukts.

★★ GIBRALTAR

Britische Kronkolonie (Dominion) | **Fläche:** 6,5 km² | **Einwohnerzahl:** 33 700 | **Höhe:** 0–426 m ü. d. M

Ein übervölkerter Felsen mit meerwärtigen Ausläufern, britische Exklave an der spanischen Küste, der einzige Ort in Europa, an dem Affen frei leben, Shopping-Paradies im Brexit-Land, in dem der ferne Charles III. herrscht. All das und mehr ist Gibraltar. Alles ein wenig »strange«, wie der Engländer sagen würde. Bei Anfahrt mit dem Auto sollte man auf den Flugverkehr achten …

F 7

Gibraltar sehen Sie bereits aus weiter Ferne. Geradezu unwirklich ragt der Felsklotz an der Ostseite der Bucht von Algeciras aus dem Meer. »Djebel al-Tarik« nannten die Araber den 426 m hohen Fels, für die Engländer ist er schlicht »The Rock«. Erkunden Sie dieses **britische Minihoheitsgebiet** am Tor vom Mittelmeer zum Atlantik. Am Westhang des Felsens liegt die Stadt, am Osthang befindet sich das Dorf Catalan Bay mit Strand und Sandy Bay. Von Spanien her führt die Zufahrt in der Tat über das Rollfeld, das bei Starts und Landungen mit Schranken gesichert wird.

»The Rock«

Billigste Schiffstankstelle, Steueroase und Finanzplatz

Very British Überhaupt: In Gibraltar ist (fast) alles anders. Offizielle Währung ist das Gibraltar-Pfund, dessen Kurs dem britischen entspricht; allerdings wird auch der Euro akzeptiert. Die Bewohner sind eine bunte Mischung aus allen Teilen der Britischen Inseln, aus Spanien, Portugal und Marokko. Entsprechend bunt ist auch das Sprachgewirr: Neben Englisch und Spanisch spricht man das englisch-spanische Mischmasch »Llanito«. Nicht fehlen dürfen Kuriosa einer echt britischen Kolonie im heißen Spanien, ob Pubs, behelmte Bobbies oder Fish & Chips. Einkaufen können Sie zollgünstig, es gibt hier keine Mehrwertsteuer, dazu gibt's fantastische Blicke hinüber nach Afrika. Wirtschaftlich setzt Gibraltar auf Tourismus, Briefmarkenverkauf, den Hafen – die billigste Schiffstankstelle des Mittelmeers – und seinen Ruf als Steueroase und Finanzplatz: Hier sind zahlreiche Briefkastenfirmen aus aller Welt registriert. Ob der »Brexit« Gibraltar auf längere Sicht schwächen kann, wird man erst in einiger Zeit sehen. Woran Sie sich auf die Ausflugsschnelle nicht gewöhnen müssen, ist der Linksverkehr. Gefahren wird in Gibraltar zum Glück rechts.

Unverrückbar und very British: The Rock, der Felsen von Gibraltar

Die Säulen des Herkules

Die Straße von Gibraltar ist die strategisch wichtige Verbindung zwischen Atlantik und Mittelmeer. In der Antike formten der Fels und das auf afrikanischer Seite liegende Gebirge Abyla (Djebel Musa) die Säulen des Herkules, der Legende nach von der urgewaltigen Kraft des Herkules geschaffen. 711 setzten die Mauren hier erstmals ihren Fuß auf europäischen Boden, erst 1462 konnten die Spanier Gibraltar den Muslimen wieder entreißen. 1704, in den Wirren des Spanischen Erbfolgekriegs, entriss eine britisch-holländische Flotte das Halbinselchen Spanien. Im Frieden von Utrecht 1713 wurde Gibraltar den Engländern dann »für alle Zeiten« zugesprochen. Seitdem ist Gibraltar **britische Kronkolonie** und als solche in inneren Angelegenheiten autonom. Außenpolitik, Verteidigung und innere Sicherheit unterstehen der britischen Krone. An der Spitze der Kolonie steht der Gouverneur, unterstützt vom Parlament. Sämtliche Versuche der Spanier, diesen Stachel im Fleisch loszuwerden bzw. Gibraltar zurückzubekommen, blieben bis heute erfolglos.

Geschichte

Stressfrei anreisen

Ein Tagesausflug nach Gibraltar reicht vollkommen, um das Wichtigste zu sehen. Für die Einreise genügt der Personalausweis.
Der Zugang liegt hinter dem spanischen Grenzort La Línea de la Concepción. Um stressfrei anzukommen und lange Warteschlangen zu vermeiden – die spanische Polizei kontrolliert sehr genau – stellt man das Auto besser vor der Grenze auf einem gebührenpflichtigen Parkplatz ab und macht sich zu Fuß auf ins Zentrum (ca. 15 Min.), nimmt den lokalen Bus oder chartert ein Sammeltaxi. In jedem Fall passiert man dabei auf der Winston Churchill Avenue das Rollfeld des Flughafens – einmalig auf der Welt.

Anfahrt

▌ Wohin in Gibraltar?

Gibraltar heute und ein Blick zurück

Starten Sie mit der Altstadt, um typische Atmosphäre zu schnuppern. Die North Town beginnt gleich jenseits des Flugplatzes mit dem **Casemates Square**, östlich überragt von den Resten des Moorish Castle, das im 8. Jh. erbaut und im 14. Jh. von den Almohaden neu errichtet wurde. Nur wenig nordwestlich vom Kastell liegen der Markt und der 1309 angelegte Hafen, der in heutiger Zeit deutlich ausgebaut worden ist.
Vom Kasemattenplatz schlendern Sie durch die **Main Street**, Gibraltars Haupteinkaufsmeile, an der Geschäfte, Pubs und öffentliche Gebäude liegen. An Post und Börse mit dem rückwärts anschließenden Rathaus geht's vorbei zur Roman Catholic Cathedral, einer ehemaligen Moschee, die gotisch erneuert wurde.

Altstadt (North Town)

GIBRALTAR

500 m

©BAEDEKER

Av. Príncipe de Asturias

La Línea

↑ *Málaga, Algeciras*

Winston Churchill Ave.

Neutral
Ground

The

British Lines

Airfield

Runway

North Mole Road

Cruise Liner
Terminal

Devil's

Tower Road

Eastern Beach

Sir William
Jackson Grove

Vanj Bagg
Estate

Waterport Road

Glacis Road

Market

Casemates
Square

Moorish
Castle

UPPER
GALLERIES

Euro-
port

Queensway

Main St.

Engineer Lane

Castle Ramp

Willis's Road

Great Siege
Tunnels

Detached Mole

Port
of
Gibraltar

City Hall
(Exchange)

Roman
Catholic
Cathedral

Upper Rock
Nature Reserve

Wall Road

Main St.

Theatre
Royal

Queen's Road

Catalan Bay Road

Catalan
Bay

Protestant
Cathedral

Queensway

Line

Governor's Residence/
The Convent

Southport
Gates

Old Queen's Road

Green Lane

Signal
Station

Water

Signal Station Road

Sir Herbert Miles Road

Boyd St.

Trafalgar Road

399 m

Apes'
Rock

St. Michael's Road

Catch-
ments

Sandy
Bay

South Mole

Rosia Road

Red Sands Road

Europa Road

❶

Highest
Point
•
425 m

Mar Mediterráneo

Bahía
de
Algeciras

Theatre

Alameda
Gardens

Engineer Road

Cumberland Road

Naval Hospital Road

St. Michael's
Cave

ROSIA

Rosia Bay

↖ *Europa Point*

🍴🍷☕ ❶ Bianca's

⌂ ❶ Rock Hotel

GIBRALTAR ERLEBEN

GIBRALTAR TOURIST BOARD
13, John Mackintosh Square
Tel. (00 350) 20 045 000
www.visitgibraltar.gi
http://gibraltarinfo.gi

Für die Einreise genügt zwar der Personalausweis, da Gibraltar aber ebenso vom Brexit betroffen ist, finden Ausweiskontrollen statt.

Für alle wichtigen Ziele im Oberbereich Gibraltars gibt es den **Nature Reserve Pass** für 16 £. Dieser schließt auch den Apes' Den, die St. Michael's Cave und den Skywalk ein.

Shoppingmeile ist die Main Street. Dort gibt's all die (guten) Sachen von der Insel …

NATIONALFEIERTAG
Am 10. September feiert Gibraltar in Bikini und Shorts.

Gibraltar steckt voller britischer Pubs, wo es das berühmte Pubfood (Fish & Chips) gibt. Viele Freiluftrestaurants finden Sie am Casemates Square. Eine beliebte Adresse ist zudem:

❶ BIANCA´S €€
In ungezwungener, entspannter Atmosphäre gibt's auch spanisch inspirierte Gerichte. Wenn das Wetter mitspielt, bietet sich ein Plätzchen draußen an.
6–7, Admiral´s Walk
Marina Bay
Tel. (00 350) 20 07 33 79
http://biancas.gi

❶ ROCK HOTEL €€€€
Hier logieren Sie im Hotelflaggschiff der Kronkolonie, das direkt an den Felsen gebaut wurde. 1932 errichtet und im kolonialen Stil eingerichtet, mittlerweile etwas in die Jahre gekommen, aber renoviert. Von den 104 Zimmern und vom Restaurant herrlicher Panoramablick.
3, Europa Road
Tel. (00 350) 20 07 30 00
www.rockhotelgibraltar.com

Auf der Bomb House Lane kommen Sie zum **Gibraltar National Museum**, wo es außer Stadtgeschichtlichem vom Beginn der maurischen Ära bis heute ein großes historisches Modell der Felsenhalbinsel sowie im Untergeschoss eine maurische Badeanlage gibt. Am Cathedral Square schauen Sie auf die in neo-maurischem Stil errichtete anglikanische Church of England. Am Südende der Main Street steht der **Gouverneurspalast** (The Convent), hervorgegangen aus einem 1531 erbauten Franziskanerkloster. Hier findet mehrmals täglich eine Wachablösung statt.
Gibraltar National Museum: Mo.–Fr. 10–18, Sa. 10–14 Uhr | Eintritt: 5 £ | www.gibmuseum.gi

Upper Rock Nature Reserve

Gibraltar von oben

Erleben Sie Gibraltar im Schwebeflug mit der **Cable Car**, der Seilbahn. Bevor es so weit ist, erreichen Sie am Ende der Main Street durch die Southport Gates die Alameda Gardens, den **Botanischen Garten**, mit dem Trafalgar Cemetery davor. Am Beginn der Gärten startet die Seilbahn. Diese bringt Sie hinauf zur **Signal Station** (395 m ü.d.M.). Von dort kommen Sie zum Affenfelsen und zu den Upper Galleries, deren Befestigungen während der spanisch-französischen Belagerung 1779–1783 in den Fels gegraben wurden. Noch heute können Sie die Kanonen in den unterirdischen Anlagen (The Great Siege Tunnels) sehen und den fantastischen Blick aus den Schießscharten in sich aufnehmen; auch die im Zweiten Weltkrieg bei der Princess Caroline's Battery gegrabenen Tunnelsysteme sind zugänglich (WW II Tunnels).

Nature Reserve: tgl. 9–18.15 Uhr
Cable Car: tgl. ab 9.30, letzte Fahrt hinauf 17.15, hinunter 17.45 Uhr
einfach 12,50, hin und zurück inkl. Eintritt ins Nature Reserve 34 £

Affenfelsen Tropfstein-höhle

Drei Länder, zwei Kontinente und zwei Weltmeere

Sobald der letzte Affe den Felsen verlassen hat, fällt Gibraltar wieder an Spanien zurück, weiß ein populärer Spruch. In der Praxis steht das nicht zu befürchten. Den Affenfelsen (**Apes' Rock** bzw. Apes' Den) bevölkern rund 300 Berberaffen, die einzigen frei lebenden Affen Europas. Ihre Vorfahren wurden im 18. Jh. von britischen Soldaten aus Afrika als Haustiere herübergeholt. Für die Fütterung ist ein Korporal abkommandiert. Füttern Sie keinesfalls selbst – Affen beißen gerne! Der Kalksteinfelsen beherbergt Dutzende gigantischer Tropfstein-höhlen. Auf dem Weg vom Affenfelsen zur St. Michael's Cave zweigt eine Treppe zum Aussichtspunkt **Highest Point** ab. Aus 426 m Höhe sieht man drei Länder, zwei Kontinente und zwei Weltmeere. Nicht ganz so hoch – »nur« 340 m – steht man auf dem neuen **Skywalk**, dafür aber auf Glas. Nur für Nervenstarke! Dasselbe gilt für die **Windsor Suspension Bridge**.

St. Michael's Cave, die größte und bunt beleuchtete Höhle im Felsen, bietet schöne Tropfsteine; im Sommer finden hier Konzerte und andere Events statt. Eine nachgestellte prähistorische Menschengruppe weist darauf hin, dass hier **die letzten Neandertaler** Europas lebten. Der Gorham-Höhlenkomplex gehört zum UNESCO-Weltkulturerbe.

Europa Point

Bester Blick auf Afrika

Die Europa Road, eine 5 km lange, aussichtsreiche Höhenstraße, führt von den Alameda Gardens am Westhang des Felsens zwischen Häusern und Gärten der South Town hindurch bergan und senkt sich nach den zerklüfteten Felsen des Europa Pass wieder hinab. Der Europa Point mit seinem Leuchtturm bildet die Südspitze der Halbinsel.

Von hier haben Sie prächtige Ausblicke auf die Bucht von Algeciras und die afrikanische Küste, bei gutem Wetter bis zum marokkanischen Atlasgebirge. Nicht weit vom Europa Point steht eine große Moschee, die der saudiarabische König Fahd 1997 für die marrokanischen Gastarbeiter in Gibraltar errichten ließ. Für diese Tour chartern Sie am besten ein Taxi.

★★ GRANADA

Provinz: Granada | **Höhe:** 685 m ü. d. M. | **Einwohnerzahl:** 231 800

»Wer Granada nicht gesehen hat, hat gar nichts gesehen«, weiß ein alter Spruch. Wie wahr! Schon allein der Name bezaubert: Granada klingt nach arabischen Nächten, erinnert an den Duft von Mandel- und Orangenblüten und lässt von Märchen aus Tausendundeinernacht träumen. Hauptsehenswürdigkeit ist die Alhambra, die »rote Burg«, Inbegriff maurischer Baukunst, Höhe- und Endpunkt islamischer Kultur in Spanien. Darüber hinaus steckt die lebendige Universitätsstadt voller Atmosphäre und weiterer Überraschungen.

J 5

Die Alhambra, ein Komplex aus Mauern, Gärten und Palästen, liegt am Fuß der meist schneebedeckten Gipfel der ▶ **Sierra Nevada**. Sie war Sitz der Nasriden-Dynastie und anschließend das Schloss der Katholischen Könige Isabella und Ferdinand. Die magische Kraft ihrer orientalischen Höfe und Prunksäle, Brunnen, Bögen und Arabesken zieht jeden Besucher in ihren Bann. Doch Granada besteht nicht nur aus der Alhambra. Freuen Sie sich auf eine pulsierende Altstadt mit Tapas-Bars, auf das altmaurische Viertel Albaicín, auf lebensfroheMenschen und zahlreiche weitere Monumente. Granada ist sicher eine der faszinierendsten Städte Spaniens.

Paradies aus 1001 Nacht

Granada verteilt sich auf drei Hügel: den Burgberg Alhambra, den Albaicín mit seinem altmaurischen Viertel und den Sacromonte, dem Heiligen Berg. Zwischen Alhalmbra und Albaicín fließ, teils unterirdisch, der Río Darro. In der zweiten Hälfte des 20. Jh.s ist die Provinzhauptstadt weit ausgeufert, dabei wurde reichlich Beton in die Höhe gezogen – doch Granada verzeiht man alles. Einfach alles.

Residenz der Nasriden-Dynastie

Geschichte

Granada geht auf das iberische Iliveri auf dem Albaicín zurück, das die Römer in Iliberis umbenannten. Nach der Gründung des Emirats von Córdoba wählte ein Berberstamm Iliberis zu seinem Hauptort. 1010, nach dem Ende des Kalifats von Córdoba, rief Statthalter Zari ben Zirí ein eigenständiges maurisches Königreich aus, eine Taifa, mit »Garnata« als Hauptstadt. Der eigentliche Aufstieg Granadas begann 1238 mit der Gründung der Nasriden-Dynastie. Das 30 000 km² große und knapp 400 000 Einwohner zählende Königreich erlebte nun als **Lehen der christlichen Herrscher** eine knapp 260 Jahre währende Blütezeit. Handwerker, Künstler, Kaufleute und Seefahrer, Gelehrte und Verwaltungsfachleute aus den von den Kastiliern eroberten Gebieten hatten sich in Granada niedergelassen. Die Handelsverbindungen übers Mittelmeer wurden weiter gepflegt, und in den Ebenen gediehen begehrte Agrarprodukte, die über Málaga auch verschifft wurden.

Die Zeiten änderten sich, als die Katholischen Könige Ferdinand von Aragonien und Isabella von Kastilien die Vertreibung der Mauren zu ihrem obersten Ziel erklärten. Nach dem Fall Málagas 1487 stand Granada allein gegen die christlichen Heere, zusätzlich geschwächt durch lange Machtkämpfe innerhalb der Dynastie. Letzter maurischer Herrscher war **Boabdil**, der im Frieden von Santa Fé Granada an die Katholischen Könige übergab. Am 2. Januar 1492 zogen sie in die Stadt ein und beendeten damit die letzte islamische Herrschaft Iberiens. Die Alhambra wurde Sitz des neuen Königspaars. Im 16. Jh. ließ Karl I. von Spanien, der Enkel der Katholischen Könige und spätere Karl V., einen Palastflügel abreißen, um sich ein Schloss zu bauen. Später diente die Alhambra als Kaserne und verfiel. Im 19. Jh. wurde die einzigartige Anlage »wieder entdeckt«, umfassend restauriert und 1984 von der UNESCO zum **Weltkulturerbe** erklärt.

★★ Alhambra

April–Mitte Okt. tgl. 8.30–20, Mitte Okt.–März 8.30–18; spätabendliche Besuche April–Mitte Okt. Di.–Sa. 22–23.30, Mitte Okt.–März nur Fr. u. Sa. 20–21.30 Uhr | Eintritt: tagsüber 14 €, Spätabendbesuche der Palastbereiche 8 € | www.alhambra-patronato.es

Anfahrt Der kleine **Alhambra-Bus C 32** fährt regelmäßig von der Plaza Nueva zur Alhambra hinauf. Zu Fuß folgt man der Cuesta de Gomérez von der Gran Vía und der Plaza Nueva bis zur Puerta de la Justicia und unterhalb der Alhambra entlang.

Wichtige Hinweise vorab

Tickets Da der Zugang auf die Alhambra limitiert und der Andrang stets groß ist, planen Sie den Besuch des maurischen Wunderwerks am besten schon von zuhause aus. Auf der Webseite **http://tickets.alhambra-patronato.es** sind Online-Reservierungen möglich; die genaue Zugangszeit wählen Sie selbst aus. Halten Sie den zugeschickten **QR-Code** für den Eintritt bereit und ebenso Ihr Ausweisdokument. Nach

ALHAMBRA UND GENERALIFE

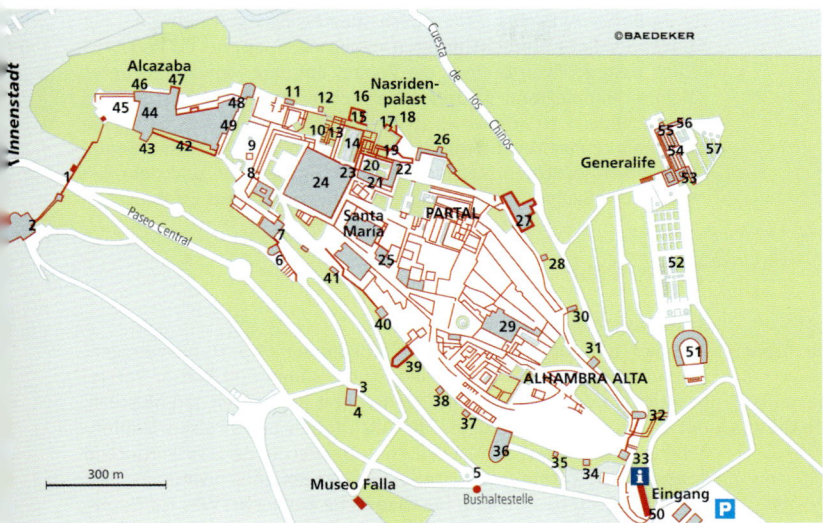

1 Puerta de las Granadas
(Granatapfeltor)
2 Torres Bermejas
(Rote Türme)
3 Fuente del Tomate
(Tomatenbrunnen)
4 Monumento a Ganivet
(Denkmal für den Granadiner
Schriftsteller)
5 Fuente del Pimiento
(Paprikabrunnen)
6 Pilar de Carlos V
(Säule Karls V.)
7 Puerta de la Justicia
(Tor der Gerechtigkeit)
8 Puerto del Vino
(Weintor)
9 Plaza de los Aljibes
(Platz der Zisternen)
10 Patio de Machuca
11 Torre de las Gallinas
(Hühnerturm)
12 Torre de los Puñales
(Turm der Dolche)
13 Mexuar (ehem. Audienz-
saal)
14 Patio de los Arrayanes
(Myrtenhof)
15 Salón de Embajadores
(Saal der Botschafter)
16 Torre de Comares
17 Habitaciones de Carlos V
(Gemächer Karls V.)
18 Tocador de la Reina
(Ankleidezimmer)

19 Sala de las Dos Hermanas
(Saal der beiden Schwestern)
20 Patio de los Leones
(Löwenhof)
21 Sala de los Abencerrajes
(Saal der Abencerrajen)
22 Sala de los Reyes
(Saal der Könige)
23 Krypta
24 Palacio de Carlos V
(Palast Karls V.)
25 Baños (Bäder)
26 Torre de las Damas
27 Torre de los Picos
(Turm der Zinnen)
28 Torre del Cadí
29 Parador de San Francisco
30 Torre de la Cautiva
(Turm der Gefangenen)
31 Torre de las Infantas
(Turm der Infantinnen)
32 Torre del Cabo de la
Carrera (Turm am Ende der
Rennbahn)
33 Torre del Agua
(Wasserturm)
34 Torre de Juan de Arce
35 Torre de Baltasar de la Cruz
36 Torre de Siete Suelos
(Turm der sieben
Stockwerke)
37 Torre del Capitán
(Hauptmannsturm)
38 Torre de las Brujas
(Hexenturm)

39 Torre de las Cabezas
(Turm der Köpfe)
40 Torre de Abencerrajes
(Turm der Abencerrajen)
41 Puerta de los Carros
(Tor der Fuhrwerke)
42 Jardines de los Adarves
(Wehrganggärten)
43 Torre de la Pólvora
(Pulverturm)
44 Torre de la Vela
(Wachturm)
45 Baluarte (Vorwerk)
46 Torre de los Hidalgos
(Turm der Edelleute)
47 Torre de las Armas
(Waffenturm)
48 Torre del Homenaje
(Turm der Huldigung)
49 Torre Quebrada
(Zerbrochener Turm)
50 Eingang zur Alhambra und
zum Generalife
51 Theater
52 Jardines nuevos
(Neue Gärten)
53 Pabellón Sur
(Südpavillon)
54 Patio de la Acequia
(Wasserbeckenhof)
55 Pabellón Norte
(Nordpavillon)
56 Patio de la Sultana
(Hof der Sultanin)
57 Jardines altos (Obere Gärten)

149

dem Kauf ist es nicht mehr möglich, Datum oder Uhrzeit zu wechseln. Bei Verspätungen kommen Sie nicht mehr in den Palastbereich hinein; für die übrige Alhambra gibt es solche Beschränkungen nicht.

Spätabendliche Besichtigungen haben einen speziellen Reiz. »Es fehlen dem größten Dichter die Worte, um eine Mondnacht unter solchem Himmel und in derart herrlicher Umgebung würdig und wahr schildern zu können«, schrieb schon Washington Irving, im 19. Jh. ein früher Wiederentdecker der Alhambra. Durch die Gemächer des erleuchteten Nasridenpalasts zu schlendern und dem Gemurmel der Brunnen zu lauschen – ein unvergessliches Erlebnis.

 Palast der Nasriden

Steingewordener Traum

Die schönste maurische Palastanlage in Europa

Arkaden und Arabesken, Stalaktitenkuppeln und Hufeisenbögen, Schmuckbänder aus Keramik und Stuck. Blüten und Blätter verweben sich an den Wänden mit Sternen, mit geometrischen Mustern, mit arabischen Schriftzügen, die Allah loben und preisen. Zapfengebilde scheinen aus den Gewölben zu tropfen, in den Wasserbecken spiegeln sich Türme und Bögen. Die Grenzen verschwimmen. Fast spielerisch erscheint einem die islamische Baukunst. Was ist Traum, was ist Wirklichkeit? Der Palastbezirk der Nasriden (Palacio Real bzw. Palacio Árabe) ist ein Stein gewordener Traum, das schönste Zeugnis islamischer Architektur auf europäischem Boden.

Die Lage auf dem Hügelrücken war ideal, von hier ließen sich die Stadt und die umliegenden Hügel kontrollieren. Der älteste Teil der Alhambra ist die **Alcazaba** im Westen, eine Militärfestung auf dem äußersten Vorsprung des Hügels. Sie entstand unter Mohamed Ibn al-Ahmar ab 1238. Unter Mohammed III. folgte Anfang des 14. Jh.s der **Generalife**, der Sommerpalast der Sultane. Jûsuf I. (1333–1354) und Mohammed V. (1354–1391) ließen den **Palacio Nazaríes**, den Nasridenpalast, erbauen, der die Nasriden zumindest als Bauherren unsterblich machte – Jûsuf I. verdanken wir den Torre de Comares und den Myrtenhof, Mohammed V. den Löwenhof. Wie alle maurischen Profanbauten sind auch die Palastanlagen äußerlich unscheinbar. Die künstlerische Bedeutung liegt in der reichen Dekoration aus Marmor, edlen Hölzern und Azulejos, die einen Höhepunkt maurischer Kunstfertigkeit darstellt. Marmor ist eines der wichtigsten Baumaterialien der Palastanlage und fand bei den Säulen und den Böden Verwendung.

Der Grundriss entspricht dem islamischen Palastbau und gliedert sich in **drei Hauptabschnitte:** in den für öffentliche Rechtsprechung und Versammlungen bestimmten Mexuar, den Königlichen Palast (Diwán oder Serail) und in die Frauengemächer (Harim oder Harem). Die Räume aller drei Abschnitte münden, wie schon im griechisch-römi-

Die Alhambra strahlt vor den schneebedeckten Bergen der Sierra Nevada

schen Haus, auf einen Hof. Die beeindruckendsten Teile erwarten Sie im Herzstück: dem Patio de los Arrayanes (Myrtenhof) und dem Patio de los Leones (Löwenhof) samt der anschließenden Räume. Dort spüren Sie am deutlichsten den über der Alhambra schwebenden orientalischen Zauber. Nachfolgend die wichtigsten Stationen:

Ehemaliger Audienz- und Gerichtssaal

In dem niedrigen, mit Azulejos ausgekleideten Mexuar fanden Audienzen statt und wurde Gericht gehalten. An den Wänden sieht man neben kufischen Schriftbändern auch den Wahlspruch Karls I. von Spanien (Kaiser Karl V.), dem Enkel der Katholischen Könige: »Plus Ultra« (lat.: »immer weiter«). Dann geht es in den **Patio de Mexuar**, den Innenhof. Er zeichnet sich durch seine Marmor- und Azulejo-verkleidungen in warmen Tönen aus, was besonders im **Cuarto Dorado**, »Goldenen Zimmer«, zur Geltung kommt.

Mexuar

ALHAMBRA

Der Name Alhambra leitet sich ab vom arabischen »Kala al-Hamra«, »Rote Burg«, denn ihre Mauern und Türme erstrahlen im Licht der Abendsonne rot. Mit Alhambra ist nicht nur der Palast der Nasriden, sondern die gesamte Anlage mit der Vorburg Alcazaba, dem Palast Karls V. und dem Gartenpalast Generalife gemeint.

❶ Mexuar

Der Mexuar diente der öffentlichen Rechtsprechung und Versammlungen. Karl V. baute ihn zur Kapelle um.

❷ Diwan oder Serail

Der eigentliche königliche Palast: Hier befindet sich der Patio de los Arrayanes (Myrtenhof) mit einem Wasserbecken, das von Myrten eingefasst ist.

❸ Harem

Im Zentrum befindet sich der Patio de los Leones (Löwenhof) mit dem Löwenbrunnen.

❹ Patio de Mexuar

Dieser Hof zeichnet sich durch seine Marmor- und Azulejoverkleidungen in warmen Tönen aus, was besonders im Cuarto Dorado (»Goldenes Zimmer«) zur Geltung kommt.

❺ Torre de Comares und Salón de Embajadores

Mit 45 m ist die Torre de Comares der höchste Turm der Burg. Im Erdgeschoss fanden in der Salón de Embajadores (Saal der Botschafter) die Audienzen statt, dank seiner prächtigen Zedernholzkuppel und der Ornamentik einer der schönsten Räume der Alhambra. Der Thron des Herrschers stand dem Eingang gegenüber.

❻ Sala de la Barca

Halle aus sieben Arkaden, deren Name entweder von der schiffsförmigen Artesonadodecke oder vom arabischen »baraka« (Segen) stammt.

❼ Sala de los Reyes

Als große Seltenheit erweisen sich hier drei auf Leder gemalte höfische Szenen, denn der Islam verbietet normalerweise bildliche Darstellungen: u. a. eine Besprechung zwischen zehn prächtig gekleideten Männern (daher der Name »Saal der Könige«).

❽ Tocador de la Reina

Das »Ankleidezimmer der Königin« ist einer der anmutigsten Räume des Palasts: Er wurde von Isabella der Katholischen und den Gemahlinnen Karls V. und Philipps II. benutzt.

9 Torre de las Damas

Sie ist mehr Zierbau als Festung und eine der ältesten Bauten des Nasridenpalasts, errichtet unter Mohammed III. Anfang des 14. Jh.s.

10 Palast Karls V.

Mächtiges Quadrat mit einem zweistöckigen Rundbau. Im Erdgeschoss befindet sich das Museo de la Alhambra, im oberen Stockwerk das Museo Provincial de Bellas Artes.

PALAST DER NASRIDEN

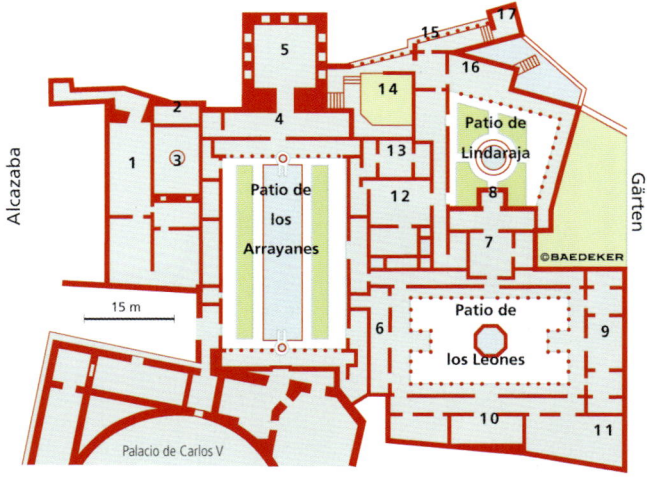

1 Mexuar
2 Cuarto Dorado
3 Patio Mexuar
4 Sala de la Barca
5 Torre de Comares /
  Salón de Embajadores
6 Sala de los Mocarabes

7 Sala de las dos Hermanas
8 Sala de los Ajimeces /
  Mirador de Lindaraja
9 Sala de los Reyes
10 Sala de los Abencerraje
11 Raudas

12 Baños reales
13 Sala de Camas
14 Patio de Cipréses
15 Galería del Peinador
16 Gemächer Karls V.
17 Peinador de la Reina

Der Myrtenhof, der Mittelpunkt des Palastes

Patio de los
Arrayanes

Mittelpunkt des Patio de los Arrayanes, des **Myrtenhofs**, ist ein rechteckiges Wasserbassin, das von Myrthenbüschen gesäumt wird. Hier beginnt der einstige Serail, der eigentliche königliche Palast, der nach der christlichen Eroberung nicht verändert wurde. Die Längsseiten des 37 m langen und 23 m breiten Hofes sind weiß gekalkt, unterbrochen von kunstvoll eingefassten Pforten, Zwillingsfenstern und Nischen. Die schmale nördliche Stirnseite begrenzen zwei durch eine Fensterreihe getrennte siebenbogige filigrane Arkadenreihen mit durchbrochenen Wandflächen. Der Trakt an der gegenüberliegenden Schmalseite musste dem Palast Karls V. weichen, der hinter der Galerie aufragt.

Im Norden ragt die 45 m hohe **Torre de Comares** mit den Gemächern des Sultans empor. Im Erdgeschoss fanden im **Salón de los Embajadores,** dem Saal der Botschafter, die Audienzen statt. Dank seiner fantastischen Zedernholzkuppel und der Ornamentik aus über 150 verschiedenen floralen und geometrischen Mustern sowie Koranversen gehört der Raum zu den reichsten der Alhambra. Vor Beginn der Audienz versammelten sich die Gesandten in der **Sala de la Barca;** ihr Name geht entweder auf die schiffsförmige Artesonadodecke zurück oder ist eine spanische Verkürzung des arabischen Wortes »baraka«, »Segen«. Die Wände des Thronsaals, **Salón del Trono,** sind mit farbigem Steingut und Stuck, Arabesken und kufischen Lettern, die Suren des Korans und Verse von Poeten wiedergeben, geschmückt. Die Holzkuppel symbolisiert die sieben muslimischen Himmel und die Sterne des Paradieszeltes.

Der Schatz der Alhambra

Der Patio de los Leones, **Löwenhof**, Mittelpunkt des Harems, zeigt sich in ganz anderer Gestalt als der Myrtenhof. Namensgeber sind zierliche Löwenskulpturen um einen Brunnen in der Hofmitte. Fast schwerelos kommt der den Hof umlaufende Wald von 124 fragilen Marmorsäulen daher. »Kein Teil des Gebäudes gibt uns eine vollkommenere Idee von der ursprünglichen Schönheit und Pracht, als dieser«, notierte Washington Irving. Und Jahrzehnte später durchlebte der dänische Dichter Hans Christian Andersen im Löwenhof einen Rausch der Bilder: »Brüsseler Spitzen von Porzellan gewebt, Tüllstickerei von Gestein.«

Patio de los Leones

Der Harem

Die **Sala de las dos Hermanas** (Saal der zwei Schwestern) an der Nordseite des Löwenhofs war zusammen mit den dahinter liegenden Räumen wahrscheinlich die Winterwohnung der Frauen. Der Saal bildet mit seiner Dekoration einen weiteren künstlerischen Höhepunkt der Alhambra. Das Gewölbe in Form eines achtzackigen Sterns, der in 16 Strahlen ausläuft, ist **die größte aller arabischen Stalaktitenwölbungen**. Der Saal verdankt seinen Namen den beiden großen in den Boden eingelassenen identischen Marmorplatten. Schriftbänder mit Gedichten von Ibn Zamrak schmücken die Wände.

Um den Löwenhof

An den Saal der zwei Schwestern schließt sich die **Sala de los Ajimeces** an; zwischen den beiden rückwärtigen Bogenfenstern (ajimeces) öffnet sich der Mirador de Lindaraja, ein reizvoller Erkerbau mit drei fast bis zum Boden reichenden Fenstern, von denen man zum stillen Patio de Lindaraja blicken kann. Einst ging der Blick weit ins Tal, doch die Gemächer Karls V. verstellen nun die Sicht.

An der Ostseite des Löwenhofs liegt die lang gestreckte **Sala de los Reyes**, Saal der Könige, auch Sala de la Justicia genannt. Hier finden sich, eine große Seltenheit, drei auf Leder gemalte und auf Holz aufgezogene höfische Szenen, denn der Islam verbietet normalerweise bildliche Darstellungen. Eine der Szenen zeigt eine Besprechung zwischen zehn prächtig gekleideten Männern (daher der Name »Saal der Könige«). Die Nebenräume der siebenteiligen Halle schmücken Deckenbilder aus dem späten 15. Jh.

Mit dem Löwenhof schufen sich die Nasriden im 14. Jh. ihr irdisches Paradies.

An der Südseite des Hofs liegt die **Sala de los Abencerrajes**. Die Mitte des Saals nimmt ein zwölfeckiger Marmorbrunnen ein; darüber wölbt sich der achtstrahlige Stern der Stalaktitenkuppel, das Gegenstück zur Kuppel der Sala de las dos Hermanas. Hier soll der letzte maurische Herrscher Boabdil 36 Mitglieder der Adelsdynastie Abencerrajes enthaupten haben lassen.

▌ Weitere Sehenswürdigkeiten auf der Alhambra

Ehemaliger innerer Palastgarten

Patio de Lindaraja

Nach Verlassen des Nasridenpalastes geht es in den stimmungsvollen, mit Zypressen und Orangen bestandenen Patio de Lindaraja, den früheren inneren Palastgarten. Er wurde nach der Eroberung durch die christlichen Könige angelegt; der Brunnen stand zuvor im Hof des Mexuar. Hier liegen die Bäder, eine ausgedehnte unterirdische Anlage aus der Zeit Jûsufs I.

An den Garten schließt sich der kleine Zypressenhof an, **Patio de Cipreses**, von dem eine Galerie zu den Gemächern Karls V. führt, die der Herrscher mit seiner Gemahlin bei Aufenthalten in Granada bewohnte; auch sein Sohn Philipp II. logierte hier. Ein weiterer prominenter Gast war 1829 für vier Monate der US-amerikanische Schriftsteller Washington Irving. Auf derselben Galerie, die offen zum Abhang hin liegt und schöne Aussichten auf den Albaicín freigibt, gelangen Sie zum **Tocador de la Reina, dem** Ankleidezimmer der Königin, im Obergeschoss der Torre del Peinador. Der vielleicht anmutigste Raum des Palasts wurde von Isabella der Katholischen und den Gemahlinnen Karls V. und Philipps II. benutzt.

Nach der Besichtigung des Nasridenpalastes sind die Gärten, **Jardines del Partal**, mit ihren labyrinthartigen Wegen, Wasserläufen, Teichen und herrlichen Pflanzen ein idealer Ort zum Entspannen. An ihrer Nordmauer erhebt sich die **Torre de las Damas**, mehr Zierbau als Festung und eine der ältesten Bauten des Nasridenpalasts (Anfang 14. Jh.); rechts davon die Torre del Mihrâb mit einem diskreten Gebetsraum. In den oberen Gärten (Alhambra Alta) liegt das einstige Franziskanerkloster San Francisco, das zu einem luxuriösen Parador-Hotel umgebaut wurde.

Auf dem Weg zum Palast Karls V. passieren Sie die 1581–1618 anstelle der Alhambra-Moschee erbaute **Iglesia Santa María**.

Museen im Palast Karls V.

Ab 1526 ließ sich Karl V. auf dem Alhambra-Plateau einen Palast bauen, den er mit einer Sondersteuer, die den in Granada verbliebenen Mauren auferlegt wurde, finanzierte. Kleinere Teile der Alhambra mussten bedauerlicherweise weichen. Nach den Plänen von Pedro Machucas entstand eines der bedeutendsten Werke der Renaissancebaukunst außerhalb Italiens. Der offene, kreisrunde Innenhof hat einen Durchmesser von rund 30 m und ist von einer doppelstöckigen Säulengalerie umgeben.

Im Erdgeschoss des Palastes zeigt das **Museo de la Alhambra** zahlreiche islamische Kunst-, Zier- und Gebrauchsgegenstände, darunter viele aus der Alhambra. Man sieht u. a. Glas, Keramik, Schmuckfriese, Azulejos und Metallarbeiten. Glanzstücke sind die 1,30 m hohe **Alhambra-Vase** (1320), mit springenden Antilopen und Blumenmustern in Emailmalerei prachtvoll dekoriert, sowie ein mutmaßlich aus Córdoba stammendes Marmorbecken, auf dem Hirsche reißende Löwen sowie Adler dargestellt sind und in einem später angebrachten kufischen Schriftband Mohammed V. gepriesen wird.

Das **Museo Provincial de Bellas Artes** im oberen Stockwerk stellt vor allem religiöse und Barockkunst aus. Unter den Skulpturen ragen »Christi Begräbnis« von Jacopo Florentino sowie »San Juan de Dios« und »Jungfrau mit Kind« von Diego de Siloé heraus. Weiterhin sind Werke von Pedro de Mena und als Prunkstück das »Triptychon des Gran Capitán«, eine Emailarbeit des Meisters Léonard Pénicaud aus Limoges, zu bestaunen. Die Malerei ist u. a. vertreten mit Fray Juan Sanchez Cotán (»Maria und das schlafende Jesuskind«) und Alonso Cano (»Hl. Bernhard von Siena«, »Kopf von Juan de la

Palacio de
Carlos V

Cruz«). Der »Saal des italienischen Kamins« (16. Jh.) ist mit für den Palast erworbenen Wandteppichen aus Genua und Brüssel behängt.

Museo de la Alhambra: April–Mitte Okt. Mi.–Sa. 8.30–20 (Mai–Sept. Sa. bis 21.30), So. u. Di. 8.30–14.30; übrige Monate bis 18 bzw. 14 Uhr | Eintritt frei | www.alhambra-patronato.es

Museo Provincial de Bellas Artes: April–Mitte Okt Di.–Sa. 9–20, So. 9–15; übrige Monate Di.–Sa. 9–18, So. 9–15 Uhr | Eintritt frei für EU-Bürger | www.museosdeandalucia.es

Die fünf Grundpfeiler des Ilsam

Plaza de los Aljibes
Westlich vor dem Palast Karls V. erstreckt sich die Plaza de los Aljibes. Der Platz wurde Ende des 15. Jh.s über den Zisternen, dem Wasserspeicher der Alhambra, als Waffen- und Exerzierplatz angelegt.

Ein kurzer Abstecher führt hinab zur **Puerta de la Justicia**, dem ursprünglichen Eingang in die Alhambra. Das 1348 unter Jûsuf I. erbaute Tor besteht aus einem großen und einem kleinen Hufeisenbogen. Der Schlussstein des großen Bogens zeigt eine Hand, Symbol der fünf Grundprinzipien des Islam: das Bekenntnis zur Einzigartigkeit Gottes, die Pflicht zum Gebet, die Barmherzigkeit durch das Geben von Almosen, die Enthaltsamkeit durch Fasten und die Pflicht zur Pilgerfahrt nach Mekka. Am zweiten Bogen sieht man einen Schlüssel, Symbol des von Allah dem Propheten Mohammed verliehenen Himmelsschlüssels.

Der älteste Teil der Alhambra

Alcazaba
Im Westen der Plaza de los Aljibes erhebt sich die **militärische Vorburg**, die Alcazaba, der **älteste Teil der Alhambra**. Imposant sind die Türme: die Torre Quebrada, die Torre del Homenaje (Wohnung des Kommandanten) und in der Nordmauer die Torre de las Armas (einstige Waffenkammer) sowie die Torre de los Hidalgos. Von der Südmauer, in die die Torre de la Pólvora eingebaut ist, sehen Sie hinab auf die im 13. Jh. zwischen dem äußeren und inneren Mauerring angelegten Jardines de los Adarves.

Buchstäblicher Höhepunkt der Alcazaba ist die 26 m hohe, zinnenbesetzte **Torre de la Vela** über dem westlichen Vorwerk. Von dort oben haben Sie den besten Rundblick. Der Turm bekam im 18. Jh. einen Glockenträger aufgesetzt, dessen Glocke alljährlich am 2. Januar, dem Tag des Einzugs der Katholischen Könige, geläutet wird.

Durch die oberen Gärten

Alhambra alta
Wenn Sie durch die Alhambra alta spazieren, die oberen Gärten, werfen Sie einen näheren Blick auf einige der Türme. Östlich vom Palast erhebt sich die Torre de las Damas, ein Festungsturm mit anschließender Bogenhalle, Wasserbecken und kleiner Moschee. An der Torre de los Picos (»Zinnenturm«) vorbei gehen Sie zur Torre del Candi und zur Torre de la Cautiva (»Turm der Gefangenen«) mit kleinem Patio und prächtig dekoriertem Hauptraum. Dann folgt die Torre de

Murmelnde Wasserfontänen im Generalife

las Infantas mit einer reich ausgestatteten Halle; von der oberen Plattform genießen Sie eine **weite Aussicht**. Am Ostende des Alhambra-
hügels liegt die Torre del Agua mit dem Sammelbecken für die Was-
serleitung der Alhambra. An der Südseite ist vor allem der Turm der
Puerta de los Siete Suelos (»Tor der sieben Ebenen«) interessant.

Der Garten des Architekten

Durch Parkanlagen geht es hinauf zum Generalife (arab. djennat al-
Arif = Garten des Architekten), dem **Sommerpalast der Nasriden**
östlich gegenüber der Alhambra am Abhang des Cerro del Sol. Vollendet wurde er 1319 im Auftrag von Ismail I. Hier besticht die Harmonie zwischen Palast, Gärten und Wasserspielen. Entdecken Sie
den mit Lorbeer, Myrten und Orangenbäumen bepflanzten **Patio de
la Acequia** mit seiner zauberhaften Fontänenreihe und die Blütenpracht, das Miteinander aus Grotten, Kaskaden und verwunschen
scheinenden Gärten.

Auch Abendbesichtigung: April, Mai, Sept.–Mitte Okt. Di.–Sa. 22–
23.30, Mitte Okt.–Mitte Nov. Fr./Sa. 20-21.30 Uhr | Eintritt: 5 €,
online-Buchung unter www.alhambra-patronato.es

Generalife

Das Haus des Komponisten

Unterhalb der Alhambra-Höhe, ein Stück südöstlich, bringt Sie das
Sträßchen Antequeruela Alta zum einstigen Wohnhaus des Komponisten **Manuel de Falla** (1876–1946).

Führungen: Juli, Aug. Di.–Sa. 9–14.30, Juni u. Sept auch So. 9–14.30;
übrige Monate Sa. 10–17, So. 109–15 Uhr | Eintritt: 3 €

Casa Museo
Manuel
de Falla

GRANADA ERLEBEN

OFICINA MUNICIPAL DE INFORMACIÓN TURÍSTICA
Plaza del Carmen, 9
Tel. 958 24 82 80
Mo.–Sa. 9.30–17.30, So. 9.30–
13.30, Juli –Sept. tgl. 9–14Uhr
www.granadatur.com

OFICINA DE INFORMACIÓN DEL PATRONATO PROVINCIAL DE TURISMO
Calle Cárcel Baja, 3
Tel. 958 24 71 28
www.turgranada.es

OFICINA DE TURISMO
Calle Santa Ana, 4
Tel. 958 57 52 02
Mo.–Fr. 9–20,
Sa., So. 9–15 Uhr

GRANADA CARD
Die Granada Card beinhaltet die Eintritte der wichtigsten Sehenswürdigkeiten und Monumente (u. a. Alhambra, Kathedrale, Capilla Real, Kloster La Cartuja). Die Karte gibt es für 48 (40 €) oder 72 Stunden (43 €) und enthält auch jeweils neun Stadtbusfahrten. Für 40 € gibt es die fünf Tage gültige »Granada Card Plus« mit neun Stadtbusfahrten sowie eine Runde im Touristen-Züglein (Tren Turístico). Bei beiden Varianten muss man den Alhambra-Besuch mit Datum und Uhrzeit reservieren.
Erweb nur online (s. u.). Für den Besuch der Monumente reicht ein Ausdruck oder der Nachweis auf dem Handy, während man die Buskarte mit Code am Automaten an ausgewählten Bushaltestellen erhält (u. a. Gran Vía 4 oder Gran Vía 7 bei der Kathedrale).
www.granadatur.com/
granada-card)

Granada ist berühmt für seine Gitarrenbauer und Intarsienschnitzer. Zu den Haupteinkaufsstraßen zählen die Calle Reyes Católicos und die Gran Vía de Colón. Ein Bummel lohnt im Altstadtkern auch um die Plaza de Bib-Rambla und durch die Fußgängerzone um die Calle Mesones und die Calle Zacatín. Geschäftig geht's auch in der Cuesta de Chapiz (Albaicín) und in der Calle Real de la Alhambra zu. Antiquitäten finden Sie in der Calle Elvira.
Entlang der Cuesta de Gomérez liegen Geschäfte mit Intarsien und in Nr. 26 der Laden des kleinen Gitarrenbaubetriebs Casa Ferrer.
http://guitarreriacasaferrer.com.

SEMANA SANTA
Die Karwoche in Granada zählt zu den ergreifendsten und spektakulärsten in Andalusien. Dutzende Bruderschaften brechen zu ihren Prozessionen auf. Besonders interessant wird es an Gründonnerstag, wenn auf einer Wallfahrt zum Sacromonte der »Cristo de los Gitanos« geehrt wird.

CORPUS CRISTI (FRONLEICHNAM)
Das größte Fest Granadas blickt auf eine über 500-jährige Tradition zurück und dauert mit Flamenco und vielem mehr über eine Woche.

FESTIVAL DE GRANADA
Etwa Mitte Juni bis Mitte Juli steigt dieses Musik- und Tanzfestival mit einem umfangreichen Programm an verschiedenen Locations. Dazu gehören u.a. Flamenco und Symphoniekonzerte.
http://granadafestival.org

GRANADA

Jaén · Cartuja · Murcia · Árabe

C. Ancha de Córdoba Estación RENFE
Málaga, Córdoba Estación RENFE
Jardines del Triunfo
Camino de S. Antonio
Muralla
San Gregorio
San Luis
San Miguel de Alto
Sacro Monte
San Ildefonso
Hospital Real
Cuesta de la Alhacaba
Constitución
Plaza del Triunfo
Gobierno Civil
Puerta de los Estandartes
El Salvador
Camino del Sacromonte
Hosp. San Juan de Dios
Sta. Isabel la Real
ALBAICÍN
San Nicolás
Casa del Chapiz
San Andrés
C. de Bocanegra
San Juan
Internado Ave Maria
Río Darro
Mezquita Mayor del Albaicín
Casa de Castril
Museo
San Pedro
Generalife
Universidad
San José
Baños Árabes
Palacio Árabe
Chancilleriá
Santa Ana
Alcazaba
Palacio de Carlos V
Catedral
Madraza
Plaza Nueva
Puerta de las Granadas
Parador Nacional
ALHAMBRA
Capilla Real
Palacio Arzobispal
Gomérez
Torres Bermejas
Alhambra
Corral del Carbon
Casa de los Tiros
Capitaneria General
Paseo
Ruerta Real
Ayunta-miento
San Matías
Museo Falla
Huerta de San Vicente, A-44
Santo Domingo
San Cecilio
Santiago
Hospital Militar
Parque de las Ciencias, Museo CajaGranada
200 m
© BAEDEKER

1 Mirador de Morayma
2 Chikito
3 Arrayanes
4 El Trillo
5 Castañeda
6 Bodegas La Mancha
7 Kiosko Las Titas

1 Parador de Granada
2 Alhambra Palace
3 Palacio de Santa Inés
4 Gar-Anat

1 Discoteca Mae West
2 Paripé
3 Cueva de La Rocío
4 Sala Vimaambi

GRANADA SOUND

Musikfestival in der zweiten September-Hälfte. Festgelände außerhalb der Kernstadt im Cortijo del Conde.
http://granadasound.com

ROMERÍA DEL ALBAICÍN

Ende September findet diese Wallfahrt statt, die auch als Romería de San Miguel bekannt ist. Der bunte Pilgerzug führt direkt über den Albaicín.

FESTIVAL INTERNACIONAL DE JAZZ DE GRANADA

In der ersten November-Hälfte steigt das Jazzfestival mit Konzerten im Teatro Isabel la Católica.
www.jazzengranada.es

Nachtschwärmer gehen in die Straßen nördlich der Kathedrale, etwa in die Calle Granada. Mehrere Discos und Bars gibt es in der Calle Pedro Antonio im Westen des Stadtzentrums; am Wochenende geht es westlich der Plaza Nueva hoch her. Sehr schön ist auch ein abendlicher Spaziergang auf der Carrera del Darro bis zum Paseo del Padre Manjón bzw. Paseo de los Tristes. Dort lebt Granada bis tief in die Nacht – vergnügte Scharen tummeln sich in den Bars und Cafés direkt unterhalb der angestrahlten Alhambra.

❶ DISCOTECA MAE WEST

Diese Groß-Disco im Shopping center Neptuno findet ihr Publikum mit den unterschiedlichsten Live-Acts. Der Andrang kann enorm sein – aber gerade das wollen viele, vor allem die Bewohner Granadas.
Calle Arabial, s/n
www.maewestgranada.com

❷ PARIPÉ

Ein guter Treff für diverse Cocktails und um Leute kennenzulernen
Calle Moras, 2

❸ CUEVA DE LA ROCÍO

In einer weiß gekalkten Höhle mit familiärer Atmosphäre können Sie Flamencoshows erleben. Hier, wie auch andernorts in Granadas Flamencolokalen, gehen die Meinungen zur Authentizität auseinander.
Camino del Sacromonte, 70
Tel. 958 22 71 29
http://cuevalarocio.es

❹ SALA VIMAAMBI

Kulturzentrum einer ambitionierten Künstlervereinigung. Konzerte, Kino, gelegentlich Flamenco ohne gekünstelte Folklore.
Cuesta de San Gregorio, 30
Mobil 659 90 69 18,
681 94 39 06
www.vimaambi.com

Bekannte Tapas- und Restaurantmeile ist die Calle Navas. Doch ein paar Hundert Meter weiter, rund um die Calle Alhamar, finden Sie von der Designerbar bis zur Stadtteilkneipe alles – und viel weniger auf Touristen ausgerichtet.

❶ MIRADOR DE MORAYMA €€€–€€€€

Welch ein Ausblick auf die Alhambra! Diese Kulisse ist schwer zu überbieten. Sie lernen zudem eine typische Carmen (= Villa mit Garten) auf dem Albaicín kennen. Das Restaurant mit bekannt guter granadinischer Küche ist kein Geheimtipp – aber immer wieder schön.
Calle Pianista García Carrillo, 2
Tel. 958 22 82 90
So. geschl.
http://miradordemorayma.com

❷ CHIKITO €€€

Die Atmosphäre erinnert an ein Künstlercafé. Serviert wird andalusische Traditionsküche mit überraschenden Noten, das könnte bei hausgemachter Blutwurst-Pastete beginnen und mit einer Eistorte enden. Alles, was dazwischen liegt, hat ebenfalls Stil.

Plaza del Campillo, 9
Tel. 958 22 33 64
http://restaurantechikito.com

❸ ARRAYANES €€–€€€

Was halten Sie von der Idee, in Granada in orientalischem Ambiente marokkanisch zu essen? In Granada lebt schließlich die größte islamische Gemeinde Spaniens. Spezialtäten sind Couscous-Gerichte, doch auch der arabische Salat ist interessant.

Cuesta de Marañas, 4
Tel. 958 22 84 01; Di. geschl.
http://restaurantearrayanes
granada.com

❹ EL TRILLO €€€

Ein charmanter Platz auf dem Albaicín, der abseits der touristischen Haupttrampelpfade erst einmal gefunden werden will! Das Restaurant punktet mit Garten, Ausblick und spanischer Kost mit modernen Akzenten.

Callejón del Aljibe de Trillo, 3
Tel. 958 22 51 82
www.restaurante-eltrillo.com

❺ BODEGAS CASTAÑEDA €

Tapas, Tapas, Tapas! Eine echt granadinische Institution sind die bei der Plaza Nueva gelegenen Bodegas Castañeda. Je nach Publikumsandrang geht's quirlig bis ein wenig chaotisch zu bei Häppchen & Wein. Das hält selbstverständlich niemanden ab, auch noch hereinzukommen.

Calle Almireceros, 1–3
Tel. 958 21 54 64

❻ BODEGAS LA MANCHA €

Noch so ein klassischer Tapas-Tempel nahe der Plaza Nueva. Die große Auswahl umfasst alles von Albóndigas (Fleischbällchen) bis Calamares.

Calle Joaquín Costa, 10
Tel. 958 22 32 22

❼ KIOSKO LAS TITAS €

Mal etwas anderes, auch geografisch: Denn dieser Restaurant- und Café-pavillon mit einladender Terrasse liegt im Park nahe der Flusspromenade am Río Genil. Ein idealer Platz, wenn man der Betriebsamkeit in der doch engeren Innenstadt etwas entkommen möchte.

Paseo de la Bomba, s/n
Tel. 958 12 00 19

❶ PARADOR DE GRANADA €€€€

Einer der schönsten, wenn nicht der allerschönste Parador Spaniens: einmalige Lage im alten Franziskanerkloster in den Alhambra-Gärten. Nach Zimmern mit Blick auf die Alhambra fragen. Es ist allerdings nicht einfach, hier eine Unterkunft zu bekommen. Das verlangt nach extrem frühzeitiger Reservierung – und gutem Budget. Der Preis für eine Nacht kann über 400 € liegen – und das ist für Andalusien wirklich sehr viel.

Calle Real de la Alhambra, s/n
Tel. 958 22 14 40 (40 Z.)
www.parador.es

❷ ALHAMBRA PALACE €€€

Top-Aussichten und Top-Lage! Ein Stückchen unterhalb der Alhambra, bis zur maurischen Traumburg ist es nur ein kurzes Stück zu Fuß. Der Bau mit 108 Zimmern in neomaurischem Stil eines gigantischen Palastes ist sehr eindrucksvoll. Das Restaurant tischt Regionales auf.

Plaza Arquitecto García
de Paredes, 1
Tel. 958 22 14 68
www.h-alhambrapalace.es

❸ PALACIO DE SANTA INÉS €€–€€€

Dieser Stadtpalast aus dem 16. Jh. am Fuß des Albaicín mit schönem Blick hinauf zur Alhambra pflegt

Charme und Ambiente. Die 35 geräumigen, unterschiedlich eingerichteten Zimmer mögen ein wenig hellhörig sein, doch Ausstattung, Atmosphäre und ein reichhaltiges Frühstück wiegen alles auf.
Cuesta de Santa Inés, 9
Tel. 958 22 23 62
www.palaciosantaines.es

❹ GAR-ANAT €€
Ein Boutiquehotel, das dieses Prädikat verdient, residiert in einem hin-

länglich renovierten Stadtpalast aus dem 17. Jh.. Es bietet keinen Megaluxus, aber durchaus Wohlfühl-Ambiente. Selbst das Frühstück in den Kellergewölben hat seinen Reiz. Von den 15 vorhandenen Zimmern sollten Sie darauf achten, eines nach hinten raus zu nehmen.
Placeta de los Peregrinos, 1
Tel. 958 22 55 28
www.hotelgaranat.com

| Rund um die Kathedrale

Catedral
Santa
María de la
Encarnación

Andalusiens größte Renaissancekirche

Über den Häusern der Altstadt erhebt sich die Kathedrale Santa María de la Encarnación, die bedeutendste der vier großen Renaissancekirchen Andalusiens. Sie wurde von Enrique de Egas 1523 spätgotisch begonnen, 1525 von Diego de Siloé plateresk weitergeführt und 1561 unvollendet geweiht. Die gewaltige Westfassade entstand 1667 nach Plänen von Alonso Cano und seinem Nachfolger. Das große Relief über der Puerta Principal (Hauptportal) ist von José Risueño (1717). An der Nordwestseite findet man die Puerta de San Jerónimo mit Skulpturen von Siloé, Maeda u. a. sowie die mit allegorischen Figuren und dem kastilischen Wappen dekorierte, 1537 vollendete Puerta del Perdón, ebenfalls von Siloé.

Der 116 m lange und 67 m breite Innenraum beeindruckt durch seine Größe und Helligkeit. Gewaltige Bündelpfeiler gliedern den Raum in fünf Langschiffe. Höchster Punkt ist die 47 m hohe Kuppel der **Capilla Mayor**. Sie ist ein Entwurf von Diego de Siloé und mit Balustraden, Gemälden und flämischen Buntglasfenstern prachtvoll geschmückt. Das reich verzierte verschlossene Portal im rechten Seitenschiff ist ein Meisterwerk spätgotischer Steinmetzarbeit nach Entwürfen von Enrique de Egas und war als Eingang in die Capilla Real gedacht. Es trägt die Wappen Kastiliens und der Katholischen Könige, darüber Maria mit dem Jesuskind, flankiert vom hl. Jakobus und dem Drachentöter Georg. Der große Altar links daneben ist dem spanischen Nationalheiligen Santiago (Jakobus) geweiht, dargestellt als der »Maurentöter« (Matamoros). Rechts vom Portal birgt der goldüberladene Altar einige wertvolle Gemälde, darunter »Via Dolorosa« von Alonso Cano, das »Martyrium des hl. Laurentius« von Antonio Ribera und der »Hl. Franziskus« von El Greco. Die Sakristei birgt einige sehenswerte Kunstwerke, darunter

Werke von Alonso Cano. Der Kirchenschatz ist im ehemaligen Kapitelsaal im Turm zu besichtigen.

An die Südostseite der Kathedrale wurde an Stelle der ehemaligen Hauptmoschee 1705–1759 die **Iglesia del Sagrario** angebaut. Die **Lonja**, die 1518–1522 erbaute ehemalige Börse mit schöner Loggia, an deren Nordostseite blieb unangetastet. Hier zeigt ein Gemälde die »Übergabe Granadas« an die Katholischen Könige.

Mo.–Sa. 10–18.30, So. 15–18 Uhr | Eintritt: 5 €
http://catedraldegranada.com

Letzte Ruhe der Katholischen Könige

Die spätgotische Grabkapelle der »Katholischen Könige« Ferdinand von Aragonien und Isabella von Kastilien ist der eigentliche Höhepunkt der Kathedrale. Man betritt sie über die Lonja.

Capilla Real

Die Capilla Real wurde 1505–1521 an die Südseite der Kathedrale in spätgotischem Stil und nach Plänen von Enrique de Egas angebaut. Ein überaus kunstfertiges Gitter von Bartolomé de Jaén unterteilt die Kapelle und trennt die eigentliche Grabkapelle mit den reich verzierten Grabmälern ab: Die **Königsgrabmäler** von Ferdinand (gest. 1516), das Schwert in der Hand, und Isabella (gest. 1504), zu ihren Füßen ein Löwe bzw. eine Löwin, wurden von dem Florentiner Do-

CATEDRAL SANTA MARÍA DE LA ENCARNACIÓN

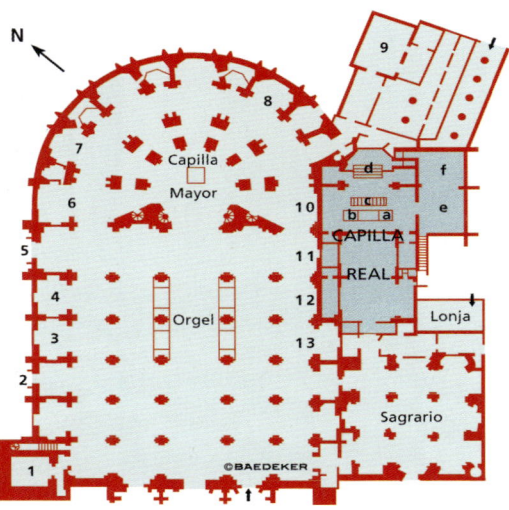

1 Tesoro
2 Puerta de San Jerónimo
3 Capilla de
  N. Sra. del Carmen
4 Capilla de
  N. Sra. de las Angustias
5 Puerta del Perdón
6 Capilla de la Antigua
7 Capilla de Santa Lucía
8 Capilla de Santa Ana
9 Sacristía
10 Altar de Santiago
11 Ehem. Eingang
  zur Capilla Real
12 Altar de Jesús Nazareno
13 Capilla de la Trinidad

Capilla Real

a Grabmal der
  Katholischen Könige
b Grabmal Philipps des Schönen
  u. Johannas der Wahnsinnigen
c Krypta (unterirdisch)
d Hochaltar
e Museum
f Sakristei

Allein die gewaltigen Ausmaße der
Kathedrale von Granada beeindrucken.

menico Fancelli 1522 in Carrara-Marmor gearbeitet. Weitere Figuren zeigen Johanna die Wahnsinnige (gest. 1555), die Tochter der Katholischen Könige, und ihren früh verstorbenen Ehemann Philipp den Schönen (gest. 1506); beide Statuen schuf Bartolomeo Ordónez.

Den großen Flügelaltar mit geschnitzten biblischen Szenen von Felipe Vigarny flankieren die Statuen der Katholischen Könige von Diego de Siloé. In beiden Querschiffen haben reich verzierte Reliquienaltäre von Alonso de Mena (1623) Platz gefunden; im linken Querschiff sieht man neben dem Altar das **»Passionstriptychon«** von Dieric Bouts. Auf einigen Stufen gelangt man hinunter in die Krypta, wo in einfachen Bleisärgen die sterblichen Überreste der beiden Königspaare und des Kronprinzen Miguel ruhen.

Im **Sakristei-Museum** sind hervorragende Kunstschätze ausgestellt, darunter persönliche Gegenstände des Königspaars, das Schwert Ferdinands, Krone, Zepter und Reliquienkästchen Isabellas sowie beider Messbuch. Dass die **Königin auch Kunstsammlerin** war, zeigen einige hervorragende Gemälde, darunter »Christus am Ölberg«, möglicherweise von Botticelli, »Pietà« und »Jungfrau mit Kind« von Rogier van der Weyden, »Kreuzabnahme« und »Klagende Frauen« von Hans Memling und »Apostel Johannes« von Pedro Berruguete. Die zwei großartigen Holzskulpturen des betenden Königspaars Ferdinand und Isabella schuf Felipe Vigarny.

Mo.–Sa. 10.15–18.30, So. 11–18.30 Uhr | Eintritt: 5 €
http://capillarealgranada.com

Maurische Spuren

In der
Alcaicería

Obwohl das Gebäude gegenüber der Capilla Real eine Barockfassade und ein kastilisches Wappen zeigt, ist es wesentlich älter. Es handelt sich um die 1349 von Jûsuf I. gegründete arabische Universität, die **Madraza**. Das Gebäude wurde von 1500 an als Rathaus genutzt; aus maurischer Zeit geblieben ist ein Gebetsraum mit Mihrâb, den man über den Patio erreicht.

Zwischen Kathedrale und Calle de los Reyes Católicos erstreckt sich die **Alcaicería**, das alte maurische Markt- und Ladenviertel, wo hauptsächlich Stoffe gehandelt wurden. Es brannte 1843 ab, wurde aber wieder aufgebaut. Heute bestimmen Souvenirläden und Boutiquen das Bild.

Ein kurzer Weg bringt Sie auf die von Restaurants und Bars belebte **Plaza de Bib-Rambla**, wo die Fuente de los Gigantones plätschert. Der Platz ist ein wunderbarer Ort für einen Kaffee; hier und in den umliegenden Gassen pocht das granadinische Leben.

Auf den Spuren Federico García Lorcas

Centro
Federico
García Lorca

Im Zeichen des granadinischen Dichters und Dramatikers **Federico García Lorca** (1898–1936; ▶ S. 381), der zu Beginn des Bürgerkriegs ganz in der Nähe von Granada von Franquisten ermordet wurde, steht das Centro Federico García Lorca. Es stößt an den südwestlichen Kathedralvorplatz, die Plaza de la Romanilla, und setzt auch architektonisch ein Zeichen. Das postmoderne Gebäude, ein lichter Betonkomplex aus der Hand des Architektenbüros MX-SL, dient der Erhaltung, Pflege und dem Studium des Werks von García Lorca, der nicht nur literarisch tätig war, sondern auch malte. In diesem Wahrzeichen der zeitgenössischen Kultur gibt es eine Ausstellungshalle und ein angeschlossenes Theater.

Mitte März–Mitte Sept. Di.–Sa. 11–14 u. 18–21, So. 11–14; übrige Monate Di.–Sa. 11–14 u. 17–20, So. 11–14 Uhr | Eintritt frei
www.centrofedericogarcialorca.es

Spaniens einzige Karawanserei

An der Rückfront der Kathedrale führt Sie ein kurzes Wegstück auf der Gran Vía de Colón auf die **Plaza Isabel la Católica**. Ein Denkmal zeigt den zukünftigen Amerika-Entdecker Kolumbus, als er Königin Isabella von Kastilien seine Pläne unterbreitet.

Corral del Carbón

Auf den Platz mündet die Geschäftsstraße Calle Reyes Católicos. Von dieser zweigt nahebei eine Gasse nach links zur Calle Mariana Pineda ab. Ein Hufeisenbogen weist auf das **Corral del Carbón**, der einzigen erhaltenen **Karawanserei** (arab. Fundduq) in Spanien Das vom Beginn des 14. Jh.s stammende Gebäude besitzt einen Vorraum mit Stalaktitenkuppel und einen von einer zweigeschossigen Galerie umlaufenen Innenhof. Nach der Vertreibung der Mauren diente es als Holzkohlenlager, was den Namen erklärt.

Ein schöner Treffpunkt

Die Plaza Nueva, die lang gestreckte Fortsetzung der Calle Reyes Católicos, ist ein schöner Treffpunkt vor allem in den Abendstunden und die Nahtstelle zwischen Alhambra- und Albaicín-Hügel. Schon in früheren Zeiten war hier allerhand geboten: Wettrennen, Stierkämpfe, aber auch Hinrichtungen. Das imponierendste Gebäude am Platz ist die **Real Chancillería**, die einstige königliche Staatskanzlei (1530) mit einem zweistöckigen Arkadenhof und einer monumentalen Treppe mit kunstvoller Holzdecke. Heute ist es Sitz des andalusischen Oberlandesgerichts. Am Nordostende des Platzes erhebt sich die **Kirche Santa Ana**, ein nach Plänen von Diego de Siloé 1537 errichteter Renaissancebau mit platereskem Portal und minarettartigem Turm.

Plaza Nueva

Im Tal des Río Darro

Die Carrera del Darro, eine der ältesten Straßen Granadas, verläuft am Río Darro entlang zwischen Alhambra- und Albaicín-Hügel. Das Flüsschen verschwindet neben der Kirche Santa Ana im Untergrund. Das **Bañuelo** ist ein kleines maurisches Bad aus dem 11. Jh., von dem noch der Umkleideraum und drei von maurischen Bögen mit westgotischen Kapitellen getragene Baderäume erhalten sind. Folgen Sie

Carrera del Darro

dem Sträßchen, sehen Sie rechts die Kirche San Pedro y San Pablo und links gegenüber einen Renaissancepalast, die **Casa de Castril** mit einem platteresken Portal aus dem 16. Jahrhundert. Es ist Sitz des Archäologischen Museums..

Bañuelo: Carrera del Darro 31 | Di.–Sa. 10–14 Uhr | Eintritt frei
Museo Arquéoligico: Juli, Aug. Di.–So. 9–15, übrige Monate Di.–Sa. 9–21, So. 9–15 Uhr | Eintritt für EU-Bürger frei

 Albaicín

Wo der Orient zu Hause ist

Auf ins Gassengewirr!

Das Albaicín ist Granadas altes arabisches Stadtviertel. Es fällt schwer, sich in dem Gewirr von schmalen, verschlungenen Gassen und Gässchen, die sich überall verästeln und hangaufwärts steigen bzw. abfallen, nicht zu verlaufen. Doch irgendwann findet man ganz sicher wieder die Orientierung und den Weg zum schönsten Punkt, der **Plaza de San Nicolás**. Zu muslimischen Zeiten sollen hier bis zu 60 000 Menschen gewohnt haben. Nach einem Niedergang in den 1970er-Jahren erlebte das Viertel gegenüber der Alhambra-Höhe einen Aufschwung und entwickelte sich zu einem Zentrum muslimischer Alltagskultur. Und das nicht nur wegen der Teestuben und Händler, die eine der maßgeblichen Gassen, die **Calderería Nueva**, in eine Art Basarstraße verwandelt haben. Ganz oben, nahe der Plaza de San Nicolás, gibt es seit Jahrtausendbeginn wieder eine Moschee für die hier lebenden Muslime, der erste Moscheebau, seit Isabella und Ferdinand 1492 die Stadt eroberten.

Hinauf ins Albaicín-Viertel führen viele Wege. Ab der Plaza Nueva, bei der Plaza del Triunfo durch die Puerta Elvira (das einstige Hauptstadttor aus dem 9. Jh.) oder von der Carrera del Darro steigen immer wieder Gässchen hinauf. Ein Aufstieg ist auch ganz am Ende der Verlängerung der Carrera del Darro (Paseo de los Tristes / Paseo del Padre Manjón) möglich. Dabei kommen Sie zunächst an der **Casa del Chapiz** vorbei, ein schönes Beispiel für ein Wohnhaus wohlhabender Morisken im 16. Jh., heute ein Institut für arabische Studien. Über die Cuesta del Chapiz gelangen Sie zu der im Mudejarstil erbauten **Iglesia de San Salvador**, einer 1499 geweihten Kirche an der Stelle der ehemaligen Hauptmoschee des Albaicín. Nun geht es geradeaus auf die Plaza Larga, ein idealer Ort für eine Pause. Hügelabwärts erstreckt sich entlang der Cuesta de la Alhacaba ein gut erhaltener Teil der arabischen Stadtmauer (Muralla árabe) hin zur Puerta Monaitia.

Ab der Plaza Larga führt ein Gässchen hinab zur **Iglesia de San Nicolás** (1525), dem Herz des Albaicín. Nun haben Sie fast den Höhepunkt erreicht: die **Plaza de San Nicolás** mit ihrem Aussichtspunkt, Mirador. Von hier genießt man eine grandiose Aussicht auf die Alhambra und die Sierra Nevada, das ist vor allem bei Sonnenuntergang ein unvergessliches Erlebnis. Nahebei liegt Granadas 2003 eingeweihte neue Moschee; die Mezquita Mayor wurde mit Geldern aus Marokko und den Vereinigten Arabischen Emiraten finanziert. Erwähnung verdient auch die **Casa Museo Max Moreau**, wo der belgische Maler Max Moreau (1902–1992) drei Jahrzehnte lang lebte.

Casa Museo Max Moreau: Camino Nuevo de San Nicolás, 12 | Di. bis Sa. 10–13.30 und 16–18, im Sommer 17–19 Uhr | Eintritt frei

Zu Fuß auf den Heiligen Berg

Am Ende der Carrera del Darro zweigt bergauf die Cuesta del Chapiz ab. Sie führt in Granadas **ältestes Viertel Sacromonte**, wo sich seit dem 15./16. Jh. Gitanos Wohnhöhlen in den Heiligen Berg hineinbauten. In einigen der Cuevas werden Flamenco-Shows geboten, bei denen die Grenze zwischen Authentizität und Touristennepp mitunter

Sacromonte

Durch den Albaicín, dem ehemaligen maurischen Stadtviertel gegenüber der Alhambra, weht noch ein Hauch Orient.

AUGENBLICK IM ABENDLICHT

Nur ein paar Hundert Meter Luftlinie liegt er von der majestätischen Alhambra entfernt – und doch offenbart der Mirador San Nicolás in Granadas Stadtviertel Albaicín eine ganz eigene Sicht auf die Dinge. Diesen Anblick werden Sie garantiert nicht vergessen, ihn vielmehr in sich aufsaugen: Genießen Sie die kleine Parkanlage des Aussichtspunktes, und treten Sie ganz nah heran an die Brüstung – im warmen Abendlicht erstrahlt die maurische Stadtburg in ihrer ganzen Pracht!

schwer auszumachen ist. Mehr über das Thema erfährt man im volkskundlichen **Museo de las Cuevas del Sacromonte**; hier kann man auch typische Wohnhöhlen besichtigen. Der Weg führt schließlich zur Abadía del Sacromonte hinauf, einem einstigen Benediktinerkloster (12. Jh.). Hier sollen die Gebeine der Heiligen Cecilo, Hiscio und Tesifonte gefunden worden sein, was den Namen »Sacro monte« (»Heiliger Berg«) erklärt.

Museo de las Cuevas del Sacromonte: Barranco de los Negros | tgl. 10–14 und 17–20.30 (im Winter 16– 19 Uhr) | Eintritt: 5 € https://sacromontegranada.com | **Abadía del Sacromonte:** Mo.–Sa. 10–13 u. 17–19.30 (Okt.–April 16–18), So. 11–13 u. 17–19.30 (Okt.–April 16–18) Uhr | Eintritt: 5 €

▌ Nordwestliche Stadtteil

Eine der ältesten Universitäten Spaniens

Universität

Die von Karl V. gegründete Universität nordwestlich der Kathedrale ist eine der ältesten Spaniens. Ältestes Gebäude ist die Juristische Fakultät, an die ein kleiner Botanischer Garten anschließt.

Monasterio de San Jerónimo und Hospital de San Juan de Dios

Sakraler Höhepunkt ...

... Granadas ist das 1504–1563 erbaute Monasterio de San Jerónimo, ein einstiges Kloster der Hieronymitein der Compás de San Jerónimo. Höhepunkte des Besuchs sind der doppelstöckige Kreuzgang (von hier schöner Blick auf den Glockenturm) und die von Jacopo Florentina und Diego de Siloé erbaute Renaissancekirche mit einem mit üppigen Reliefs geschmückten Hochaltar.

Einer der schönsten barocken Sakralbauten Granadas, die doppeltürmige Kirche des Hospital de San Juan de Dios, liegt wenig südwestlich oberhalb von San Jerónimo. Über dem Eingangsportal wacht der namensgebende Heilige. Hinter dem Retabel ist der hl. San Juan de Dios begraben (1495–1550), Gründer des Ordens der Barmherzigen Brüder.

Ein spätbarockes Gesamtkunstwerk

La Cartuja

Das **Kartäuserkloster** La Cartuja liegt ein Stück nördlich außerhalb. Die Anlage wurde 1506 auf Veranlassung des Gran Capitán gegründet, doch erst 250 Jahre später vollendet. Erhalten sind Kreuzgang, Refektorium, Kirche und Sakristei. In den verschwenderisch gestalteten Innenräumen erreichte der Churriguerismus einen Höhepunkt. Das Refektorium und die angrenzenden Räume, man betritt sie vom Kreuzgang aus, beherbergen Gemälde von Juan Sanchez Cotán und Vicente Carducho. Der Innenraum der Kirche wurde im 17. Jh. in überschwänglichem Barock gestaltet. Ein schönes Gitter trennt im Mittelchor den Bereich der Mönche und den der Laienbrüder. Die Deckengemälde schuf Pedro Atanasio Bocanegra. Über der Marienskulptur von José de Mora steigt ein Baldachin auf. An den Altarraum schließt sich der Sagrario an, eine Arbeit von Hurtado Izquierdo, überwölbt von einer Kuppel mit Trompe-l'œil-Malerei und ausgestattet mit Gemälden von Palomino und Cotán sowie Skulpturen von Risueño und Duque Cornejo. Höhepunkt der Besichtigung ist die **Sakristei** von Luis de Arévalo mit überreichen Stuckornamenten.

Paseo de Cartuja | Bus U 1, U 3, N 7 | So.–Fr. 10–17.30, Sa. 10–12.15 u. 15–17.30 Uhr | Eintritt: 5 € | http://cartujadegranada.com

▌ Südwestliche Altstadt

Das Sommerhaus der Lorcas

Huerta de San Vicente

Die Familie des jungen **Federico García Lorca** verbrachte im Landhaus Huerta de San Vicente die Sommer. Als sein Vater das Haus erwarb, war es von Obstbäumen umgeben, die im Laufe der Zeit jedoch typischer Vorstadtbebauung weichen mussten. Das Haus ist heute ein Museum und teilweise noch original eingerichtet.

Casa-Museo Federico García Lorca: Führungen in kleinen Gruppen Juni bis Mitte Sept. Di.–So. 9–15, sonst Di.–So. 10–17 Uhr | Eintritt: 3 € | www.huertadesanvicente.com

Zwei topmoderne Museen

Parque de las Ciencias und Museo CajaGranada

Der **Parque de las Ciencias**, Wissenschaftspark, bietet Naturwissenschaften zum Anfassen. Die Pavillons auf dem weitläufigen Gelände widmen sich unterschiedlichen Themen, so können Sie eine »Reise in den menschlichen Körper« unternehmen oder mehr über Sicherheit

6x
UNTERSCHÄTZT

Genau hinsehen, nicht daran vorbeigehen, einfach probieren!

1.

»RUHE SANFT!

Das ist in den **Megalithgräbern** von **Antequera** lange vorbei. Die Totenruhe von einst ist Besuchern von heute gewichen, für die es tief hineingeht in prächtige Dolmen wie Menga. Entdecken Sie ein verstecktes Weltkulturerbe! (**S. 67**)

2.

MAGENFEST

... sollten Sie sein, wenn Sie eine Rundfahrt durch die herrliche Berglandschaft der **Alpujarras** unternehmen. Andalusien kann erstaunlich gebirgig und kurvig sein! (**S. 46**)

3.

SCHWINDEL-ERREGEND ...

... ist der **Caminito del Rey**, das »Weglein des Königs«, ein spektakulärer Klettersteig im Inland der Provinz Málaga. (**S. 71**)

4.

EINE GUTE KONDITION ...

... sollten Sie haben, um die Altstadt von **Cádiz** komplett und am Stück zu erkunden. An den äußeren Rändern der Landzunge sind die Entfernungen zwischen Promenaden und Sehenswürdigkeiten erstaunlich groß – und der Kern mit Kathedrale, Plätzen, Markt etc. hat es ebenfalls in sich. (**S. 98**)

5.

DICHTER-SPUREN

Andalusiens vielleicht größter Dichter und Dramatiker **Federico García Lorca** (1898 bis 1936) mag lange tot sein, doch Granada bewahrt anschauliche Spuren seines Lebens und Schaffens in der Huerta de San Vicente und im nahen Fuente Vaqueros. (**S. 173, 175**)

6.

»BRATPFANNE« ANDALUSIENS

Écija, die wegen ihrer Hitze gerne »Bratpfanne Andalusiens« genannte Stadt, überrascht mit einer beachtlichen Zahl an Kirchen, Palästen und Schätzen. (**S. 133**)

am Arbeitsplatz und im Alltag erfahren. Um die Biodiversität auf unserem Planeten geht es im tropisch aufgezogenen »BioDomo« mit Pflanzen und Tieren. Angeschlossen ist auch ein Planetarium.

Das benachbarte **Museum** informiert mit audiovisuellen und interaktiven Medien in vier Sälen **über Andalusien**, über seine Landschaften, Orte, Kunst, Geschichte, Kultur und die Lebensweisen seiner Bewohner.

Parque de las Ciencias: Avenida de la Ciencia | Di.-Sa. 10–19, So. 10 bis 15 Uhr | Eintritt Museum: 7 €, BioDomo: 6 € (Kombiticket 11 €), Planetarium: 2,50 € | www.parqueciencias.com
Museo CajaGranada: Di.-Do. 9.30-14, Fr. 9-30-14 und 17-19, Sa. 10.30-14 Uhr | Eintritt: 5 € | www.cajagranadafundacion.es

▌ Rund um Granada

García Lorcas Ermordung

In Viznar, nordöstlich von Granada, wurde im August 1936 Federico **Viznar**
García Lorca zusammen mit drei anderen Republikanern von Falangisten ermordet. Heute erinnert hier eine Gedenkstätte an ihn und alle Opfer des Bürgerkriegs.

Die Gedenkstätte befindet sich im **Parque Federico García Lorca** in der Schlucht Barranco de Viznar. Den Gedenkstein finden Sie zwischen Brücken und Wanderwegen direkt neben dem Olivenbaum, an dem Lorca am 18. oder August 1936 vermutlich hinterrücks erschossen wurde. Sein Leichnam wurde nie gefunden. An der Mauer um den Hauptplatz sind Fragmente seiner Gedichte zu lesen.

García Lorcas Kindheit

Verlassen Sie Granada nach Westen auf der A-92, erreichen Sie nach **In die Vega**
wenigen Kilometern **Santa Fé**, das 1491 auf Befehl von Königin Isa- **de Granada**
bella der Katholischen bei der Belagerung Granadas als Hauptquartier in Form eines römischen Lagers erbaut woden ist; von den vier Toren in der Mauer sind noch drei erhalten. Hier wurde 1491 die Kapitulation von Granada unterzeichnet, hier unterschrieb im April 1492 die Königin den Vertrag mit Kolumbus für dessen Reisen, die zur Entdeckung der »Neuen Welt« führten.

In **Fuente Vaqueros**, nordwestlich von Santa Fé und 18 km von Granada entfernt, kam 1898 Federico García Lorca zur Welt. Sein Geburtshaus, die Casa Natal Federico García Lorca, ist ein Museum. Im Ort erinnert auch ein Denkmal an ihn.

Casa Natal Federico García Lorca: Calle Poeta García Lorca, 4 | Führungen immer zur vollen Stunde | April, Mai Di.-So. 10-13 u. (außer So.) 17-18, Juni- Sept. Di.-So. 10-14, Okt.-März Di.-So. 10 bis 13 u. (außer So.) 16-17 Uhr | Eintritt: 3 € | www.universolorca.com, www.patronatogarcialorca.org

Maurische Spuren

Loja Nächste Station ist das alte Loja. Aus maurischer Zeit ist noch die hoch ragende Burgruine erhalten. Bemerkenswertestes Zeugnis aus christlicher Zeit ist die Kirche San Gabriel (16. Jh.) mit Portal und Kuppel von Diego de Siloé.

Heilende Quellen

Alhama de Granada
Ein Stück vor Loja führen zwei Nebenstraßen nach Süden zum 26 km entfernten Kurort Alhama de Granada. Als die Mauren, eifrige Nutzer der heilenden Wasserkräfte, 1482 ihre Bäder an die Christen verloren, beklagten sie das bitterlich mit dem Ausruf »Ay de mi Alhama!« Die **45 °C warme Quelle** sprudelt immer noch aus einer auf römischen Fundamenten ruhenden maurischen Zisterne, heute im etwas außerhalb gelegenen Hotel Balneario. Bemerkenswerte Profanbauten in Alhama de Granada sind die Casa de la Inquisición mit isabellinisch gestalteter Fassade, das ehemalige Gefängnis aus dem 17. Jh. an der Plaza de los Presos und ein Getreidespeicher aus dem 16. Jh.
Hotel Balneario: Carretera del Balneario, s/n
www.balnearioalhamadegranada.com

★ GUADIX

Provinz: Granada | **Höhe:** 949 m ü. d. M. | **Einwohnerzahl:** 18 500

K 5

Da reibt man sich verwundert die Augen: Alle kunstvollen Schornsteine, die hier aus dem Boden ragen, gehören zu Wohnhöhlen. Ein recht großer Teil der Bewohner von Guadix lebt heute noch in den Höhlen des Barrio de las Cuevas, der seit prähistorischer Zeit besiedelt ist.

Höhlen-stadt

Die Fahrt von Granada ins knapp 55 km nordöstlich gelegene Guadix führt durch eine beinahe unwirklich erscheinende, karge und hügelige **Tuffsteinlandschaft**. In Guadix erwarten Sie die Silhouette des Kathedralturms und die Ruinen der maurischen Burg aus dem 11. Jahrhundert.

Funde aus der Megalithkultur belegen die frühe Besiedlung dieses Gebiets. Die Römer errichteten auf den Resten einer iberischen Siedlung ihr Julia Gemelli Acci. Nach dem Einfall der Mauren erlebte die Stadt eine neue Blüte als Wadi Asch, aus dem sich der heutige Name ableitet. 1489 konnten die Katholischen Könige Guadix den Mauren wieder entreißen. 1487 kam hier Pedro de Mendoza zur Welt, der Gründer von Buenos Aires (gest. 1537). Geschichte hin oder her –

kurios ist und bleibt die Tatsache, dass es hier die **meisten Wohn-höhlen** Andalusiens gibt, in denen heute immer noch einige Tausend Menschen leben.

Wohin in Guadix?

Zwei beherrschende Bauten

Unübersehbar ist die hoch aufragende **Kathedrale**, mit deren Bau 1594 am Ort einer Moschee begonnen worden war. Diego de Siloé entwarf die Apsis und die Kapelle des hl. Torcuato. Der Turm wurde im 17. Jh. vollendet, die ursprünglich rein platereske Hauptfassade später mit barocken und klassizistischen Elementen versehen. Im Innern der dreischiffigen Kirche finden Sie ein churriguereskes Chorgestühl. Im Museum sind Reliquien des hl. Torcuato, Goldschmiedearbeiten, Handschriften und Gemälde ausgestellt.

In der Altstadt

Von der arkadenumsäumten Plaza Mayor gelangen Sie durch eine schmale Gasse zum **Convento de Santiago**, im 16. Jh. im mudejaren Stil erbaut. Über dem platceresken Portal erkennt man das Wappen Karls I. Das wohl schönste weltliche Gebäude von Guadix ist der **Palacio de Peñaflor** aus dem 17. Jh. Über der Altstdt thront die Ruine der maurischen Burg, der **Alcazaba**. Erbaut wurde sie im 11. Jh. aus roten Ziegelsteinen. Im Burgbereich sind noch Spuren eines Vorgängerbaus aus dem 9. Jh. erhalten; Führungen vermittelt die Touristeninformation.

Sie bestimmen das Bild von Guadix: die Alcazaba aus dem
11. und die Kathedrale aus dem 17. Jahrhundert.

GUADIX ERLEBEN

OFICINA DE TURISMO
Plaza de la Constitución, 1518
Tel. 958 66 28 04
http://guadix.es

PALACIO DE OÑATE €
Gepflegtes Hotel, in dem die 44 Zimmer jenen aus typisch Palästen des 17. Jh.s nachempfunden sind. Zum Relaxen eignet sich der Spa. Das Restaurant tischt typische Regionalkost auf.
Calle Mira de Amezcua, 3
Tel. 958 66 05 00
http://palaciodeonate.com

ZU GAST IN EINER HÖHLE
Essen in der Höhle, wohnen in der Höhle – alles ist möglich in und um Guadix. Als stilvolles Höhlenrestaurant genießt La Tinaja einen guten Ruf; vor allem Gegrilltes kommt hier auf den Tisch. Ganz in der Nähe liegt das Höhlenhotel Cuevas Pedro Antonio de Alarcón, sogar mit Außenpool.
Braseria La Tinaja €– €€
Carretera de Baza, km 77
Tel. 958 66 28 77; Di. geschl.
http://latinaja.es

**Cuevas Pedro
Antonio de Alarcón €**
Barriada San Torcuato
Tel. 958 66 49 86
www.cuevaspedroantonio.es

**Barriada de
las Cuevas**

Leben in der Höhle
Für die meisten Besucher ist die wichtigste Sehenswürdigkeit der Stadt jedoch das **Höhlenviertel** Barriada de las Cuevas (auch: Barrio de las Cuevas bzw. Barrio de Santiago) an der Südseite der Stadt mit rund 2000 Behausungen. Die Menschen in dieser seltsamen »Wohnlandschaft« leben in den in weichen Löss gegrabenen Höhlenwohnungen, von denen man nur die weiß gekalkten Schornsteine und Vorbauten sieht, die die oft großzügigen und gut ausgestatteten Räumlichkeiten im Berg nicht ahnen lassen. Für die großen Klimaschwankungen dieser Gegend sind die Höhlenwohnungen eine ideale Wohnform: Im Sommer angenehm kühl, speichern sie im Winter die Wärme.

Wie es in einer Höhlenwohnung aussieht, zeigt das Interpretationszentrum der Höhlen, **Centro de Interpretación Cuevas de Guadix**, im Höhlenviertel. Von hier ist es nur ein kurzer Weg zu dem **Aussichtspunkt**, dem Mirador. Von hier bietet sich das beste Panorama der Stadt. Vielleicht merken Sie es nicht sofort, aber um den Aussichtspunkt wandern Sie genau über die Dächer einiger Wohnhöhlen, was die weißen Schornsteine verraten. Doch seien Sie unbesorgt – die Dächer sind stabil und geben nicht nach!

Centro de Interpretación Cuevas de Guadix: Pl. de Padre Poveda
Mo.–Fr. 10–14 u. 16–18 bzw. 17–19 im Sommer, Sa. 10–14 Uhr
Eintritt: 2,60 €

❘ Rund um Guadix

Noch mehr Höhlenwohnungen

Das 6 km westlich in einer Tuffsteinlandschaft gelegene Purullena be- | Purullena
steht fast nur aus Höhlenwohnungen. Entlang der A-92 hat sich eine
Tourismusmeile mit Souvenirläden, Restaurants und Bars angesiedelt.

Einsam und mächtig

Auf einem kahlen Berg, 17 km südöstlich von Guadix, thront die Burg | Castillo de
von La Calahorra vor eindrucksvoller Kulisse (▶ Abb. S. 32/33). Ihr | La Calahorra
Äußeres mit vier gewaltigen Rundtürmen und wehrhaften Mauern
macht einen schroffen Eindruck, tatsächlich aber verbirgt die im 16.
Jh. für Rodrigo de Mendoza erbaute Burg einen verspielten Renais-
sance-Innenhof.

Mi. 10–13 u. 16–18 Uhr ttwochs; Infos unter Tel. 958 67 70 98

Iberische Hinterlassenchaften

45 km nordostwärts sind es von Guadix nach Baza. Nennenswerte | Baza
Bauten sind die Kollegiatskirche Santa María (16./18. Jh.), die Alcazaba und spärliche Reste maurischer Bäder. Wanderer finden im
Parque Natural Sierra de Baza, der weiter südlich liegt, ein großes
Revier abseits der Hauptrouten. Die wichtigste Attraktion Bazas ist
längst ins Archäologische Museum nach Madrid abgewandert: die
iberische Frauenskulptur »Dama de Baza«.

In der **iberischen Nekropole Tutúgi** 42 km nordöstlich in **Galera**
sind 150 Grabstätten aus dem 5. bis 3. Jh. v. Chr. entdeckt worden.

Führungen in Tutúgi: April –Sept. Mi.–So. 10, 11, 19, 20; übrige Mo-
nate Mi.–So. 11, 12, 16, 17 Uhr | Eintritt 2 €.

 ★ HUELVA

Provinz: Huelva | **Höhe:** 56 m ü. d. M. | **Einwohnerzahl:** 142 500

Wen reizt es nicht, den Spuren des Entdeckers Christoph Kolumbus
zu folgen, der einen der größten Zufallstreffer der Geschichte lan-
dete? Huelva und Umgebung laden zur Fährtensuche ein; darüber
hinaus gibt es vor allem westlich der Stadt auch kilometerlange
Strände. Die Stadt Huelva selbst ist nur von bedingtem Reiz.

Die Stadt auf einer von Río Odiel und Río Tinto umflossenen Halbinsel
ist wichtiger Industrie- und Hafenstandortun und Zentrum eines riesigen Obstanbaugebietes. Man muss sie nicht unbedingt gesehen haben.

Weite Blicke und kilometerlange Sandstrände an der Costa de la Luz bei Mazagón

Ihre Geschichte ist rasch erzählt. Nach mutmaßlichen Anfängen als phönizische Gründung rückten die Römer und im Mittelalter die Mauren an. Peter der Grausame machte die Stadt seiner Geliebten María de Padilla zum Geschenk, bevor sie Mitte des 15. Jh.s an die Herzöge von Medina Sidonia kam. Wenige Jahrzehnte darauf bekam Huelva große Bedeutung für die Entdeckungsfahrten des **Kolumbus**, der einen guten Teil seiner Mannschaften hier rekrutierte. Das große Erdbeben, das 1755 Lissabon zerstörte, traf auch Huelva schwer.

▌ Wohin in Huelva und Umgebung?

Ein Denkmal für Kolumbus

Huelva Kommt man aus dem Süden in die Stadt, erhebt sich am Zusammenfluss von Odiel und Tinto ein 34 m hohes **Kolumbusdenkmal**. Die Skulptur der amerikanischen Bildhauerin Gertrude Whitney aus dem Jahr 1929 war ein Geschenk der USA. Erwähnenswerte Kirchen in Huelva sind **San Pedro** (16. Jh.) und **La Concepción** (16. Jh.). Erstere wurde auf den Ruinen einer Moschee erbaut und nach dem verheerenden Erdbeben 1755 restauriert, Zweitere besitzt zwei kleine Gemälde von Zurbarán. Die Kathedrale, die einst zum Kloster La Merced (heute ein Krankenhaus) gehörte und – genauso wie das Kloster – eine etwas einförmige Barockarchitektur aufweist, wurde erst 1953 geweiht. Die 3 km nördlich des Zentrums liegende Kirche **Nuestra Señora de la Cinta** (Madonna des Gürtels) besitzt ein Dach im Mudejarstil und eine Figur der Schutzpatronin der Stadt, die, so die Überlieferung, einen Schuhmacher durch Anlegen eines Gürtels von seinen Schmerzen geheilt haben soll.

Das **Museo de Huelva** zeigt in erster Linie archäologische Funde, es gibt aber auch eine Abteilung moderner Kunst. Das östlich davons gelegene **Barrio Reina Victoria** entstand 1917 im Auftrag der englischen Rio Tinto Mining Company im Stil viktorianischer Arbeiterviertel.

Museo de Huelva: Di.–Sa. 9–21, So. 9–15 Uhr | Eintritt frei

Niebla und Umgebung

Mächtige Festungsmauer

Das 4100 Einwohner zählende Niebla liegt knapp 30 km nordostwärts von Huelva im **Weinbaugebiet Condado de Huelva**. Es ist eine der wenigen spanischen Ortschaften, deren Kern noch vollständig von einem **mittelalterlichen Mauerring** umgeben ist. Iberer, Westgoten, Römer und vor allem die Mauren bauten an den 3 km langen, mächtigen Festungsmauern mit 46 Türmen. Fünf Tore führen hinein: im Süden die Puerta del Agua, im Norden die Puerta de Sevilla mit römischen und maurischen Spuren sowie die Puerta del Agujero, im Nordwesten die Puerta de Socorro mit einem Hufeisenbogen, schließlich im Südosten die Puerta de Buey, an der die Kunst der maurischen Handwerker noch am deutlichsten abzulesen ist. Das **Castillo de los Guzmanes** bei der Puerta de Sevilla stammt ursprünglich aus dem 15. Jh.; im Kerker sind Folterinstrumente ausgestellt.

Niebla

Das Kirchenschiff der **Iglesia de San Martín** hinter der Puerta del Socorro musste in den 1920er-Jahren teilweise einer Straße weichen. So kommt es, dass Apsis und Glockenturm bzw. Hauptportal beiderseits der Straße stehen blieben. Ursprünglich geht die Kirche auf eine Moschee zurück, die Alfons X. der jüdischen Gemeinde Nieblas als Synagoge geschenkt hatte. Ab dem 14. Jh. wurde diese zu einer Kirche im mudejaren, später gotischen Stil umgebaut.

Am Hauptplatz steht die Kirche **Santa María de la Granada**. Zwei ihrer Portale stammen aus dem 10. und 11. Jh., als sie unter maurischer Herrschaft von den Christen benutzt werden durfte. Später erfolgte ihre Umwandlung in eine Moschee, daran erinnern die Hufeisenarkaden der Eingangsfront. Im 15. Jh. wurde das Gebäude wieder zur Kirche und das Minarett zum Glockenturm. Innen sind der Mihrâb und der Bischofsthron erhalten.

Castillo de los Guzmanes: tgl. 10–15 Uhr | Eintritt: 4,50 €

EIN IRRTUM SCHREIBT WELTGESCHICHTE

Christoph Kolumbus wollte von Spanien aus in westlicher Richtung Asien erreichen. Heute weiß man, dass er nicht der erste Europäer in Amerika war, sondern die Wikinger schon 500 Jahre vor ihm. Bis zu seinem Tod glaubte er, einen unbekannten Teil Indiens entdeckt zu haben. Erst ein Jahr später wurde Amerika vom Italiener Amerigo Vespucci erkannt und nach ihm benannt. Kolumbus' Fahrten sind dennoch von weltgeschichtlicher Bedeutung: Nach ihm eroberten die Spanier die »Neue Welt«. Ihre Heimatbasis war Andalusien.

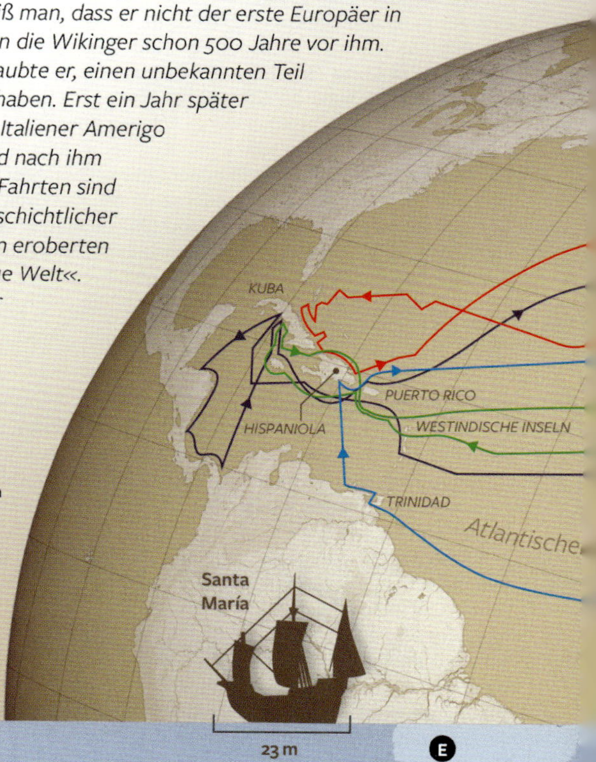

▶ **Kolumbus' Flotte**
Seine erste Reise unternahm Kolumbus mit drei Schiffen: den beiden Karavellen »Pinta« und »Niña« und dem Flaggschiff »Santa María«, das auf dem Rückweg vor der Küste Haitis auf Grund lief.

KUBA

PUERTO RICO

HISPANIOLA　　WESTINDISCHE INSELN

TRINIDAD

Atlantische

Santa María

23 m

▶ **Die Eroberer Amerikas**
Die Konquistadoren drangen ins Innere des amerikanischen Kontinents vor und unterwarfen rücksichtslos die Völker, auf die sie trafen.

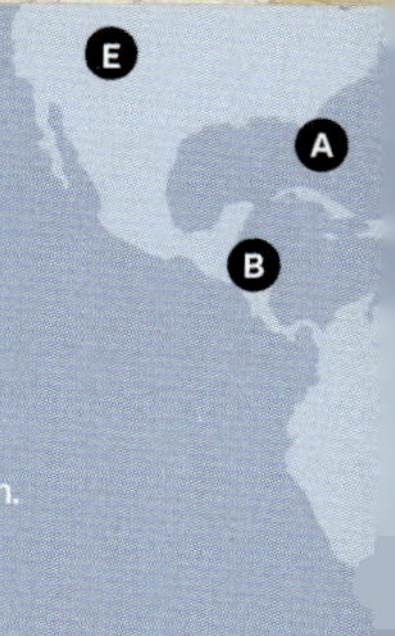

A Juan Ponce de León
1460 – 1521
Ponce de León nahm an der zweiten Reise von Christoph Kolumbus teil und gründete das heutige San Juan, die Hauptstadt von Puerto Rico. Zudem entdeckte er 1513 Florida, das er zunächst für eine Insel hielt.

B Hernán Cortés
1485 – 1547
Er eroberte das Atztekenreich zwischen 1519 und 1521 mithilfe indianischer Verbündeter. Danach war er neun Jahre lang Generalgouverneur von Neu-Spanien.

C Francisco Pizarro
1476 – 1541
Pizarro drang vom heutigen Ecuador aus über die Anden nach Peru vor und vernichtete 1532 das Inka-Reich.

182

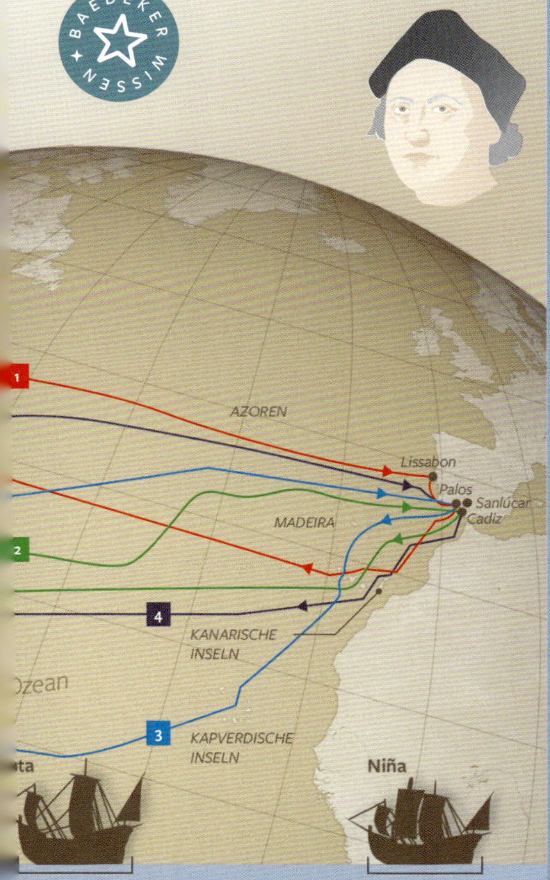

▶ **Fahrten des Christoph Kolumbus**

1 3. Aug. 1492 – 15. März 1493

Seine erste Fahrt, mit der er Weltgeschichte schrieb, begann in Palos de la Frontera. Kolumbus entdeckte die Bahamas, Kuba und Hispaniola und segelte zurück nach Lissabon.

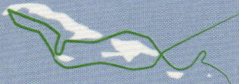

2 25. Sept. 1493 – 11. Juni 1496 •

Auf seiner zweiten Reise nahm er 17 Schiffe und etwa 1500 Siedler mit und entdeckte auf dem Weg nach Hispaniola die Kleinen Antillen.

3 30. Mai 1498 – 25. Nov. 1500

Auf der dritten Fahrt entdeckte er Trinidad und Tobago und sichtete die Mündung des Orinoco.

4 9. Mai 1502 – 7. Nov. 1504

Auf seiner letzten großen Reise erforschte er die Küste Mittelamerikas und landete als erster Europäer auf dem amerikanischen Festland.

AZOREN

Lissabon
Palos
Sanlúcar
Cadiz

MADEIRA

4

KANARISCHE INSELN

Ozean

3 KAPVERDISCHE INSELN

Niña

21 m   20 m

D **Pedro de Mendoza**
1487 – 1537
Er startete 1535 eine Expedition von elf Schiffen nach Amerika und gründete 1536 die Kolonie Buenos Aires, die heutige Hauptstadt Argentiniens.

E **Francisco Vásquez de Coronado**
1510 – 1554
Er durchquerte 1539 – 1541 den Südwesten der heutigen USA auf der Suche nach den sagenhaften sieben goldenen Städten von Cibola.

HUELVA UND UMGEBUNG ERLEBEN

OFICINA DE TURISMO HUELVA
Plaza del Punto, s/n
Tel. 959 54 18 17
http://turismo.huelva.es
Mo.–Sa. 10–14 u. 17–20,
So. 10–14 Uhr

OFICINA DE TURISMO NIEBLA
Calle Campo del Castillo, s/n
Tel. 959 36 22 70
www.niebla.es

Im Sommer geht es in Huelva zum Feiern zur Punta Umbría. Kneipen gibt es entlang der Calle Concepción, der Calle Berdigón und der Avenida Pablo Rada. Lebhaft geht es auch um die Plaza de la Merced und die Plaza Dos de Mayo zu.

Viele Geschäfte finden Sie in Huelva in der Fußgängerzone von der Calle Concepción bis zur Calle Berdigón.

FIESTAS COLOMBINAS
Anfang August wird Kolumbus mit Veranstaltungen im Recinto Ferial, Segelregatten und vielerlei mehr gefeiert; er hatte sich 1492 von Palos de la Frontera zu seiner Entdeckerfahrt aufgemacht.

❶ LAS MEIGAS €€
Eine überraschende Adresse, wo traditionelle Zutaten innovativ und gewagt aufgemischt werden – und das zu bezahlbaren Preisen.
Huelva
Avenida de Guatemala, 44

Tel. 959 27 19 58; So. geschl.
www.restaurantelasmeigas.com

❷ TABERNA EL CONDADO €–€€
Wer luftgetrockneten Schinken mag, wird auch diese rustikale Tapas-Bar mit Atmosphäre mögen – schließlich gibt es hier den besten Serrano-Schinken der Gegend.
Huelva
Calle Sor Angela de la Cruz, 3
Tel. 959 26 11 23

❸ BAR PAPPIS €
Hier feiern die, die auf Tapas stehen und ein einfaches Interieur nicht scheuen, ein echtes Freudenfest. Sich zu den Häppchen vorzukämpfen, auszuwählen, zu genießen – das wird rasch zur Gewohnheit. »Pappis« gilt vielen als beste Tapas-Bar weit und breit. Zudem sind die Preise angenehm niedrig.
Huelva
Calle Conde López Muñóz, 6
Tel. 959 23 58 06

CASA RUFINO €€€€
Schätzen Sie Tunfisch oder anderes Meerestier in bester Zubereitung? Dann könnte dieser alteingesessene Gastro-Tempel der richtige für Sie sein. Urbesitzer Rufino Zaiño nahm hier vor Jahrzehnten die Nouvelle Cuisine vorweg.
Isla Cristina
Calle Eucalipto, 1
Tel. 959 33 08 10
http://restauranterufino.com
nur Di.-So. 13.45-16 Uhr

SALÓN DE LA GAMBA €–€€
Diese Adresse in Niebla ist sehr einfach, bietet aber Schmackhaftes von Grillfleisch bis zu Meeresfrüchten.
Niebla
Adelfa, 4
Tel. 959 36 33 08

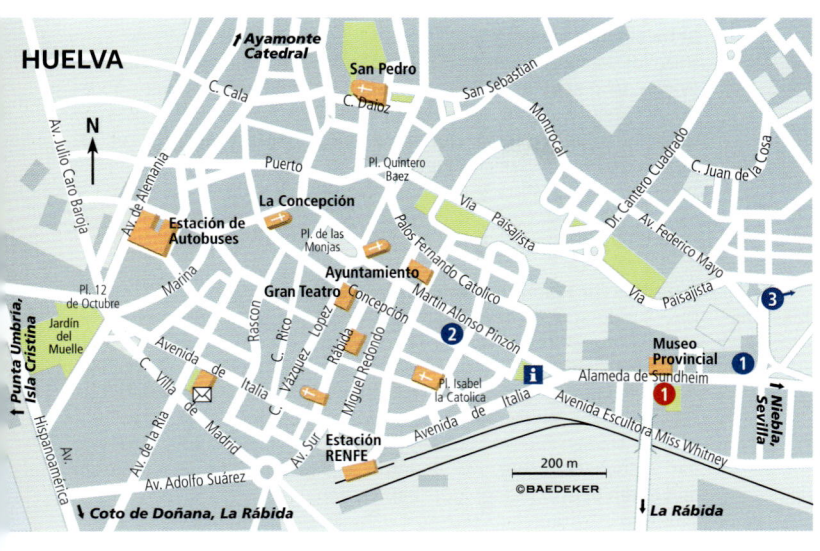

HUELVA

---

❶ Las Meigas
❷ El Condado
❸ Bar Pappis

❶ NH Luz Huelva

---

❶ LUZ HUELVA €

Die Vorzüge sind rasch auf den Punkt gebracht: Es ist eine solide, erschwingliche Unterkunft aus der bewährten NH-Hotelkette im Zentrum. Die 106 Zimmer sind hell, modern und funktional. Im Sommer ist die Außenterrasse der Bar in Betrieb.
Huelva, Alameda Sundheim, 26
Tel. 959 25 00 11
www.nh-hoteles.es

PARADOR DE AYAMONTE €–€€

Dies ist eines der weniger bekannten Parador-Hotels. Einige der 54 Zimmer haben Aussicht über die Mündung des Río Guadiana, 50 km west-

lich von Huelva. Garten mit Terrasse und Pool. Im Restaurant können Sie die lokale Traditionsküche mit einem Hauch Avantgarde ausprobieren.
Ayamonte
Avenida de la Constitución, s/n
Tel. 959 32 07 00
www.parador.es

EL PARAÍSO PLAYA €–€€

Der größte Pluspunkt ist die Strandnähe. Die 34 Zimmer entsprechen der Kategorie eines gepflegten Zwei-Sterne-Hotels. Das Haus verfügt auch über einen kleinen Pool.
Isla Cristina
Avenida de la Playa, s/n
Tel. 959 33 02 35
www.hotelparaisoplaya.com

Schwer oder spritzig?

Bollullos Par del Condado

Bollullos Par del Condado, 15 km östlich, ist für seine **spritzigen Weiß-, und schweren Dessertweine** aus dem Anbaugebiet Condado de Huelva bekannt. Der **Dolmen de Soto**, 8 km westlich, ist eine Grabstätte aus der Jungsteinzeit mit einem 20 m langen Gang zur Totenkammer mit Felszeichnungen.

Dolmen de Soto: Mitte Mai–Mitte Sept. Di.–So. 10.30–13.30, Do.–So. auch 18.30–20.30, Mitte Sept.–Mitte Mai Di.–So. 10.3013.30, Do.–So. auch 16–18 | Eintritt: 2 €

Paradies für Flamingos und andere Vögel

Marismas del Odiel

Das Mündungsdelta der Flüsse Odiel und Tinto bildet südlich von Huelva, Richtung Punta Umbría, eine ausgedehnte Schwemmlandschaft und ein geschütztes Biotop für verschiedene Vogelarten. Über 2000 Flamingos überwintern hier – trotz naher Industrie – in einem Naturschutzgebiet, der **Paraje Natural Marismas del Odiel**. Vogelbeobachter stoßen auch auf Löffler, Wat- und Entenvögel. Anlaufstelle ist das Besucherzentrum, wo Sie Infos zu Wanderwegen, Bootstouren und guten Beobachtungsspots bekommen.

Centro de Visitantes Anastasio Senra: Juni bis Sept. Mo.–Sa. 9–15, Okt. bis Mai Di.–So. 9–15 Uhr

Strandbad mit Rummel

Punta Umbría

Punta Umbría auf der Landspitze westlich des Mündungsdeltas gibt sich als Hausstrand Huelvas mit Strandbars und sommerlichem Discorummel bis spät in die Nacht. Von Huelva fahren Boote hierher.

Strände östlich und westlich von Huelva

Entlang der Costa de la Luz

Das Meer ist nah, und ab Huelva erreichen Sie sehr gut den Abschnitt der Costa de la Luz, der sich nordwestlich der Mündung des Río Guadalquivir erstreckt. Haben Sie Tanks, Kräne, Lagerhallen und Fabriken im Süden der Stadt erst einmal hinter sich gelassen, kommen Sie auf der Küstenstraße an **kilometerlangen, feinsandigen Stränden** vorbei. Leider versperren Privatgrundstücke und militärisches Sperrgebiet mancherorts den Weg ins Wasser. Populäre Strand- und Badeorte sind **Mazagón**, das sich 13 km Strand und der meisten Sonnenstunden an dieser Küste rühmt, sowie das aus dem Boden gestampfte **Matalascañas** beim Nationalpark Doñana (▶ S. 254).

Auch **westlich von Huelva** Richtung Portugal erstrecken sich kilometerlange feinsandige, piniengesäumte Strände bis zum Grenzfluss Guadiana. Die bekanntesten Touristenzentren an diesem Abschnitt der Cosa de la Luz sind El Rompido, La Antilla und Isla Cristina. Endstation ist nach 60 km das spanische Grenzstädtchen **Ayamonte**, das an die sehenswerte Mündung des Río Guadiana stößt; eine Autobahnbrücke führt hinüber nach Portugal an die Algarve.

6X TYPISCH

Dafür fährt man nach Andalusien

1.

PARADIES AUS STEIN

Einmal den Myrten- und Löwenhof sehen, all die verschwenderisch ausstaffierten Säle – in der **Alhambra,** dem Paradies aus Stein über **Granada,** erfüllen sich lang gehegte Reiseträume. (**S. 148**)

2.

»GOTT BEWAHRE« ...

... werden Sie vielleicht ausstoßen, wenn der Kirchenprunk in der **Kathedrale von Sevilla** auf Sie »einstürzt«. Das Gotteshaus ist Museum und Schatzkammer zugleich. (**S. 290**)

3.

WALD AUS SÄULEN

Inmitten der Säulenwälder der **Mezquita-Catedral**, der Moschee-Kathedrale von **Córdoba**, gewinnt die Perspektive eine neue Dimension. (**S. 113**)

4.

GROSSEN APPETIT ...

... bekommen Sie überall in Restaurants und Kneipen der Region. Köstlich ist der **luftgetrocknete Schinken** (jamón serrano), der zum Beispiel in andalusischen Bergorten wie in Jabugo und Trevélez zur Reife gelangt. (**S. 74, 63, 64**)

5.

GASSENGEWIRR

Lassen Sie sich im Gassengewirr auf dem **Albaicín** einfach mal von der Neugier treiben, typischer als hier, in **Granadas** alter Stadtmitte zu Zeiten der Mauren, geht es nicht. (**S. 170**)

6.

URLAUBS-FEELING ...

... kommt vielerorts an den Stränden Andalusiens auf. In **Marbella** stoßen die schönen sandigen Abschnitte gleich an die Stadt und schicke Promenaden. (**S. 235**)

Ruta Colombina

Auf den Spuren von Kolumbus

Wo Welt-
geschichte
geschrieben
wurde

Das Mündungsgebiet des Río Tinto war am Ausgang des 15. Jh.s Schauplatz weltgeschichtlicher Ereignisse, die zu jenem Zeitpunkt allerdings noch nicht absehbar waren. Hier plante und begann **Christoph Kolumbus** (span. Cristóbal Colón; 1451–1506) sein Unternehmen, das die Entdeckung der »Neuen Welt« zur Folge hatte. Die wichtigsten historischen Orte lernt man auf der Ruta Colombina kennen, die von Huelva über das Kloster La Rábida und Palos de la Frontera nach Moguer führt.

Ein Fürsprecher

Monasterio
de La Rábida

Die Ereignisse nahmen ihren Anfang im Kloster von La Rábida, dessen weiße Gebäude 8 km südlich von Huelva jenseits der Brücke über den Río Tinto von einem Hügel herabstrahlen. Es wurde im 15. Jh. von Franziskanermönchen bei einer älteren Kirche gegründet. Nachdem Kolumbus vergeblich versucht hatte, Johann II. von Portugal für seine Pläne zu gewinnen, wollte er 1485 sein Glück in Spanien versuchen. Auf dem Weg dorthin fanden er und sein Sohn freundliche Aufnahme im Kloster und in den Mönchen Juan Pérez und Antonio de Marchena, dem Beichtvater der Königin Isabella, Fürsprecher. Nach langen Verhandlungen ließ sich Isabella zum Abschluss eines Vertrags bewegen,

MONASTERIO DE SANTA MARÍA DE LA RÁBIDA

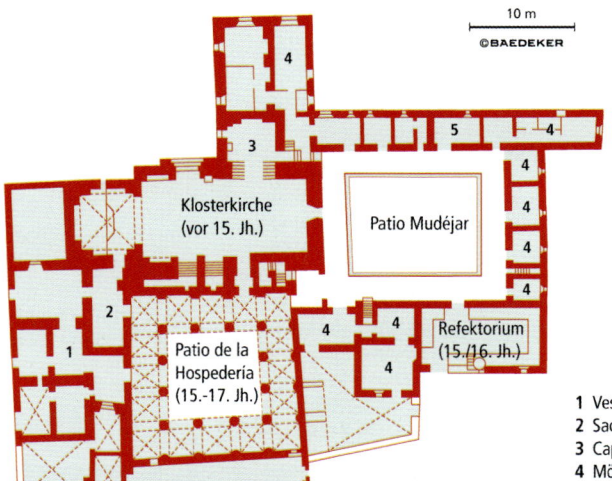

10 m

©BAEDEKER

Klosterkirche (vor 15. Jh.)

Patio Mudéjar

Patio de la Hospedería (15.-17. Jh.)

Refektorium (15./16. Jh.)

1 Vestíbulo
2 Sacristía
3 Capilla de la Virgen
4 Mönchszellen
5 Sala capitular

der Kolumbus die Mittel für seine Unternehmung versprach und ihn zum Vizekönig der zu entdeckenden Länder machte. Das Kloster bietet wenig Kunstgegenstände, ist aber dennoch sehenswert als **Erinnerungsstätte für den Aufenthalt von Kolumbus**, an den ein gusseisernes Kreuz am Eingang erinnert. Den Vorplatz rahmen die Büsten seiner beiden Förderer ein. Die hohe Säule bei der Ausfahrt wurde 1892 zur 400-Jahrfeier der Entdeckung Amerikas aufgestellt.

Über den Patio de la Hospedería (18. Jh.) kommen Sie in die **Klosterkirche**, den ältesten Teil der Anlage. Sie wurde im 18. Jh. nach dem Erdbeben von Lissabon erneuert und besitzt in der Capilla de la Virgen ihren wertvollsten Schatz: die um 1400 geschaffene Alabasterskulptur der »Santa María de la Rábida«, die Kolumbus und seine Gefährten vor der Abreise um Beistand anflehten und die Namenspatronin für das Flaggschiff »Santa María« war. An die Kirche schließt sich ein **Kreuzgang im Mudejarstil** an, hier sind Schiffsmodelle, Originalgegenstände aus der Zeit der Entdeckungen und Porträts ausgestellt. Im Kapitelsaal stehen u. a. noch die Tische und Stühle, an denen Kolumbus sich mit den Brüdern Pinzón – den Kapitänen der beiden anderen Karavellen – und den beiden Mönchen beriet. An den Wänden hängen Porträts von Persönlichkeiten aus der Entdeckerzeit; eine feine Arbeit ist ein Medaillon mit dem Kopf von Kolumbus. In der Sala de las Banderas hängen die Flaggen aller lateinamerikanischer Staaten; in den Schatullen darunter wird Erde aus den jeweiligen Ländern aufbewahrt.

Di.–So. 10–18 Uhr | Eintritt: 3,50 € | www.monasteriodelarabida.com

Kolumbus' Nussschalen

Am Ufer unterhalb des Klosters, beim Foro Iberoamericano, liegen an der Muelle de las Carabelas **Nachbildungen der drei Kolumbusschiffe** La Pinta, La Niña und La Santa María. Unglaublich, auf was für Nussschalen die Seefahrer damals unterwegs waren! Ein Besuch macht die Zeit der Entdeckungen etwas anschaulich.

★ Muelle de las Carabelas

Im **botanischen Garten** José Celestino Mutis nebenan gedeihen Pflanzen aus Spanien und Lateinamerika.

Muelle de las Carabelas und botanischer Garten: Mitte Juni– Mitte Sept. Di.–So. 10–21, Mitte Sept.–Mitte Juni Di.–So. 9.30–19.30 Uhr | Eintritt: Muelle 3,60 €, botanischer Garten frei

Auf der Suche nach dem Weg nach Indien

Palos de la Frontera, 5 km weiter nordöstlich und einst einer der wichtigsten Häfen für die Schiffe in die »Neue Welt«, ist heute **Zentrum des Erdbeeranbaus**. Am 3. August 1492 stach Kolumbus mit der »Santa María«, der »Pinta« und der »Niña« von hier aus in See, und hierher kehrte er am 15. März 1493 zurück. Auch der gnadenlose Konquistador Hernán Cortés landete nach seinem verheerenden Zug durch Mexiko in Palos de la Frontera.

Palos de la Frontera

Aus dem Ort stammten die **Brüder Martín Alonso Pinzón und Vicente Yañéz Pinzón**, Kapitäne der »Pinta« bzw. der »Niña«. Ein Denkmal beim Rathaus erinnert an Martín; sein Geburtshaus, die Casa Museo de Martín Alonso Pinzón, kann besichtigt werden.

Die Iglesia de San Jorge, auf einer Moschee erbaut, besitzt eine schöne geschmiedete Kanzel und Azulejoschmuck. Durch die **Puerta de los Novios** schritten Kolumbus und die Gebrüder Pinzón hinab zum Ankerplatz, von dem heute jedoch nichts mehr zu erkennen ist. Etwas unterhalb des Chors steht das Brunnenhaus La Fontanilla, aus dem die Schiffe mit Wasser versorgt wurden.

Casa Museo Pinzón: Mo.–Fr. 10–14 Uhr | Eintritt: 1 €

Kolumbus und ein Literaturnobelpreisträger

Moguer

Moguer, die **letzte Station auf der Ruta Colombina**, liegt 7 km nordöstlich von Palos de la Frontera. Von hier stammte der Großteil der Schiffsbesatzungen. Nach der Rückkehr von seiner ersten Amerika-Reise verbrachte Kolumbus die erste Nacht im örtlichen **Convento de Santa Clara,** wo er eine Messe lesen ließ. Dieses Kloster wurde 1348 gestiftet und ist in seiner Stilmischung aus Gotik und mudejaren Elementen einer der bedeutendsten religiösen Bauten der Provinz Huelva, nicht zuletzt dank seiner Ausstattung: ein mudejares Chorgestühl auf einem mit Azulejos verkleideten Sockel, eine Marienskulptur und ein Alabastergrabmal aus dem 15. Jh. mit Liegefiguren der Stifterfamilie Portocarrero in der Capilla Mayor. Sehr hübsch ist auch der von mudejaren Säulen getragene Kreuzgang. Die Äbtissin des Klosters Santa Clara war eine weitere Fürsprecherin von Kolumbus' Vorhaben gewesen; auf der Plaza de las Monjas erinnert ein Denkmal an ihn.

Fast stolzer als auf Kolumbus ist Moguer auf den hier geborenen **Juan Ramón Jiménez** (1881–1958) **Literaturnobelpreisträger** von 1956. Das bekannteste Werk des Dichters, der die Erneuerung der spanischen Lyrik des 20. Jh.s einleitete, ist »Platero y yo« (»Platero und ich«) über einen kleinen Esel und seinen Herrn. Vielerorts sieht man Keramiktafeln mit Zitaten aus diesem Prosagedicht, und auf dem Rathausplatz steht ein Denkmal des Schriftstellers. Sowohl sein Geburtshaus als auch das Haus, in dem er mit seiner Lebensgefährtin Zenobia Camprubi wohnte, sind zu besichtigen. Zum Haus gehört ein Ziehbrunnen, den der Esel »Platero« ziert.

Sehenswert ist außerdem die Kirche **Nuestra Señora de la Granada** (14./18. Jh.). Ihr Glockenturm erinnert an die Giralda von Sevilla, im fünfschiffigen Innern findet man u. a. das Murillo zugeschriebene Gemälde »Anbetung der Hl. Drei Könige«.

Juan-Ramón-Jiménez-Haus: Mitte Juni–Mitte Sept. Di.–Fr. 10–14.30 u. 16–22, Sa., So. 10–15; Mitte Sept.– Mitte Juni Di.–Sa. 10.15–19, So. nur bis 14 Uhr | Eintritt: 3,50 €
http://casamuseozenobiajuanramonjimenez.com

★ ITÁLICA

Provinz: Sevilla | **Höhe:** 20 m ü. d. M.
Oficina de Turismo: Calle La Feria, s/n, Santiponce | Tel. 955 99 80 28
www.santiponce.es

*Die Römer drückten Spanien einst ihren Stempel auf, und Itálica
war eine typische römische Stadt mit Amphitheater, Straßen und
Häusern mit Mosaikfußböden. Willkommen im fernen Gestern!*

● D 5

Ein Unikat des römischen Erbes

Itálica war sogar die erste römische Stadt auf iberischem Boden. Ihre
Größe und Abgeschlossenheit (auch wenn im Wesentlichen nur die
Grundmauern erhalten geblieben sind) macht sie zu einem Unikat
unter den römischen Überbleibseln in Spanien. Der Besuch der Ruinenstadt nur 10 km nordwestlich von ► Sevilla bei Santiponce ist
eine gute Gelegenheit, sich in Spaniens Vergangenheit zu vertiefen.

Erste römische Stadt in Iberien

Im Jahr 206 v. Chr. besiegte Publius Cornelius Scipio d. Ä. im nahe   Geschichte
gelegenen Ilipa (heute Alcalá del Río) ein zahlenmäßig überlegenes
karthagisches Heer und verdrängte damit die Karthager aus Iberien.
Den Verwundeten und Veteranen befahl er, an der Stelle des heutigen Santiponce eine Siedlung zu gründen, die zum Ausgangspunkt
der Latinisierung Iberiens wurde. Ihre Blütezeit erlebte die Stadt im
1. und 2. Jh. n. Chr., dafür sorgten u. a. die **Kaiser Traian und Had-
rian, die beide hier geboren wurden,** sowie ein gut florierender

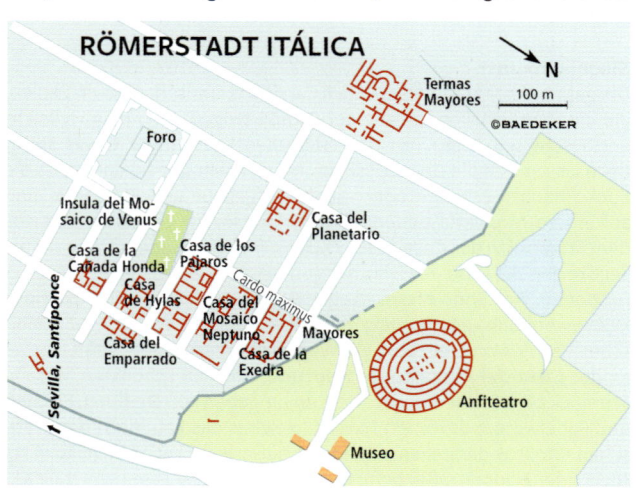

Handel mit Wein und Olivenöl. Später geriet Itálica in Vergessenheit. Im 17. Jh. benutzten die Bewohner von Santiponce die Häuser der Römersiedlung als Steinbruch für den Wiederaufbau ihres Dorfes, das durch eine Überschwemmung zerstört worden war. Die Fundamente Itálicas blieben dabei – zum Glück – jedoch unversehrt.

▌ In der Römerstadt

April–Mitte Juni Di.–Sa. 9–20, So. 9–15; Mitte Juni–Mitte Sept. Di.–So. 9–15; übrige Monte Di.–Sa. 9–18, So. 9–15 Uhr | Eintritt für EU-Bürger frei | www.museosdeandalucia.es

Der Kaiser ist nackt

Museum Eine gute Einstimmung auf den Besuch des **Conjunto Arqueológico Itálica**, des archäologischen Areals von Itálica, gibt der Museumsbereich. Hier sind Mosaike, Lampen, Gläser, Münzen sowie eine Skulptur Kaiser Hadrians als nackter Athlet zu sehen.

Brot und Spiele

Amphitheater Das Amphitheater ist der Höhepunkt und eine der größten Anlagen dieser Art. Das Oval ist 160 m lang und 137 m breit, 25 000 Zuschauer konnten hier Gladiatorenkämpfe und Tierhatzen verfolgen. Der kreuzförmige Unterbau in der Mitte diente als Tiergehege und Magazin. Rundum steigen die Sitzreihen an, die ersten Reihen waren den Patriziern vorbehalten, deren eingemeißelte Namen man heute noch erkennen kann; darüber saß das einfache Volk. Erhalten blieben auch Spieltafeln, Tabulae lusoriae, mit den Namen von Pferden, die in der Arena bei Rennen auftraten.

Mosaikenkunst

Cardo Maximus Die gepflasterte Hauptstraße, der Cardo Maximus, flankieren Säulen, die die Wandelhallen entlang der Straße trugen. Man mag vielleicht enttäuscht sein, dass von den Gebäuden kaum mehr etwas steht, doch lassen sich die Grundrisse der Häuser sehr gut erkennen, da die Sockelmauern erhalten oder wieder aufgebaut sind. Zu sehen sind außerdem Mosaikfußböden, so Vogelmotive im Gebäude links vor dem Friedhof in der Casa de los Pajáros. In dieser Seitenstraße weiter liegt rechts die Casa de Hylas mit geometrisch gemustertem Mosaikfußboden. Am Ende dieses Weges nach links kommt man zu einer kleinen Anhöhe, geschmückt mit einer Kopie von Praxiteles' Knidischer Venus. Von hier führt ein Weg zurück zur Hauptstraße, vorbei an der **Casa del Mosaico de Neptuno**, das den schönsten Mosaikschmuck besitzt: Meeresgott Neptun umgeben von Delfinen, Fischen und Fabelwesen; davor ein Mosaik, welches das Labyrinth des kretischen Knossos darstellen soll. Etwas außerhalb, leicht hügelabwärts rechts der Hauptstraße, befanden sich die Badeanlagen von Itálica.

★★ JAÉN

Provinz: Jaén | **Höhe:** 574 m ü. d. M. | **Einwohnerzahl:** 111 900

Man sieht es, und manchmal riecht man es auch: Jaén ist Spaniens Olivenhauptstadt. Wer zur eindrucksvoll gelegenen Festung hinauffährt, überblickt von dort oben geordnete Olivenbaumreihen soweit das Auge reicht.

Das sind die beiden wichtigsten Gründe für den Weg oder einen Umweg nach Jaén: die majestätische Festung, eine der herausragendsten in Andalusien, und das Umland, in dem das schwarze und grüne Gold der Region wächst, die Oliven: Die Provinz Jaén ist das **größte geschlossene Olivenanbaugebiet der Welt**.

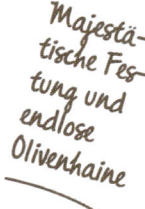

Majestätische Festung und endlose Olivenhaine

Die Provinzhauptstadt liegt etwas abseits im Nordosten Andalusiens, am Fuß der schroffen **Sierra Jabalcuz**. Die Römer, die 207 v. Chr. den von den Karthagern befestigten Ort eroberten, waren vor allem an den umliegenden Silberminen interessiert. Unter den Mauren war der Ort nach dem Zerfall des Kalifats von Córdoba als Yayyan oder Geen (»Ort an der Kreuzung der Karawanenwege«) Hauptstadt einer Taifa. 1246 vertrieb Ferdinand III. den Gründer des Nasridengeschlechts Ibn al-Ahmar, der sich nach Granada zurückzog. Jaén bildete von nun an einen ständig umkämpften Vorposten der Reconquista und erhielt 1466 den Ehrentitel »Sehr noble, berühmte und treue Stadt Jaén, Wächterin und Verteidigerin der kastilischen Könige«. 1491 sammelten sich hier die Heere zur Eroberung Granadas. Im Zeichen des Kreuzes ist Jaén bis heute Bischofsstadt.

▌ Wohin in Jaén?

Hoch über Jaén

»Ein gewaltiger, ockerfarbener Bergkegel reckt sich falb wie ein Löwenfell, verwittert und goldgestreift vom Sonnenlicht, jäh in der Mitte der Stadt. Massige Türme und lange Zickzacklinien von alten Festungsmauern zeichnen seine ausgemergelten Flanken mit bizarren und pittoresken Mustern« – so beschreibt der französische Dichter **Théophile Gautier** 1843 in »Reise in Andalusien« seine Ankunft in Jaén. Seither hat sich manches geändert. So trägt der alles beherrschende Burgbergkegel ca. 4 Straßenkilometer oberhalb vom Stadtzentrum längst ein aufgeforstetes Kleid aus lichtgrünen Kiefern. Und eine umsichtige Restaurierung hat den alten Festungsmauern hoch oben auf dem Kastell zu neuer Strahlkraft verholfen. Die heutige Burg auf ihrem unbezwingbaren Felsrücken entstand im Auftrag des Nasriden-Herrschers Ibn al-Ahmar. Da König Ferdinand III. sie 1246 am Tag

Castillo de Santa Catalina

der hl. Katharina eroberte, erhielt sie den Namen der Heiligen: Castillo de Santa Catalina. 1965 eröffnete hier einer der schönsten Paradores Andalusiens. Die Burg besteht u. a. aus einem großen Ehrenhof und der mächtigen Torre del Homenaje, die durch Wehrgänge mit anderen Türmen verbunden ist; eine Ausstellung und ein Video erläutern ihre Geschichte. Am Ende des Hügelrückens steht ein großes Kreuz, es erinnert an den Sieg Ferdinands 1246 über die Mauren. Von dem wie ein Schiffsbug hinausragenden Aussichtspunkt bietet sich ein überwältigender Blick auf die Stadt und die umliegenden Olivenhaine. Anfahrt: mit dem PKW, Bus L 30 ab Zentrum Jaén, zu Fuß in ca. 40 Min. | Mitte Juni-Mitte Sept. Mo.-Sa. 10-14 u. 17-21, So. 10-15; Mitte Sept-Mitte Juni Mo.-Sa. 10-18, So. 10-15 Uhr | Eintritt: 3,50 € http://castillosantacatalina.es

Catedral

Eine der schönsten Renaissancekirchen Andalusiens

An der Stelle der einstigen Hauptmoschee und etwas erhöht steht die Kathedrale. Baubeginn war um 1500, ihre Fertigstellung nach Plänen von Andrés Vandelvira zog zog sich bis Ende des 18. Jh.s hin. Entstanden ist eine der schönsten Renaissancekirchen Andalusiens. Die Hauptfassade mit reichem Figurenschmuck von Pedro und Julián Roldán zeigt bereits Einflüsse des Barock. Auf der Balustrade sind in der Mitte Ferdinand III., der Eroberer der Stadt, an seiner Seite die vier Evangelisten und die vier Kirchenväter zu erkennen.

Größte Kostbarkeit im Innern der dreischiffigen Kathedrale ist das holzgeschnitzte **Chorgestühl** aus dem frühen 16. Jh. mit Szenen aus dem Alten und Neuen Testament. Beachtenswert ist auch die Vie-

CATEDRAL DE JAÉN

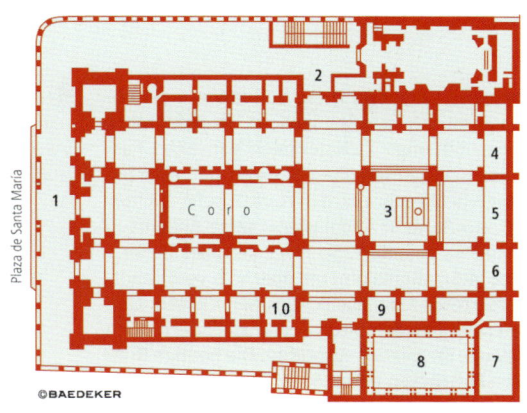

1 Puerta Mayor
2 Puerta del Norte
3 Capilla Mayor
4 Capilla de San Fernando
5 Capilla del Santo Rostro
6 Capilla de Santiago
7 Sala capitular
8 Sacristía
9 Capilla de la Virgen de las Angustias
10 Capilla de la Virgen de los Dolores

rungskuppel von Juan de Aranda. Für die Capilla Mayor schuf Meister Bartolomé den Hauptaltar mit einer Mariendarstellung. Dahinter schließen sich an der Ostwand drei Kapellen an. Die mittlere birgt in einem wertvollen Schrein eine berühmte Reliquie, das Santo Rostro, das **Schweißtuch der hl. Veronika**. Allerdings gibt es von diesem Tuch, mit dem Jesus auf dem Gang nach Golgatha sein Gesicht abgetupft haben soll, mehrere Exemplare auf der Welt. Die gotische Marienfigur der Nuestra Señora de la Antigua über dem Schrein soll Ferdinand III. auf seinen Kriegszügen begleitet haben. Die Gemälde stammen u. a. von Cellini und Tizian. Weitere Stationen sind der Kapitelsaal, die Sakristei mit einem kassettierten Tonnengewölbe und das Museum mit Gemälden (u. a. von Ribera) und einer großen Silbermonstranz.

Mo.-Sa. 10–15 u. 17–20.30, So. 10–11.30 u. 16–20.30 Uhr
Eintritt: 7 € | http://catedraldejaen.org
Zeigen des Schweißtuchs: i.d.R. Fr. 10.30–12 Uhr

Spuren der hl. Teresa von Àvila und mehr

Wenig südlich der Kathedrale bewahrt der im 17. Jh. erbaute **Convento de las Carmelitas** eine Erinnerung an die hl. Teresa von Ávila, Gründerin des Ordens der Unbeschuhten Karmelitinnen. Die Heilige ist als Skulptur in einer Bildnisnische über dem Eingang zugegen. Die Klosterschwestern verkaufen Backwaren. Die Erkundung des Klosters beschränkt sich allerdings auf die Außenansicht bzw. die Teilnahme an einer Messe.

Der **Palacio de los Vélez** an der Ostseite der Kathedrale und der **Palacio de los Vilches** etwas weiter nördlich sind schöne Beispiele für Renaissancepaläste, wie man sie mehrfach in der Nachbarschaft des Gotteshauses und in der übrigen Altstadt findet.

Convento de las Carmelitas

Stiller Charme

Vom Kathedralplatz geht es den Hügel hinauf in die Altstadt von Jaén. Sie verströmt einen leicht rauen, eher stillen Charme und ihr historischer Kern ist im Unterschied zu Granada oder Córdoba nicht so aufpoliert, dafür sehr authentisch. Benannt ist sie nach der ältesten Kirche der Stadt La Magdalena. In der im 15. Jh. erbauten Kirche **San Bartolomé** sind u. a. ein gotisches Keramik-Taufbecken und ein meisterlicher Christus am Kreuz von Martínez Montañés zu sehen. Das benachbarte **Monasterio de Santa Clara** (13. Jh.), das älteste Kloster der Stadt, besitzt einen schönen Kreuzgang und die wertvolle Christusfigur Cristo del Bambú. Die **Capilla de San Andrés** am Rand der Altstadt stiftete 1515 Gutiérrez González Doncel, der Schatzmeister der Päpste Leo X. und Clemens VII. In ihrer Capilla la Purísima sieht man eine Marienstatue aus der andalusischen Schule sowie ein Tafelbild der Virgen del Pópulo; beeindruckender aber ist das Chorgitter des Meisters Bartolomé de Jaén.

In der Altstadt La Magdalena

Baños Árabes

Maurische Badekultur

Kurz darauf folgt der Palacio de los Villardompardo, ein **Renaissancepalast** aus dem 16. Jh., unter dem vor über hundert Jahren die Baños Árabes, maurische Bäder aus dem 11. Jh. entdeckt wurden. Erbaut wurden sie unter dem Jaén regierenden König Alí, der den Despoten Muley nach Belagerung der Stadt entmachtet hatte. Der Palast beherbergt außerdem ein **Volkskundemuseum** sowie eine **Sammlung naiver Kunst**

Die Bäder sind die größten ihrer Art in Spanien und bestehen aus mehreren, durchschnittlich 3 bis 4 m breiten Räumen. Die Luftzufuhr erfolgte über sternenförmige Öffnungen in der Decke. Baumaterialien waren Ziegelsteine und Marmor. Im 14 m langen Vorraum legte man die Kleider ab. Im annähernd 16 m langen Dampfbad wurde der Boden durch Heißwasserkanäle erhitzt. Dieser Raum geht über in einen einst wohltemperierten Entspannungsraum, in dessen Mitte wie unter einem Baldachin aus Hufeisenbögen ein Ruhebecken steht. Im letzten Raum, dem Duschraum, wurden die Badegäste mit kaltem Wasser aus Tonkrügen begossen. .

Bäder und Museen: Di.-Sa. 9-21, So. 9-15 Uhr | Eintritt frei
www.bañosarabesjaen.es

Iglesia de la Magdalena

Namensgeberin der Altstadt

Vorbei am Convento de Santo Domingo, der an der Stelle des maurischen Herrscherpalasts steht und mit den Bädern durch einen unterirdischen Gang verbunden ist, erreichen Sie die über einer Moschee errichtete Kirche La Magdalena mit einem spätgotischen Portal und einem wertvollen Retabel. In ihrem stimmungsvollen Kreuzgang, dem früheren Vorhof der Moschee, sind noch die Wasserbecken zur rituellen Waschung zu sehen. Der **Raudal de la Magdalena** gegenüber der Kiche ist ein schon von den Römern benutzter Brunnen.

Museo de Jaén

Schöen Künste und Archäologie

Auf der Plaza de las Batallas, gegenüber dem Parque la Victoria, erinnert ein Denkmal an die Schlacht von Navas de Tolosa im Jahre 1212 gegen die Mauren und an die Schlacht von Bailén 1808 gegen die Franzosen. Etwas weiter nördlich befinden sich das Museo de Jaén mit einer Abteilung der schönen Künste und eine archäologische Sammlung. Zu den schönsten Exponaten gehören u. a. ein römisches Mosaik, ein frühchristlicher Sarkophag aus Martos und Gemälde wie »Contrastes« von Rafael Hidalgo de Caviedes (1864–1950), »El Mar« von Daniel Vázquez Díaz (1882–1969) und »Maternidad« von Rafael Zabaleta Fuentes (1907–1960).

Paseo de la Estación, 27 | Juli/Aug. Di.–So. 9-15, übrige Monate Di.-Sa. 9-21. u. So. 9-15 Uhr | Eintritt für EU-Bürger frei
www.museosdeandalucia.es

Monolith mit langer Geschichte

Die moderne Blockarchitektur des Museums für iberische Kunst forderte ebenso wie die lange Bauzeit die Kritik heraus. Dafür verantwortlich zeichnete das Eddea-Architekturbüro aus Sevilla. Innen kann man in großzügigen Sälen tief in Spaniens Vergangenheit eintauchen. Präsentiert wird die in ihrem Umfang einzigartige Sammlung mit Artefakten aus der iberischen Geschichte. Ein Höhepunkt ist der wohl aus dem 5. Jh. v. Chr. stammende »Stier von Porcuna«.
Paseo de la Estación, 41 | Juli/Aug. Di.–So. 9–15, übrige Monate Di.–Sa. 9–21. u. So. 9–15 Uhr Eintritt für EU-Bürger frei
www.museosdeandalucia.es

★ Museo Ìbero

Das Grab von Andrés de Vandelvira

In San Ildefonso aus dem 15. Jh. südlich der Plaza de la Constitución, der zweitgrößten Kirche der Stadt, ist **Andrés de Vandelvira** begraben. Der große Renaissance-Architekt (1509–1575) hatte mit dem Bau der Kathedrale von Jaén begonnen, und von ihm stammt auch eines der drei Portale von San Ildefonso.

San Ildefonso

Das auf dem Felsen über der Stadt thronende Castillo de Santa Catalina wacht über Jaen – und ist eine tolle Unterkunft.

JAÉN ERLEBEN

OFICINA DE TURISMO
Calle Maestra, 8
Tel. 953 19 04 55
www.turjaen.org
Mo.–Fr. 9–19.30, Sa. 10–15 u. 17–19, So. 10–15 Uhr

Einige schöne alte Bars mit Flair befinden sich nordwestlich der Kathedrale auf der Calle Cerón und den Straßen Arco del Consuelo und Bernardo López. Tapas-Bars locken auf die Calle Nueva. Das Nachtleben, manchmal mit Livemusik, spielt sich eher um Bahnhof und Universität ab.

Haupteinkaufsstraßen sind die Calle Roldán y Marín, der Paseo de la Estación und die Calle de San Clemente.

SEMANA SANTA
Karprozessionen von insgesamt 16 Laienbruderschaften

FIESTA DE NUESTRA SEÑORA DE LA CAPILLA
Patronatsfeierlichkeiten um den 11. Juni

FERIA Y FIESTAS DE SAN LUCAS
Etwa vom 8. bis 18. Oktober wird eine Woche lang das Stadtfest gefeiert; Anlaufpunkt ist das Festgelände (Recinto Ferial Alcalde Alfonso Sánchez). Zum Programm gehören die unvermeidlichen Stierkämpfe, bei denen sich die Toreros – nun zum Saisonabschluss in Spanien – für Engagements in Mittel- und Südamerika empfehlen wollen.

❶ CASA ANTONIO €€€€
Dieses Restaurant gehört seit Jahren zu den besten in Jaén – was die Macher natürlich stets aufs Neue unter Beweis stellen wollen. Und zwar mit ausgezeichneten innovativen Gerichten, die Gottseidank die andalusischen Wurzeln keineswegs vergessen.
Calle Fermín Palma, 3
Mobil 625 39 58 61
www.casantonio.es

❷ HORNO DE SALVADOR €€€€
Wer Lust auf Fleisch verspürt, der ist hier richtig, egal ob Schweinelende, Spanferkel oder Lamm. Im Sommer kann man auf der Terrasse essen.
Carretera del Castillo
Tel. 953 23 05 28

❸ BAR BOMBOROMBILLOS €–€€
Feurige Kartoffeln mit Erdbeersoße? Das ist eine der gewagten Kreationen in dieser Tapas-Bar – und genau sie machen den Unterschied zu anderen Bars. Hier darf man sich überraschen lassen.
Calle Pintor Carmelo Palomino, 12
Mobil 691 94 19 18

❶ PARADOR DE JAÉN €€–€€€€
Unter den spanischen Paradores ist das Haus in der Burg von Jaén noch immer eine Ausnahme. Hier können Sie sich wie ein Ritter fühlen, obgleich die 45 Zimmer nicht in der Festung aus dem 14. Jh., sondern in einem ihr nachempfundenen Anbau unterge-

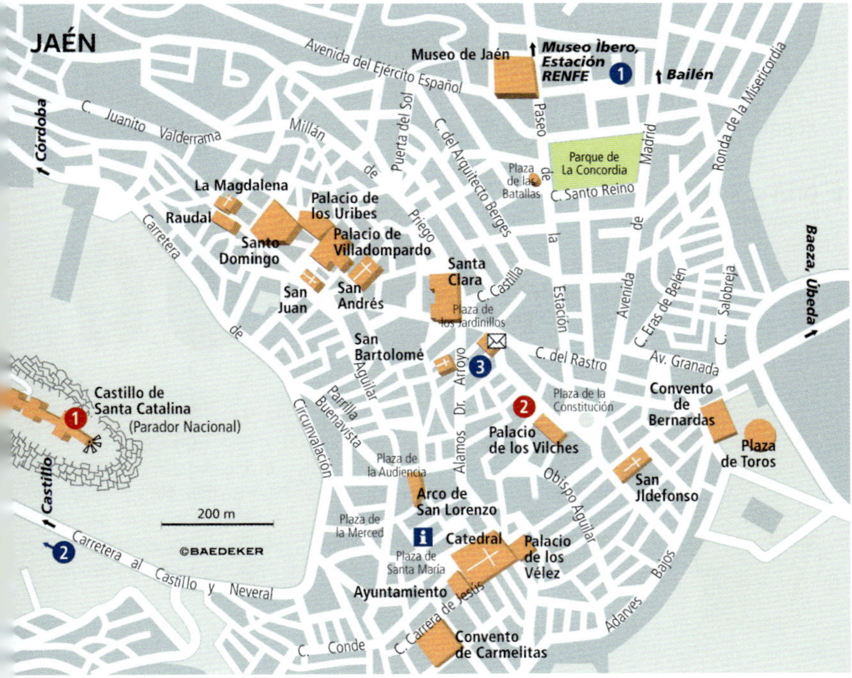

JAÉN

Museo de Jaén
Museo íbero, Estación RENFE ❶ **↑Bailén**

Avenida del Ejército Español

C. Juanito Valderrama

C. Córdoba

Puerta del Sol

Millán

C. del Arquitecto Berges

Paseo de la Estación

Ronda de la Misericordia

Parque de La Concordia

Plaza de las Batallas

C. Santo Reino

Madrid

Baeza, Úbeda

La Magdalena
Raudal
Santo Domingo
Palacio de los Uribes
Palacio de Villadompardo
Priego

Carretera

de Circunvalación

San Juan
San Andrés
Santa Clara
C. Castilla
Plaza de los Jardinillos

Avenida de

C. Eras de Belén
C. Salobreja

Castillo de Santa Catalina
(Parador Nacional)

San Bartolomé
✉
❸
C. del Rastro
Av. Granada

Convento de Bernardas

Plaza de Toros

❷ Castillo

Carretera al Castillo y Neveral

200 m

©BAEDEKER

C. Parrilla

Dr. Aguilar

Dr. Arroyo

Álamos

Plaza de la Audiencia

Plaza de la Merced

❷
Plaza de la Constitución

Palacio de los Vilches

Arco de San Lorenzo
ℹ
Catedral
Plaza de Santa María
Ayuntamiento

Obispo Aguilar

Palacio de los Vélez

Carrera de Jesús

San Ildefonso

Adanes Bajos

C. Conde

Convento de Carmelitas

🍴🍽

❶ Casa Antonio
❷ Horno de Salvador
❸ Bar Bomborombillos

🏠

❶ Parador de Jaén
❷ Xauen

---

bracht sind. Von den Balkonen genießen Sie einen unerreichten Blick auf die Olivenhügel rings um Jaén. Im Rittersaal bietet ein sehr gutes Restaurant vor allem andalusische Spezialitäten an. Dieser kulinarische Tipp gilt natürlich auch für Nicht-Hotelgäste. Preisspanne je nach Saison
Castillo de Sanataa Catalina
Tel. 953 23 00 00
www.parador.es

❷ XAUEN €

Zentral und preisgünstig – so lassen sich die Vorteile dieses alteingesessenen Drei-Sterne-Hotels mit 35 Zimmern auf den Punkt bringen. Als Zugabe gibt's von der Dachterrasse schöne Ausblicke auf die Kathedrale, die Stadt und das Umland.
Plaza de Deán Mazas, 3
Tel. 953 24 07 89
www.hotelxauenjaen.com

VIELSEITIGE FRUCHT

Die meisten auf der Welt verzehrten Oliven kommen aus Spanien, und dort ist Andalusien der Hauptproduzent, vor allem die Provinz Jaén, mit 60 Millionen Olivenbäumen das größte zusammenhängende Anbaugebiet der Erde. Aus der Olive wird nicht nur Öl gewonnen, man verarbeitet sie u.a. zu Seife und anderen Kosmetika. Und natürlich ist sie die klassische Tapa zu einem Glas Fino ...

▶ **Öl ist nicht gleich Öl**
Qualitätsstufen des spanischen Olivenöls:

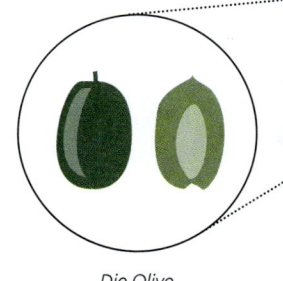

1 Aceite de Oliva Virgen Extra:
reines Öl bester Qualität, Fettsäuregehalt von max. 0,8 %

2 Aceite de Oliva Virgen:
geschmacksintensiv, Fettsäuregehalt max. 2 %

3 Aceite de Oliva:
Verschnitt aus nativem und raffiniertem Öl, geschmacklich neutral und günstig zu kaufen

4 Aceite de Orujo:
rohes Resteöl, vermischt mit nativem Öl

Die Olive
In Spanien gibt es über 260 Olivensorten. Mit 50 Prozent ist die Sorte »Picual« die am häufigsten angebaute; in Jaén macht sie über 90 % aus.

▶ **Anbaugebiete Andalusiens**

- Campiñas de Jaén
- Montoro-Adamuz
- Sierra Mágina
- Sierra de Cazorla
- Sierra de Segura
- Montes de Granada
- Poniente de Granada
- Antequera
- Sierra de Cádiz
- Priego de Córdoba
- Estepa
- Baena

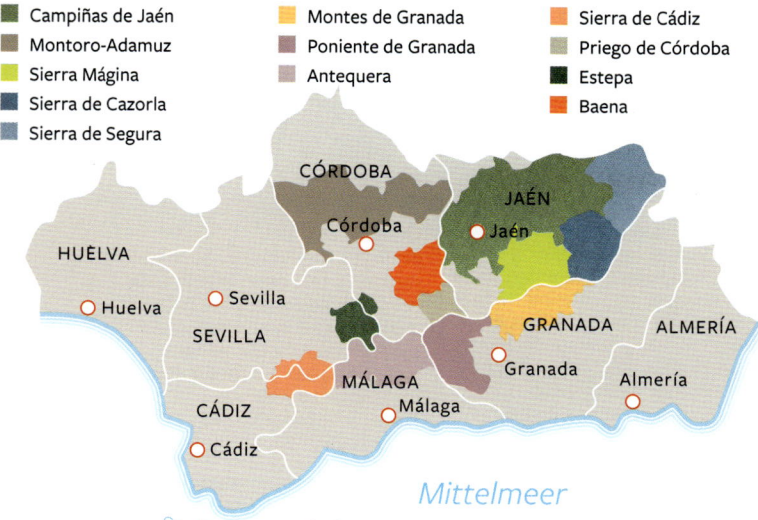

▶ **Die Olivenernte**
Geerntet wird in den großen Olivenhainen von Oktober bis März
zum größten Teil noch in reiner Handarbeit. In manchen Regionen
werden auch mechanische Baumrüttelmaschinen eingesetzt.

Vareador
Lange Holzstange zum
Rütteln und Ausschlagen
der Bäume

Olivenbaum
Wird 10 bis 20 m hoch,
grün-graue, glatte Rinde,
kann mehrere Hundert
Jahre alt werden; erste
Ernte nach 7 Jahren,
Höchstertrag nach
20 Jahren

Olivenbauern
verrichten ihre harte
Arbeit meist per Hand

Sammelnetz oder Stoffbahnen
Auf ihnen werden die Oliven aufgefangen. Anschließend
werden die Oliven aufgesammelt und in Kisten verladen.

▶ **Anbauflächen** (in Hektar, 2022)
Mit einer Jahresproduktion von 1,4 Mio. Tonnen, was fast 40% der weltweiten
Produktion entspricht, ist Spanien der größte Olivenölerzeuger der Welt.
Über die Hälfte des Anbaugebiets liegt in Andalusien. Gezeigt ist die Fläche der
Olivenhaine (in km²) in den wichtigsten spanischen Regionen.

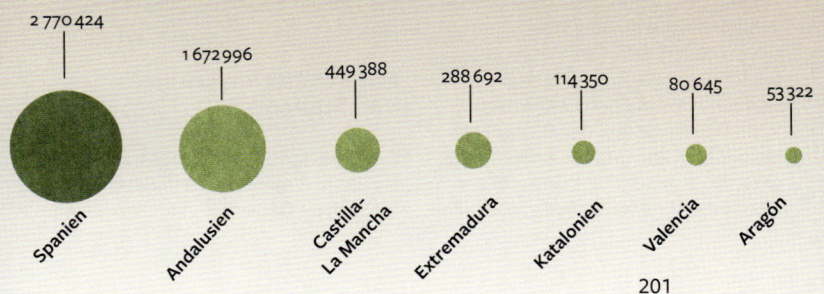

2 770 424	1 672 996	449 388	288 692	114 350	80 645	53 322
Spanien	Andalusien	Castilla-La Mancha	Extremadura	Katalonien	Valencia	Aragón

LAND DER OLIVEN

Andalusien, das ist auch die Region der Oliven, des Olivenöls. Die größte Vielfalt rund ums Öl findet sich in der Provinz Jaén, die im Abseits der Hauptbesucherrouten liegt.

Uniform und symmetrisch ziehen sich ungeheure Mengen an Olivenbäumen durch die Provinz Jaén. Typisch sind auch die mittendrin gelegenen Landgüter wie der Cortijo Madroño bei Martos. Die Arbeit auf den Olivenfarmen ist allerdings kein Selbstläufer, sondern kleinteilig und mühsam. Experten wissen, dass ein einziger Baum etwa 80 Kilo Oliven in zwei Jahren abwirft. So arbeitsaufwendig Ernte- und Produktionsprozesse mögen: Unter dem Strich lohnt es sich allemal. Oliven sind der wirtschaftliche Rückhalt in der gesamten Provinz.

Mystisch

Den Ölbaum umgibt etwas Mystisches, Lebensspendendes. Er kann mehrere Hundert Jahre alt werden und trotzdem Früchte tragen wie in jungen Jahren. Mancher träumt davon, selbst einmal einen Ölbaum zu pflanzen, und genau auf diese Idee kam man hier schon vor über 2500 Jahren, als die Phönizier die ersten Bäume pflanzten. Besonders die Römer kultivierten in der Folgezeit das Öl und verbesserten die Produktionsmethoden. Händler sorgten per Schiff dafür, dass es im gesamten Römischen Reich verbreitet war und schickten die besten Öle nach Rom. Damals genoss der Ölbaum einen besonderen Ruf, und aus seinem Holz entstanden geschnitzte Götterbilder. Die Olivenhaine waren heilig, und einen Ölzweig bei sich zu führen, galt als Schutz vor Gefahren. Olivenöl diente in der Antike als wichtiges Nahrungsmittel, aber auch damals schon als Medizin, Körperpflege und zur Beleuchtung, denn Öllampen waren längst populär, als es Kerzen noch gar nicht gab.

Millionen Bäume

In Reih' und Glied stehen die Olivenbäume heute auf den flach gewellten Hügeln der Provinz Jaén, akkurat aufgereiht, als würde gleich jemand eine Parade abnehmen. Wer beispielsweise zwischen Jaén und Úbeda unterwegs ist, sieht zur Abwechslung bestenfalls Strommasten, und schnell wird vor Augen geführt: Jaén ist der größte Olivenölproduzent Spaniens und der Welt, Monokultur pur und dabei dennoch überaus effektiv. Wegen der EU-Subventionen wurden Luftaufnahmen von der Provinz gemacht, um die genaue Anzahl der Bäume zu ermitteln: Die Zahl ist sagenhaft, es sind über 60 Millionen! In ganz Andalusien sollen es 175 Millionen Bäume sein.

Minutiös werden die Oliven nach verschiedenen Qualitätsstufen verarbeitet, wobei das kalt gepresste Aceite de Oliva Virgen Extra der Star unter den Ölen ist. Das Aroma kann, abhängig von der Sorte, leicht bittere und pikante Nuancen haben – gerade das schätzen Kenner.

Mit Schüttelmaschinen und Stäben

Zwischen Spätherbst und März ist Erntezeit. Zu diesem Anlass findet alljährlich Anfang Dezember in Martos, einem

Städtchen südwestlich der Provinzhauptstadt Jaén, ein Fest zu Ehren der Steinfrüchte statt, die Fiesta de la Aceituna.

Generell sieht der Ablauf während der Erntezeit so aus: Mit Schüttelmaschinen und Stäben werden die Bäume abgeerntet und die Kernfrüchte in die Ölfabriken gebracht, wo Zweige und Blätter entfernt werden und die Pressen im Höchsteinsatz stehen.

Das **Native Olivenöl** ist ein reines, kostbares Naturprodukt und bekommt im Gegensatz zu anderen Speiseölen keinerlei Zusätze. Seit jeher werden die geernteten Oliven zunächst zu einer Paste zerquetscht, wobei die Temperatur dabei nie über 30 °C steigen sollte (daher der Begriff »kalt gepresst«). So bleiben alle hitzeempfindlichen, wertvollen Vitamine sowie die Duft- und Geschmacksstoffe der Olive vollständig erhalten.

In den Anlagen gewinnt man das reine Öl aus der Olivenpaste durch Schleudern oder Pressen. Daraufhin wird es gefiltert. In ganz Spanien entstehen so jährliche Ernteerträge von 1,09 Millionen Tonnen, wobei Andalusien einen gewichtigen Anteil der Produktion stellt. Beim Export hat spanisches Olivenöl längst seinen Siegeszug in vielen anderen Ländern angetreten. Ob dort jeder weiß, dass viele Oliven aus der Provinz Jaén stammen, ist eher zu bezweifeln.

Kosmetik, Eis, Ingredienzen für Starköche

Die Früchte werden in modernen Fabriken auch zu einfacherem Öl verarbeitet, **Aceite de Oliva**. Die Kerne kommen zerkleinert in die Heizanlagen so mancher Wellness-Center. Das »flüssige Gold der Region« hingegen wird

Hier wächst das grüne Gold Andalusiens: Die Provinz Jaén ist das größte Olivenanbaugebiet der Erde.

auch in der Kosmetik (Seife, Shampoos, Körperlotionen) und im Handwerk (Holzpolitur) gerne genutzt. Vor allem die Sorte Picual aus der Provinz Jaén hat sich einen Namen gemacht. Sogar Speiseeis entsteht aus dem Erzeugnis, das gleichwohl nicht jedermanns Geschmack treffen dürfte.

Das Öl darf in Gerichten aus der lokalen Küche natürlich nicht fehlen, ob bei mariniertem Rebhuhn, gebratenen Schweinslenden, Lamm aus dem Ofen, Stockfisch oder Eintöpfen. Selbstverständlich schwören auch Spaniens Starköche, ob in Katalonien oder im Baskenland, auf das kalt gepresste Öl.

Olivenölprobe

Eine gute Einführung in Sachen Olivenöl gibt es im Museum der Kultur des Ölbaums bei Baeza (▶ S. 90); ein wei-

Sowohl die Ernte- als auch die Produktionsprozesse sind recht aufwendig.

teres Olivenölmuseum (Museo del Aceite) gibt es in Montoro in der Provinz Córdoba (▶ S. 133)

Ein besonderes Erlebnis ist die Olivenölprobe. Bei einer solchen »Cata de Aceite« darf der Besucher wie ein Profi verschiedene Öle riechen, schmecken und anschließend auch bewerten. Sind Farbe, Geschmack und Geruch erstklassig, gibt's die Höchstnote. Zum Neutralisieren zwischen den Proben isst man gerne Apfelstücke.

Infos und Verkauf

DIREKTVERKAUF
Es gibt vielerorts Familienbetriebe, die Olivenöl verkaufen (Venta de Aceite) und auch Online-Shops haben, z. B. Pago Las Monjas bei Montoro (www.pagolasmonjas.com).

LA CASA DEL ACEITE
Ansprechende Auswahl im »Haus des Öls« in Baeza. Einen weiteren Laden gibt es in Úbeda in der Calle Juan Montilla 8.
Paseo de la Constitución, 9
Baeza, Provinz Jaén
Tel. 953 74 80 81
www.casadelaceite.com

CENTRO DE INTERPRETACIÓN OLIVAR Y ACEITE
Ein echtes Schaufenster der Olivenkultur, mit Museum und Werkstätten.
Corredera de San Fernando, 32
Úbeda, Provinz Jaén
Tel. 953 75 58 89
http://centrodeolivaryaceite.com

UNTERKUNFT ZWISCHEN OLIVEN
Ein echtes Hideaway im Olivenland der Provinz Córdoba ist das Landhotel **Olivetum Colina**, das nahe dem Städtchen Montoro von Oliven umgeben und in einer umgebauten Ölmühle untergebracht ist. Das Schweizer Paar Brigitte und Roger Schläpfer produziert auch eigenes Olivenöl (▶ S. 133)
www.olivetum-colina.es

▌ Rund um Jaén

Weiße Würfel

Das von zwei Burgen beherrschte Martos, 20 km südwestlich von Jaén, wird vom Olivenanbau bestimmt. Während der christlich-maurischen Konflikte im Spätmittelalter war Martos ein wichtiger Vorposten bei der Rückeroberung Córdobas. Ein Besuch lohnt wegen des Gesamteindrucks. Im Zentrum steigt der Burghügel auf, an den sich **weiße Würfelhäuser** in engen Gassen schmiegen; auf dem schroffen Felsen erkennt man die Ruinen des **Castillo de la Peña de los Carvajales**. Von ihm wurden die Brüder Carvajal in den Tod gestürzt, nachdem sie, obwohl unschuldig, des Mordes an einem Günstling Ferdinands IV. bezichtigt worden waren. Innerhalb der Mauern der zweiten Festung, steht die gotische Kirche Santa María de la Villa. Ein Barockretabel und ein frühchristlicher Sarkophag aus dem 4. Jh. sind ihre bedeutendsten Schätze. Sehenswert sind noch das Rathaus und der Brunnen Fuente Nueva, beide aus der Renaissance.

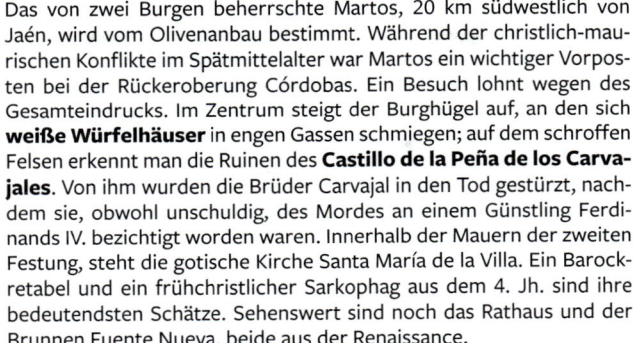
Martos

Auch **Alcaudete**, 22 km südwestlich von Martos, hat viele Schlachten erlebt und wechselte oft den Besitzer, bevor es 1245 von Ferdinand III. dem Heiligen endgültig erobert wurde. Dieser machte den Calatrava-Orden zum Herren der Burg; unterhalb der Festung kommen Sie zur gotischen Kirche Santa María und zum Adelspalast Casa del Almirante.

★★ JEREZ DE LA FRONTERA

Provinz: Cádiz | **Höhe:** 56 m ü. d. M. | **Einwohnerzahl:** 212 800

Feine Weine und feine Pferde, das passt in Jerez de la Frontera bestens zusammen. Die größte Stadt der Provinz Cádiz vereint Jerez-Wein, besser bekannt als Sherry, und andalusische Rassepferde. Diese interessante Mischung wird angereichert mit Flamenco, einem Alcázar, einer stattlichen Kathedrale sowie gemütlichen Kneipen- und Bummelzonen.

D 6

Der Beiname de la Frontera (»an der Grenze«) erinnert daran, dass sich hier wie in vielen anderen Städten im Mittelalter Christen und Mauren bis aufs Äußerste bekämpften. König Alfons X. der Weise nahm die muslimisch beherrschte Region im 13. Jh. schließlich für die kastilische Seite ein. Schon 711 war die Region zwischen Jerez de la Frontera und dem Cabo de Trafalgar Schauplatz eines großen Entscheidungskampfs, da-

Sherry, Rassepferde und Flamenco

mals zwischen den Westgoten unter Roderich und den Mauren unter Tarik. Die muslimischen Sieger nannten den Ort Seris bzw. Sharis und bauten ihn zur Festung aus. Nach der Rückeroberung durch König Alfons X. den Weisen im Jahre 1264 entwickelte sich die nur 14 km von der Küste entfernte Stadt zu einem **Zentrum des Weinhandels**, und aus dem maurischen Städtenamen entstand die Bezeichnung Sherry. Bedeutung erlangte auch die Zucht von **Rassepferden**. Schließlich entwickelte sich Jerez zu einem Zentrum des Flamenco und des Cante Jondo. So ist es nicht verwunderlich, dass bei Stadtfesten die **»großen Drei«**, Sherry, Pferde und **Flamenco**, ihre Auftritte haben.

Der **Circuito de Jerez** ist immer wieder Schauplatz von Motorradrennen, vor allem, wenn es um Weltmeisterschaftspunkte geht.
www.circuitodejerez.com

Wohin in Jerez de la Frontera?

Alcázar

Blick durch die Camera obscura

Erstes Ziel bei einem Altstadtbummel ist vermutlich der Alcázar, eine Mischung aus Wehranlage und Residenz, den die Almohaden Ende des 11. Jh.s erbauten. Man betritt ihn durch die Puerta de la Ciudad und entdeckt hinter seinen Mauern eine gut erhaltene überkuppelte Moschee mit restauriertem Mihrâb sowie arabische Bäder mit sternförmigen Lichtluken und geziegelten Hufeisenbögen. Ein wenig wie ein Fremdkörper erscheint der barocke **Palacio de Villavicencio**, der im 17. Jh. im Auftrag eines reichen Jerezaners in den Alcázar hineingebaut wurde. Ein Modell zeigt die Stadt Jerez im 12. Jahrhundert. Im Palastturm projiziert eine Camera obscura ungewöhnliche Livebilder von Jerez auf eine Leinwand.

Juli–Sept. Mo.–Fr. 9.30–17.30, Sa. u. So. 9.30–14.30; übrige Monate tgl. 9.30–14.30 Uhr | Eintritt: 5 €, mit Camera obscura 7 €

Catedral

Erdbebensicher?

Die 1695 im Barockstil auf den Grundmauern einer Moschee erbaute Catedral de San Salvador wird von einer mächtigen, von Skulpturen umgebenen Kuppel gekrönt. Ihr ausladend konstruiertes Strebewerk sollte den Bau vor Erdbebenschäden schützen. Der frei stehende Glockenturm war vermutlich einst ein Minarett. Über eine schöne Freitreppe gelangt man zur Hauptfassade und in den fünfschiffigen Innenraum. In der Sakristei wird ein wertvolles Kruzifix von Juan de Mesa aufbewahrt, beachtenswert ist auch das Zurbarán-Gemälde »La Virgen Niña«, eine seltene Darstellung Mariens als schlafendes Kind. Auf dem Platz vor der Kathedrale beginnt alljährlich im September das Weinlesefest mit dem traditionellen Traubenstampfen.

Mo.–Sa. 10–18.30 Uhr | Eintritt 6 €, mit Turm 7 €
www.catedraldejerez.es

Im Gallo Azul an der Calle Larga, 1928 von der Familie Domecq eröffnet, kann man natürlich auch Sherry probieren.

Beim letzten Vizekönig von Peru

Im **Palacio del Virrey Laserna** aus dem 18. Jh. lebte einst José de la Serna (1770–1832), der letzte spanische Vizekönig (virrey) von Peru. Ein Besuch des mit Möbeln und Kunst aus verschiedenen Jahrhunderten eingerichteten Palastes vermittelt ein schönes Bild von adeliger Wohnkultur. Die angrenzende **Plaza del Arenal** am Rand der Altstadt geht im Norden in die Fußgängerzone und wichtigste Einkaufsstraße Calle de Lencería/Calle Larga über. Ein Erlebnis ist der Besuch des **Mercado Central**. Südlich von hier gelangen Sie zur 1482 begonnenen Kirche **San Miguel**. Der auffällige blau gekachelte Turm und die reich gearbeitete, dreistöckige Westfassade sind von 1672. Ihr Hochaltar trägt ein Retabel mit Reliefs von Martínez Montañés und José de Arce (17. Jh.), unter den Gemälden aus der Zurbarán-Schule ragt ein »Göttliches Antlitz« heraus.

An der Plaza de la Asunción stehen das **Antiguo Cabildo**, das ehemalige Rathaus, ein schöner Renaissancebau aus dem 16. Jh., und die im 15. Jh. im Mudejarstil errichtete Kirche **San Dionisio**. Ihr Glockenturm war ursprünglich ein maurischer Wehr- und Wachtturm.

Palacio del Virrey Laserna: Führungen Mai–Sept. Di.–Sa. 13.15, 16.15 (Englisch), 11.15, 12.15,18.15 (Spanisch); Okt.–April Di.–Sa. 13.15, 16.15 (Englisch), 11.15, 12.15,18.15 Uhr (Sppanisch) Eintritt: 8 € | www.palaciodelvirreylaserna.com

Weitere Sehenswürdigkeiten in der Altstadt

DAS GEHEIMNIS DES SHERRYS

Ein Sherry ist kein Jahrgangswein (und erst recht kein Destillat!), sondern ein Verschnitt aus Weinen verschiedener Jahrgänge, aber gleichen Charakters. Er entsteht in einem jahrelangen, komplizierten Reife- und Produktionsprozess, dem Solera-Verfahren.

▶ Nach der Lese

Nach der Weinlese im September werden die Trauben einige Tage zum Trocknen ausgelegt. Dann findet die »stürmische Gärung« (3–7 Tage) statt, bei der 90 % des Zuckers in Alkohol und Kohlendioxid umgewandelt werden. Die zweite Phase (»ruhige Gärung«) dauert bis Ende November. Danach wird der junge Wein mit Weinbrand auf 15–18 % Alkoholgehalt aufgesprittet und je nach gewünschter Sorte in die Solerafässer abgefüllt.

▶ Solera-System

»Solera« kommt vom spanischen Wort »suelo« für Boden. In den untersten Fässern am Boden befindet sich der älteste Sherry, der zum Verkauf abgefüllt wird. Die entnommene Menge muss durch die gleiche Menge Sherry aus der jeweiligen darüber liegenden Criadera (Lage) ersetzt werden. Die oberste Reihe wird mit frischem Jahrgangswein aufgefüllt.

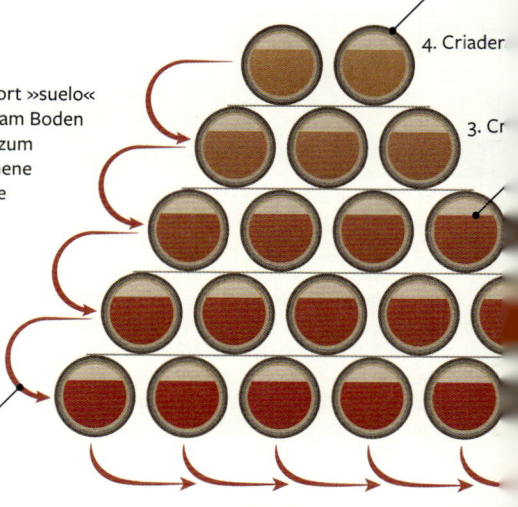

4. Criader

3. Cr

Umfüllung etwa alle 3–4 Monate

▶ Empfohlene Bodegas in Jerez

Der Besuch einer Bodega, natürlich mit Sherryprobe, ist ein Muss in Jerez de la Frontera. Im Zuge steigender Kosten verlangt der Besuch nach einem gewissen Budget.

Bodegas Tio Pepe/ González Byass

Manuel María Gonzalez, 12
Tel. 956 35 70 16
www.tiopepe.com

Ein echter Klassiker unter den Sherry-Tempeln der Stadt. Basis-Besuch (mit Verkostung von zwei Tropfen) 19,50 €, mit Tapas 23,50 €

Bodegas Tradición

Plaza Cordobeses, 3
Tel. 956 16 86 28
http://bodegastradicion.es

In einem versteckten Teil der Altstadt. Produzent hochklassiger Sherrys, was den hohen Preis von 40 € für die Verkostung erklärt. Führungen nur in Kleingruppen inkl. Kunstsammlung.

Für die Sherryherstellung dürfen nur die drei weißen Traubensorten Palomino (für beste Finos), Pedro Ximénez und Moscatel (für süße Sherrys) verwendet werden.

Pedro Ximénez

Botas (Solerafässer)
Eichenfässer mit ca. 600 Liter Fassungsvermögen werden in 3 bis 5 Lagen übereinander liegend gestapelt.

Die Fässer sind zu max. 4/5 gefüllt, damit der »flor« enstehen kann, eine vor Oxidation schützende Schicht aus Hefepilzen.

adera

. Criadera

Solera

Der Wein muss mind. 3 Jahre in der Solera reifen.

▶ **Die wichtigsten Sherrysorten**

Fino (15 – 18 Vol.%)
Hell, strohgelb, trocken

Manzanilla (15 – 19 Vol.%)
Sehr trockener Fino aus Sanlúcar de Barrameda

Amontillado (17 – 22 Vol.%)
Bernstein- bis amberfarben, weich

Oloroso (17 – 22 Vol.%)
Bernstein- bis mahagonifarben, mit typisch kräftigem Walnuss-Aroma

Palo Cortado (17 – 22 Vol.%)
Ursprünglich ein Fino, bei dem der Flor abgestorben ist, wodurch der Wein stärker oxidiert. Bernstein- bis mahagonifarben; eine Rarität.

Cream (15,5 – 22 Vol.%)
Süße Verschnitte eines Grundweins (Pale Cream: Fino; Medium Cream: Amontillado; Cream: Oloroso) mit anderen Weinen oder Mosten.

Pedro Ximénez (15 – 22 Vol.%)
Sehr süß, ölig; braun-schwarzer Sherry aus der reinen Traubensorte

Emilio Lustau
rcos, 53
Tel. 956 34 15 97
ttp://lustau.es

Besucher sind Di.-Fr. von 10-15 Uhr zu Führungen auf Englisch willkommen. Standard-Besuch 20 €, Besuch mit Verkostung von Premium-Tropfen 30 €.

▶ **Consejo Regulador**
Der amtliche Kontrollrat »Consejo Regulador« überwacht die Qualität und zertifiziert die Weine. Höchste Zertifikate sind:

V.O.S.
(vinum optimum signatum / very old sherry)
20 – 30 Jahre gereift

V.O.R.S.
(optimum rare signatum / very old rare sherry)
mehr als 30 Jahre Reifezeit

▶ **www.sherry.wine**
Die Webseite des Consejo Regulador

WEIN AUS ANDALUSIEN

In jeder Bar sieht man sie. Irgendwann ist die Neugier zu groß, und man bestellt ebenfalls: die »copita«, das sich nach oben verjüngende Gläschen, in dem sich das unvergleichliche Aroma eines Sherrys voll entfaltet.

Der bekannteste andalusische Wein verdankt seinen internationalen Ruhm den Briten, genauer **Sir Francis Drake**, Seeräuber im Dienste Ihrer Majestät, der 1587 von seinem Raubzug gegen Cádiz auch rund 3000 Schläuche des »trockensten Weines aus Jerez« mitbrachte. Der edle Tropfen wurde zum britischen Nationalgetränk. Die Importeure kauften bald die Weinfelder, um ihren Sherry – der Name entstand vermutlich aus den maurischen Städtenamen Seris bzw. Sharis – in eigener Regie zu produzieren, sodass noch heute einige der berühmtesten Bodegas wie Williams, Humbert oder Harveys in britischem Besitz sind. Der wohl berühmteste Sherrybaron stammt jedoch ursprünglich aus Frankreich: Pedro Domecq kam 1730 nach Jerez.

Das Sherry-Dreieck

Sherry wird ausschließlich in der Provinz Cádiz in einem Küstengebiet produziert, das von dem Städtedreieck Jerez de la Frontera, Sanlúcar de Barrameda und El Puerto de Santa María gebildet wird. Denn nur hier stimmt das Zusammenspiel zwischen den weißen Kalksteinböden (albarizas) und dem milden atlantischen Klima, das für die Qualität eines Sherrys grundlegend ist. Gezogen werden die Rebsorten **Palomino** für die besten Finos, **Pedro Ximénez** (die ein deutscher Soldat aus dem Heer Karls V. namens Peter Siemens aus dem Rheinland nach Andalusien mitgebracht haben soll) und **Moscatel** (Muskateller), die für süßere Weine verwendet wird. Doch der daraus gewonnene Wein erhält erst durch einen besonderen Ausbau in jahrhundertealter Tradition seinen unverwechselbaren Geschmack (▶ S. 208).

Probieren!

Keine Andalusienreise ohne Kostprobe in einer **Bodega**, einer Kellerei, oder in einer Sherry-Bar: Finos und Amontillados werden eisgekühlt serviert, nur die süßeren Weine haben Zimmertemperatur. Dabei wird man auch feststellen, dass ein Gläschen Fino zu jeder Gelegenheit und nicht nur als Aperitif getrunken wird, insbesondere dann, wenn es dazu eine kleine Tapa gibt.

Was es alles gibt ...

Als Klassiker gilt der **Fino**, ein hellgelber, herb-trockener Wein mit wenig Säure und einem Alkoholgehalt von 15 bis 18 %. Er wird kühl serviert, ist der typischste aller Sherrys und am häufigsten getrunken. Weicher, körperreicher und nussiger sind der altgoldene **Amontillado**, dessen Name vom Wein aus Montilla kommt und der 17 bis 19 % Alkohol enthält, sowie der **Oloroso.** Der hat eine tiefgoldene Farbe und ist noch trocken bis leicht süß mit nussigem oder Mandelaroma und einem Alkoholgehalt von 17 bis 22 %. Er schmeckt am besten bei Zimmertemperatur. Spielarten sind der Raya von etwas geringerer Qualität und der selten zu bekommende Palo

Cortado. Ein **Cream** schließlich ist immer sehr süß und körperreich. Diese Sherrys werden als Verschnitt aus einem Oloroso und einem Süßwein (oft Moscatel) gewonnen und enthalten um 20 % Alkohol. Wer die Sherrysorten kennt, ordert die Drinks schnell wie die Andalusier.

... und wo es das gibt

Alles Wissenswerte über Sherry erfährt man im Internet auf der Website der Kontrollbehörde Consejo Regulador **www.sherry.wine** (auch gut aufgemacht auf Deutsch). Das ersetzt aber natürlich nicht die Wirklichkeit – die Besichtigung der Bodega eines Sherry-Produzenten ist ein Muss bei einem Besuch in Jerez de la Frontera. In aller Regel kann man sie vormittags im Rahmen einer Führung (mit Kostproben) besuchen; es empfiehlt sich eine vorherige Anmeldung. Bodegas sind keine verschlungenen Keller, sondern teilweise riesige Hallen, in denen eine Solera-Reihe an der anderen steht.

Die kleinen Brüder

Zwei Anbaugebiete gibt es noch, die dem Sherry sehr ähnliche Weine hervorbringen. In der unmittelbaren Umgebung von Sanlúcar de Barrameda gedeihen die Trauben für den **Manzanilla**, ein sehr heller, knochentrockener Fino, den manche dem Fino aus Jerez vorziehen. Sein leicht salziger Geschmack kommt vom durch die Bodegas wehenden Seewind; außerdem wird er nicht gesprittet, also durch Zugabe von Alkohol verstärkt.

Eine Kathedrale des Sherrys: Bodegas Fundador in Jerez

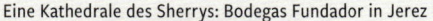

Im 4400 ha großen Anbaugebiet von **Montilla-Moriles** im heißen Süden der Provinz Córdoba werden – er erste große Unterschied zum Sherry – vor allem Trauben der Sorte Pedro Ximénez angebaut. Der zweite große Unterschied besteht in der Lagerung während des Reifeprozesses: Nicht in Eichenfässern, sondern in Tonkrügen, den »tijanas«, wird nach der Solera-Methode verschnitten. Montilla-Moriles erzeugt dieselben Sorten wie Jerez, dazu Pedro Ximénez, nur aus diesen Trauben hergestellt, sehr dunkel und mit 28 % Alkohol. Durch die Corona-Krise und mangelndes Interesse in den neuen Generationen ist das Territorium Montilla-Moriles mittlerweile auf ein historisches Minimum geschrumpft; früher war es über viermal so groß

Die Vettern

Von der Costa del Sol kommt der **Málaga**, ein klassischer Dessertwein. Die Trauben – Moscatel und Pedro

Ximénez – werden um Estepona und östlich und nördlich von Málaga auf 2500 ha angebaut. Auch diese Weine werden im Solera-Verfahren erzeugt, aber, um süßer zu werden, mit konzentriertem Traubensaft versetzt. Der bekannteste Málaga ist der **Dulce Color**, von dunkler, bernsteinähnlicher Farbe und mit 15 – 23 % Alkoholgehalt . Ebenfalls dunkel ist der fruchtige **Moscatel** mit 15 – 20 % Alkohol. Nur aus dieser Rebsorte wird der leicht rötliche **Pedro Ximénez** gewonnen (16 – 20 %). Der hellste und seltenste Málaga ist der **Blanco Seco**, trockener und meist alkoholärmer als die übrigen. Sehr teuer ist der goldfarbene **Lágrima**, bei dem die Trauben nicht ausgepresst werden, sondern nur der Most genommen wird, den das Gewicht der liegenden Trauben ausdrückt. Schließlich baut man um Huelva auf 16 000 ha Rebfläche Wein an. Hergestellt werden in der D. O.-Region **Condado de Huelva** dieselben Sorten wie im Sherry-Gebiet, ohne deren Qualität zu erreichen. Daher hat man sich verstärkt auf die Produktion von Schankweinen verlegt und bringt dabei gute, frische Weißweine hervor.

Hochprozentiges

Schließlich gibt es auch Hochprozentiges aus dem Sherry-Dreieck. Zwar kommen die Destillate für den hier erzeugten **Weinbrand** meist aus der zentralspanischen Mancha, doch nur was in Jerez, Sanlúcar oder El Puerto de Santa María – ebenfalls im Solera-Verfahren – gereift ist, darf sich **Brandy de Jerez** nennen. Das schmeckt man, und das hat auch seinen Preis: Spitzenbrandys wie der **Gran Duque de Alba Oro** kosten weit über 100 €.
Einige Bodega-Tipps:

JEREZ DE LA FRONTERA ▶ S. 208/209

EL PUERTO DE SANTA MARÍA

OSBORNE
Die bekannteste Bodega Spaniens, professionelle Einführung in die Welt des Sherrys
Calle Los Moros
7, Tel. 956 86 91 00
www.osborne.es
Tgl. 10–15, Führungen 10 (Englisch) u. 11 Uhr (Deutsch) | Eintritt: 18 € inkl. Gang durch die »Toro Gallery«.

GUTIÉRREZ COLOSIA
Kleiner, feiner Familienbetrieb direkt am Río Guadalete
Avda. Bajamar, 40
Tel. 956 85 28 52
http://gutierrezcolosia.com
Führungen Mo.–Sa. 11 (Englisch), 12.30 Uhr (Spanisch) | Eintritt: 12 €

BODEGAS OBREGÓN
Kleiner Familienbetrieb, nur Verkauf
Calle Zarza, 51
Tel. 956 85 63 29
Mo.–Fr. 9–15, 18–21, Sa. 9–17, So. 10–14 Uhr

OBEN: Mit einem langen Glasgefäß wird der Sherry in hohem Bogen eingegossen.
UNTEN: Die Signaturen der Firmengründer schmücken die alten Sherryfässer.

JEREZ DE LA FRONTERA ERLEBEN

OFICINA DE TURISMO
Plaza del Arenal
(Edificio Los Arcos)
Tel. 956 14 98 63
www.turismojerez.com
Mo.–Fr. 9–15 u. 16.30–18.30 (im
Sommer 17–19), Sa., So. immer
9.30–14.30 Uhr

Schöne Wochenendnächte können
Sie nahe der Stierkampfarena, entlang der Straßen Pastora und Cádiz
und um die Plaza Canterbury erleben.
An Bars und Pubs herrscht in Jerez
wirklich kein Mangel.

❶ TABLAO FLAMENCO
PURO ARTE
Hier steigen meist täglich professio-
nelle Flamencoshows.
Madre de Dios, 10
Mobil 660 03 04 20
http://puroarteflamencojerez.com

SHERRY-BODEGAS
In der Stadt des Sherrys empfiehlt
sich natürlich eine Bodega-Besichti-
gung, die oft auf Englisch oder auch
auf Deutsch durchgeführt wird und
immer mit einer Verkostung endet.
Diverse Kellereien bieten regelmäßig
Führungen an. Erkundigen Sie sich
über das Touristenbüro oder folgen
Sie unseren Empfehlungen im Baedeker Wissen auf S.
Es gibt viele weitere Bodegas, auch
mit unterschiedlichen Modellen und
Preisen für eine Verkostung. Reservierungen sind mitunter direkt über
ein Formular auf der jeweiligen
Homepage möglich. Weitere Informationen ▶ Baedeker Wissen auf
S. 208/209. und »Das ist Andalusien«
auf S. 26/27.

Rund um die Calle Larga finden Sie
Mode, Kunsthandwerk (Spezialität:
Reitutensilien, Weidengeflecht),
Keramik, Lederwaren und Schmuck
und vielerlei mehr.
Ein Erlebnis ist auch der **Mercado
Central de Abastos** in der Calle
Doña Blanca.

FESTIVAL DE JEREZ
Flamencofestival im Februar/März
www.festivaldejerez.es

SEMANA SANTA
Die Karwoche ist auch hier ein
Mega-Event mit zahlreichen
Prozessionen.

FERIA DEL CABALLO
Reiterfest und Pferdemarkt im Mai,
etwa eine Woche lang

❶ VENTA ESTEBAN €€–€€€
Das Restaurant ein Stück außerhalb
wird gerne von Einheimischen besucht.
Die Spezialitäten sind breit gestreut
und reichen von Artischocken (al-
cachofas) bis Tunfisch-Carpaccio. Der
Schwerpunkt der Küche liegt auf Fisch.
Colonia de Caulina, 11
Tel. 956 31 60 67
www.restauranteventaesteban.es

❷ BAR JUANITO €
Unauslöschlich, unvergesslich – diese
seit Jahrzehnten bestehende Bar ist
ein Evergreen in Jerez. Die Tapas, die
Sie hier in riesiger Auswahl bekommen, zählen zu den besten der Stadt.
Calle Pescadería Vieja, 8–10
Tel. 956 333 48 38
www.bar-juanito.com

JEREZ DE LA FRONTERA

Map labels:
Parque Zoológico · Palacio del Tiempo · Sandeman, Real Escuela de Arte Ecuestre · Museo Taurino · Sevilla

Santiago · Ancha Ponce · Ponera · Cristina · C. Santo Domingo · C. Zaragoza

Merced · Cristal · Centro Andaluz de Flamenco · Francos · Ayunta-miento · Alameda · Palacio Domecq

San Juan · San Marcos · Santo Domingo

San Mateo · San Lucas · C. Bizcocheros · Arcos de la Frontera

Pedro Domecq · Museo Arqueológico · Carmen · Tornería

Pedro Domecq · Pza. de la Asunción · San Dionisio · Larga · Honda · Arcos

Diez · Cabildo · Medina · Circuito de la Cartuja

Catedral San Salvador · Bahnhof, Monasterio de la Cartuja

Chaparra · Puerta del Arroyo · Palacio del Virrey Laserna · Pza. del Arenal · Mercado · Pza. de las Angustias

Gonzales Byass · Alcázar · de Armas · Puerto

Sanlúcar · Calzada del Arroyo · Maestro Sierra · San Miguel

200 m · Torresoto · ©BAEDEKER

Legend:

🍴
1 Venta Esteban
2 Bar Juanito
3 Atuvera
4 Tabanco El Pasaje

🏠
1 Jerez & Spa
2 Doña Blanca

🍷
1 Tablao Flamenco Puro Arte

Bodegas

3 ATUVERA €

Eine rustikale Taverne mit originellen Noten, sowohl kulinarisch als auch was die Dekoration betrifft.

Calle Ramón de Cala, 13
Mobil 675 54 85 84
http://atuverajerez.com

❹ TABANCO EL PASAJE €

Ein unscheinbarer Eingang führt im Herzen der Stadt hinein in diese rustikale Taverne, die 1925 zunächst als Weinhandelsladen gegründet wurde und einst für Frauen gesperrt (!) war. Mittlerweile ist es eine der stimmungsvollsten Kneipen der Altstadt – aber nicht nur das. Auf der kleinen Bühne wird regelmäßig klasse Flamenco geboten.
Calle Santa María, 8
el. 956 33 33 59
http://tabancoelpasaje.com

❶ HOTEL JEREZ & SPA €–€€

Das sollten Sie sich gönnen, zumal die Preise in diesem Vier-Sterne-Haus durchaus kundenfreundlich sind. Selbst die günstigeren der 121 Zimmer sind noch erstaunlich groß, die etwas besseren haben Balkon oder Terrasse. Mit Pool, Spa und einem stilvollen Restaurant, das auf traditionelle Küche setzt.
Avenida Alcalde Álvaro Domecq, 35
Tel. 956 30 06 00
www.hace.es

❷ DOÑA BLANCA €

Zentrale Lage und erschwinglicher Preis – das sind die Hauptargumente für dieses Drei-Sterne-Haus. Die 30 Zimmer sind ordentlich und recht geräumig.
Calle Bodegas, 11
Tel. 956 34 87 61
www.hoteldonablanca.com

Sherry

Kathedralen des Weins

Jerez ist für seine Sherrykellereien berühmt (▶ Das ist Andalusien S. 24, Baedeker Wissen S. 208 ff.). Am Rand der Altstadt können Sie den Geheimnissen des Weißweins in einer der großen Bodegas auf den Grund gehen. Diverse Kellereien bieten Führungen an. Kosten können Sie Sherry natürlich überall in Bars und Restaurants; populär sind die Gegend um die Plaza del Arenal und die Plaza de la Asunción.

▌ Nördliche und westliche Stadtteile

Ein Blick in die Geschichte

Museo
Arqueológico
Municipal

Von der Kathedrale geht es entlang der Mauern der Bodega Domecq in den nordwestlichen **Stadtteil San Mateo**, eines der ältesten Viertel der Stadt. Baubeginn der gleichnamigen Kirche war im 14. Jh., aus dieser Zeit stammt eine Kapelle im mudejaren Stil. Ein barocker Palast am Plaza Mercado ist Sitz des **Archäologischen Stadtmuseums.** Dessen größter Schatz ist ein griechischer Helm aus dem 7. Jh. v. Chr., Beleg für die frühe griechische Besiedlung. Weiterhin sind iberische, römische, westgotische und maurische Funde ausgestellt.
Plaza del Mercado | Di.–Sa. 9–15 Uhr | Eintritt: 5 €

Centro
Andaluz de
Flamenco

Alles über Flamenco

An der Kirche San Lucas (14. Jh.) vorbei kommen Sie zum **Palacio Pemartín** an der Plaza de San Juan. Der Palast aus dem 18. Jh. ist der

Sitz des **Centro Andaluz de Flamenco**. In Ausstellungen und in der Bibliothek erfährt man alles Wissenswerte über den Flamenco. Die Kirche San Juan de los Caballeros (15. Jh.) gegenüber fällt durch ihre neunteilige Apsis auf.

Centro Andaluz de Flamenco: Mo.–Fr. 9–14 Uhr | Eintritt frei
www.centroanda luzdeflamenco.es |

Im Zeitpalast

Im Palacio del Tiempo aus dem 19. Jh. nördlich det Kathedrale ist ein **Uhrenmuseum** untergebracht, die **Museos de la Atalaya**. Es zeigt eine beachtliche Sammlung wertvoller antiker Uhren aus ganz Europa. Auch die Salons des Palasts sind sehenswert.

Der mehrfach ausgezeichnete **Zoologische Garten** im Westen von Jerez gilt als einer der besten in Spanien und ist eingebettet in einen botanischen Garten. **Im Nordwesten**

Museos de la Atalaya: Führungen: Mo.–Fr. 9.30, 10.30, 11.30 u. 12.30 Uhr | Eintritt: 6 € | www.museosdelaatalaya.com
Zoobotánico: Calle Madreselva, s/n | Mai–Sept. Di.–So. 10–19, Okt. bis April 10–18 Uhr | Eintritt: 9,30 € | www.zoo botanicojerez.com

Sie kreisen, sie schweben, sie scheinen zu fliegen

Das ist zumindest der Eindruck, den man bei der Traditionsshow »Cómo bailan los caballos andaluces«, **»Wie die andalusischen Pferde tanzen«,** in der Königlichen Reitkunstschule bekommt. Die Show ist eine bestens zwischen Mensch und Tier abgestimmte Choreografie. ★ **Real Escuela Andaluza del Arte Ecuestre**

Der Palacio del Recreo de las Cadenas im Norden der Altstadt wurde 1868 ursprünglich für den Sherrybaron Julián Pemartín y Laborde gebaut, der im Jahr der fertigstellung verstarb. Für die Pläne verantwortlich war der französische Architekt Charles Garnier, der auch die Pariser Oper und das Casino von Monte Carlo entworfen hat. Heute ist das weitläufige Gelände Sitz der **Königlichen Andalusischen Reitschule**, der 1973 von Álvaro Domecq Romeroge gründeten Real Escuela Andaluza del Arte Ecuestre. In den Ställen werden einige Dutzend der edelsten andalusischen Pferde gehalten, die von Araberpferden der Mauren abstammen und von hier aus englische Vollblüter ebenso veredelt haben wie Lipizzaner. Zum Areal gehören das **Reitkunst-Museum** (Museo del Arte Ecuestre) und das **Kutschen-Museum** (Museo del Enganche); auch die Stallungen können besichtigt werden. Höhepunkt ist und bleibt jedoch die professionelle »Tanzshow« der Pferde vor bis zu 1600 Zuschauern.

Avenida Duque de Abrantes | Museen und Stallungen: Mo.–Mi., Fr. 10–14 Uhr | Eintritt: 12 € bzw. 7 € (ohne Stallungen) | Show: März bis Juli, Nov. Di., Do. 12; Aug., Sept. auch Fr. 12, Dez.–Feb. i.d.R. nur Do. 12 Uhr | Eintritt: 23–33 € | Online-Reservierungn unter www.realescuela.org

Bevor die edlen Andalusier in der Real Escuela Andaluza del Arte Ecuestre ihr Können zeigen, muss erst alles richtig sitzen.

▎Rund um Jerez de la Frontera

Noch etwas für Pferdeliebhaber

Wenige Kilometer südöstlich Richtung Medina Sidonia liegt das 1463 gegründete ehemalige Kartäuserkloster La Cartuja, wo im 16. Jh. erstmals deutsche, italienische und andalusische Rassepferde zur **Kartäuserrasse** gekreuzt wurden. Das heutige Nonnenkloster besitzt ein prächtiges, frei stehendes Renaissancetor (1571) und eine gotische Kirche mit einer Fassade von 1667, in deren Nischen Figuren von Kartäusermönchen stehen, zuoberst der Ordensgründer, der hl. Bruno. Auf der Finca Fuente del Suero in Richtung Medina Sidonia, 6,5 km außerhalb von Jerez, hat sich das Gestüt **Yeguada de la Cartuja** auf die Zucht der berühmten Edelrösser spezialisiert.

Pferdeschau Sa. 11 Uhr | Eintritt: 17 € (Seitenplatz), 23 € (Tribünenplatz) | http://yeguadacartuja.com

Cartuja Santa María de la Defensión

Humanisten und Entdecker

In Lebrija, 30 km nördlich von Jerez de la Frontera, ragt die hoch gelegene **Santa María de la Oliva** hervor, 1249 in einer Moschee gegründet und mit einem Glockenturm ähnlich der Giralda von Sevilla; innen findet sich ein Hochaltar von Alonso Cano mit einer Skulptur der Namenspatronin. Sehenswert sind auch die Einsiedelei **Nuestra Señora del Castillo**, 1535 an der Stelle eines maurischen Kastells gegründet und mit schöner Kassettendecke, sowie die von Adelshäusern umgebene Plaza Mayor. Ein Denkmal ehrt den in Lebrija geborenen Humanisten Antonio de Nebrija (1442–1522), Verfasser der ersten Grammatik des kastilischen Spanisch und Chronist der Katholischen Könige. Lebrija ist auch der Geburtsort von Juan Díaz de Solis (1470–1560), Entdecker des Río de la Plata im heutigen Argentinien.

Lebrija

 ★★ MÁLAGA

Provinz: Málaga | Höhe: 8 m ü. d. M. | Einwohnerzahl: 577 400

Es gibt Städte, die erfinden sich gerne neu, streifen ihr altes, überkommenes Image ab und verpassen sich ein neues. Málaga ist so ein Beispiel. Die quirlige Hafenstadt, die Besucher einst eher links liegen ließen, genießt heute den Ruf einer Kulturmetropole.

Vorbei sind die Zeiten, da viele Reisende Málaga nur bei der An- und Abreise an die Costa del Sol aus der Vogelperspektive sahen. Längst ist die **zweitgrößte Stadt Andalusiens** selbst ein Besucherziel, denn die Stadtväter und –mütter haben sie mit Erfolg kräftig heraus-

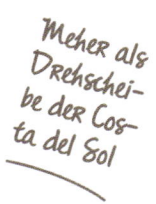

Meher als Drehscheibe der Costa del Sol

MÁLAGA ERLEBEN

OFICINA DE TURISMO
Plaza de la Marina, 11
Tel. 951 92 60 20
tgl. 9–19, im Winter bis 18 Uhr
http://visita.malaga.eu

Info-Kiosk an der Plaza
de la Aduana

Schauplätze des quirligen **Nachtlebens** sind die Plaza de la Merced und nördlich der Kathedrale die Straßen Calle Granada und die Calle Beatas sowie südlich der Stierkampfarena das Gebiet um die Plaza Uncibay und in Malagueta. Im Sommer ist außerdem an der Küste in der Vorstadt Pedregalejo und auf deren Hauptstraße Juan Sebastián Elcano etwas los. **Populäre Bars** gibt's auch in Málagas Hafenbereich Muelle Uno.

Eine beachtliche Auswahl an Boutiquen, Schuhgeschäften etc. finden Sie in den Citybereichen von Calle Puerta del Mar, Calle Nueva und Calle Marqués de Larios. Zum Shopping geht man auch gerne zur Muelle Uno (www.muelleuno.com) und in Shopping Center wie das Málaga Plaza (Calle Armengual de la Mota 12; https://malagaplaza.com/) und Larios Centro (Avenida de la Aurora 25; www.larioscentro.com). Frische Produkte vom Land und aus dem Meer gibt's im Mercado Central de Atarazanas (Calle Atarazanas). Jeden ersten Sonntag im Monat steigt auf der Plaza de la Merced ein Künstler- und Kunsthandwerkermarkt; der ähnliche Mercado Barrio de las Artes in der Calle Tomás Heredia findet an jedem vierten Sonntag im Monat statt.

KARNEVAL
Der Karneval wird ausgelassen gefeiert.

SEMANA SANTA
Wirklich außergewöhnlich ist die Karwoche von Málaga, denn hier werden die größten und schwersten Prozessionsaltäre ganz Spaniens durch die Straßen getragen – der größte wiegt fünf Tonnen und muss von 260 Mann geschultert werden! Damit nicht genug, werden diese »tronos« auch noch hin und her gewiegt.

NOCHE DE SAN JUAN
Rituelle Strandfeuer in der Johannisnacht (23./24. Juni) – so heißt man den Sommer willkommen.

FERIA
Etwa Mitte August findet **die größte Feria Andalusiens** statt mit Feuerwerk, Musik und Tanz.

❶ JOSÉ CARLOS GARCÍA €€€€
In diesem Gourmettempel schwingt Namensgeber und Sternekoch García den Kochlöffel, unterstützt von einem dynamischen Team. Hoch wie dieses Beispiel spanischer Kochkunst ist auch das Preisniveau.
Plaza de la Capilla, Puerto de Málaga
Tel. 952 00 35 88
www.restaurantejcg.com

❷ MONTANA €€€€
Schon der Rahmen stimmt – dieses Restaurant hat seinen Platz in einem alten Palais mit hübschem Innenhof. Die Küche ist mediterran, besonders empfehlenswert der Seeteufel aus dem Ofen.

Calle Compás de la Victoria, 5
Mobil 600 90 60 56
http://restaurantemontana.com

❸ CASA OVI €–€€

Dieses Restaurant ist der beste Beweis dafür, dass man ohne große Schnörkel und Dekoration auskommt – es ist einfach lecker, die Portionen sind gut bemessen. Da bekommt man noch etwas fürs Geld!
Avenida de Sor Teresa Prat, 21
Mobil: 689 71 54 22
http://casaovi.com

❹ EL CHINITAS €€€

Hier speisen Sie traditionell und spanisch – und auf gewissem Niveau. Die Portionen können durchaus großzügig bemessen sein. In mehreren Räumen werden vor allem Fisch und Meeresfrüchte serviert. Stilvolles Ambiente
Calle Moreno Monroy, 4–6
Tel. 952 21 09 72

❺ ANTIGUA CASA DE GUARDIA €–€€

Und immer locken die Fässer – und deren Inhalte natürlich! Diese Traditionsbodega gilt als sehr gute Adresse für Málagaweine vom Fass und Meeresfrüchte-Tapas. Das Lokal existiert bereits seit 1840.
Alameda Principal, 18
Tel. 952 21 46 80
http://antiguacasadeguardia.com

❻ BODEGA EL PIMPI €

Für den wahren Malagueño ein wahrer Spitzenplatz, um einen Kaffee, ein Gläschen Wein oder Tapas zu sich zu nehmen. Mit Sonnenterrasse an der Calle Alcazabilla, neben dem Picasso-Museum.
Calle Granada 62 /
Calle Alcazabilla
Tel. 952 22 54 03
http://elpimpi.com

❼ EL VEGETARIANO DE LA ALCAZABILLA €

Es ist in Spanien nicht immer einfach, vegetarische Restaurants zu finden – dieses hier in Málaga gehört zu den Ausnahmen und überzeugt mit seiner ausgewogenen Kost. Ob Hummus oder Sojaburger. Das könnte durchaus auch eine Option für Nicht-Vegetarier sein!
Calle Pozo del Rey, 5
Tel. 952 21 48 58
http://elvegetarianodela alcazabilla.com

❶ PARADOR DE MÁLAGA GIBRALFARO €€€–€€€€

Hier übernachten Sie in einem der Highlights von Málaga, dem Castillo de Gibralfaro (▶ Abb. S. 411). Der Parador auf dem Burgberg mit 38 Zimmern bietet konkurrenzlose Ausblicke auf Stadt und Meer. Nutzen Sie auch Dachterrasse und Swimmingpool, und lassen Sie sich im Restaurant mit andalusischen Spezialitäten verwöhnen!
Castillo de Gibralfaro
Tel. 952 22 19 02
www.parador.es

❷ NH MÁLAGA €€

Dieses citynahe Vier-Sterne-Haus mit 133 Zimmern aus der angesehenen NH-Hotelkette bietet guten, komfortablen Unterschlupf. Es liegt gleich neben der Brücke über den Guadalmedina, alles Wichtige ist ab hier problemlos zu Fuß erreichbar. Die Übernachtungspreise können je nach Saison allerdings extrem schwanken.
Calle San Jacinto, 2
Tel. 952 07 13 23
www.nh-hoteles.es

🍴🍷

1 José Carlos García
2 Montana
3 Casa Ovi
4 El Chinitas

5 Antigua Casa de Guardia
6 El Pimpi
7 El Vegetariano de
la Alcazabilla

🏠

1 Parador de Málaga Gibralfaro
2 NH Málaga

geputzt. Dafür wurden nicht nur die Sehenswürdigkeiten wie die Alcazaba, das Kastell Gibralfaro und die Kathedrale in der Altstadt liebevoll verschönert. Auch das Gebiet um den Hafen wurde ausgebaut, so entstand ein neues Kreuzfahrtterminal, außerdem eröffneten in Picassos Geburtsstadt neue Museen und Ausgehzonen. So ist Málaga nicht nur die Drehscheibe der **Costa del Sol**, der Sonnenküste mit über 300 Sonnentagen im Jahr, sondern auch deren **wirtschaftlicher und kultureller Mittelpunkt.** Nichts zu beschönigen gibt es allerdings an den gesichtslosen Vorstädten – doch bei welcher Metropole dieser Größe ist das schon anders?

Zwischen Meer und Bergen

Málaga breitet sich am Mittelmeer aus, Bucht und Hafen setzen Einschnitte. Im Hinterland steigen die Montes de Málaga an, im Westen erstreckt sich die üppige Vega oder Hoya de Málaga, in der Orangen, Feigen, Bananen, Zuckerrohr, Baumwolle u. a. gedeihen.

Lage und Orientierung

Das meist trockene Bett des Río Guadalmedina teilt Málaga in zwei Bereiche: Westlich erstreckt sich die **Neustadt** mit ihren Hochhäusern und heftig befahrenen Straßen. Die **Altstadt** begrenzt im Osten das Castillo de Gibralfaro. Hauptflaniermeile in der Altstadt ist die Calle Marqués de Larios, ihr Zentrum die Plaza de la Constitución.

Rosinen und Kunst

Málaga genießt in mancher Hinsicht Berühmtheit. Kulinarisch wegen seiner Rosinen (pasas) und Dessertweine (▶ Baedeker Wissen, S. 212), von der Prominenz her wegen des Barockbildhauers Pedro de Mena (1628–1688), der in Málaga lebte und starb, vor allem aber wegen des Jahrhundertkünstlers **Pablo Picasso** (▶ Das ist Andalusien, S. 16, obgleich dieser seine Geburtsstadt schon früh verließ..

Berühmtheiten

Gesalzener Fisch und viele Museen

Die Phönizier gründeten einen Handelsplatz für gesalzene Fische, was wohl den Namen der Stadt erklärt: Das phönizische Malaca leitet sich von malac = salzen ab. Auf die Phönizier folgten im 8. Jh. v. Chr. die Griechen; die Karthager bauten die Stadt zur Festung aus, bis die Römer sie eroberten. Nach einem byzantinischen Intermezzo kamen die Westgoten, die 711 von den Mauren verdrängt wurden. Längere Zeit war die Stadt nun ein kleines Königreich, das sich nicht den Emiren von Córdoba fügte. Unter den Nasriden von Granada erlebte Málaga als Hafen des Königreichs seine Blütezeit. 1487 eroberten die Truppen der Katholischen Könige Málaga. In diese Zeit fällt der Bau vieler Kirchen, von denen 1931 nach der Ausrufung der Republik und im Spanischen Bürgerkrieg nicht wenige angezündet und zerstört wurden. Mit der Entdeckung der Costa del Sol als Ferienparadies begann Málagas Wiederaufstieg. Mittlerweile ist die Stadt wichtiges Kulturziel in Südspanien und nennt sich, mit über 30 Museen und Ausstellungszentren, stolz »Stadt der Museen«.

Geschichte

▌ Wohin im Hafengebiet?

Subtropisch Grün

Der Paseo del Parque, die von Palmen und Platanen gesäumte schönste Promenade Málagas, trennt die Altstadt vom Hafen. Zei Denkmäler fallen auf, die typische, inzwischen aus dem Straßenbild verschwundene Málageños darstellen: den Biznaguero, der im Frühjahr duftende Blüten verkaufte, und den Cenachero, der frischen Fisch anpries.

Paseo del Parque

Der klassizistische **Palacio de la Aduana**, das 1829 erbaute ehemalige Zollamt an der Nordseite des Paseo, ist Sitz des **Museo de Málaga,** das eigentlich aus zwei Museen besteht. Die Archäologische Sammlung präsentiert Funde aus der Vorgeschichte bis zur Maurenzeit. In der Gemäldesammlung sind u. a. die Meister Luis de Morales (»Ecce Homo y Dolorosa«) und Joaquín Sorolla (»Bebedor vasco«) hervorzuheben; beachtenswert ist auch eine Ansicht der Alhambra von Antonio Muñoz Degrain (1840–1924).

Der Brunnen **Fuente de Cisne** gegenüber dem Rathaus von 1919 entstand um 1560 in Genua und war ursprünglich für die Alhambra in Granada gedacht. Am Ende des Paseo folgt die 1874 erbaute **Stierkampfarena La Malagueta** mit Platz für 14 000 Zuschauer und einem Stierkampfmuseum. Ganz in der Nähe zeigt das **Museo del Patrimonio Municipal** (MUPAM) auf drei Stockwerken Exponate aus dem großen Fundus städtischen Kulturguts.

Museo de Málaga: Di.–Sa. 9–21, So. 9–15 Uhr | Eintritt für EU-Bürger frei | www.museosdeandalucia.es

Museo del Patrimonio Municipal: Paseo de Reding, 1 | Juli, Aug. Di.–So. 10–14 u. 17.30–21.30, übrige Monate Di.–So. 10–20 Uhr | Eintritt frei | http://museodelpatrimoniomunicipal.malaga.eu

Die zweitgrößte Stadt Andalusiens ist heute eine angesagte Kulturmetropole; im Café am Plaza del Obispo bei der Kathedrale ist etwas los.

Kunst des 20. und 21. Jahrhunderts

Am Ostende des für den Kreuzfahrttourismus erneuerten Hafens zieht das **Centre Pompidou Málaga** mit seiner avangardistischen Architektur schon von Weitem die Blicke auf sich. Der farbige Würfel (Architekten-Duo: Javier Pérez de la Fuente und Juan Antonio Marín Malavé) ist ein Ableger des berühmten Pariser Centre Pompidou und zeigt Werke der klassischen Moderne und zeitgenössische Kunst.

Centre Pompidou Málaga

Centre Pompidou Málaga: Pasaje Doctor Carrillo Casaux, Muelle Uno | Mo., Mi.–So. 9.30–20 Uhr | Eintritt: 7 € (Auswahl ständige Sammlung), Wechselausstellungen: 4 €, Kombiticket: 9 € http://centrepompidou-malaga.eu

Im Bauch von Màlaga

Im Westen mündet der Paseo del Parque in die Plaza de la Marina, wo er in die Alameda Principal übergeht. Von ihr ist es nicht weit in die Calle Ataranzas zum **Mercado Central de Atarazanas**, der Markthalle (▶ Abb. S. 407). Beachtung verdient das marmorne Eingangstor, die **Puerta de Atarazanas**. Sie wird von einem 14 m hohen maurischen Hufeisenbogen mit kufischen Schriftzeichen gebildet und ist der letzte Rest der unter Abd ar-Rahman III. erbauten riesigen Schiffswerft von Málaga.

Mercado de Atarazanas

Marktzeiten: Mo.–Sa. 9–14 Uhr

Zeitgenössische Kunst

Ein ganzes Stück weiter südlich ist in einer einstigen Großmarkthalle von 1939 das Centro de Arte Contemporáneo (CAC) untergebracht, das Zentrum für zeitgenössische Kunst. In Wechselausstellungen wird junge spanische und internationale Kunst präsentiert.

Centro de Arte Contemporáneo

CAC: Calle Alemania, s/n | Juli, Aug. Di.–So. 10–14 u. 17–21, übrige Monate Di.–So. 9–21.30 Uhr | Eintritt frei | http://cacmalaga.eu

▎ Wohin in der Altstadt?

Die Unvollendete

Die mächtige Kathedrale aus Kalkstein gehört mit den Gotteshäusern von Cádiz, Jaén und Granada zu den wichtigsten Renaissancekirchen in Andalusien. Sie wurde 1528 an Stelle einer Moschee nach Plänen von Pedro López und Diego de Siloé begonnen und 1588 geweiht. Am Gesamtbau, der aus Geldmangel 1783 eingestellt wurde, waren berühmte Meister wie Enrique de Egas, Andrés de Vandelvira und Diego de Vergara beteiligt. Die sich in drei Portalen öffnende Hauptfassade sollte von zwei Türmen flankiert werden, doch lediglich der 86 m hohe Nordturm wurde ausgeführt. Vom Südturm ragen nur Säulenstummel über die Fassade hinaus, weshalb die Kathedrale liebevollspöttisch auch **La Manquita** – »die Einarmige« – genannt wird.

Catedral de Málaga

CATEDRAL DE MÁLAGA

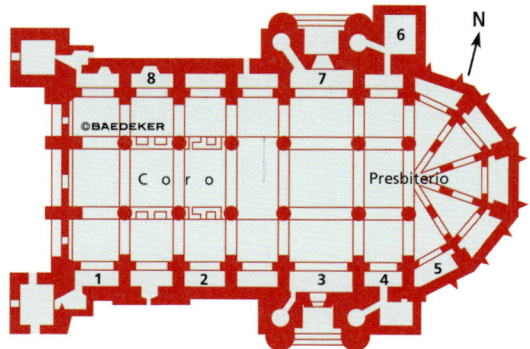

1 Capilla Nueva
2 Capilla del Rosario
3 Puerta del Sol
4 Capilla de
   N. Sra. de los Reyes
5 Capilla de San Francisco
6 Sacristía
7 Puerta de las Cadenas
8 Capilla del Cristo
   de la Buena Muerte

Der 115 m lange und 52 m hohe dreischiffige Kirchenraum zeichnet sich durch seine großen Proportionen und korinthische Bündelpfeiler aus. Herausragendes Ausstattungsstück ist das **Chorgestühl** (1647–1660), von dessen insgesamt 103 geschnitzten Figuren allein Pedro de Mena über drei Dutzend schuf. Der moderne Altar in der Capilla Mayor zeigt Passionsbilder von 1580. Von den vielen Seiten- und Chorumgangskapellen seien nur die interessantesten erwähnt: Erste Kapelle im rechten Seitenschiff ist die Capilla Nueva mit der Madre Dolorosa de Camponuevo von Pedro de Mena. Die Capilla del Rosario birgt eine Rosenkranzmadonna von Alonso Cano. Es folgt die Puerta del Sol mit Gemälden des Venezianers Palma Vecchio. Die anschließende **Capilla de Nuestra Señora de los Reyes** birgt die bedeutendsten Kunstwerke der Kathedrale: die knienden Figuren der Katholischen Könige von Pedro de Mena (1681) sowie eine Marienstatuette, die das Paar auf seinen Kriegszügen mitgeführt haben soll. Im linken Seitenschiff sind in der Capilla del Cristo de la Buena Muerte Skulpturen von Pedro de Mena zu sehen. Das Museum im Kapitelsaal zeigt religiöse Kunst; auch die Dachgewölbe (Cubiertas) kann man besichtigen.

An der Nordflanke der Kathedrale fällt die **Sagrario** auf, eine kleine Kapelle aus dem 15. Jh. mit einem schönen isabellinischen Portal und einem plateresken Retabel von Alonso Berruguete. Sie war bis zur Weihe der Kathedrale Bischofskirche. Der barocke **Palacio Episcopal** (Bischofspalast, 18. Jh.) steht gegenüber der Kathedrale.

Kathedrale: Mo.–Fr. 10–20, Sa. 10–18, So. 14–18; Dachgewölbe (Cubiertas) Mo.–Sa. 11–14 u. 16–18, So. 16–18 Uhr jew. zur vollen Stunde | Eintritt: Kathedrale 8 €, Kombiticket mit Cubiertas 12 €
http://malagacatedral.com

Auf Picassos Spuren

Ganz in der Nähe der Kathedrale wartet auf Kunstfreunde ein echter Magnet: das Picasso-Museum in dem schönen Renaissancepalast Buenavista. Grundstock der Sammlung, deren Präsentation immer wieder wechseln kann, ist eine Stiftung von Christine und Bernard Ruiz-Picasso, Schwiegertochter und Enkel von Pablo Picasso. Zu sehen sind Ölbilder, Zeichnungen, Skulpturen und Keramiken aus allen Schaffensphasen – soweit sie der Familienschatz hergibt – und viele Werke aus Picassos privatem Bilderschatz. Während der Renovierung des Palasts wurden Reste der phönizischen Stadtmauer aus dem 7. Jh. v. Chr. gefunden.

Museo Picasso und Geburtshaus

An der Palza de la Merced steht die nächste Picasso-Pilgerstätte: das Haus, in dem Pablo Picasso 1881 zur Welt kam. Heute hhaben hier das **Museo Casa Natal de Picasso** und das Zentrum der Stiftung Picasso ihren Sitz Das Museum in der ehemaligen Wohnung der Familie zeigt Keramiken, einige grafische Arbeiten, Malutensilien und Fotografien des Künstlers. Gleich nebenan zeigt die Fundación Picasso wechselnde Ausstellungen, die man man allerdings nicht überbewerten sollte.

Museo Picasso: Calle San Augustín, 8 | Juli, Aug. tgl. 10–20, März bis Juni u. Sept., Okt. tgl. 10–19, Nov.–Febr. tgl. 10–18 Uhr | Eintritt: 9 € www.museopicassomalaga.org

Museo Casa Natal de Picasso: Plaza de la Merced, 15 | tgl. 9.30–20 Uhr | Eintritt: 4, inkl.Wechselausstellungen http://museocasanatalpicasso.malaga.eu

Interaktiv oder entspannt?

Die Plaza de la Merced mit ihrem Obelisken in der Mitte, Ruhebänkchen und Cafés, ist einer der populärsten Plätze in der Innenstadt. Nicht weit vom Picasso-Geburrtshaus zeigt das **Museo Interactivo de la Música de Málaga** unterschiedlichste Instrumente aus verschiedenen Epochen, Ländern und Kulturen. Wem der Sinn nach einem luxuriösen türkischen Bad und nach Entspannung steht: Im ehemaligen jüdischen Viertel, in der Nähe des Museo Picasso, lädt das El Hammam Open Space & Spa dazu ein.

Plaza de la Merced

Museo Interactivo de la Música de Málaga: Calle de las Beatas, 15 Mo. 10.30–16, Di.–So. 10.30–19.30 Uhr | Eintritt: 4 € www.musicaenaccion.com

Türkisches Bad: Calle Tomás de Cózar, 13 | tgl. 11 bis 22 Uhr | Eintritt: 22 € (2 Std.) | http://elhammamspa.com

Römisches Theater, maurische Burg

Die Alcazaba, die heute über dem Hafen und der Altstadt thront, war die Residenz der maurischen Herrscher und liegt ein Stück südlich der Plaza de la Merced. Sie geht in ihen Ursprüngen auf die Römerzeit zurück. Vor der eigentlichen Besichtigung lohnt es sich, an der

Alcazaba

Calle de la Alcazabilla noch einen Blick auf die Reste eines **römischen Theaters** aus der Zeit des Kaisers Augustus zu werfen. Dann geht es auf einem steilen Treppenweg durch Gärten hinauf.

Der Bau der **maurischen Festung** begann auf römischen Resten im 11. Jh. und erfuhr im 14. Jh. unter den Nasriden erhebliche Erweiterungen. Nach dem Untergang der Mauren begannen lange Jahre des Niedergangs. Erst 1931 wurde mit ihrer Restaurierung begonnen, sodass man heute wieder einen Eindruck von ihrer einstigen Pracht erhält. Den großen Reiz der Alcazaba machen jedoch die **Gartenanlagen** aus. Zwei Mauerringe umgeben den Burgberg. Den inneren Festungsbezirk betritt man durch den Arco de Cristo in den Waffenhof. Rechts liegen hinter einem weiteren Torbau die Cuartos de Granada. Anschließend gelangt man in die (rekonstruierten) Palasträume der Nasriden und in die Wohnungen des Hofstaats. Am höchsten Punkt erhebt sich die große Torre del Homenaje. Auf der Burg werden die maurischen Sammlungen des **Museo Arqueológico** präsentiert. Die Ausblicke auf Stadt, Hafen und Meer sind fantastisch.

Teatro Romano: Di.–So. 10–16 Uhr | Eintritt frei | **Alcazaba:** April bis Okt. tgl. 10–20, Nov.–März bis 18 Uhr | Eintritt: 3,50 €, Kombiticket mit Castillo de Gibralfaro: 5,50 € | www.alcazabamalaga.com, https://alcazabaygibralfaro.malaga.eu

Die Festung zur Burg

Castillo de Gibralfaro

Von der Alcazaba sehen Sie hinüber zum Castillo de Gibralfaro. Vermutlich stand hier oben schon zu Zeiten der Phönizier ein Leuchtturm, worauf der arabische Name Yabal-Faruk = Berg des Leuchtturms hin weist. Heute nutzt die exponierte Lage ein Parador-Hotel. Die heutige sechstürmige Festung entstand im 14. Jh. unter den Mauren. Sie war durch einen – heute nicht mehr begehbaren – gedeckten Mauergang mit der Unterburg Alcazaba verbunden. Die Auffahrt im Pkw erfordert eine weite Schleife, der rund 30-minütige Aufstieg zu Fuß Kraft und Schweiß. Umso schöner ist es dann, über den zinnenbesetzten Wehrgang zu spazieren und die Ausblicke über Kiefern hinweg auf Stadt, Meer und Umland zu genießen.

Im Sommer tgl. 9–20, sonst 9–18 Uhr | Eintritt: 3,50 €; Kombiticket mit der Alcazaba: 5,50 € | https://alcazabaygibralfaro.malaga.eu

❘ Wohin noch in Málaga?

Kunst, Wein und Volkskunde

Weitere Museen

Über die Stadt verteilen sich weitere Museen. Der Palacio Villalón (16. Jh.) in der Altstadt ist Sitz des **Museo Carmen Thyssen**. In der Gemäldesammlung mit über 200 Werken sind alte Meister wie Zurbarán, aber auch spanische und vor allem andalusische Künstler des 19./20. Jh.s vertreten. Auch finden Wechselausstellungen statt.

Vom Castillo de Gibralfaro geht der Blick auf die Stadt Málaga und ihre Bucht.

Das **Museo del Vino de Málaga** etwas nordwestlich informiert über den Weinanbau um Málaga bzw. über die Weine aus den Herkunftsgebieten Málaga (süßer Dessertwein) und Sierras de Málaga« (Weiß-, Rosé- und Rotweine).

Ganz im Westen der Altstadt zeigt im historischen Gasthof Mesón de Victoria am Río Guadalmedina das **Museo de Artes y Tradiciones Populares** in 18 Sälen eine kunterbunte volkskundliche Sammlung: Kutschen, Weinpressen, eine Backstube, Möbel und eine Sammlung kleiner Figuren mit Trachten des 18. und 19. Jh.s und vieles mehr.

Museo Carmen Thyssen: Calle Compañía, 10 | Di.–So. 10–20 Uhr | Eintritt 10 € | www.carmenthyssenmalaga.org

Museo del Vino de Málaga: Plaza de los Viñeros, 1 | Mo.–Fr. 10–17, Sa. 10–14 Uhr | Eintritt: 5 € (inkl. 2 Verkostungen, jede weitere 1 €) http://museovinomalaga.com

Museo de Artes y Tradiciones Populares: Plaza Enrique García-Herrera, 1 | Mo.–Fr. 10–17, Sa. 10–15 Uhr | Eintritt: 4 € www.museoartes populares.com

Motoren und Mode

In Málagas ehemaliger Tabakfabrik im Südwesten der Stadt, der Tabacalera, stellt heute das **Museo Automovilístico y de la Moda** über 120 Autos aus allen Epochen aus, darunter Delage, Rolly Roce,

Museo Automovilístico y de la Moda

Packard, Aston Martin, Mercedes-Benz, Jaguar und Bugatti. Kombiniert werden die Fahrzeuge mit kostbaren Modestücken bekannter Designer.

Museo Automovilístico y de la Moda: Avenida Sor Teresa Prat, 15 Di.–So. 10–14.30 u. 16–19 Uhr | Eintritt: 9,50 €
www.museoautomovilmalaga.com

Die Schutzheilige von Málaga

Santuario de Santa María de la Victoria
Das Heiligtum befindet sich ein Stück nordöstlich der Innenstadt, an der Stelle, wo 1487 die Katholischen Könige ihr Feldlager aufschlugen. Es birgt die Virgen de la Victoria (15. Jh.), eine Figur der Schutzpatronin der Stadt und Geschenk des Kaisers Maximilian I. an die Katholischen Könige. Auch zwei Bildwerke von Pedro de Mena sowie die Krypta der Grafen von Buenavista verdienen Beachtung.

Rund um Málaga

Buntes Freizeitangebot

Sport & Freizeit
Málaga besitzt einen großen Sporthafen; im Stadtbereich liegen die Strände Baños del Carmen, El Palo, Acacias, Pedregalejo, El Chanquete und San Andrés. Im erweiterten Umland bieten mehrere Golfpllätze, Tennis, Reit- und Wassersport vielfältige Möglichkeiten. Außerdem liegt die quirlige Urlaubs- und Badestadt ▶ Torremolinos (▶ S. 330) nur ein Stück südwestlich.

Ein botanisches Paradies

Jardín Botánico Histórico de la Concepción
Man hört zwar den Autobahnlärm in der Nähe – doch der herrliche, Mitte des 19. Jh.s angelegte botanische Garten ca. 10 km nördlich von Málaga lohnt den Besuch. Auf verschiedenen Wegen lernen Sie exotische Pflanzen und Bäume aus warmen Zonen der Erde kennen. Die Vielfalt reicht von Araukarien über Magnolien und Riesenbambus bis zu Dattelpalmen und Kakteen; Frische spendenden Quellen, kleinen Kaskaden und Kanälen.

Ctra. Pedrizas (N-331) km 216,5; Anfahrt auch mit Linie 2 der EMT (Stadtbusse Málaga) | April–Sept. Di.–So. 9.30–20.30, Okt.–März 9.30–17.30 Uhr | Eintritt: 5,20 €, So.-Nachmittag frei
http://laconcepcion.ma laga.eu

Hier baden die Málageños

Rincón de la Victoria
Auf der Küstenstraße Richtung Osten erreicht man nach 10 km Rincón de la Victoria, ein vor allem von Málageños gern frequentierter Badeort. Über ihm entdeckte man eine große Höhle mit jungsteinzeitlichen Felszeichnungen, die später Zufluchtsort für Christen und Mauren war. Ihr Name **Cueva del Tesoro** rührt von dem Volksglauben her, dass die maurischen Herrscher hier Schätze vergraben hätten.

Ein Refugium für Naturfreunde

Nordöstlich der Stadtausläufer durchzieht das Landsträßchen A-7000 den Naturpark Montes de Málaga von Süd nach Nord in Richtung Colmena. Er bietet Lebensraum für mediterrane Vegetation und ist Nistplatz für Greifvögel. Typisch für das Gebirge sind die in den 1930er-Jahren großflächig aufgeforsteten Wälder aus Aleppokiefern. Der höchste Punkt im Naturpark liegt 1032 m über dem Meer.

Montes de Málaga

★ MARBELLA

Provinz: Málaga | **Höhe:** 14 m ü. d. M. | **Einwohnerzahl:** 147 900

Marbella, die Stadt der Reichen und Schönen, versteht es seit Jahrzehnten, immer etwas schicker zu sein als andere. Das hat ihr einen berühmt-berüchtigten Ruf eingebracht. Doch davon profitieren alle Besucher, unabhängig von der Größe des Geldbeutels: Die Altstadt ist hübsch, Strände und Promenaden makellos.

G 6

Das stets herausgeputzte Marbella ist der Star der Costa del Sol, der Sonnenküste. Das begann damit, dass die Stadt und der benachbarte Edel-Sporthafen Puerto Banús zu Tummelplätzen des Hochadels, des internationalen Jetset und arabischer Multimillionäre wurden, die ihre Petrodollars in Jachten und Villen investierten. Klar, dass nicht jeder mit weißer Weste kam, sondern an der Mittelmeerküste sein Geld wusch. Dass nicht immer alles mit rechten Dingen zuging, zeigte ab Jahrtausendbeginn eine Lawine an Gerichtsverfahren. Marbella wurde zum Symbol für die an der gesamten Küste grassierende, von Korruption genährte Bauspekulation.

Promi-Ort an der Costa del Sol

Inzwischen sind die ganz Reichen und die Scheichs weitergezogen. Doch Marbella lockt immer noch Stars, Sternchen und Urlauber jedweder Art an. In der riesigen Feriengemeinde bieten kilometerlange Strände alle Möglichkeiten zum Wassersport; daneben findet man Tennisanlagen, Reiterhöfe, vier Sporthäfen und Segelclubs. Als beste Strände – hinsichtlich Qualität und Angebot – gelten die Playas de Fontanilla und Nagüeles, die auch entsprechend bevölkert sind.

»Schönes Meer« im Wandel

Die Phönizier gründeten an dieser Stelle die Niederlassung Salduba (Salzstadt). 1485, als die Katholischen Könige die Mauren vertrieben hatten, soll Königin Isabella beim Anblick der Küste ausgerufen haben »Qué mar bella!« – »Was für ein schönes Meer!« – und der Name der Stadt war geboren.

Geschichte

MARBELLA ERLEBEN

OFICINA DE TURISMO
Glorieta de la Fontanilla, s/n
Tel. 952 76 87 60
Mo.–Fr. 8–20, Sa., So. 10–17;
im Sommer Mo.–Fr. 8.30–20.30,
Sa., So. 10–21 Uhr
http://turismo.marbella.es

Nach Einbruch der Dunkelheit geht
es um die Plaza Puente de Roda, die
Calle Pantaleón und die Plaza África
bunt zu. Gefeiert wird an der Avenida
Ramón y Cajal und im Jachthafen,
dem Puerto Deportivo. Die nicht
mehr ganz jungen Jahrgänge vergnügen sich um die Calle Camilo José
Cela. Discos liegen eher außerhalb.
Bei Cocktailbars ist Puerto Banús eine
Option, was natürlich nicht billig ist.
Dauerbrenner im Nachtleben ist die
Edeldiskothek Olivia Valère (Carretera de Istán, km 0,8; http://oliviavalere.
com), bei der man bereit sein muss,
tief in die Tasche zu greifen..
Für Konzerte, Events etc. lohnt ein
Blick auf
www.marbella.es/agenda.html

FERIA DE SAN BERNABÉ
Hauptfest der Stadt (2. Juniwoche)

❶ SANTIAGO €€€€
An der Seepromenade gehört das
Santiago mit seinen Fischgerichten
und Meeresfrüchten zu den Klassikern. Hypervornehm geht's nicht zu,
dennoch sind die Preise gehoben.
Es gibt eine große Weinauswahl.
An warmen Tagen können Sie auch
im Freien essen.

Paseo Marítimo/Avenida Duque
de Ahumada, 5
Tel. 952 77 00 78
http://restaurantesantiago.com

❷ RESTAURANTE
PLAYA EUROPA €€–€€€
Dieses Miteinander findet viele be-
geisterte Anhänger: schmackhafte
Kost mit Blick auf den Strand.
Playa de la Fontanilla, Arco 3
Tel. 952 90 08 23
http://restauranteplayaeuropa.
com

❸ TÉMPORA €€€–€€€€
Elegante Noten und exzellentes Essen
mit kleinen Überraschungen überzeu-
gen hier die Gäste. Je nach Gericht fließen exotisch-orientalische Nuancen
ein. Die Kompositionen in diesem Alt-
stadtrestaurant sind immer stimmig.
Calle Tetuán, 9, bajo
Tel. 952 85 79 33; So. geschl.
www.temporarestaurant.com

❹ BODEGA LA VENENCIA €–€€
Tapas und viele junge Leute – das sind
hier die Hauptbestandteile. Bezüglich
der vielfältigen Häppchen ist das Venencia, von dem es einen Ableger in
der Acera de la Marina 3 gibt, eine
Top-Wahl in der Stadt.
Avenida de Miguel Cano, 15
Tel. 952 85 79 13
http://bodegaslavenencia.com

❺ ALTAMIRANO €–€€
Bei Fisch, Meeresfrüchten und Tapas
genießt dieses Traditionslokal in der
Altstadt einen guten Ruf. Die Einrichtung ist einfach, alles ist sehr laut,
aber nicht unangenehm – und typisch. Wenn Sie draußen sitzen,
können Sie das Leben beobachten.
Plaza Altamirano, 3
Tel. 952 82 49 32
http://baraltamirano.es

❶ ANANTARA VILLA PADIERNA PALACE €€€€

Luxus? Aber dann so richtig! Das Einzige, was das Villa Padierna (125 Zi, Villen und Suiten), ca. 18 km westlich, nicht bietet, ist die Lage am Meer. Prächtig ist die Hotelkulisse im Stil eines toskanischen Palastes. Der Spa-Bereich ist ein echter Traum, ein Golfplatz liegt gleich vor der Tür.
Urbanización Flamingos Golf
Carretera de Cádiz, km 166
Tel. 952 88 91 50
www.anantara.com/de/
villa-padierna-marbella

❷ EL FUERTE MARBELLA €€€

Das Haus am Meer ist architektonisch sicher keine Schönheit, doch das ist rasch vergessen, wenn Sie gleich am Strand sind, in den umliegenden Gärten oder an den zwei Pools. Zu Fuß ist Marbellas Altstadt rasch erreicht.
Calle El Fuerte, s/n
Tel. 951 56 20 04
www.elfuertemarbella.com

❸ LA MORADA MÁS HERMOSA €–€€

Kleines, individuelles Boutiquehotel mit 8 Zimmern. Es liegt etwas versteckt in der Altstadt, wo Sie sich plötzlich wie aufs Land versetzt fühlen. Freundlicher Service.
Calle Ancha, 12
Tel. 952 92 44 67
www.lamoradamashermosa.com

Marbellas Eintritt in die glitzernde Welt des Tourismus begann **1953, als Prinz Alfonso von Hohenlohe** den Charme des kleinen Fischerhafens erkannte, ein großes Stück Land kaufte und den Marbella-Club gründete. Zunächst für seine Freunde, dann kamen alle: der europäische Adel, Industrielle, Playboys, Stars und alle, die dazugehören wollten. Das kleine Fischerdorf wurde zum **Knotenpunkt** auf der Weltkarte **des Jetsets**. Zu Beginn der 1980er-Jahre entdeckten dann die Superreichen Marbella. Arabische Potentaten, darunter der damalige saudische König Fahd, erkoren den schön gelegenen Ort zu ihrem Sommerrefugium und ließen sich Paläste bauen. Dort führten sie zwar ein relativ abgeschiedenes Leben, ließen jedoch sehr viel Geld in den Geschäften. In den 1990er-Jahren folgte ein tiefer Fall, u. a. ausgelöst durch den Golfkrieg. Marbella schien am Ende. Nun schwang sich **Jesús Gil y Gil**, schwerreicher Bauunternehmer und Präsident des Fußballklubs Atlético de Madrid, zum Retter auf. Weil ihm sein sozialistischer Vorgänger seine Immobilienspekulationen nicht genehmigte, stellte sich Gil selbst zur Wahl. Von 1992 bis zu seinem Tod 2004 regierte er als Bürgermeister und später als Strippenzieher die Stadt wie ein Fürst. »Mit ihm begann eine Ära, in der sich das halbe Stadtparlament kaufen ließ. Wer bauen wollte, musste Schmiergeld zahlen.« Gil zog frisches Geld heran, egal ob es von russischen Mafiosi oder zwielichtigen Waffenhändlern kam. Nach seinem Tod ging es mit den dubiosen Machenschaften erstmal munter weiter, bis der ganze Schwindel um Immobilienspekulation, Protektion, Scheinfirmen und Schmiergelder

MARBELLA

🍴🍷🍽
1 Santiago
2 Restaurante Playa Europa
3 Témpora
4 La Venencia
5 Altamirano

🏠
1 Anantara Villa Padierna Palace
2 El Fuerte Marbella
3 La Morada Más Hermosa

aufflog und zahlreiche führende Amtsträger und ihre Hintermänner in Haft kamen. Ob heutzutage der Sumpf der Korruption für immer trockengelegt ist – dafür möchte man nicht die Hand ins Feuer legen.

Fest steht: Die Scheichs und Adeligen, die sich früher in Marbella tummelten, sind überwiegend weg; ihren Platz haben **Neureiche** eingenommen, die keine Auskunft über die Quellen ihres Wohlstands geben. Man darf Marbella jedoch nicht Unrecht tun, der Bauboom an der Küste hatte auch anderswo Nebenwirkungen, und die Stadt war – im Vergleich zu Torremolinos oder Fuengirola – nie ein Ziel des Massentourismus. Bis heute ist sie ein gepflegtes, teures Ferienpflaster. Obwohl auch hier Neubauten mit Bars, Restaurants und Boutiquen die Strandpromenade säumen und das Verkehrsaufkommen beträchtlich sein kann. Marbella ist aber vor allem ein Domizil der Villenbesitzer mit nach wie vor der höchsten Dichte gehobener und teurer Restaurants, Geschäfte und Hotels der ganzen Sonnenküste.

▌ Wohin in Marbella?

Unter Orrngenbäumen

Im Vergleich zum trubeligen Rest von Marbella geht es im alten Stadtkern (Casco antiguo) mit seinen weißen, blumengeschmückten Häusern und den Überresten der mittelalterlichen Wehrmauer etwas ruhiger zu. Man trifft sich an dem seit 1604 plätschernden Brunnen auf der von Orangenbäumen, Bars und Restaurants gesäumten Plaza de los Naranjos. Neben dem Brunnen steht die kleine Ermita de Santiago, beachtenswert sind außerdem die Casa del Corregidor (17. Jh.) und das Rathaus, Casa Consistorial, aus dem 16. Jh., dessen oberstes Stockwerk mit Fresken ausgemalt ist; hier gibt es eine Zweigstelle der Touristen-Information).

Zentrum der Altstadt

Das **Museo del Grabado Español Contemporáneo** widmet sich der Grafikkunst und zeigt Werke von Picasso, Miró, Tapiés und anderen. Nicht weit von dem Museum können Sie in der Kirche Nuestra Señora de la Encarnación einen Blick auf das barocke Retabel werfen. Oberhalb des Orts stehen noch die Reste eines maurischen Kastells mit Mauern, Burghof und Bergfried. Über die verkehrsbefreite Avenida del Mar, die die Ausläufer der Innenstadt mit der Strandpromenade verbindet, stoßen Sie auf einen interessanten Mini-Skulpturenpark mit Werken von Salvador Dalí.

Museum: Calle Hospital Bazán | Mo., Sa. 9–14, Di.–Fr. 10–14 u. 17–20.30 Uhr | Eintritt: frei

Ein Geschenk aus Saudi-Arabien

Im netten, kleinen Stadtpark, dem Parque de la Constitución nahe der Strandpromenade, wachsen Palmen, Zypressen und Bambus. Am westlichen Stadtrand Richtung San Pedro leuchtet links oberhalb der Küstenstraße die **Mezquita del Rey Abd-el Aziz** von Marbella, die Prinz Salman, der damalige Gouverneur der saudi-arabi-schen Hauptstadt Riad, 1981 als erstes muslimisches Gotteshaus in Spanien seit dem 15. Jh. errichten ließ. Die Moschee bietet Platz für 800 Gläubige. Ein Pferdestall und ein Hubschrauberlandeplatz gehö-ren selbstverständlich dazu. Bauten wie diese beäugt man jedoch eher mit Skepsis.

▍ Rund um Marbella

Ein Hafen, in dem geprotzt wird

Puerto Banús

Egal, wie man dazu stehen mag: Dieser Schickimicki-Sporthafen ca. 8 km südwestlich von Marbella ist fast ein Muss. Hier machen Frei-zeitkapitäne mit entsprechendem Konto fest, hier finden sich leben-de Hingucker zum Schaulaufen ein – dickbehangen mit Gold, botox-oder silikonverstärkt. Nichts ist unmöglich in Puerto Banús, **dem mondänsten Jachthafen Spaniens**, gestaltet in neomaurischem Stil. Hier liegen gewaltige Luxusjachten vor Anker, und am Kai warten Nobelkarossen, schräge Typen und vielleicht auch ein paar Promis. Im Hafen gibt es hochpreisige Edelboutiquen und Restaurants. Bo-denständiger geht es am etwa 1 km langen Sandstrand zu.

Ausflüge ins Hinterland

Sierra Blanca

Im Hinterland von Marbella herrscht nur wenige Kilometer vom Soci-ety-Rummel entfernt in der Sierra Blanca die Ruhe der Natur. Ausflü-ge lohnen sich nach **Ojén** (9 km) mit einer Kirche aus dem 16. Jh. und weiter nach **Monda** (11 km), wo ein hübscher Ortskern die ba-rocke Iglesia de Santiago umschließt, während die Reste der mauri-schen Burg in ein Hotel integriert wurden – das wiederum eine wun-derschöne Unterkunft abgibt.
Ein lohnenswertes Ausflugsziel ist auch **Istán**. Der hübsche Ort, 12 km nördlich vom Stausee La Concepción und 20 km nördlich von Marbella, ist ein guter Ausgangspunkt für Wanderungen im **Parque Natural Sierra de las Nieves**.
Castillo de Monda: http://castillodemonda.com
Parque Natural: www.sierradelasnieves.es

Marbellas kleine Schwester

San Pedro Alcántara

Zur Gemeinde Marbella gehört das westlich gelegene San Pedro Al-cántara. Es steht touristisch im Schatten ders mondänen Nachba-rinn, zumal es knapp einen Kilometer landeinwärts liegt. Daher geht es auf der zentralen Plaza de la Iglesia einigermaßen ruhig zu, dafür ist man zur Strandpromenade wiederum etwas länger unterwegs ...
In einem Eukalyptushain in Strandnähe sind die Grundmauern der frühchristlichen **Basilika Vega del Mar** aus dem 4. bzw. 6. Jh. erhal-ten geblieben. Ab 526 diente sie den Westgoten als Begräbnisstätte;

6x

EINFACH UNBEZAHLBAR

Erlebnisse, die für Geld nicht zu bekommen sind

1.

TAPAS ZUM DRINK

In manchen Kneipen von **Granada** pflegt man noch die Tradition, Tapas, die legendären Häppchen, umsonst zu Wein und Bier zu geben. Allerdings will die Politik den gastfreundlichen Brauch irgendwann beendet sehen. (▶ S. 162)

2.

SPUREN JÜDISCHER KULTUR

Die historische Synagoge in der **Judería**, dem ehemaligen Judenviertel in **Córdoba**, ist ein Unikat – und für EU-Bürger kostenlos zugänglich. (▶ S. 125)

3.

AB IN DIE RÖMERZEIT …

… geht's im Interpretationszentrum des **Teatro Romano**, des römischen Theaters in **Cádiz**. Das kostet Sie keinen Cent. (▶ S. 101)

4.

SCHAULAUFEN IM HAFEN

Dafür ist **Puerto Banús** bekannt. Schicke Boote, schicke Autos, schicke Adressen, schicke Menschen in gewagten Outfits. Glitzer, Glamour, Promi- und Botox-Alarm. Ein kostenloses Vergnügen, all das zu beobachten! (▶ S. 236)

5.

ARCHÄOLOGIE ZUM NULLTARIF

… präsentiert das **Historische Stadtmuseum** von **Écija**, untergebracht im barocken Palacio de Benamejí. (▶ S. 134)

6.

WIE EIN FREILICHTMUSEUM AUS STEIN …

… wirkt Andalusiens bizarrster Naturpark **El Torcal de Antequera**. Zwei markierte kurze Wanderrouten stehen Besuchern offen. Erlebnisse zum Nulltarif zwischen Türmen und Felsgebilden. (▶ S. 68)

rund 200 Steingräber wurden gefunden. Im Westen der Basilika liegen an der Mündung des Río Guadalmina neben dem Wachturm Torre de las Bóvedas (16. Jh.) die Reste einer römischen Therme aus dem 3. Jh. n. Chr.

Wieder 4 km zurück Richtung Marbella entdeckte man bei Río Verde die Reste der römischen Siedlung **Silniana** aus dem 1. Jh. n. Chr.: einen fünfbogigen Rundbau, der als Wasserreservoir diente, und eine Villa mit schönen Mosaikfußböden, auf denen antikes Küchengerät, Szenen aus dem Fischerleben und der Kopf einer Medusa dargestellt sind.

Aufwendig renovierte alte Segelboote und schicke Jachten gehören ins typische Repertoire von Marbella.

 MOJÁCAR

Provinz: Almería | **Höhe:** 172 m ü. d. M. | **Einwohnerzahl:** 7200

Mojácar, das ist nicht nur ein herausgeputzter kleiner Ort auf einem Berghügel, sondern eine populäre Feriengemeinde mit einem gewichtigen Argument: 17 km Küste mit Stränden!

Das Gebiet ganz im Südosten Andalusiens gehört zur Provinz Almería und ist schon seit dem zweiten Jahrtausend vor Christus besiedelt. Sein Ortsbild und vor allem seinen Namen Mojácar verdankt der Ort den Mauren: Auf einem Bergrücken türmen sich malerisch würfelförmige, weiß getünchte Häuser übereinander.

Herausgeputztes Idyll und tolle Strände

Bis vor einigen Jahrzehnten dämmerte Mojácar noch im Dornröschenschlaf vor sich hin. Dann entdeckten es Mitteleuropäer, vor allem Künstler und Aussteiger, und die touristische Entwicklung nahm ihren Lauf. In diesem Zug entstand an der etwa 2 km entfernten Küste der neue Ortsteil Mojácar Playa, dessen Discos, Bars und Unterkünfte sich beiderseits des Parador-Hotels am Strand verteilen und so immerhin auf hässliche Betonburgen verzichtet wurde. Auch am alten Ort ist diese Entwicklung natürlich nicht spurlos vorübergegangen. Die **17 schönen Küstenkilometer** der Gemeinde erstrecken sich in Nord-Süd-Richtung von Marina de la Torre (gegenüber dem Golfplatz) bis Rambla de la Granatilla – hier finden Sie an den Stränden garantiert irgendwo freie Plätze! Einfach zugänglich sind Strände wie die Playa de las Ventanicas.

▌ Wohin in Mojácar und Umgebung?

Einer der schönsten Orte Spaniens?

Mojácar besitzt außer der Kirche Santa María aus dem 15. Jh. und dem Mirador del Castillo, dem Rest der maurischen Alcazaba, keine herausragenden Sehenswürdigkeiten. Von Letzterem haben Sie eine **fantastische Aussicht**. Mojácars Reiz liegt in den herausgeputzten, blumengeschmückten Gassen, die den Strandurlaubern **das Flair eines maurisch geprägten Dorfs** vermitteln will – was auch gelingen kann, sofern man die Ansammlung von Bars, Souvenirshops, Restaurants und die Touristen beim Malkurs übersieht ... Ob es sich bei Mojácar wirklich um »einen der schönsten Orte Spaniens« handelt, womit gerne geworben wird, darf am Ende jeder selbst beurteilen.

Im alten Dorf

Ausflug in die Vorgeschichte

Über das nördlich von Mojácar gelegene Garrucha – heute Strandbad, aber immer noch auch Fischerdorf und deshalb bekannt für sei-

Cuevas de Almanzora

MOJÁCAR ERLEBEN

OFICINA DE TURISMO
Plaza del Frontón, s/n
Tel. 950 61 50 25
www.mojacar.es

MOROS Y CRISTIANOS
Im Juni lässt Mojácar farbenprächtig die Erinnerung an die Schlachten der Mauren und Christen aufleben, die einst um den Ort tobten.

RESTAURANTE PARADOR DE MOJÁCAR €€€–€€€€
Mag die moderne Architektur für die Paradores atypisch sein, die Gastronomie ist typisch: Serviert wird leckere regionale Kost von cremigen Reisgerichten über rote Garnelen bis zu Tintenfisch und Kanincheneintopf. Mit Terrasse und Meerblick. Natürlich

können Sie sich auch gleich in einem der 99 Zimmer einquartieren.
Paseo del Mediterráneo, 339
Tel. 950 47 82 50
www.parador.es

RESTAURANTE CABO NORTE €€–€€€
Atmosphäre, Service und feine Kochkunst gehen hier eine gelungene Symbiose ein. Nahe dem Parador gelegen. Nur Abendtisch.
Calle Piedra de Villazar, 1
Mobil: 665 89 17 72
www.restaurantecabonorte.es

MAMABEL'S €
Hier nächtigen Sie bescheiden unter zwei Sternen. Dennoch ist das hoch über dem Küstenstreifen gelegene Hotel zu empfehlen. Manche der 7 Zimmer haben auch Meerblick.
Calle Embajadores, 5
Tel. 950 47 24 48
http://hotelmamabels.com

---

ne Fischrestaurants – und das Landstädtchen Vera erreichen Sie das 24 km landeinwärts gelegene Cuevas de Almanzora. Seinen Namen verdankt es prähistorischen Höhlen in einer hohen Felswand etwas außerhalb. Das beeindruckendste Bauwerk im Ort ist der festungsartige Palacio del Marqués de los Velez aus dem 16. Jh. (Mo. geschl.).
www.turismo.cuevasdelalmanzora.es

Im Landesinnern

Carboneras Südlich von Mojácar folgt die Straße zunächst der Küste, biegt dann aber nach Agua de Enmedio ins Landesinnere ab, um in engen Kurven ein Vorgebirge zu umrunden. Dabei tut sich manch spektakulärer Blick auf, bis man in Carboneras am Nordrand des Naturparks ▶ Cabo de Gata ankommt.
Carboneras selber ist ein relativ ruhiger, nicht teurer Badeort – vielleicht, weil das riesige Elektrizitätswerk hinter dem Strand doch zu abschreckend wirkt; das Castillo de San Andrés de la Carbonera im

![Mojácar: weiß getünchte Häuser auf dem Hügel, 17 km Strände an der Küste]

Mojácar: weiß getünchte Häuser auf dem Hügel, 17 km Strände an der Küste

Ortszentrum ist aus dem 16. Jahrhundert. Sehr viel hübscher ist da das noch 8 km entfernte **Agua Amarga** im Naturpark ▶ Cabo de Gata. Ebenfalls im Naturschutzgebiet liegt eine zur Touristenattraktion gewordene Bauruine, das **unvollendete Luxushotel El Algarrobico**; um einen möglichen Abriss wird weiterhin gestritten.

MONTILLA

Provinz: Córdoba | **Höhe:** 379 m ü. d. M. | **Einwohnerzahl:** 22 600

Montilla – da schwingt gleich der Gedanke an Flüssignahrung mit, an die sherryartigen Weine aus dem Anbaugebiet Montilla-Moriles. Insofern ist das Städtchen die eine, die Entdeckung der Weingegend die andere Sache.

Kalt wird es Ihnen in Montilla wahrscheinlich nicht. Die Region im Südosten von Córdoba ist eine der heißesten Spaniens mit Sommertemperaturen von oft über 40 °C. Schließlich bringen die Rebener-

Sherrys Bruder

zeugnisse Ihren Körper auf Temperatur. Der **Montilla-Wein** steht dem Sherry in nichts nach. Der Hauptunterschied besteht in der Rebsorte: Während der Sherry aus Palomino-Trauben gemacht wird, braucht man für Montilla Ximénez-Trauben. Die Palomino-Trauben werden etwas früher gelesen, die Ernte der Montilla-Trauben ist dann der Startschuss für die Weinlese in ganz Spanien. Der Wein wird in »tinajas« gefüllt, bis zu 5000 Liter fassende birnenförmige Tonkrüge (▶ Baedeker Wissen, S. 208 ff.).

▌ Wohin in Montilla?

Seit 200 Jahren in Familienbesitz

Bodega Alvear

Größte Bodega am Platz und mit dem Gründungsjahr 1729 eine der ältesten Spaniens ist Alvear: 20 000 Fässer und »tinajas« lagern zwischen den Säulen der **Solera-Halle**. Die Kellerei ist seit ihrer Gründung unverändert in Familienhand, mittlerweile ist das bald die zehnte Generation!

Avenida Auxiliadora, 1 | Führung (Englisch): Mo.–Sa. 12 Uhr | Eintritt: 12 € inkl. Kostprobe; Vornbuchung empfohlen | www.alvear.es

MONTILLA ERLEBEN

OFICINA DE TURISMO

Calle Iglesia, s/n
Tel. 957 65 23 54
www.montillaturismo.es
Im Touristenbüro und auf der WWebsite erfahren Sie, welche anderen Bodegas außer Alvear zu besuchen sind.

FIESTA DE LA VENDIMIA

Weinlesefest Anfang September

MESÓN LAS CAMACHAS €-€€

Hier haben Sie die Wahl: Tapas am gekachelten Tresen oder aufwendigere Gerichte im rustikalen Restaurant mit weißen Tischdecken. Auf jeden Fall ist alles typisch andalusisch.

Avenida Europa, 3
Tel. 957 65 00 04

TABERNA BOLERO €-€€

Eine typische Taverne mit ehrlicher, schmackhafter Küche, die Auswahl reicht von Tapas bis zu Meeresfrüchten. Die Preise stimmen.
Calle Fuente Álamo, 9
Tel. 957 78 00 47
www.tabernabolero.com

DON GONZALO €

Das Drei-Sterne-Hotel (34 Z.) ein Stück außerhalb von Montilla ist eine gute, solide Wahl. Das recht günstige Preisniveau ist ein Zusatzargument. Mit Restaurant und Außenpool.
Carretera Córdoba-Málaga, km 447
Tel. 957 65 06 58
www.hoteldongonzalo.com

Der Chronist des Inkareichs

In dem heute von der Stadtverwaltung belegten Palast erinnert ein kleines Museum an **Garcilaso de la Vega** (1539–1616), Sohn eines spanischen Adeligen und einer Cousine des letzten Inkaherrschers Atahualpa. Er machte sich einen Namen als Chronist des Andenreichs.

Die auf römischen Fundamenten von den Mauren erbaute **Burg** besaß einst 30 Türme. Diese wurden jedoch im Auftrag der Katholischen Könige als Strafe für den ungehorsamen Burgherren Pedro Fernández de Córdoba geschliffen.

Unter den über 20 Sakralbauten (!) sind erwähnenswert das mudejare Kloster Santa Clara, im 16. Jh. im spätgotischen Stil von Hernán Ruiz el Viejo erbaut und mit schöner Artesonadodecke sowie der Convento de Santa Ana mit Skulpturen von Pedro Roldán am Hauptaltar.

Weitere Sehenswürdigkeiten (margin)

Casa Museo del Inca Garcilaso de la Vega: Calle Capitán Alonso de Vargas, 3 | Mi.–So. 11–14, Fr. u. Sa. auch 17–19 Uhr | Eintritt: frei

Castillo: Mo.–Fr. 10-14, Sa., So. 10–13, Fr., Sa. auch 18-20 (im Winter 16.30-18.30) Uhr | Eintritt frei

▌ Rundfahrt durch das Wein- und Olivenland

Schöne Herrenhäuser

Aguilar de la Frontera gruppiert sich auf einem Hügel 13 km südlich von Montilla. In den Gassen und Straßen des typisch andalusischen Städtchens (13 400 Einw.) entdeckt man ein ums andere Mal schöne Herrenhäuser. Außergewöhnlich zeigt sich die klassizistische **Plaza de San José**: Der achteckige Platz, auf den drei Torwege münden, ist von einer dreigeschossigen Häuserreihe umgeben. Sehenswert sind auch die barocke Torre de Reloj, die sich zwischen den Ruinen der maurischen Burg erhebt, und der churriguereske Kirchenraum des Klosters der Unbeschuhten Karmelitinnen aus dem 18. Jh. Reiche Barockverzierungen in den Seitenkapellen und im Apsisbereich zeichnen **Nuestra Señora del Soterrano** aus, die Hauptkirche der Stadt.

Aguilar de la Frontera (margin)

Wirtschaftliches Zentrum von Montilla-Moriles

Lucena, 19 km weiter südöstlich, ist das wirtschaftliche Zentrum von Montilla-Moriles. Hier werden die »tinajas« hergestellt, die birnenförmigen Tonkrüge für die Aufbewahrung des Weins. Die Stadt machte in der spanischen Geschichte 1483 von sich reden, als hier der Graf von Cabra den maurischen Herrscher von Granada, Boabdil, gefangen hielt; er kam erst frei, nachdem er Lösegeld gezahlt und sich für neutral erklärt hatte. Vom Castillo del Moral, in dem Boabdil festgehalten wurde, ist nur noch der Turm gut erhalten. Daran schließt sich die Plaza Nueva mit der Kirche San Mateo an, erbaut im 15. und 16. Jh., die mit der **Capilla del Sagrario** ein Kleinod andalusischer Rokokokunst besitzt.

Lucena (margin)

Zuheros thront wie ein weißes Adlernest am Berghang.

Über die Plaza del Coso gelangen Sie zum **Kloster Santo Domingo**, hinter dessen Fassade aus dem 19. Jh. sich ein manieristischer Kreuzgang verbirgt; die Klosterkirche stammt aus der ersten Hälfte des 17. Jahrhunderts. Im weiß gekalkten Hospital de San Juan de Dios sollten Sie die Kapelle mit ihrem überladenen churriguresken Altar besuchen. Vom schlichten Äußeren hebt sich das prächtige Barockportal ab. Die spätgotische, mit mudejaren Stilelementen versetzte Iglesia de Santiago aus der ersten Hälfte des 16. Jh.s besitzt einen monumentalen Glockenturm. Ein doppelgeschossiger Arkadenkreuzgang schließt sich an die Konventskirche Madre de Dios an, die im 17. und 18. Jh. von dem einheimischen Künstler Francisco de Lucena ausgestattet wurde.

Von Lucena bieten sich noch folgende **Abstecher** an: Ein Stück südlich liegt auf einem Bergrücken inmitten wildromantischer Natur die **Einsiedelei Nuestra Señora de Araceli**.

In **Rute,** 21 km südöstlich, wird traditionsgemäß Anisschnaps gebrannt; ihm ist das **Museo del Anís** gewidmet.

Auf landschaftlich schöner Strecke geht es von Rute weiter südöstlich nach Iznájar, einen Ort am Rand des gleichnamigen Stausees, um den Spazierwege führen.

Museo del Anís: Paseo del Fresno, 2 | Führungen nach Voranmeld. Tel. 699 72 90 50 (mobil) o. 957 53 81 43 o. http://museodelanis.com

Ein Zwischenziel

Die nächste Station auf der Hauptroute heißt Cabra, 12 km nordöst- **Cabra**
lich von Lucena. Außerhalb des Ortskerns etwas bergan ruht die Iglesia de la Asunción auf den Fundamenten einer ehemaligen Moschee.
Daneben sind die Reste der maurischen Alcazaba erhalten.

Von der Straße nach Priego de Córdoba zweigt 6 km hinter Cabra ein
Sträßchen zu der aus dem 16. Jh. stammenden Ermita de la Virgen de
la Sierra ab, wo, inmitten des schönen **Parque Natural de la Sierra
Subbética**, die Schutzpatronin von Cabra verehrt wird. Aus über
1200 m Höhe haben Sie eine wunderbare Aussicht.

Parque Natural: https://pnsierrassubbeticas.es

Steinzeitkunst

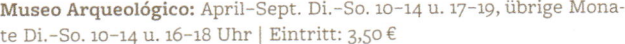

Von der landschaftlich schönen Strecke ins 25 km nordöstlich von
Cabra gelegene Baena zweigt bei Doña Mencia ein Sträßchen zum **Zuheros**
malerischen Dorf Zuheros ab. Weiße Häuser und ein Gewirr von
Straßen gruppieren sich um die Ruinen einer maurischen Burg auf
einem Felsen. Das **Archäologische Museum** (Museo Arqueológico)
bei der Aussichtsterrasse zeigt Funde aus der **Cueva de los Murciélagos**. Die »Höhle der Fledermäuse« liegt oberhalb von Zuheros,
4 km entfernt (ausgeschildert) in den Bergen und offenbart auf einer einstündigen Tour herrliche Tropfsteingebilde und Wandmalerei-
en aus dem Neolithikum.

Museo Arqueológico: April–Sept. Di.–So. 10–14 u. 17–19, übrige Mona-
te Di.–So. 10–14 u. 16–18 Uhr | Eintritt: 3,50 €
Cueva de los Murciélagos: Führungen Mi.–Fr. 12.30, Sa.,So. 11,
12.30, 17.30 Uhr (im Winter 16.30) | Eintritt: 7,50 €, Kombiticket mit
Museum: 10,50 € | http://turismozuheros.es

Hervorragendes Olivenöl

Rund um Baena haben **Olivenbäume** die Rebstöcke längst abgelöst. **Baena**
Zentrum dieses Olivenanbaugebiets mit geschützter Herkunfts-
bezeichnung (DO) ist die an eine Bergkuppe geschmiegte Kleinstadt
Baena (19 000 Einw.), die nicht nur bekannt ist für ihr **hochwertiges
Olivenöl**, sondern auch für ihre Tambourinspieler, die in der Karwo-
che mit fantastischen Uniformen die Osterprozessionen begleiten.
Am besten deckt man sich direkt beim Produzenten mit Olivenöl ein;
die Betriebsstrukturen sind familiär.

Das **Barrio alto** (oberes Viertel) mit einigen Renaissancepalästen ist
noch teilweise von einem Mauerring umschlossen. Die dreischiffige
spätgotische Kirche **Santa María**, die Hauptkirche Baenas, besitzt
vor ihrer Hauptkapelle ein schönes platereskes Gitter und zeigt ihre
Schätze, vor allem Goldschmiedearbeiten, in der Sakristei. Der Glockenturm entstand, wie so häufig, aus dem Minarett einer Moschee.
In der Kirche des 1510 gegründeten Klosters Madre de Dios fällt die
große Marienfigur der Virgen de la Antigua auf, hält sie doch eine

Birne in ihrer Hand. An den Wänden sehen Sie über 60 Gemälde mit Szenen aus dem Leben Jesu; die Decke der Hauptkapelle ist mit Azulejos ausgekleidet.

In der **Unterstadt El Llano** steht an der Plaza de España die der Madonna von Guadalupe geweihte Wallfahrtskirche, in der eine direkt auf die Wand aufgetragene Ölmalerei und schöne Artesonado-Decken zu bewundern sind.

Im 18 km nördlich von Baena gelegenen **Torreparedones** hat man eine **iberisch-römische Siedlung** freigelegt. Die Römer eroberten im 1. Jh. n. Chr. die iberische Ortschaft und bauten darauf eine Stadt nach ihrem Muster. Auf einem aussichtsreichen Hügel sind heute neben dem Forum das Heiligtum einer iberischen Fruchtbarkeitsgöttin, ein monumentales römisches Grabmal und eine maurische Kapelle zu entdecken.

Zurück zum Wein

Castro del Río und Espejo

Vom Olivenland geht es nun zurück ins Weinland. Das letzte Stück der 19 km langen Fahrt von Baena ins nordwestlich gelegene Castro del Río führt am Río Guadajoz entlang. Der Ort entstand um eine römische Brücke über den Fluss; aus dieser Zeit stammen auch die Reste der Stadtmauer und die Fundamente der maurischen Burgruine. Auffällig ist das platereske Portal der Kirche La Asunción, die auf das 13. Jh. zurückgeht. Das Rathaus bewahrt die Zelle, in der **Miguel de Cervantes** im Jahr 1592 für drei Monate einsaß. Er hatte als Steuereintreiber den Fehler begangen, von einem Geistlichen Abgaben zu verlangen, obwohl der Klerus Steuerfreiheit genoss. Es heißt, Cervantes habe hier seinen »Don Quijote« begonnen.

Ab Castro del Río fahren Sie zunächst westwärts. Über den hübschen Weinbauort Espejo, der von der Burg der Herzöge von Osuna dominiert wird, erreichen Sie schließlich wieder Montilla.

NERJA

J 6

Der Balkon von Europa

Provinz: Málaga | **Höhe:** 21 m ü. d. M. | **Einwohnerzahl:** 21 100

Nerja ist kein Ferienstädtchen von der Stange und auf seine Art unverwechselbar: mit kleinen Stränden, einer Altstadt, der Aussichtspromenade Balcón de Europa und dem Bergland im Rücken. Und eine spektakuläre Tropfsteinhöhle gibt's obendrauf.

Unter den Mauren war das an der Mündung des Río Chillar ins Mittelmeer gelegene Nerja als »Narixa« (wasserreiche Quelle) bekannt und erlebte in dieser Zeit seine Blüte. Heute sprudelt die Einnahmequelle Tourismus, obgleich nicht so übertrieben wie andernorts. Das Badestädtchenn zählt zu den vergleichsweise stilleren Reisezielen an der Costa Tropical, wie dieser Abschnitt der Sonnenküste heißt. Berühmt sind die etwas außerhalb gelegenen Tropfsteinhöhlen.

Wohin in Nerja und Umgebung?

Weiter Blick

Die Kuppel der Ermita de las Angustias im alten Teil von Nerja (16. Jh.) wurde von Alonso Cano mit Fresken ausgemalt. Gegenüber vom Rathaus, wo sich einst eine Burg erhob, ragt der **Balcón de Europa** auf das Meer hinaus. Von dieser hoch gelegenen Aussichtspromenade haben Sie einen herrlichen Blick auf die abwechslungsreiche Küste und die Sierra de Tejeda, wie das Gebirge im Hinterland heißt. Zu beiden Seiten des Balkons erstrecken sich die Strände Nerjas, von denen die Playa de la Burriana ganz im Osten und die Playa de la Torrecilla ganz im Westen die besten sind.

Das alte Nerja

Die Costa del Sol bei Nerja: schöne Sandstrände, hübsche Badebuchten mit felsigen Abschnitten und ein gebirgiges Hinterland

Cueva de Nerja

Kobolde, Orgelpfeifen und verfaltete Greise

Diese kuriosen Tropfsteingebilde spornen die Fantasie an. 1959 entdeckten Kinder die Cueva de Nerja genannte Tropfsteinhöhle östlich des Stadtgebiets. Besuchern steht ein Teil des kilometerlangen Höhlensystems offen. Auf Ihrem Rundgang erleben Sie **bizarre Stalaktiten- und Stalagmitengebilde** – spektakulär der riesige Tropfstein in der Sala del Cataclismo –, aber auch durch die mit künstlicher Beleuchtung hervorgerufenen farbenprächtigen Effekte. Die Höhlen boten Menschen einst Unterschlupf; daran erinnern hier entdeckte Keramik, Werkzeuge und andere Gegenstände (zu sehen im Museum). Stilfremd ist das hineingekeilte Auditorium. Die Höhle lockt jedes Jahr riesige Besuchermengen an.

Juli, Aug. tgl. 9–19, übrige Monate 9.30–16.30 Uhr (letzter Einlass 1 Std. vorher) | Eintritt: 12 € | http://cuevadenerja.es

Ein später Aquädukt

Maro

Nicht die Römer, sondern der Architekt Francisco Cantarero baute im 19. Jh. den vierstöckigen Aquädukt, der bei Maro nahe der N-340 die Schlucht von La Coladilla überquert. Das Nachbardorf von Nerja mit einer kleinen Badebucht ist eine etwas ruhigere Alternative.

La Axarquía

Süßer Wein, Olivenöl und andere Leckereien

Der Küstenabschnitt der Costa del Sol zwischen Nerja und Málaga und das dazugehörige Hinterland werden auch La Axarquía genannt. Da die Berge der Sierra Alhama, Sierra Tejeda und Sierra Almijara sie vor kalten Nordwinden schützt, ist La Axarquía bekannt für ein ausgesprochen mildes Klima. Das nutzten schon die Mauren, die hier Wein, Obst und Seidenraupen züchteten und sich nach dem Fall von Granada in die Bergeinsamkeit zurückzogen.

Die **Dörfer der Axarquía** haben einen besonderen Reiz. So auch das 6 km nördlich von Nerja gelegene **Frigiliana**, ein weißes Bilderbuchdorf, in dem Málaga-Wein gekeltert wird. Die Gassen in dem blumengeschmückten maurischen Ortskern sind sehr eng, die Aussicht auf Nerja und das Meer großartig. Frigiliana war eine moriskische Hochburg: Keramiktafeln an den Häusern erzählen von einem – letztlich niedergeschlagenen – Aufstand der Mauren gegen die Christen 1569, der Batalla del Peñón. Im Dorf wird nicht nur der süße Málaga-Wein verkauft, in einigen Geschäften gibt es auch im Ort produziertes Olivenöl und – eine Rarität – Honig aus Zuckerrohr (miel de caña).

Eine kleine Rundfahrt durch die Axarquía bringt Sie von Nerja nach Westen durch den Ferienort Torrox-Costa und von dort nach Torrox, das 4 km weiter nördlich charmant in den Bergen liegt. Es wurde im 12. Jh. von den Mauren gegründet.

Von Torrox geht es auf kurvenreicher und landschaftlich schöner Strecke ins 15 km entfernte **Weindorf Cómpeta**, dessen weiß getünchte Häuser an einem Berghang kleben – tolle Fotomotive! 37 m

NERJA ERLEBEN

OFICINA DE TURISMO
Calle del Carmen, 1
Tel. 952 52 15 31
http://turismo.nerja.es
Mo.–Fr. 10–14 u. 170–20.30,
Sa., So. 10–13.30 Uhr

FESTIVAL DE LAS CUEVAS
Ende Juli/Anfang August findet bei
den Höhlen im Auditorium Manuel
del Campo von Nerja ein Musik- und
Ballettfest statt.

Beliebter Spot, vor allem für jüngeres
Publikum, ist in Nerja die Plaza Tutti-
Frutti. Nette Ausgehzonen finden Sie
auch um die Calle de la Gloria.

EL PULGUILLA €–€€
Eine bewährte Adresse im Herzen
des Städtchens, vor allem für frittierten Fisch und Meeresfrüchte. Es gibt
reichlich Platz – doch der ist auch immer gut belegt. Für den kleinen Hunger eignet sich der Bereich der Tapas-
Bar. El Pulguilla vermietet auch
Apartments in der Calle San Pedro, 8.
Calle Almirante Ferrándiz, 26
Tel. 952 52 13 84
http://elpulguilla.com

REY ALFONSO €€–€€€
Der Fensterblick aufs Meer – das gibt
dem Restaurantbesuch seine besondere Würze, ob bei Paella (auch ve-
getarisch!), Meeresfrüchten oder En-
trecote.
Paseo Balcón de Europa, s/n
Tel. 952 52 09 58.

PARAÍSO DEL MAR €€–€€€
Hier stehen die Zeichen auf Entspannung. Komfort und fantastische Aussichten – dank der Lage auf einer
Klippe über dem Meer – finden in
dem Haus mit 10 Zimmern treffend
zusammen.
Prolongación de Carabeo, 22
Tel. 952 52 16 21
www.hotelparaisodelmar.es

hoch ragt der Turm der Pfarrkirche auf. Aus den Rebgärten, die sich
teils über Steilhänge ziehen, stammt ein lokaler Tropfen: Vino de
Cómpeta. Diesen Süßwein aus der Moscatel-Traube sollten Sie unbedingt vor Ort kosten! Natürlich in Maßen, denn ab Cómpeta geht's
wieder zurück zur Küste.
Und zwar über Archez, Corumbela und **Vélez-Málaga**, einem von
der Höhe grüßenden Städtchen, dessen Stadtbild weiße würfelförmige Häuser und die maurische Alcazaba prägen. Auf dem Rückweg
passieren Sie zwischen Caleta de Vélez und Algarrobo die **Necrópolis von Trayamar**, wo punische und phönizische Gräber entdeckt
wurden, die teilweise aus dem 8. Jh. v. Chr. stammen. Die Funde,
darunter ein Goldmedaillon, sind im Archäologischen Museum von
▶ Málaga ausgestellt.

6x
DURCHATMEN

Entspannen, wohlfühlen, runterkommen

1.
UNBERÜHRTE STRÄNDE

Keine Bettenburg, kein Sonnenschirmverleih. Das glasklare Wasser des Mittelmeers lädt zum Bad ein. Dies erleben Sie südwestlich von San José an den abgelegenen Stränden im Naturpark **Cabo de Gata.** (▶ **S. 92**)

2.
GRÜNE LUNGE

Der Parque de María Luisa in **Sevilla** ist einer der schönsten Stadtparks in Andalusien. Tun Sie's den Sevillanern gleich, atmen Sie grüne Frische ein. (▶ **S. 314**)

3.
ABENDSTIM-MUNG IM »WEISSEN DORF«

Frigiliana, im Hinterland der östlichen Costa del Sol, ist ein typisches Weißes Dorf. Die Stimmung genießen Sie allerdings erst so richtig am Abend, wenn die Besuchermassen wieder weg sind. (▶ **S. 248**)

4.
SAKRALER ABSTIEG

Abwärts geht's in der **Kathedrale** von **Cádiz** in die kunstvoll ausgestaltete Krypta. Die sakrale Unterwelt ist ein Ort der Ruhe, wo auch der berühmte Komponist Manuel de Falla begraben liegt. (▶ **S. 101**)

5.
TUMMELPLATZ DER TIERE

Diese Tiere tief in der Erde geben keine Geräusche mehr von sich – doch ihre Darstellungen in der **Cueva de la Pileta** halten uns vor Augen, was für Künstler die Meister der Steinzeit waren. Bewundern Sie in Ruhe die Details. (▶ **S. 281**)

6.
THRON ÜBER DER COSTA TROPICAL

Einfach abschalten, weit hinaus aufs Meer schauen und rückwärtig in die Berge. Dazu steigen Sie im Küstenstädtchen **Almuñécar** zwischen den Stränden auf den Hügel **Peñón del Santo**. (▶ **S. 61**)

★ OSUNA

Provinz: Sevilla | **Höhe:** 326 m ü. d. M. | **Einwohnerzahl:** 17 600

Was passieren kann, wenn ein Adelsgeschlecht einem Städtchen seinen Stempel aufdrückt, zeigt sich in Osuna. Es war die Heimat der Herzöge von Osuna, die ihrer Stadt wunderbare barocke Paläste und Kirchen bescherten und einen Spaziergang durch die Altstadt zum Erlebnis werden lassen.

Nach bewegten Zeiten, die auf einer Römergründung beruhten und im mittelalterlichen Hin und Her zwischen Mauren und Christen ihre Fortsetzung fanden, trat der Calatrava-Orden die Stadt an die Herren von Girón ab. Juan Téllez de Girón rief 1548 die Universität ins Leben, an der sich allerdings nur Studenten einschreiben durften, die sich zum Dogma der Unbefleckten Empfängnis bekannten. Die Hochschule machte Osuna zu einem **geistigen Zentrum im Spanien** des 16. und 17. Jahrhunderts. König Philipp II. verlieh Pedro Téllez de Girón 1562 den Titel des Herzogs von Osuna. Im 17. und 18. Jh. war dieses Adelsgeschlecht eines der mächtigsten in Spanien – und genau das half mit, das Bild dieses Städtchens in einer der heißesten Zonen Andalusiens am Südrand der Ebene des Guadalquivir zu prägen.

Mächtige Herzöge

▎ Wohin in Osuna und Umgebung?

Schönes Bauerbe

Vier historische Adelspaläste Osunas verdienen es, hervorgehoben zu werden: der **Palacio del Marqués de la Gomera** in der Calle San Pedro mit prachtvoller barocker Fassade, die ein Balkon dominiert, auf den eine extravagante, von gedrehten Säulen eingefasste Tür hinausführt. Nicht minder schön in derselben Straße ist der **Palacio del Cabildo Colegial**, dessen Fassade mit weißen Schmuckkacheln verziert ist und über dem Portal eine Nachbildung der Giralda von Sevilla zeigt (▶ Abb. S. 253). Und dann sind da noch der **Palacio de los Cepedas** in der Calle de la Huerta (heute Gericht) und der **Palacio de Govantes y Herdara** in der Calle Sevilla.

★
Adelspaläste

Escorial von Osuna

Die auf der Höhe gelegene dreischiffige Stiftskirche mit drei plateresken Portalen wurde von 1535 bis 1539 erbaut. In der Capilla Mayor hängen vier Gemälde von **José de Ribera** (hll. Hieronymus, Petrus, Sebastian, Bartholomäus), die in der Zeit der Regentschaft des dritten Herzogs von Osuna als Vizekönig von Neapel, wo Ribera hauptsächlich wirkte, nach Osuna kamen; ein anderes Ribera-

★
La Colegiata

OSUNA ERLEBEN

OFICINA DE TURISMO
Calle Sevilla, 37
Tel. 954 81 57 32
www.osuna.es

DOÑA GUADALUPE €€-€€€
Eine ländliche Eleganz strahlt dieses Traditionsrestaurant aus, bei dem man eigentlich nichts falsch machen kann. Hier gibt's kräftige andalusische Hausmannskost u. a. mit geschmortem Stierschwanz, Rühreigerichten und Rebhuhn (perdiz) mit cremigem Reis.
Plaza Guadalupe, 6
Tel. 954 81 05 58

CASA CURRO €
Hier öffnet sich das Tor ins Tapas-Paradies – die Auswahl werden Sie nicht bei einem einzigen Besuch schaffen. Aber Sie können ja wiederkommen. Manche schwören darauf, dass dies die leckersten Tapas in Osuna sind.
Plaza Salitre, 5
Tel. 955 82 07 58

HOSPEDERÍA DEL MONASTERIO €
Ein angenehmes Vier-Sterne-Hotel mit 10 geschmackvoll eingerichteten Zimmern. Auch Preisniveau, Restaurant, Terrasse und Pool sprechen für einen Aufenthalt.
Plaza de la Encarnación, 3
Tel. 955 82 13 80
http://hospederiadelmonasterio.com

Gemälde zeigt Christus am Kreuz. Zu den weiteren Schätzen zählen eine Madonnenfigur von Alonso Cano, ein Retabel von Sebastián Fernández, die katalanische Madonna mit dem Granatapfel und ein flämisches Triptychon (beide 16. Jh.), schließlich die Skulptur »Cristo de la Misericordia« von Juan de Mesa. Durch den plateresken, von einer doppelstöckigen Arkadenreihe umlaufenen Patio del Capellán erreichen Sie die **Grabkapelle der Herzöge von Osuna** (Santo Sepulcro oder Panteón). Juan Téllez de Girón ließ sie ab 1545 errichten; die herrlichen Stuckarbeiten, die Gemälde, der Figurenschmuck und das kleine, aber prächtige Chorgestühl verhalfen ihr zu dem Beinamen »Escorial von Osuna«. Interessant ist auch der Museumsbereich mit Sakralkunst.
Führungen: Sommer Di.-So. 9.30, 10.15-13.15 (stdl.), 19, 20;Winter 10.15-13.15 (stdl.), 16, 17 Uhr | Eintritt 6 € | www.colegiatadeosuna.es

Don Quijote war hier
Antigua Universidad

Cervantes erwähnte in seinem »Don Quijote« die Universität gegenüber der Ostfassade der Colegiata. Das Gebäude der ehemaligen Hochschule (bis 1824) umschließt einen plateresken Innenhof mit Galerie.

Die prachtvoll verzierte Fassade des Palacio del Cabildo Colegial

Das älteste Gebäude

Zwischen La Colegiata und der Plaza Mayor steht die Torre del Agua, ein almohadischer Turm aus dem 12. Jh. und damit ältestes erhaltenes Gebäude der Stadt. Hier ist das **Archäologische Museum** untergebracht.

Torre del Agua

Plaza de la Duquesa | Führungen wie La Colegiata. s. zuvor | Eintritt: 3 €

Verzweiflungstat

Das am Fuß der gleichnamigen Sierra gelegene Estepa, 24 km östlich von Osuna, war das karthagische Astapa, dessen Bewohner sich 207 v. Chr. lieber selbst verbrannten, als sich Scipio Africanus zu ergeben. Die mächtige **Torre del Homenaje** ist der auffälligste Rest der Burg; von der Terrasse der bei der Festung liegenden gotischen **Kirche Santa María de la Asunción** bietet sich eine schöne Rundsicht. Die Kirche Iglesia del Carmen besitzt ein aufwendig verziertes Hauptportal mit schwarzen Azulejos.

Estepa

Dank des mit Jaspis belegten **Camarín de la Vera Cruz**, der 1745 von Nicolás Bautista Morales geschaffen wurde, steht die Kirche Nuestra Señora de los Remedios in der Reihe wichtiger barocker Sakralbauten Andalusiens.

253

★★ PARQUE NACIONAL DE DOÑANA

Provinzen: Huelva, Sevilla

D 5/6

Der Nationalpark Doñana an der Costa de la Luz ist das »Vorzeigeschutzgebiet« Andalusiens, eine Landschaft aus Lagunen und Sümpfen, aus Wanderdünen und Marschen und Heimat zahlreicher Vögel. Doch das Areal, das zum Welterbe der UNESCO gehört, ist ebenso vielgesichtig wie fragil.

Vogel-paradies

Bootstouren und kleine Wanderungen sind für umweltbewusste Reisende die sanfteste Art, sich dem **Parque Nacional de Doñana** zu nähern. Der 543 km² große Nationalpark greift im Osten und Südosten bis zum Mündungsgebiet des Río Guadalquivir aus und reicht im Süden bis zur Atlantikküste mit ihren Wanderdünen (▶ Das ist Andalusien, S. 12). Das **einzigartige Ökosystem aus Feucht- und Trockenzonen** bietet Zehntausenden Vögeln Brutgebiete und eine Station auf ihrem Weg von und nach Afrika. Kraniche und Graugänse finden sich in den fragilen Ökosystemen ebenso ein wie Flamingos. Auf Korkeichen brüten ganze Kolonien von Graureihern, Seidenreihern, Kuhreihern, Löfflern und Weißstörchen. Auf die Nester und ihren Inhalt abgesehen haben es Raubvögel wie Mäusebussard, Rotmilan und Turmfalke. Ausgesprochenen Seltenheitswert haben der Kaiseradler (Iberienadler) und die Purpurralle.

In den Lagunen

Vögel in den Marismas

In den Marismas, dem Marschland, wachsen u. a. Sumpfbinse und breitblättrige Rohrkolben. Diverse Arten von Enten finden ideale Bedingungen, im Frühjahr nisten Blässhuhn, Haubentaucher, Zwergtaucher, Purpurreiher, Lachseeschwalbe, Weißbartseeschwalbe und Trauerseeschwalbe. Größere Lagunen wie die Laguna de Santa Olalla und die Laguna Dulce liegen parallel zur Küste, die kleineren mehr im Inneren. Sie sind von Korkeichen, Pinien und Baumheide gesäumt. Ginster und Farn begrünen die Ufer.

Unter Wasserschildkröten, Wildschweinen und Luchsen

Amphibien, Reptilien, Säugetiere

Wichtigste Wasserbewohner sind Seefrosch, europäische Sumpfschildkröte und kaspische Wasserschildkröte. Das bedrohte Kammblässhuhn findet hier seinen letzten europäischen Zufluchtsort. An die Ufer kommen Dam- und Rothirsche sowie Wildschweine; Nutrias (Biberratten) leben am Wasser. Weiterhin prägnant für die Fauna im Park sind Wiesel, Iltisse, Füchse, Dachse und die Kleinfleckginsterkatze. Als Raritäten gelten die giftige Stülpnasenotter, der Pardelluchs,

PARQUE NACIONAL DE DOÑANA

Sevilla
Palacio del Acebrón
La Rocina
El Rocío
Isla Mayor

José Antonio Valverde
Caño de Guadiamar

El Acebuche
Huelva
Cta. del Parque
Matalascañas
Palacio de Doñana
Madre de las Marismas
Torre Carbonero
Lucio de los Ansares
Torre Zalabar
Lucio del Membrillo
Río Guadalquivir
N
2 km
©BAEDEKER
Mar
Atlántico
Torre de San Jacinto
Sanlúcar de Barrameda

VEGETATIONSZONEN

- Eukalyptusbestände
- Wald- und Unterholzgebiet ('montes')
- Wanderdünen
- Pinieninseln ('corrales')
- Altwasser des Guadalquivir ('caños')
- Marschen ('marismas')
- Übergangsgebiete zwischen Marschen und Dünen
- Erhebungen und Trockengebiete ('vetas')
- --- Geländewagen-Route

DOÑANA ERLEBEN

IM INTERNET
www.miteco.gob.es/es/
red-parques-nacionales
(Website der spanischen
Nationalparks)

**CENTRO DE VISITANTES
EL ACEBUCHE**
Multimedia-Ausstellung zu den Ökosystemen, Shop, Cafeteria
1,5 km abseits der A-483 zwischen El Rocío und Matalascañas
(4 km von Matalacañas)
Tel. 959 43 96 29
Mai–Mitte Sept. Mo.–Sa. 8–15 u.
16–21, So. 8–15; übrige Monate
Mo.–Sa. 8–15 u. 16–19, So. 8–15

**CENTRO DE VISITANTES
LA ROCINA**
Audiovisuelle Schau, Ausstellung über
die Wallfahrt von Rocío; Fußweg
»Charco de la Boca«
ca. 1 km vor El Rocío

Tel. 959 43 95 69
Feb.–Okt. tgl. 9–15 u. 16–19, So.
9–15; übrige Monate nachm. nur
bis 18 Uhr

**CENTRO DE VISITANTES
PALACIO DEL ACEBRÓN**
Ethnografische Ausstellung
ca. 7 km von La Rocina
Mobil: 600 14 46 25
Zeiten s. La Rocina

**CENTRO DE VISITANTES
FÁBRICA DE HIELO**
Ständige Ausstellung und Buchung
der Bootsausflüge, s. .u.
Avenida Bajo de Guía, s/n
Sanlúcar de Barrameda
Tel. 956 38 65 77
April–Sept. tgl. 9–20, Feb./März
9–19, übrige Monate 9–18 Uhr

BOOTSAUSFLÜGE
Ab Sanlúcar de Barrameda geht es
mit der »Real Fernando« über den
Río Guadalquivir an den Park heran.

der kleiner ist als der europäische Luchs und hier unter wissenschaftlicher Aufsicht aufgezogen wird, sowie der **Ichneumon**, einziger Vertreter dieser Schleichkatzenart, der meist in Familienverbänden im
Gänsemarsch einhertrottet.
Philariasträucher (Steinlinden) ebenso vor wie Rosmarin, Wacholder, Lavendel und weißer Thymian. Besonders im südlichen Teil gedeihen Pinien, zwischen denen Unterholz aus Baumheide, Zistrosen,
Ginster und Pistazie wächst. Die **Pinienwälder** sind Lebensraum für
Ringeltaube, Turteltaube, Misteldrossel, Mäusebussard, Rotmilan
und Turmfalke; jedes Jahr kehren Baumfalke und Schlangenadler
wieder. Sehr selten ist die fast nur hier anzutreffende Blauelster.
Entlang der Küste erstrecken sich **Dünen**, die bei ihrem Vordringen
ins Land Pinienwäldchen umschließen, sodass diese wie Inselchen
(Corrales) im Sand stehen, bis sie erstickt werden. Die Vegetation
dort ist sehr dürftig: hauptsächlich Strandhafer und ein Camarina ge-
nanntes Gestrüpp, von dessen süßen Früchten sich Vögel ernähren.
Unter den Eidechsen kommt der gewöhnliche Fransenfinger vor.

Zu der etwa 2,5-tündigen Tour gehört ein geführter Landgang. Infos, Reservierungen und Tickets:
Centro de Vistantes
Fábrica de Hielo
Sanlúcar de Barrameda
Tel. 956 36 38 13
www.visitasdonana.com
Abfahrten tgl. außer Mo.: im Frühling u. Sommer 9 o. 9.30 u. 16 o. 16.30; im Herbst/Winter i.d.R. nur 10 Uhr | Preis: 20 €
s.a. Das ist Andalusien, S. 14

AUF EIGENE FAUST
Bei den Besucherzentren beginnen markierte Fußwege zur Selbstentdeckung. Am Informationszentrum El Acebuche starten die Wege »Laguna del Acebuche« und »Lagunas del Huerto y Las Pajas«.

PARADOR DE MAZAGÓN €€–€€€
Modernes Haus (63 Z.) in fantastischer Lage: davor das Meer mit herrlichen Stränden, dahinter der Naturpark Doñana (dies ist aber nicht der eigentliche Nationalpark, der beginnt weiter südöstlich). Das Restaurant tischt die besten Produkte aus dem Meer und den Bergen auf: ob Garnelen aus Huelva oder Jabugo-Schinken.
Mazagón, Carretera San Juan del Puerto
Tel. 959 53 63 00
www.parador.es

AIRES DE DOÑANA €€€
Restaurant am Rand des Nationalparks mit toller Aussicht. Da kann die Küche vielleicht nicht ganz mithalten, aber bei diesen Blicken fällt das nicht so sehr ins Gewicht.
El Rocío, Avenida Canaliega, 1
Tel. 959 44 22 89

GRAN HOTEL DEL COTO €€
Das größte (466 Z.) und teuerste Hotel in Matalascañas mit zwei Pools.
Matalascañas, Polígono, Sector Dunas, 2. Fase
Tel. 959 44 00 17
www.granhoteldelcoto.com

Weitere Adressen
▶ Sanlúcar de Barrameda

Der gefährdete Park
Die Landschaft war von jeher kaum besiedelt – zu feindlich war das Klima des Marschlandes (marismas), wo bis Mitte des 20. Jh.s noch die Malaria grassierte. Daher war das Gebiet königliches und später adliges **Jagdgebiet** (span. coto). Der 7. Herzog von Medina Sidonia errichtete 1595 seiner Gattin Doña Ana mitten im heutigen Nationalpark einen **Palast**, der mittlerweile Forschungszentrum ist. Aus »Coto de Doña Ana« wurde im Laufe der Zeit »Coto de Doñana«. Erst in den 1960er-Jahren wurde die Bedeutung des Gebiets für Zugvögel erkannt. Naturschützer setzten sich für die Schaffung eines Nationalparks ein, der 1969 als »Parque Nacional de Doñana« eröffnet und später erweitert wurde. Seit 1994 ist der Park **UNESCO-Weltnaturerbe**. Dennoch ist der Park gefährdet. Die umliegenden großen Reis- und Obstplantagen verbrauchen (zu) viel Wasser. Die Giftstoffe aus der nicht zimperlich ausgebrachten Düngung gelangen auch in die Marismas. Selbst der Fremdenverkehr stellt ein Problem dar. Von El Rocío, Spaniens berühmtestem Wallfahrtsort (▶ S 259)

Vom Jagd-
revier zum
geschützten
Park

am Nordrand des Parks, führt die A-483 am Parkrand zur 16 km süd-östlich gelegenen Feriensiedlung Matalascañas, die ebenfalls viel Wasser verbraucht. Wer Doñana besucht, kann auf jeden Fall etwas für die Umwelt tun, damit der Nationalpark auch kommenden Generationen so ursprünglich wie möglich erhalten bleibt: auf dubiose Geländewagentouren verzichten.

Ein guter Spot, um die Vogelwelt zu studieren, liegt kurz vor El Rocío. Hier überquert die A-483 einen Marisma-Arm – die Brücke ist, ein Fernglas vorausgesetzt, ein sehr guter Beobachtungspunkt. Dazu kommt noch der Blick auf die weißen Häuschen des Wallfahrtsorts.

Traumstrand mit Architektursünde

Matalascañas

Ein wunderbarer Strand an der Costa de la Luz, dafür architektonische Ernüchterung. So sieht es aus in Matalascañas, das außerhalb des Nationalparks 16 km südwestlich vom Wallfahrtsort El Rocío entfernt liegt. Die Retortensiedlung mit großen Hotelkomplexen bietet alle Möglichkeiten der Freizeitgestaltung am Meer.

Faszinierende Stimmungen im Doñana-Nationalpark

Drei Tage Lärm und Frömmigkeit

Gläubigen ist El Rocío über die Regionalgrenzen hinweg ein Begriff. Hier, am Nordrand des Nationalparks Doñana, erreichen Sie das berühmteste Wallfahrtsziel Spaniens. Die Wallfahrt **Romería del Rocío** zieht alljährlich zu Pfingsten Zehntausende an: zu Fuß, zu Pferd, mit Esel- und Ochsengespannen, motorisiert. Drei Tage steht das 800-Seelen-Nest dann im Zeichen von Lärm, Trubel, Frömmigkeit und weinseliger Stimmung. Die Damen legen Flamencokleider, die Herren ihre besten Feiertagsanzüge an. Prozessionskarren werden bunt geschmückt.

El Rocío

Die Pilgermassen verehren **Nuestra Señora del Rocío** (Unsere Liebe Frau vom Morgentau, auch La Paloma Blanca (Die weiße Taube) genannt. Der Legende zufolge wurde sie von einem Jäger in einem hohlen Baum entdeckt. König Alfons X. ließ ihr in der zweiten Hälfte des 13. Jh.s eine Kapelle errichten – und das machte sie zum Pilgerziel von zahlreichen Laienbruderschaften (cofradías oder hermandades). Im 18. Jh. bekam das hölzerne Marienbildnis Schmuck und einen Brokatmantel. Heute ist ihr Platz die weiße, in den 1960er-Jahren im Sevillaner Barockstil erbaute Kirche. Um das Gotteshaus herum finden sich Souvenirläden und die Häuser der Wallfahrtsbruderschaften. Höhepunkte der Pfingstwallfahrt sind am Samstag die Messe und die Prozession, bei der die Marienfigur in einem tumultartigen Umzug von der Bruderschaft von Almonte – und nur von ihr – herumgetragen wird, begleitet vom Lärm der Knallfrösche und Musikinstrumente.

El Rocío bietet an seinen östlichen und südöstlichen Ortsrändern auch gute Möglichkeiten zur **Vogelbeobachtung** im Nationalpark.

PRIEGO DE CÓRDOBA

Provinz: Córdoba | **Höhe:** 652 m ü. d. M. | **Einwohnerzahl:** 22 200

»Joya del barroco cordobés« – Juwel des cordobesischen Barock – nennt man diese Kleinstadt gerne, die einen Kern mit typisch andalusischem Charme besitzt. Zudem liegt Priego de Córdoba in herrlicher Berglandschaft am Rand des Naturparks Sierra Subbética.

Wie in alten Zeiten, so ist Priego de Córdoba noch heute ein Zentrum der Textilverarbeitung und Olivenölherstellung, wenn auch in geringerem Maß als im 17. und 18. Jahrhundert. In jener Zeit erlebte das Städtchen dank der Seidenproduktion eine Periode des Wohlstands, was den Bau aufwendig ausgestatteter Barockkirchen ermöglichte.

Barock-juwel

▌ Wohin in Priego de Córdoba?

Militärarchitektur und barocke Iglesia de la Asunción

Rund um
die Burg

Nüchterne, aber aufschlussreiche Militärarchitektur stimmt ein: Am Eingang zum altmaurischen Stadtviertel erhebt sich die im 13. und 14. Jh. erbaute Burg aus der der dreistöckige und mit Zwillingsfenstern versehene Bergfried Torre del Homenaje herausragt.

In der **Iglesia de San Pedro** an der gleichnamigen Plaza nahe der Burg zeigt der mit Blattgold und gedrehten Säulen verzierte Hauptaltar den Schutzpatron der Kirche. Die Kapelle dahinter birgt eine Immaculata, die dem Künstlerkreis um Alonso Cano zugeschrieben wird. Unterhalb der Iglesia de San Pedro liegt der im 16. Jh. erbaute einstige Schlachthof und Markt **Carnicerías Reales**. Ein manieristisches Portal öffnet sich zum zentralen Patio mit Säulenarkaden, Ecktürmen und einer steinernen Wendeltreppe, die zum früheren Schlacht- und heutigen **Ausstellungsraum** führt.

Die 1525 begonnene Kirche **Nuestra Señora de la Asunción**, gegenüber der Burg, wurde im 18. Jh. barock umgebaut. Diverse Altäre schmücken die Seitenschiffe; der Hauptaltar hat das Leben Christi und die Himmelfahrt Mariä zum Thema. Als unumstrittener Höhepunkt erweist sich der **Sagrario**, den Sie durch das linke Seitenschiff betreten. Diese oktogonale, von Balustraden umlaufene Kapelle stattete Francisco Javier Pedrejas 1772–1784 mit biblischen Szenen in überschwänglichem Stuck aus. Den Pfeilern vorgesetzt sind Apostelfiguren, in der Mitte sind die Kirchenväter dargestellt.

Castillo: Di.–Fr. 11–13.30 u. 16.30–18.30, So. 11.30–13.30 Uhr
Nuestra Señora de la Asunción: im Sommer Di.–Sa. 11–13.30, So. 10.30–12, im Winter Di.–So. 10.30–13.30 Uhr | Eintritt: 2 €

Mittelalterliches Viertel

Bario de la
Villa

Unverkennbar maurisch ist der Grundriss des alten Stadtviertels Barrio de la Villa, das hinter der Nuestra Señora de la Asunción beginnt. Mit seinen Gassen, blumengeschmückten Fassaden und winzigen Plätzen lädt es zu einem Entdeckungsspaziergang mit vielerlei Fotomotiven ein. Von hier gelangen Sie auch zur **Aussichtsterrasse El Adarve** hoch über dem Tal – ein wunderbarer Ausblick in die Umgebung!

Neptun pflügt duch die Wellen

Weitere
Sehens-
würdigkeiten

Von der Plaza de la Constitución mit dem Rathaus gehen Sie durch die Calle del Río zur Iglesia de Nuestra Señora de las Angustias, deren Innenraum 1773 im Rokokostil vollendet wurde; beachtenswert sind die barocke Pietà des Hauptaltars und die Figuren der Heiligen Familie von José Risueño. Vorbei an der Iglesia del Carmen gelangen Sie zur monumentalen, im 19. Jh. errichteten Brunnenanlage **Fuente del Rey**. Aus 139 Marmorschlünden strömt das Wasser ins Hauptbecken, in dessen Mitte Neptun auf einem Wagen die Wellen durchpflügt.

PRIEGO DE CÓRDOBA ERLEBEN

OFICINA DE TURISMO
Plaza de la Constitución, 3
Tel. 957 70 06 25
http://turismodepriego.com

LA PIANOLA – CASA PEPE €€
Eine feine Küche und großzügig bemessene Portionen sprechen eine deutliche Sprache. Dieses Preis-Leistungs-Verhältnis würde man sich gerne öfter wünschen.
Calle Obispo Caballero, 6
Tel. 957 70 04 09

ASADOR LA MURALLA €€€
Die Terrasse ist ein nettes Plätzchen, um zu speisen. Ansonsten geht's auch drinnen auf dunklem Gestühl. Obenan auf der Beliebtheitsskala stehen Grillfleischgerichte – lecker. Calle Abad Palomino, 16
Tel. 957 70 18 56
www.asadorlamuralla.com

CASA BAÑOS DE LA VILLA €€
Es dürfte kaum jemanden geben, der von diesem Boutiquehotel mit neun unterschiedlich eingerichteten Zimmern nicht angetan ist. Der Wellnessbereich (mit wechselnden Öffnungszeiten) lässt Sie nach einem Entdeckungstag so richtig relaxen.
Calle Real, 63
Tel. 957 54 72 74
https://casabanosdelavilla.com

HUERTA DE LAS PALOMAS €€
Wer lieber außerhalb auf dem Land nächtigen will, ist hier richtig. Das im andalusischen Stil erbaute und von Olivenhainen umgebene Hotel befindet sich 4 km außerhalb. Die 34 Zimmer sind geschmackvoll eingerichtet. Mit Pool und Restaurant.
Carretera Priego-Zagrilla, km 3,5
Tel. 957 72 03 05
www.hotelhuertapalomas.com

Im Ostteil der Innenstadt stoßen Sie auf zwei weitere Kirchen: die aus dem 16. Jh. stammende **Iglesia de la Aurora**, deren herrliche Fassade ein typisches Beispiel für den Barock dieser Region ist, und nicht weit davon die Iglesia de San Francisco, die eine enorme Anzahl barocker Seitenaltäre birgt und deren Hauptaltar Christus an der Geißelsäule darstellt.

In der Carrera de las Monjas im Westteil der Stadt stellt das **Stadtmuseum** (Museo Histórico Municipal) vor allem archäologische Funde der Umgebung aus. Hier sind auch das Museo de Paisaje mit zeitgenössischer Landschaftsmalerei und ein Museum zur Erinnerung an den einheimischen Maler und Illustrator Adolfo Lozano Sidro (1872–1935) eingerichtet, der lange Zeit in diesem Haus lebte nd hier auch starb.

Museo historico: Di.-Sa. 10–13.30 u. 18–20, So. 10–13.30 Uhr
Eintritt: frei

Das Castillo de la Villa wacht über Montefrío.

▌ Rund um Priego de Córdoba

Durch die Sierra Subbética

Carcabeuy 7 km westlich von Priego de Córdoba liegt das Dorf Carcabeuy inmitten einer wunderschönen Berg- und Hügellandschaft am Fuße einer maurischen Burgruine aus dem 13. Jahrhundert. Unübersehbar ist auch die imposante Iglesia de la Asunción aus dem frühen 17. Jahrhundert.

1000 m über dem Meeresspiegel

Alcalá la Real Bereits aus der Ferne zeichnet sich die mächtige Burg des 24 km östlich gelegenen Alcalá la Real ab. Das vom 13. bis 15. Jh. auf einem 1033 m hohen Felsrücken erbaute **Fortaleza de la Mota** kündet noch immer von der einstigen Stärke des maurischen Al-Kalaat be Zayde. Vom Turm der Burgkapelle überblickt man gut das ringsum liegende Olivenland. Im Ort selbst finden sich noch Reste der Stadtbefestigung, die Kirche Santa María, ein plateresker Brunnen sowie am Hauptplatz das klassizistische Rathaus.

Fortaleza: tgl. 10.30–19.30, im Winter nur bis 17.30 Uhr | Eintritt: 6 €

Eine besonders schöner Silhouette

Spektakulär sitzt Montefrío, 44 km südöstlich, zwischen zwei von Kirchen gekrönten Bergvorsprüngen. Während die von Diego de Siloé entworfene Iglesia de la Villa auf den Ruinen der maurischen Alcazaba steht, gehörte die barocke Iglesia de San Antonio einst zu einem Franziskanerkloster. In der Ortsmitte fällt der klassizistische Rundbau der Iglesia de la Encarnación auf, der von einer mächtigen Kuppel überwölbt wird. 8 km weiter östlich in Richtung Illora kommt man zur ausgedehnten neolithischen Fundstätte Peña de los Gitanos, wo Megalithgräber entdeckt wurden.   Montefrío

EL PUERTO DE SANTA MARÍA

Provinz: Cádiz | **Höhe:** 6 m ü. d. M. | **Einwohnerzahl:** 89 100

Sherry und feinste Meeresfrüchte – damit sind die kulinarischen Vorzüge der Stadt auf den Punkt gebracht. Kulturelle Zugaben sind ein Kastell und das Geburtshaus eines Dichters.

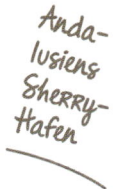

Der Sherry gibt heute den Ton an in und um El Puerto de Santa María, 18 km nördlich von Cádiz. Die Stadt ist eine griechische Gründung, als Portus Menesthei war sie römische Hafenstadt. Von hier startete Kolumbus zu seiner zweiten Amerika-Reise; Männer wie Juan de la Cosa, ein Steuermann Kolumbus' und erster Kartograf der Neuen Welt, sowie Amerigo Vespucci waren hier zu Gast.

Wo der Río Guadalete in den Atlantik mündet, werden heute die Weine aus dem traditionellen **Sherry-Dreieck Jerez de la Frontera – Sanlúcar de Barrameda – El Puerto de Santa María** verschifft. Doch auch in der Stadt selbst werden Sherry und Brandy hergestellt (▸ Das ist Andalusien, S. 24 u. S. 208 ff.). Osborne, die vielleicht bekannteste Bodega Spaniens, inszeniert in ihrem Keller eindrucksvoll die Entstehung des Sherrys. Sie hat Spanien sogar ein nationales Symbol beschert: den überdimensionalen **Werbestier**, der im ganzen Land unübersehbar an den großen Straßen steht (▸ Abb. S. 415) und mittlerweile sogar als nationales Kulturgut geschützt wird, nachdem einige Madrider Bürokraten ihn wegen Landschaftsverschandelung abschaffen wollten. Wichtig für den Tourismus, vor allem für die Sevillanos, sind außerdem die Strände zwischen hier und ▶ Sanlúcar de Barrameda. Willkommene Abwechslung ins Urlaubsleben bringen dann die Restaurants und Tapas-Bars von El Puerto de Santa María. Es gibt sogar eine Ribera del Marisco, eine **»Meeresfrüchte-Meile«** mit entsprechenden Einkehrmöglichkeiten.

❙ Wohin in El Puerto de Santa María und Umgebung?

Castillo de San Marcos

Die hübsche Altstadt erstreckt sich bis zum Río Guadalete. An der Plaza del Castillo (auch Plaza de Alfonso X el Sabio 9 genannt) erwartet Sie das zinnenbewehrte Castillo de San Marcos, das die Mauren im 13. Jh. bauten und das später Sitz der Herzöge von Medinaceli war. Christoph Kolumbus und sein Kartograf Juan de la Cosa nahmen hier Quartier. Gut erhalten sind noch sechs Türme und der Mauerring. Die Burgkapelle gehörte ursprünglich zu einer Moschee, das belegen Reste des Mihrâb, kufische Schriftzeichen und Hufeisenbögen. Dem achteckigen Hauptturm sieht man die Gestalt des einstigen Minaretts an. Besitzer des Kastells sind die **Bodegas Caballero**, die zu wechselnden Zeiten Führungen samt Verkostung anbieten.
Juni-Sept. tgl. 10-20, übrige Monate 10-16 Uhr | Eintritt: 8 € | Besuch der Bodegas und Verkostung: Juni-Sept. Do.-So. 13 u. 19, So. 13; Okt.-Mai Di.-Sa. 13 Uhr | Eintritt: 14 €
http://castillodesanmarcos.com

Marinero en tierra, Seemann an Land

Fundación Rafael Alberti

Rafael Alberti (1902–1999), der aus El Puerto de Santa María stammte, war einer der bedeutendsten Lyriker Andalusiens. In seinem Geburtshaus befindet sich ein kleines Museum. In seinen Memoiren schrieb er über seine Kindheit:

> »In all den Blaus von Schürzen, Matrosenblusen, Himmel, Fluss, Bucht, Insel, Booten, Lüften öffnete ich die Augen und lernte lesen.«

Calle Santo Domingo, 25 | Di.-So. 11-14 Uhr | Eintritt: 4 €

Ein Haus für die Schutzpatronin der Stadt

Iglesia Mayor Prioral

Von Albertis Geburtshaus ist es nicht weit zur **Plaza de España**, an der sich die dreischiffige gotische Iglesia Mayor Prioral Nuestra Señora de los Milagros erhebt. Ihre Fassade ist noch aus dem 13. Jh.; schön ist das platereske Südportal Puerta del Sol, das zwischen Säulenpaaren im Tympanon Maria im Kreise von Heiligen zeigt. Ih-

EL PUERTO DE SANTA MARÍA ERLEBEN

OFICINA DE TURISMO
Plaza del Polvorista, 2
Tel. 956 48 37 15
Mo.–Fr. 10–14, Sa., So. 11–14 Uhr
www.turismoelpuerto.com

FERIA DE PRIMAVERA Y FIESTAS DEL VINO FINO
Frühings- und Fino-Fest Ende Mai

VIRGEN DE LOS MILAGROS
Patronatsfest am 8. September

MESÓN DEL ASADOR €€€€
Für alle, denen es einmal nicht nach Fisch und Meeresfrüchten ist: Grillfleisch satt und in bester Qualität!
Calle Misericordia, 2
Tel. 956 54 03 27
http://grupomesondelasador.wordpress.com

LOS PORTALES €€€
Dieses Restaurant ist für manche das Beste an der Ribera del Marisco: ausgezeichnete Küche mit allem, was frisch aus dem Meer kommt.
Calle Ribera del Marisco, 7
Mobil: 628 90 96 96
http://restaurantelosportales.com

BAR VICENTE €
Gleich beim Markt liegt diese populäre Bar, quasi eine Pflichtstation beim Tapas-Streifzug. Wer eine Unterkunft ohne Frühstück gebucht hat, kann hier den Tag bestens beginnen.
Calle Abastos, 4
Tel. 956 85 46 08

CRISOL MONASTERIO DE SAN MIGUEL €–€€
Das zölibatere Leben ist längst vorbei – schönes Vier-Sterne-Haus mit 175 Zimmern in einem ehemaligen Barockkloster im Zentrum. Vom Kloster sind noch der Kreuzgang und der geschlossene Innenhof im andalusischen Stil erhalten.
Calle Virgen de los Milagros, 27
Tel. 956 54 04 40
www.eurostarshotels.com/crisol-monasterio-de-san-miguel.html

LOS CÁNTAROS €
Klar, die Vorgeschichte ist düster: Hier war einst ein Frauengefängnis untergebracht. Zum Glück sind die Zeiten lange passé. Das 39-Zimmer-Haus ist auf die Höhe der Zeit gebracht worden, auch mit einem Fitnessraum, dem Café und Fahrradverleih
Calle Curva, 6
Tel. 956 54 02 40
www.hotelloscantaros.com

---

ren Namen erhielt die Kirche von der unter einem Kuppelbaldachin in der Capilla Mayor aufgestellten Marienfigur aus dem 13. Jahrhundert. Maria, die Schutzpatronin der Stadt, soll Alfons X. bei der Eroberung aus maurischer Hand erschienen sein. Östlich der Iglesia Mayor liegt die **Plaza Isaac Peral**. Sie ist der offizielle Mittelpunkt der Stadt, hier steht das alte Rathaus, der Palacio Imblusqueta.

Sporthafen mit Stadtstrand

Puerto
Sherry

Jenseits vom Handelshafen entstand Anfang der 1990er-Jahre der Sporthafen Puerto Sherry, mit 790 Liegeplätzen einer der größten in Andalusien. An ihn schließt sich der recht schöne Stadtstrand **Playa Santa Catalina** an.

Lange Strände

Rota

Der Badeort 18 km nordwestlich ist angenehm und nicht überlaufen. Er punktet mit langen, piniengesäumten Stränden im Norden, einer Strandpromenade, einem kleinen Jachthafen und hübschen, weiß getünchten Häusern und mittelalterlichen Türmen.

Nördlich von Rota entstand um einen 18-Loch-Golfplatz die **Feriensiedlung Costa Ballena**, die »Wal-Küste«, mit einem 4 km langen, breiten feinsandigen Strand. Wer dorthin möchte, muss das Sperrgebiet um die riesige Marinebasis der US Navy umfahren.

★★ RONDA

Provinz: Málaga | **Höhe:** 723 m ü. d. M. | **Einwohnerzahl:** 33 600

F 6

Die Spannung steigt mit der Höhe, wenn Sie von der Küste hinaufkommen ins andalusische Hinterland der Provinz Málaga. Magische Wirkung geht vom viel gerühmten Ronda aus: Die Kleinstadt bildet als gewachsenes Gesamtwerk so etwas wie die Essenz Andalusiens. Plätze und Gassen gehören dazu, Maurenspuren und eine der ältesten Stierkampfarenen Spaniens. Doch da ist noch etwas, das den Unterschied macht: Es ist Andalusiens spektakulärster Schlund, der sich mitten in Ronda öffnet, ein Schnitt durch die Stadt, bis zu 160 Meter tief: der Tajo.

Dichter sehen eine Stadt

Auch **Rainer Maria Rilke** (1875–1926), der in seinem unsteten Dichter- und Wanderleben zwischen November 1912 und Februar 1913 Spanien bereiste, legte einen mehrmonatigen Aufenthalt in Ronda ein. Der Literat entpuppte sich als großer Verehrer der Region: »Die Ortschaft phantastisch und überaus großartig«, hielt er in Telegrammstil fest. Bei den Ausblicken in die Gebirgswelt sah Rilke »Berge wie aufgeschlagen, um Psalmen daraus vorzusingen«, ein »Panorama von unbeschreiblicher Hoheit.« Rondas literarische Bezüge beschränken sich aber nicht nur auf Rilke. Das **Vorbild der »Carmen«** von Prosper Merimée (1803–1870), unsterblich geworden durch Bizets Oper, soll im Schmugglernest Ronda den Männern den

Der Puente Nuevo verbindet über den Tajo hinweg den alten und den neuen Teil von Ronda.

Kopf verdreht haben. Später schwärmte US-Dichter Ernest Hemingway (1899 bis 1961) von schönen Spaziergängen und gutem Wein. Und im »Ulysses« des Iren James Joyce (1882–1941) liest man von Rondas bunten Häusern und den Gärten mit Rosen, Geranien und Jasmin.

Wiege des Stierkampfs

Ronda gilt als eine der ältesten Städte Spaniens. Auf der uneinnehm-   Geschichte
bar scheinenden Höhe gründeten die Iberer eine Siedlung, gefolgt von Karthagern und Römern. Im Mittelalter währte die Herrschaft der Mauren über knapp acht Jahrhunderte bis 1485, also fast bis zum Ende der Reconquista. Nach einwöchiger Belagerung fiel Ronda durch Verrat an die Katholischen Könige, die anschließend die Neustadt gründeten.

BLUTIGES RELIKT

Nach wie vor ist für viele Spanier der Stierkampf ein fester Bestandteil ihrer kulturellen Identität. Doch die Vorzeichen ändern sich: Immer mehr lehnen das blutige Spektakel ab, das im 18. Jh. im andalusischen Ronda entwickelt wurde.

▶ **Torero** ist ein Oberbegriff für die Akteure einer Corrida (Stierkampf).

Matador de toros (Stiertöter)
Tritt in Phase 2 und 4 auf. Sein paillettenbesetzter, golddurchwirkter Anzug (traje de luces = Lichtkleid) ist ein Relikt aus den adligen Zeiten des Stierkampfs.

»Toro de lidia« (Kampfstier)
Gewicht: mind. 460 kg
Alter: 5–6 Jahre

▶ **Ablauf der Corrida**

1 Paseíllo
Einmarsch der Akteure in die Arena.

2 Suerte de varras
Der Matador reizt den Stier mit einem Tuch, um ihn auf seine Eigenarten zu testen. Der Picador schwächt den Stier durch gezielte Lanzenstöße in den Nacken.

Montera
Kopfbedeckung

Corbatín
Krawattenersatz

Camisa (Hemd)
immer weiß,
mit Spitzen
dekoriert

Capote de paseo
Umhang, i.d.R. mit
religiösen Motiven

Taleguilla (Hose)

Medias (Strümpfe)
Traditionell rosa

Zapatillas (Schuhe)
Spezielle Sohle
soll Ausrutschen
verhindern

Picador (Lanzenreiter)
Tritt in Phase 2 auf. Er trägt eine
Hose aus Leder und eiserne Stiefel.
Das Pferd wird mit einem dicken
Polster geschützt. Die Augen sind
verbunden, um den natürlichen
Fluchtinstinkt zu unterdrücken.

Banderillero
Tritt in Phase 3 auf. Sticht dem Stier
die Banderillas (drei cm lange, mit
Bändern versehene Spieße mit
Widerhaken) in den Nacken. Trägt
mit Silber durch-
webte Kleidung.

▶ **Protestbewegung**
Stierkämpfe sind auch in
Spanien sehr umstritten.
Das Desinteresse und
aktiver Protest werden
immer größer. Tierschut-
zorganisationen kämpfen
schon lange für das Verbot
der spanischen Tradition.

Stierkampfverbote
Kanaren: seit 1991
Katalonien: seit 2012

Meinungsumschwung
Spanien 1985 – 2021

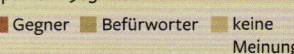

██ Gegner ██ Befürworter ██ keine
Meinung

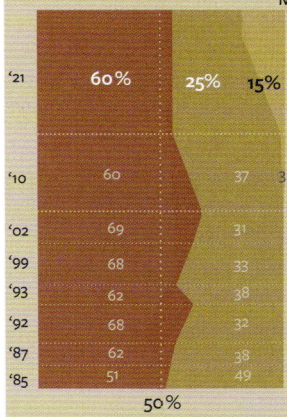

'21	60%	25% 15%
'10	60	37 3
'02	69	31
'99	68	33
'93	62	38
'92	68	32
'87	62	38
'85	51	49

50%

Der Trend der Ablehnung
zeichnet sich deutlich ab.
Dabei ist der Unterschied
zwischen Männern und
Frauen nur sehr gering.

3 **Suerte de banderilleros**
Der Banderillero stößt drei
Paar Banderillas in den
Nackenmuskel des Stieres,
um ihn weiter zu
schwächen.

4 **Suerte de matar**
Der Matador pariert
den Stier mit einem
roten Tuch. Sobald der
Stier seinen Kopf senkt,
setzt er den finalen
Stoß mit seinem Degen
in den Nacken.

DIE CORRIDA –
LETZTE BASTION DES MACHISMO

Was für viele Mitteleuropäer und inzwischen selbst auch für Spanier nichts weiter als ein blutiges Spektakel ist, ist für die Aficionados, die Kenner und Begeisterten des Stierkampfs, eine hohe Kunst. Sie sprechen von der »arte de lidiar«, von der Kunst, den Stier zu bannen, im Kampf gegen ihn zu bestehen und ihn nicht nur körperlich zu besiegen.

Die Stierkämpfe aufzugeben, hieße für viele Spanier allerdings, einen Teil einer tief verwurzelten Kultur, ja ein Stück der eigenen Identität zu verlieren. Für viele Spanier ist die Corrida de toros eine der letzten Annäherungen an den **archaischen Kampf** zwischen Mensch und Tier. Ein Kampf, bei dem es nicht nur einen Verlierer geben kann und bei dem dem Tier mehr Wert beigemessen wird als bei manch anderer kultureller Äußerung unserer Zeit. Die **klassische Landschaft des Stierkampfs** ist Andalusien, auch wenn in manchen großen Städten Spaniens, in einigen Ländern Lateinamerikas und selbst in Südfrankreich sich die

Einüben der großen Pose

Matadores dem Stier in der Arena stellen. Die größte **Plaza de Toros** besitzt zwar Madrid, doch im andalusischen Ronda eröffnete 1785 eine der ältesten Stierkampfarenen Spaniens. So verwundert es nicht, dass **die gefeiertsten Toreros aller Zeiten** meist Andalusier waren und sind: Manolete, Lagartijo, Joselito, Paquirri und El Cordobés – einige von ihnen haben ihr Leben in der Arena verloren. Die **»toros bravos«**, diese vor Kraft strotzenden Tiere, werden größtenteils seit vielen Generationen von andalusischen **Züchterdynastien** herangezogen. In den Provinzen Sevilla, Huelva und Cádiz liegen deren riesige Latifundien, geradezu und nach wie vor der Inbegriff alter Señorito-Herrlichkeit.

Ursprünge

Die historischen Spuren des Kampfes zwischen dem Stier und dem Menschen sind alt, sie verlieren sich bis in prähistorische Zeiten in verschiedenen Kulturkreisen. Allerdings gab es die unterschiedlichsten Formen des Kampfes, bis in Ronda im 18. Jh. das bis heute gültige **Regelwerk der Corrida** aufgestellt wurde. Bis zu jener Zeit war es Adligen vorbehalten, zu Pferd und bewaffnet mit Lanzen, Spießen oder Schwertern gegen den Stier anzutreten. Nach dem Niedergang der Aristokratie entwickelten ehemalige Reitknechte den Stierkampf vor Publikum und begründeten damit die heutige Form des Stierkampfs. Francisco Romero (1700–1763), der Begründer der berühmtesten andalusischen Stierkämpferfamilie, stammte aus Ronda. Er war es auch, der die im Wesentlichen bis heute gültigen Corrida-Regeln aufstellte. Zur gleichen Zeit begann die **systematische Aufzucht** von »toros

Bei der Anprobe

bravos« in der Umgebung des Städtchens Utrera, und heute reichen die Stammbäume der berühmtesten Stiere bis in diese Zeit zurück.
Goya hat in seinem Radierungszyklus »Tauromaquia« den historischen Moment illustriert, als der berittene Stierkämpfer Ende des 18. Jh.s in den Hintergrund gedrängt wurde und durch den Torero a pie, den Stierkämpfer zu Fuß, ersetzt wurde.

Drama in drei Akten

Stierkämpfe finden meist zur Feria oder zu anderen lokalen Festen statt. Von Ostern bis Ende Herbst versammeln sich dann die Aficionados zu Tausenden am späten Nachmittag in der runden Plaza de Toros. Wer kann, weicht der Hitze der auf der Sonnenseite gelegenen »Sol-Plätze« aus und erwirbt eine weit teurere Karte für die beschattete **»Sombra-Seite«**. Fast immer sind es drei Toreros oder Matadores, die mit ihrer Cuadrilla – den Helfern – an einem Nachmittag sechs Stiere zu töten haben.

Das Zeremoniell beginnt mit dem **farbenprächtigen Einzug** aller Beteiligten unter Pasodoble-Klängen. Die über und über paillettenbestickten Uniformen (sog. Lichtanzüge) sind ein Relikt aus den adligen Zeiten des Stierkampfes. Bevor der Stier getötet werden kann, muss er zuerst von der Cuadrilla **gereizt und geschwächt** werden. Mit der grellfarbenen weiten Capa wird er in **Erregung** gebracht, damit seine Kräfte dem Publikum offenbar werden und der Torero seine Stärken und Schwächen kennenlernen kann. Nach diesem ersten Kontakt zwischen Matador und Toro leiten die berittenen Picadores den ersten Akt ein. Während der Stier die gepanzerten Pferde der **Picadores** angreift, stechen diese mit Lanzen in den Nacken des Stiers, um ihn zu schwächen. In dieser Phase werden Verhaltensweise und Bewegungsabläufe des Stiers studiert. Im zweiten Akt des ca. 20-minütigen Dramas laufen **Banderilleros** (Fußkämpfer) mit tänzelnden, schnellen Schritten dem Stier frontal entgegen und stechen ihm im letzten Augenblick ein Paar Banderillas, mit Flitterwerk und Widerhaken versehene Spitzstäbe, in den Nacken. Erst wenn drei Paar Banderillas gesetzt sind, tritt der Matador wieder auf. Nun beginnt der letzte Akt, der **Höhe- und Endpunkt des Kampfes**. Die Geschicklichkeit des Menschen muss über die Gewalt des um die bis zu 600 Kilo schweren Tiers siegen. Mit dem roten Tuch, der Muleta, versucht der Torero den geschwächten **Stier zu bannen und ihn an seinem Körper vorbeizuführen**. In Andalusien heißt es: »Einen Stier kann man nur einmal betrügen, beim zweiten Mal sucht er den Körper«. Jede der tänzerischen Bewegungen (»paso«) hat einen eigenen Namen in der Stierkampf-Terminologie. Erst wenn der Wille des Stieres gebrochen ist und der Torero wagt, sich mit dem Rücken zum Tier vom Publikum feiern zu lassen, kann der **Todesstoß** erfolgen. Der Stier muss den Kopf senken, damit der Matador seinen Estoque genannten Degen tief zwischen die Schulterblätter bis zum Herzen einstechen kann. Matadore, die dieses Ziel verfehlen, werden vom Publikum gnadenlos ausgebuht und verspottet.

Archaisches Relikt

Ernest Hemingway, selbst ein Aficionado, hat in verschiedenen Romanen, u. a. »Tod am Nachmittag« oder »Gefährlicher Sommer«, wie kein anderer die Angst und Achtung des Toreros vor dem Stier, die spielerische Leichtigkeit, aber auch die tiefe Trauer dieses rituellen Tötungsakts in der Arena beschrieben. Mut, Todesverachtung und Körperkraft, aber auch Ästhetik und bei manchen Bewegungen Erotik vereinigen sich in den heißen Nachmittagsstunden einer Corrida in einer einzigen Figur, dem Torero.

Er ist die Verkörperung des sprichwörtlichen, im Grunde jedoch bereits der Vergangenheit angehörenden andalusischen Machismo schlechthin.

Daran ändert nichts, dass es sogar eine Frau – **Cristina Sánchez** – vor einiger Zeit zur anerkannten Matadora gebracht hatte. Letztendlich scheiterte sie am Machismo, denn trotz ihrer Kämpfe

... kurz vor dem Todesstoß

in den wichtigsten Arenen Spaniens wollten die männlichen Toreros nicht mehr mit ihr auftreten. Nach ihrem letzten Kampf 1999 in Las Ventas in Madrid zog sie sich mit 27 Jahren zurück. Seither hat es nur noch eine weitere Matadora, **Conchi Ríos** (geb. 1991), gewagt, in die Männerdomäne einzubrechen.

Entzauberung

Volle Arenen, laute Anfeuerungsschreie und ein strahlender Sieger – all das ist schon längst Vergangenheit. Heute sind die Ränge oft leer bis auf ein paar Touristen, die die Beine hochlegen und eigentlich gar nicht wissen, welche Bedeutung dieses Spektakel einmal hatte. Glaubt man den Alten, ging es um Ehre, Stolz und Fairplay, doch diese Ideale sind schon lange passé und haben **Korruption und Geldmacherei** Platz machen müssen. Der 2002 verstorbene **Stierkampfkritiker Joaquín Vidal** schätzte, dass circa 90 % der Stiere manipuliert seien. So spekulieren die Zuschauer heute, ob der Stier frisiert ist, d. h. ob man ihm die Hörner gekürzt hat, um seine Treffsicherheit zu schwächen, oder ob er mit Drogen vollgepumpt wurde; auch das Tier absichtlich gegen die Bande zu lenken, sodass es sich die Halswirbel verletzt, ist Betrug, aber meist nicht zu beweisen. Durch Ticketverkäufe können die Stierkämpfe schon längst nicht mehr finanziert werden, also wird auf öffentliche Gelder zurückgegriffen. Wer mehr wissen will: Das **Museum in Rondas Arena** geht der Geschichte und den Ursprüngen der Tauromachie nach (▶ S. 280).

RONDA ERLEBEN

OFICINA DE TURISMO
Paseo de Blas Infante s/n
Tel. 952 18 71 19
www.turismoderonda.es
Hier ist auch für 12 € der **Bono Turístico** erhältlich, der Eintritt in Monumente wie die Baños Árabes und den Palacio de Mondragón erlaubt.

FIESTAS DE PEDRO ROMERO
Das Hauptfest Ende Aug./Anfang Sept. ist nach der Stierkampflegende Pedro Romero benannt. Mit großem Umzug und fantasievollen Trachten.

❶ ALBACARA €€€
Ein Platz am Fenster, ein Platz an der Sonne! Oder auf der Terrasse. Genießen Sie kreative Gerichte und dazu die Aussicht, eine gelungene Symbiose. Untergebracht ist das Lokal in den alten Stallungen des Montelirio-Palasts, heute ein Hotel. Zum Abschluss des Essens empfiehlt sich ein Süßwein.
Calle Tenorio, 8
Tel. 952 16 11 84
www.hotelmontelirio.com

❷ DON MIGUEL €€
Hier sitzen Sie auf der Terrasse und blicken auf den Puente Nuevo und die Schlucht – das ist das Hauptargument, um hier einzukehren.
Plaza de España, 4–5
Tel. 952 87 77 22
www.hoteldonmiguelronda.com

❸ A TU VERA €
Wer es schlicht und einfach und schmackhafte Tapas mag, ist hier bestens aufgehoben.

Calle Virgen de la Paz, 40
Tel. 952 87 46 43

❹ TROPICANA €€
Was sich so exotisch anhört, ist ein kleines, feines Restaurant mit allerbester Küche.
Calle Virgen de los Dolores, 11
Tel. 952 87 89 85
http://tropicanaronda.negocio.site

❶ LA ALAVERA DE LOS BAÑOS €€
Dieses gemütliche andalusische Landhaus hat seinen Platz etwas abseits des Mainstreams. Es liegt nicht hoch oben über der Schlucht, sondern weiter unten nahe den maurischen Bädern, was auch die Einrichtung inspiriert hhat: Teppiche und Lampen stammen aus Nordafrika. Elf individuelle, rustikale Zimmer.
Calle Molino de Alarcón, s/n
Tel. 952 87 91 43
www.alaveradelosbanos.com

❷ CATALONIA REINA VICTORIA €€
Folgen Sie den Spuren Rainer Maria Rilkes, der hier den Winter 1912/13 im Zimmer 208, das heute Gedenkzimmer ist und nicht vermietet wird, verbrachte – damals existierten Schimmbad und Spa zwar noch nicht, wohl aber war schon der Ausblick ein wichtiges Argument. Das umfassend renovierte Haus punktet zudem mit einer großzügigen Grünanlage. Unvergesslich: ein Abend auf der Terrasse hoch über derSchlucht.
Calle Jerez, 25
Tel. 952 8712 40
www.cataloniahotels.com

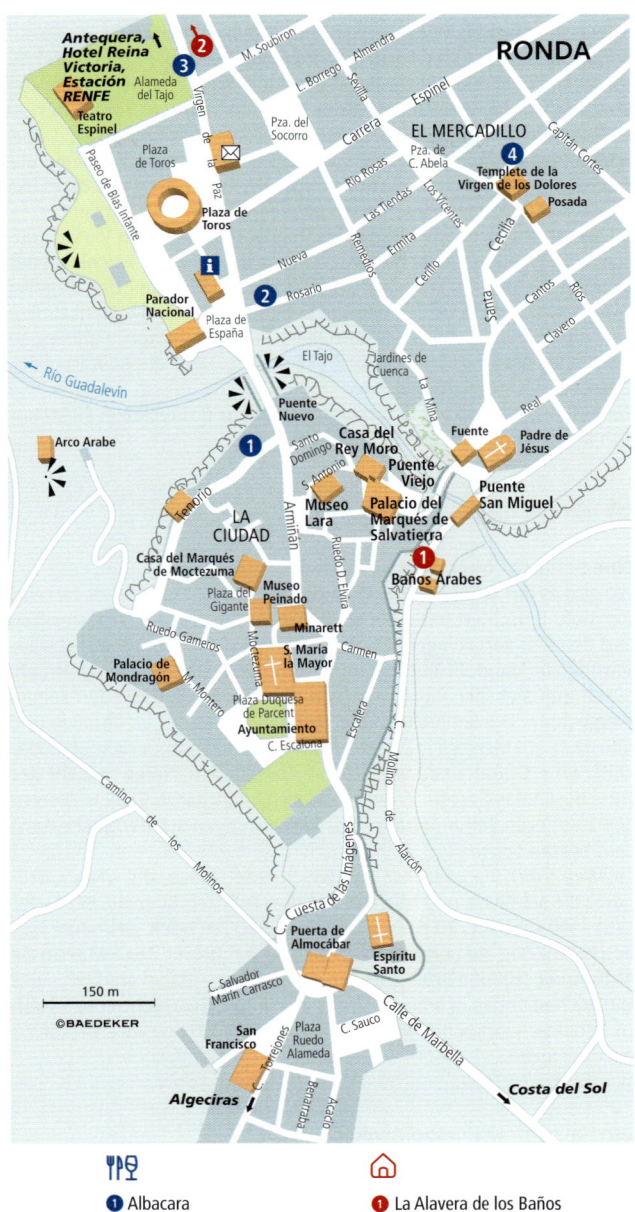

RONDA

Antequera,
Hotel Reina
Victoria,
Estación
RENFE

Teatro
Espinel

Alameda
del Tajo

M. Soubiron

L. Borrego

Almendra

Sevilla

Espinel

EL MERCADILLO

Carrera

Pza. del
Socorro

Plaza
de Toros

Río Rosas

Pza. de
C. Abela

Templete de la
Virgen de los Dolores

Las Tiendas

Capitán Cortes

Posada

Plaza de
Toros

Nueva

Remedios

Ermita

los Vicentes

Cecilia

Santa

Parador
Nacional

Plaza de
España

Rosario

Cantos

Río

Clavero

Río Guadalevin

El Tajo

Jardines de
Cuenca

de la Mina

Real

Puente
Nuevo

Arco Arabe

Santo
Domingo

Casa del
Rey Moro

Fuente

Padre de
Jésus

San Antonio

Puente
Viejo

LA
CIUDAD

Tenorio

Museo
Lara

Arminán

Palacio del
Marqués de
Salvatierra

Puente
San Miguel

Casa del Marqués
de Moctezuma

Ruedo D'Elvira

Baños Arabes

Plaza del
Gigante

Museo
Peinado

Minarett

Carmen

Palacio de
Mondragón

M. Montero

Ruedo Gameros

Moctezuma

S. Maria
la Mayor

Escalera

Plaza Duquesa
de Parcent

Ayuntamiento

C. Escalona

Molino

de

Camino

de

los

Molinos

Alarcón

Cuesta de las Imagenes

Puerta de
Almocábar

Espíritu
Santo

150 m

C. Salvador
Marin Carrasco

Calle de Marbella

©BAEDEKER

San
Francisco

Plaza
Ruedo
Alameda

C. Sauco

Costa del Sol

Algeciras

Benaraba

Acato

1 Albacara

2 Don Miguel

3 A Tu Vera

4 Tropicana

1 La Alavera de los Baños

2 Catalonia Reina Victoria

275

Dass sich Ronda als Wiege des Stierkampfs nach festgelegtem Ablauf herausbildete, ist dem **Torero Francisco Romero** (1700–1763) zu verdanken, der ein festes Regelwerk ausarbeitete. Die Schule von Ronda lehrte den Kampf gegen den Stier, bei dem der Torero ihm zu Fuß und nicht mehr zu Pferd gegenübertreten sollte wie zuvor. Dabei war Heldenmut gefragt, wobei die Angst des Versagens vor dem Publikum fast größer war als die Furcht vor den Attacken des Kolosses. An Tierschutz verschwendete seinerzeit niemand einen Gedanken.

Während Napoleons Feldzug erlitt Ronda 1808 schwere Verwüstungen. In den Jahren danach entwickelte es sich zu einer Hochburg der Schmuggler und Straßenräuber, über die ein Großteil der illegalen Waren von Gibraltar in den Norden lief. Die Umtriebe der Dunkelmänner, die in der Bevölkerung durchaus Rückhalt hatten, nahmen so überhand, dass eigens zu ihrer Bekämpfung 1844 die Militärpolizei, Guardia Civil, gegründet wurde.

Ein praktischer Tipp vorab für Ihre persönliche Entdeckung: Alles lässt sich in Ronda problemlos zu Fuß bewältigen.

 El Tajo

Eine Schlucht quer durch die Stadt

Tektonischer Bruch

Wo gibt es das sonst, dass eine derartige Schlucht eine Stadt zerteilt? Der tiefe Einschnitt wirkt so, als hätte ein Gigant zum Beil gegriffen und den Fels zerschlagen. Geologen haben die wissenschaftliche Erklärung zur Hand: El Tajo entstand durch einen tektonischen Bruch, durch den sich der Río Guadalevín über mehrere Kaskaden seinen Weg bahnte. Die Schlucht spaltet Ronda in Altstadt (La Ciudad) und Neustadt (El Mercadillo), Häuser schweben abenteuerlich über der Kluft, zähe Opuntien suchen letzten Halt, in den Tiefen rauscht der Fluss durch das Gestein. Diese Ansichten füllen ganze Speicherkarten und animieren Selfie-Anhänger zu Verrenkungen auf der Suche nach dem besten Spot.

Ihr Weg führt Sie zunächst auf den Puente Nuevo, die »Neue Brücke«, die schönste und höchste der drei Brücken über die Schlucht, 1751–1793 erbaut, 70 m lang und knapp 100 m hoch. Bis heute hält sich hartnäckig die Legende, dass sich ihr **Architekt José Martín de Aldehuela** von der Brücke in den Tod stürzte – dabei starb er eines natürlichen Todes in Málaga. Wer tiefer in die Geschichte der »Neuen Brücke« eintauchen will, besucht das Centro de Interpretación Puente Nuevo.

Mo.–Fr. 10–18/19, Sa., So. 10–15 Uhr | Eintritt: 2,50 €

Lohnenswerter Perspektivwechsel

Hinab in die Schlucht

Die verwegene Konstruktion der »Neuen Brücke« offenbart sich erst aus unterer Ansicht so richtig und verlangt nach Wechseln der Pers-

WER TRAUT SICH IN RONDAS UNTERWELT?

In der Mina de Agua vollzog sich unter dem Maurenherrscher Abomelic einst Schauriges: Unter unvorstellbaren
Strapazen mussten Sklaven durch einen Geheimgang
im Fels Wasser vom tief gelegenen Guadalevín hinauf zu
den sicherlich sanft gebetteten Edelleuten schleppen.
Vollziehen Sie die Route der ausgezehrten Träger nach,
versetzen Sie sich für einen Augenblick in deren Lage –
zum Glück ist es heute so einfach, sich nach der
Ankunft oben eine kühle Erfrischung zu gönnen!

pektive. Auf beiden Seiten des Tajo führen – in unterschiedlichen Entfernungen zur Schlucht – Sträßchen bzw. Gassen hinab. Zur Neu-
stadtseite hin liegen die terrassenartig angelegten Jardines de
Cuenca, Gartenanlagen mit lohnenden Panoramen.

Unter den beiden südlicheren Flussbrücken sticht der Puente Viejo,
die Alte Brücke, mit baulichen Wurzeln im 11. Jh. und einem 30 m
hohen Bogen hervor; von dort sieht man hinab auf den wohl schon
von den Römern angelegten Puente de San Miguel. Dort ließen sich
die Maurenherrscher im 13./14. Jh. ihre **Baños Árabes** bauen, eine
Badeanstalt, von Hufeisenbögen in drei Räume unterteilt. Hier ist es
ein Leichtes zu erahnen, wie sich die Mauren damals den Freuden des
Wohlbefindens hingaben.

Mo., Sa. 10–14 u. 15–18, Di.–Fr. 9.30–19 Uhr | Eintritt: 4,50 €

Lust auf Paläste

Unweit des Puente Viejo bezeugt der Arco de Felipe V einen Teil der
historischen Stadtbefestigung; dieses Stadttor stammt aus dem 18.
Jahrhundert. Ein schönes Beispiel für einen Adelspalast aus dem
17./18. Jh. gibt der nahe Palacio del Marqués de Salvatierra ab. Ungewöhnlich und ambivalent ist der Schmuck am Balkon über dem Portal: Den Giebel stützen je zwei entblößte Figuren Indigener, ein An-
klang an die spanischen Eroberungen in Süd- und Mittelamerika.

Arco de
Felipe V und
Palacio del
Marqués de
Salvatierra

Auf geheimen Pfaden

Garantiert keinen Blick für die spektakuläre Schlucht El Tajo hatten
die Sklaven, die einst durch einen Tunnel im Felsen Wasser aus dem
Guadalevín nach oben schleppen mussten. Der Volksmund ordnet die
Anlage der Wassermine (Mina de Agua) dem maurischen Herrscher

Mina de
Agua und
Jardines de
Forestier

Abomelic zu. Der 230 Stufen lange Steig im Fels ist ein ausgeklügeltes Stück Militärarchitektur aus dem 14. Jh.; er sicherte die Wasservorräte der Stadt selbst im Fall von Belagerungen durch christliche Truppen. Die Wassermine gehört zur **Casa del Rey Moro** (Haus des Maurenkönigs), das an die Cuesta de Santo Domingo stößt. An ihm kommt man an der Altstadtseite beim Ab- oder Aufstieg zwischen Neuer und Alter Brücke vorbei; er stammt nicht aus maurischer Zeit, sondern ist ein Beispiel für Neo-Mudejarstil. Doch allein die Wassermine und die umliegenden Gärten, die Jardines de Forestier, sind Grund genug für einen Besuch.

Wassermine: tgl. 10–21.30 Uhr | Eintritt: 8 (nicht für Klaustrophobiker geeignet!)

La Ciudad (Altstadt)

Historisches Sammelsurium

Museo Lara

Interesse an historischen Uhren und Waffen, archäologischen Stücken, wissenschaftlichem Gerät? Dann sind Sie im Museo Lara richtig, zusammengetragen von einem Privatsammler namens Juan Antonio Lara und untergebracht in einem Stadtpalast aus dem 18. Jahrhundert.
Calle Armiñán, 29 | tgl. 11–19 Uhr | Eintritt: 4 €

Wandlung einer Kirche

Iglesia de Santa María la Mayor

Ursprünglich eine Moschee, nach der christlichen Rückeroberung dann die Verwandlung in eine Kirche – dieses Schicksal teilten viele Stätten des Glaubens in Andalusien. Keine Ausnahme macht die Iglesia de Santa María la Mayor an der Plaza de la Duquesa de Parcent, Rondas wichtigstes Gotteshaus. Die Vorvergangenheit als Moschee bezeugen vier maurische Kuppeln, der Glockenturm steht auf den Grundmauern des ehemaligen Minaretts. Originell ist der dreistöckige Vorbau; der dreischiffige Innenraum birgt ein Renaissance-Gestühl sowie im Eingangsbereich Reste des maurischen Mihrâbs.
Apr.–Sept. tgl. 10–20, März, Okt. 10–19, Nov.–Febr. 10–18 Uhr
Eintritt: 4,50 € | http://colegiataronda.com

Renaissance trifft maurisch

Palacio de Mondragón

Rüsten Sie sich zum kurzen Platz-Hopping: Ab der Plaza de la Duquesa de Parcent führt der Weg zur Plaza de Mondragón mit dem Palacio de Mondragón (16. Jh.), der als wichtigstes Zivilgebäude der Stadt gilt. Das Palais besitzt ein schönes Renaissanceportal mit einem typischen maurischen Doppelfenster darüber, zwei schöne Innenhöfe im Mudejar-Stil und eine Terrasse, von der man eine herrliche Aussicht genießt. Der Palast, in dem auch die Katholischen Könige residierten, beherbergt heute das **Museo Municipal**.
Mo., Sa. 10–14 u.15–18, Di.–Fr. 9.30–19 Uhr | Eintritt: 4 €

Denkmal für den in Ronda geborenen Torero Cayetano Ordóñez
vor der Arena in der Neustadt

Noch mehr Paläste

Ronda, das ist auch eine Stadt alter Paläste, quer durch alle Zeiten. Dies belegen an der Plaza del Gigante gleich zwei Beispiele: Da ist zum einen die Casa del Gigante aus dem 14./15. Jh., ein maurisches Palais mit Schmuckelementen und Innenhof.

Plaza del Gigante

Und zum anderen der Palacio de los Marqueses de Moctezuma (19. Jh.). In ihm ist ein Museum für den aus Ronda stammenden Maler Joaquín Peinado (1898 bis 1975) untergebracht, der gerne abstrakt-geometrisch experimentierte.

Museo Peinado: Mo.–Fr. 10–17, Sa. 10–15; Juli nur Mo.–Fr. 10–15 Uhr, Aug. geschlossen | Eintritt: 4 € | www.museojoaquinpeinado. com

Maurische Relikte

Ein Abstecher führt zum südlichsten Zipfel Rondas, dem Barrio de San Francisco. Hier haben Teile der Stadtbefestigung die Zeit überdauert, vor allem die maurische Puerta de Almocábar, die jahrhundertelang der Hauptzugang zur Stadt war und unter Karl V. um ein weiteres Tor ergänzt wurde. Ausgehend von beiden Toren sind die Mauerreste der 1808 zerstörten Burg Alcazaba zu sehen. Die festungsartige Kirche Espíritu Santo ließen die Katholischen Könige Ferdinand und Isabella nach der Eroberung Rondas bauen.

Barrio de San Francisco

▌ Mercadillo (Neustadt)

Mit der Pracht der altstädtischen Monumente kann es die Neustadt nicht aufnehmen. Der Puente Nuevo und die weite Plaza de España, an die das Parador-Hotel stößt, sind die ersten Verbindungsglieder. Die Neustadt hat als Geschäfts- und Einkehrpflaster ihren Platz im Stadtgeschehen.

Kuriose Fabelwesen

Templete de la Virgen de los Dolores

Besonders lebhaft geht es um die Fußgängerzone Carrera Espinel zu. Die 1734 erbaute Barockkapelle Templete de la Virgen de los Dolores steht zwei Straßenzüge abseits hinter der Plaza Carmen Abela. Kurioses Säulendetail dort am baldachinartigen Vorbau: die Figuren mit Strick um den Hals. Zwei sollen gefallene Engel darstellen, die beien anderen sind Fabelwesen.

Stierkampfmythos

Plaza de Toros

Rondas 1785 eröffnete Stierkampfarena ist ein der ältesten und traditionsreichsten des Landes. Sie war Schauplatz einiger der bedeutendsten Ereignisse in der Stierkampfgeschichte, und auch architektonisch hat sie mit ihren doppelgeschossigen Tribünen einen Sonderstatus. Ihr Durchmesser beträgt 66 Meter, auf ihren Rängen finden 5000 Zuschauer Platz. Angeschlossen ist ein **Stierkampfmuseum**. Es geht der Geschichte der Tauromachie nach und bewahrt das Erbe der Stierkämpferdynastien Romero und Ordóñez. Eine lohnende Aussichtspromenade findet sich hinter der Arena.
Tgl. 10–19 Uhr | Eintritt: 8 €

Blick Richtung Berge

Alameda del Tajo

In welchem Outfit und Schritt mögen die vornehmen Damen und Herren hier promeniert sein, nachdem im 19. Jh. nahe der Arena die Parkanlage Alameda del Tajo angelegt war? Die Zeit mag sich geändert haben, nicht aber der unverbaute Blick hinaus in die Berge von der kleinen grünen Lunge der Stadt.

▌ Rund um Ronda

Steinzeitjäger

Cueva de la Pileta

22 km südwestlich von Ronda, einige Kilometer hinter dem Ort Benaoján, liegt die Cueva de la Pileta. Ziegen, ein Fisch und Pferde, darunter sogar eine schwangere Stute – diese realistisch abgebildeten Tiermotive zählen zu den Steinzeitmalereien in der Höhle, die zu Beginn des 20. Jh.s wiederentdeckt wurde. Die vorherrschenden Farben sind Schwarz und Rot, die älteste Zeichnung ist eine etwa 25 000 Jahre alte Pferdedarstellung. Der Zugang ist begrenzt, die Maximal-

größe einer Gruppe liegt bei 25 Personen, weshalb eine **Vorab-Re-servierung** obligatorisch ist. In der Höhle herrscht eine ständige Temperatur von 15 °C und eine hohe Luftfeuchtigkeit.

Führungen: Sommer Mo.–Fr. 10.30, 11.30, 13, 16.30, 18, Sa., So. 10, 11, 12, 13, 16, 17, 18; Winter Mo.–Fr. 11.30, 13, 16, Sa., So. 11, 12, 13, 16, 17 Uhr | Eintritt: 10 € | http://cuevadelapileta.es

Kleine Rundfahrt

Falls Sie motorisiert sind und ab Ronda die Weiterfahrt nordwest-wärts um die Sierra de Grazalema nach ▶ Arcos de la Frontera pla-nen: Es bietet sich unterwegs Gelegenheit zu mehreren Abstechern bzw. einer kleinen empfehlenswerten Rundfahrt: Erste Station: **Ron-da la Vieja**, das römische Acinipo; hier sind noch Überreste des The-aters erhalten. Zweite Station: **Setenil** (auch Setenil de las Bode-gas), ein Ort in fantastischer Lage in einem ausgewaschenen Flusstal. Er wird optisch von einem gotischen Kirchenbau beherrscht; nicht minder interessant sind die zahlreich in den Fels hineingebauten Wohnhäuser. Dritte Station: **Olvera** mit der Kirche La Encarnación aus dem 16. Jh. und als Kontrapunkt dazu dem im 12. Jh. erbauten Castillo.

Ronda la Vieja, Setenil und Olvera

Olvera, Weißes Dorf in schönster Lage, überragt von der Kirche La Encarnación und der Burg.

Steinböcke und Steinadler

Serranía de Ronda

Das karge Felsengebirge der Serranía de Ronda erstreckt sich südöstlich von Ronda. In einem unter Naturschutz gestellten Teil, der Sierra de las Nieves, leben noch Iberische Steinböcke und Steinadler. Hier ist die Pinsapotanne heimisch, eine naturgeschichtlich alte Koniferenart. Ein Ausflug führt in die typischen Dörfer Yunquera und Tolox.

Alles Blau

Júzcar

Wie man aus dem Nichts eine kleine Touristenattraktion erschaffen kann, hat das 21 km südlich von Ronda gelegene Júzcar unter Beweis gestellt. Als 2011 der US-amerikanische 3-D-Film »Die Schlümpfe« in die Kinos kommen sollte, gaben die Bewohner, angeführt von ihrem Bürgermeister, dem Drängen einer Werbeagentur nach, die Häuser blau anzustreichen, um so Werbung für den Streifen zu machen. Doch letztlich machte Júzcar Werbung für sich selbst. So ist es bis heute geblieben. Der Ort nennt sich seither Pueblo pitufo, das **Schlumpfdorf**. Da wird einem blau vor Augen ...

Schmuckes Künstlerdorf

Gaucín

Falls Sie Ronda südwestwärts Richtung Marbella verlassen, sollten Sie als Zwischenstopp Gaucín vormerken: ein weißes Bergdorf, in dem sich einige Künstler niedergelassen haben. Ganz oben thronen Burgruinen.

Auf der Ruta de los Pueblos Blancos

Parque Natural de la Sierra de Grazalema

Es gibt zwei gute Gründe, die südwestlich von Ronda gelegene Sierra de Grazalema zu erkunden: die schöne Landschaft des Naturschutzgebietes und die mitten hindurchführende Route der Weißen Dörfer (Ruta de los Pueblos Blancos) mit Stationen wie **El Bosque**, **Benamahoma**, **Grazalema**, **Ubrique** und **Zahara de la Sierra**. Den Dörfern ist der blendend weiße Kalkanstrich ihrer Häuser gemein. Die Tünche reflektiert die Sonnenstrahlen und hält dadurch die Häuser innen kühl. Einst diente der Kalkverputz auch zur Desinfektion, um Epidemien in dicht bebauten maurischen Siedlungen zu verhindern. Vor allem Grazalema bietet ausgezeichnete Unterkunfts- und Wandermöglichkeiten und besitzt in schönster Lage einen Dorfkern mit Gelegenheiten zur Einkehr. Zahara de la Sierra ganz am Nordostrand des Parks ist ein weiteres Schmuckstück samt maurischer Burg.

Auf den ersten Blick wird Sie erstaunen, dass die Sierra de Grazalema die **regenreichste Gegend Andalusiens** ist. Beim zweiten Blick registrieren Sie den daraus resultierenden Pflanzenreichtum. Hier gedeihen Orchideen und Pfingstrosen, aber auch Johannisbrotbäume, Igel- oder Pinsapotannen, Kork- und Steineichen. Die Berge geben dem Iberischen Steinbock und Rotwild Lebensraum, am Himmel kreisen Gänsegeier und Steinadler. Höchster Punkt im Gebirge ist der Pico de Torreón (1654 m ü. d. M.).

★ SANLÚCAR DE BARRAMEDA

Provinz: Cádiz | **Höhe:** Meereshöhe | **Einwohnerzahl:** 69 500

*Kennen Sie Manzanilla-Wein? Falls nicht, sollten Sie hierher-
kommen und ihn testen, denn die lokale Spezialität muss den
Vergleich mit dem Sherry keineswegs scheuen. Zudem ist Sanlúcar de Barrameda wegen seines Kulturerbes sowie als Ein-
stiegspunkt zu Sandstränden weiter südwestlich ein Begriff.*

Sanlúcar de Barrameda pflegt maritime Traditionen. Von hier trat
Christoph Kolumbus 1498 seine dritte Reise nach Amerika an, auch
Hernán Cortes segelte von hier in die Neue Welt. Und 1519 stach
Fernão de Magalhães (Magellan) – von Sevilla kommend – von Sanlú-
car zur ersten Umsegelung der Erde in See. Heute ist die Stadt ein
guter Ausgangspunkt für Bootstouren in den Nationalpark Doñana.
Festen Boden unter den Füßen haben hingegen die Pferde bei den
spektakulären Strandrennen im August.

*Heimat des Man-
zanilla*

Das gibt es nicht überall: Turf am Strand von Sanlúcar.

283

SANLÚCAR DE BARRAMEDA ERLEBEN

OFICINA DE TURISMO
Calzada Duquesa Isabel, s/n
Tel. 956 36 61 10
www.sanlucarturismo.com
Mo.–Fr. 8.30–14.30 Uhr

BODEGAS
Es gibt mehrere Kellereien, die ihre
Pforten für Besucher öffnen und die
Gelegenheit bieten, den Manzanilla
gleich vor Ort zu probieren:
Bodega Antonio Barbadillo
mit Manzanilla-Museum
Calle Luís de Eguilaz, 11
Führungen auf Englisch tgl. 11 Uhr
Eintritt mit Verkostung von vier
Weinen: 15 €
http://barbadillo.com
Bodega Delgado Zuleta
mit Wein-Interpretationszentrum
Avenida de Rocío Jurado, s/n
i.d.R. Mo.–Sa. 11 Uhr Führung auf
Englisch o. Deutsch ab 10 €
www.delgadozuleta.com
Bodegas Herederos de Argüeso
Calle Mar, 8

i.d.R. Mo.–Sa. Führung auf Eng-
lisch 10.30 Uhr
Eintritt mit Verkostung: 15 €
www.argueso.es
Weitere Adressen über das
Tourismus-Büro

FERIA DE LA MANZANILLA
Hier dreht sich um den 17. bis
22. Mai alles um den Manzanilla-
Wein.

CARRERAS DE CABALLO
DE SANLÚCAR
Das müssen Sie gesehen haben – jedenfalls, wenn Sie im August in der
Gegend sind! Dann nämlich werden
an den Stränden Sanlúcars Pferde-
rennen abgehalten, die zu den spektakulärsten Veranstaltungen in Andalusien gehören. Die genauen Termine
(gewöhnlich an sechs Tagen) bestimmt der Gezeitenwechsel, deshalb
im Tourismusbüro checken oder
nachschauen und buchen unter
www.carrerassanlucar.es

Und auch kulinarisch kann Sanlúcar de Barrameda einiges in die
Waagschale werfen: Nirgendwo sonst wird **Manzanilla** hergestellt,
nur hier gewinnen engagierte Winzer das flüssige Kleinod aus den
typischen Trauben der Palomino-Rebe. Die hellgelbe Kostbarkeit, deren Verkostung in hiesigen Bodegas ohne Weiteres möglich ist, wird
trocken ausgebaut und hebt sich durch leichte Kamillenoten und eine
dezente Säure von etwaigen Mitbewerbern ab – eine extravagante
Option für den lustvollen Aperitif!

▌ Wohin in Sanlúcar de Barrameda?

Gedrittelte Stadt
Die Barrios   Sanlúcar besteht aus drei Teilen: Oben auf der Höhe liegt das Barrio
Alto, die historische Altstadt, und unten am Strand Bajo de Guía, das

FIESTAS DE EXALTACIÓN AL RÍO GUADALQUIVIR

Hier vermischen sich Glaube und Aberglaube – Prozession zur »Lob-preisung« des Flusses im August.

MIRADOR DE DOÑANA €€€€

Die privilegierte Lage gibt den Aus-schlag – wunderbarer Blick auf den Guadalquivir und den Nationalpark Doñana am anderen Ufer. Eine der besten Adressen in der Stadt, was Fisch und Meeresfrüchte anbelangt.
Bajo de Guía, s/n
Tel. 956 36 42 05
www.miradordonana.com

CASA JUAN €€€€

Wer hierher kommt, weiß, was er will – nämlich das, was zuvor im Meer gelebt hat: Garnelen, Muscheln und vielerlei mehr gibt's in dieser tollen Adresse an der Restaurantmeile am Guadalquivir mit einer Terrasse zum Wasser hin. Die Paella mit Meeres-früchten ist immer eine gute Wahl.
Bajo de Guía, 26
Tel. 956 36 26 95
www.restaurantecasajuanorozco.com

CASA BALBINO €–€€

Bei der fantastischen Tapas-Auswahl stechen die Tortillas mit Krabben (span.: tortillas de camarones) her-vor. Passend dazu: ein Manzanilla, was sonst? Ein Muss in Sanlúcar. Kommen Sie rechtzeitig, um sich Ihr Plätzchen auf der Terrasse zu sichern!
Plaza del Cabildo, 14
Tel. 956 36 05 13
http://casabalbino.es

LA BARRAMEDA €–€€

Moderne, gepflegte, bezahlbare Un-terkunft in zentraler Lage gesucht? Dann ist diese hier genau die richtige – am Altstadtplatz Cabildo (40 Z.).
Calle Ancha, 10
Tel. 956 385 878
www.hotelbarrameda.com

LA ALCOBA DEL AGUA €–€€

Ein nettes, kleines, überraschendes Design-Hotel im Barrio Bajo mit 10 einfachen Zimmern, das Gemütlich-keit ausstrahlt. Persönlicher Service ist hier keine Floskel.
Calle Alcoba, 26
Tel. 956 38 31 09
www.laalcobadelagua.com

Fischer- und Restaurantviertel; das Scharnier zwischen beiden bildet das Barrio Bajo (Unterstadt) mit Calle Ancha und Calle de San Juan, die sich an der Plaza del Cabildo treffen. Hier tummeln sich abends in den Bars Einheimische und Touristen. Auf der anschließenden Plaza de San Roque findet jeden Morgen der Markt statt.

Aufstieg über die Calle Bretones

Von der Plaza de San Roque – linker Hand vorbei an der kleinen Drei-faltigkeitskirche mit ihrer prachtvollen Artesonadodecke aus dem 15. Jh. – steigen Sie auf der Calle Bretones hinauf zum Altstadthügel. Dabei passieren Sie die sogenannten Covachas, einen spätgotischen Fassadenteil des Palasts der Herzöge von Medina Sidonia (diese hat-ten hier einst ihren Sitz), bestehend aus zehn Bögen mit Fabelwesen-schmuck.

Altstadthügel

Prächtige Pfarrkirche

Parroquia
de Nuestra
Señora de
la O

Oben liegt an der Calle Caballeros rechts der Palacio de Orléans y Borbón, Mitte des 19. Jh.s in neomudejarem Stil erbaut, nun Rathaus; links geht es zur Pfarrkirche Nuestra Señora de la O (14. Jh.). Sie zeigt sich bis auf ihr prächtiges mudejares Portal äußerlich unscheinbar, doch dieses kündigt schon die Fülle ihrer Ausstattung an: Den einschiffigen, mit Kacheln verkleideten und reich mit Stuckarbeiten versehenen Raum schließt eine wunderbar getäfelte Renaissancedecke ab; nicht minder schön ist die Capilla Mayor ausgemalt, in der der Hauptaltar (18. Jh.) steht. Links davon öffnet sich die ebenfalls prachtvoll bemalte Capilla del Sagrario, die von einer durchbrochenen Kuppel abgeschlossen wird. An die Kirche schließt der Palacio de los Duques de Medina Sidonia an, der Sitz der Herzöge von Medina Sidonia. Sein Bau wurde im 16. Jh. begonnen, im 17. Jh. folgte ein Ausbau.

Blick aufs Meer

Castillo de
Santiago

Über der Altstadt thront die ab 1477 errichtete Burg der Herzöge von Medina Sidonia, von der man eine herrliche Aussicht auf die Stadt und den Nationalpark Doñana am gegenüberliegenden Ufer des Guadalquivir hat. Das Castillo gehörte zu einem wichtigen Verteidigungsbund, um die Flussmündung zu schützen. In dem Kastell, so sagt man, sah Königin Isabella von Kastilien zum ersten Mal das Meer.

Entspannter Kirchgang

Barrio Bajo

Im Barrio Bajo sind zwei weitere Kirchen an der Calle de Santo Domingo interessant: Santo Domingo mit dem Grab der Herzöge von Medina Sidonia (17. Jh.) und San Francisco, deren Fassade der englische König Heinrich VIII. stiftete.

Fisch aus Bonanza

Bajo de Guía

Im Viertel Bajo de Guía, das sich entlang der Flussmündung erstreckt, reiht sich ein Fischrestaurant an das andere. Ihre Ware beziehen sie von der Fischauktion, die werktags um 17 Uhr im 4 km flussaufwärts gelegenen Hafen Bonanza stattfindet.

Das Viertel ist zudem ein guter Ausgangspunkt für einen **Bootsausflug in den Parque Nacional de Doñan**a (▶ S. 254), wobei man die Tour im Vorfeld reservieren sollte – die Plätze sind begrenzt. Der Ausflug auf der »Real Fernando« dauert ca. 2,5 Stunden und umfasst einen geführten Landgang. Anlaufstelle für Tickets und Infos ist das **Centro de Visitantes Fábrica de Hielo**. Dort gibt es eine große Ausstellung zu Natur und Geschichte.

Centro de Visitantes Fábrica de Hielo: Avenida Bajo de Guía
April bis Sept. tgl. 9–20, Feb./März 9–19, übrige Monate 9–18 Uhr
Bootsabfahrten tgl. außer Mo.: im Frühling u. Sommer 9 o. 9.30 u.
16 o. 16.30, im Herbst/Winter i.d.R. nur 10 Uhr | Preis: 20 €
http://visitasdonana.com

Rund um Sanlúcar de Barrameda

Stürmische See

In südwestlicher Richtung dehnen sich weite und feine Strände bis zur Kleinstadt Chipiona hin aus, ein speziell bei den Einheimischen beliebter Atlantik-Spot. An Wochenenden trubelig, unter der Woche eher beschaulich, hat Chipiona bislang die himmelsstürmenden Betonsünden anderer Küstenorte Andalusiens vermieden. Schönster Strand ist die sich südlich vom Leuchtturm entlangziehende **Playa de Regla**. Hier pfeift nicht selten der Wind, der Wellengang kann mitunter erheblich sein. Am Ende des Strandes steht fast am Rand des Wellensaums die Kirche Santuario Nuestra Señora de la Regla, die ein von Seeleuten verehrtes Gnadenbild bewahrt. Die Plaza de España mit der kachelverzierten Kirche Nuestra Señora de la O im Ortskern Chipionas erweist sich als nettes Plätzchen. Stolz ist man in Chipiona zudem auf den 69 m hohen Leuchtturm, der zwischen 1863 und 1867 erbaut wurde.

Chipiona

 ★★ SEVILLA

Provinz: Sevilla | **Höhe:** 8 m ü. d. M. | **Einwohnerzahl:** 684 200

Sevilla ist selbstbewusst und stolz, verführerisch wie die leibhaftige Carmen, ein Temperamentbündel am Río Guadalquivir, Andalusien in ureigenster Essenz. Lassen Sie sich anstecken von der Lebensfreude, lassen Sie sich hineinziehen in den Sog Sevillas! Die Kathedrale ist die beeindruckendste in Spaniens Süden, das Viertel Santa Cruz eines der schönsten im ganzen Land.

D/E 5

Ein alter Spruch lautet: »Wer Sevilla nicht gesehen hat, hat noch kein Wunder gesehen« (span.: »Quien no ha visto Sevilla, no ha visto maravilla«). Wie wahr! Die Stadt glänzt mit der Kathedrale und ihrem maurischen Vorgängerminarett, der Giralda, mit Tapas-Bars in Hülle und Fülle, dem Real Alcázar und einer Vielzahl weiterer Kunstdenkmäler aus allen Epochen, mit Plätzchen und Gassen im Viertel Santa Cruz, Flusspromenaden am Guadalquivir und nicht zuletzt mit kultverdächtigen Flamenco-Spots.

Sevilla, ein Wunder

Sevilla ist nichts für einen flüchtigen Augenblick, zumal eine kleine »Zeitverschiebung« greift. Da es einer der heißesten Plätze des europäischen Festlands ist, verschiebt sich im Tagesablauf alles ein wenig nach hinten. So gut es geht, meiden die Sevillaner die Stunden der drückendsten Mittagshitze. Und bei Dunkelheit, wenn es ein we-

nig abgekühlt ist, erwacht die Stadt erst richtig. Die langen Abende Sevillas, an denen man von Bar zu Bar zieht, haben es in sich.

Sevilla und die Sevillaner verstehen sich auf eine dauernde, ungekünstelte Selbstinszenierung des alten »Mythos Andalusien«. Oft genug übertrifft die Wirklichkeit die Klischees. Zum Beispiel dann, wenn Inbrunst und Ergriffenheit bei den weltberühmten Karprozessionen gelebt werden – und sich bald darauf sevillanische Dynamik und Vitalität bei der Feria de Abril entlädt, einem der größten Volksfeste Südspaniens. Zudem ist Sevilla als Opernschauplatz berühmt: Mozarts »Don Juan« und »Figaros Hochzeit« sowie Bizets »Carmen« spielen hier. Und um den Laden von Rossinis »Barbier von Sevilla« streiten sich bis heute mehrere Straßen.

>>
Herkules erbaute mich, Julius Caesar umgab mich mit Mauern, und der heilige König nahm mich ein.
<<

Dies verkündet eine Inschrift an der Puerta de Jerez, geschrieben aus der Ich-Perspektive Sevillas, als wär's ein lebendiges Wesen. Ob nun tatsächlich Herkules auf seinem Weg an den Atlantik, wo er die Rinder des Geryones stehlen sollte, Sevilla gründete, bleibt Legende. Tatsächlich existierte aber, als die Römer gegen 206 v. Chr. eintrafen und die Karthager vertrieben, eine Siedlung namens **Hispalis**, die für Caesar sowohl Hafenstadt als auch wichtiger Vorposten gegenüber seinem Rivalen Pompeius war, zu dem Córdoba hielt.

Geschichte und Gegenwart

712 beendeten die Mauren die westgotische Herrschaft, im weiteren Verlauf des Mittelalters wurde Sevilla Hauptstadt einer Taifa. Die Almohaden bauten die Stadt aus, Ferdinand III. der Heilige eroberte sie 1248 und wählte sie als Residenz.

Als Kolumbus von seiner ersten Entdeckungsfahrt zurückkehrte, bereitete ihm Sevilla einen triumphalen Empfang. Von hier brach auch Magellan zur Weltumsegelung auf. Als Sitz des 1503 gegründeten Handelskontors hielt Sevilla zwei Jahrhunderte lang das **Monopol im spanischen Überseehandel** und entwickelte sich dank des schiffbaren Guadalquivir zum Haupthafen Spaniens. Hier legten die goldbeladenen Schiffe an, in der Münze wurde das Edelmetall eingeschmolzen – im 17. Jh. erlebte die Stadt ihre kulturelle Blüte. Als der Guadalquivir zu versanden begann, verlegte die Krone 1717 den Haupthafen für die Kolonien nach Cádiz. Sevilla verlor seine herausragende Bedeutung. Wenngleich mit der ibero-amerikanischen Ausstellung 1929/1930 und der Weltausstellung 1992 (**Expo '92**) die glorreiche Vergangenheit erneut belebt werden konnte. Darüber hinaus brachte die Expo '92 wesentliche Verbesserungen der Infra-

Architektonisches Zitat im Neomudéjarstil: die Plaza de España in Sevilla

struktur und den Bau der großen Flussbrücken Alamillo und La Barqueta mit sich. Andalusiens Hauptstadt, die viertgrößte Stadt
Spaniens, ist sich aber immer treu geblieben. Moderne Akzente setzen die Metro und eine kuriose avantgardistische Architektur wie
Metropol Parasol. Nicht verschwiegen werden soll, dass die Arbeitslosenrate in Sevilla stets überdurchschnittlich hoch ist.

Catedral de Santa María de la Sede

Av. de la Constitución, s/n | Mo.–Sa. 10.30–19.30, So. 14.30–19.30 Uhr
(Kassenschluss 1 Std. früher) | Eintritt: 12 € bzw. 11 € online
www.catedraldesevilla.es

Wie von Sinnen

Unglaubliche Glaubensfestung

Würde man die Kraft des Glaubens an der Größe des Baus messen,
hat man es mit einer der ausgeprägtesten Bastionen des Katholizismus zu tun, fußend auf dem Größenwahn der lokalen Kirchenoberen,
die an einem Julitag 1401 den Weg des Kathedralprojekts vorgaben:

>>
**Lasst uns eine Kirche bauen, so grandios, dass jene,
welche sie vollendet sehen, uns für von Sinnen halten.**
<<

Das Resultat war eine Kirche, die zwischen 1408 und 1506 an der
Stelle der Hauptmoschee der Almohaden ins Unermessliche wuchs
und eine Gesamtfläche von 14 500 Quadratmetern einnimmt – was
sie zu einem der Hauptgotteshäuser der christlichen Welt macht, in
Europa einzig übertroffen vom Petersdom in Rom und der St. Paul's
Cathedral in London. Seit 1987 zählt die Catedral de Santa María de
la Sede zum **Weltkulturerbe der UNESCO**.
Von wem genau die Ursprungspläne für die Kathedrale stammten, ist
nicht bekannt, doch das Megabauwerk gab und gibt zahlreichen Baumeistern und Handwerkern Beschäftigung – bis heute, denn immer
wieder stehen Restaurierungsarbeiten an. Aus der Zeit der Almohaden haben sich das in den Kathedralturm verwandelte Minarett (Giralda) und der Orangenhof (Patio de los Naranjos) erhalten.

Geburt und Taufe

Portale

Von den reich geschmückten Portalen sind besonders beachtenswert die Puerta del Bautismo (Portal der Taufe) und die Puerta del
Nacimiento (Portal der Geburt) links bzw. rechts der Puerta Mayor
an der Westfassade. Die Figuren auf den Tympana – den Schmuckflächen der Giebeldreiecke oder Bogenfelder – stellen Geburt und Taufe Jesu dar, in den Gewänden treten Sevillaner Stadtheilige in Erscheinung. Links folgt an der Nordseite die hufeisenförmige Puerta

CATEDRAL DE SEVILLA

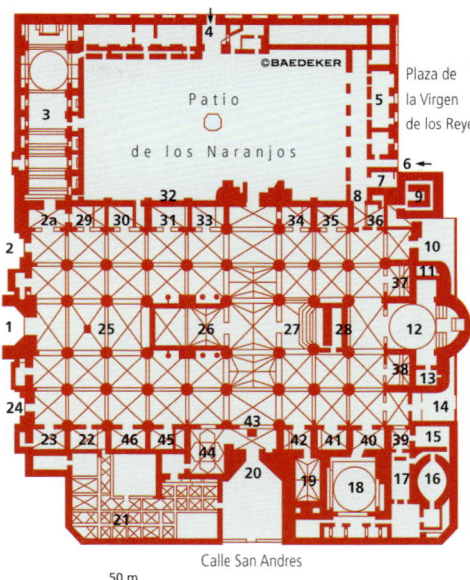

12 Capilla Real
13 Sakristei
14 Puerta de las Campanillas
   (Portal der Glöckchen)
15 Contaduría Mayor
16 Sala Capitular
17 Antecabildo
18 Sacristía Mayor
19 Sacristía de los Cálices
   (Sakristei der Kelche)
20 Puerta de San Cristóbal
   (Puerta de la Lonja)
21 Dependencias de la Hermandad
   Sacramental
22 Capilla de Santa Ana
23 Capilla de San Laureano
24 Puerta del Nacimiento
25 Grabplatte des Fernando
   Colón
26 Coro
27 Capilla Mayor
28 Sacristía Alta
29 Capilla de San Antonio
30 Capilla de Escalas
31 Capilla de Santiago
32 Capilla Sacramental
33 Capilla de San Francisco
34 Capilla de las Doncellas
35 Capilla de los Evangelistas
36 Capilla del Pilar
37 Capilla de San Pedro
38 Capilla de la Concepción Grande
39 Capilla del Mariscal
40 Antesala (Vorraum)
41 Capilla de San Andrés
42 Capilla de Dolores
43 Grabdenkmal des Kolumbus
44 Capilla de la Antigua
45 Capilla de San Hermenegildo
46 Capilla de San José

1 Puerta Mayor
2 Puerta del Bautismo
2a Giraldillo
3 Sagrario
4 Puerta del Perdón
5 Biblioteca Colombina
6 Puerta de Oriente

7 Capilla de la Granada
  (Granatapfelkapelle)
8 Puerta del Lagarto
  (Eidechsenpforte)
9 Giralda
10 Puerta de los Palos
11 Sala Capitular

del Perdón. An der Ostseite liegen die Puerta de Oriente, die Puerta de los Palos mit dem Relief »Anbetung der Hl. Drei Könige« sowie die Puerta de las Campanillas mit dem Einzug in Jerusalem. Die Puerta de San Cristóbal aus dem 19. Jh., auch Puerta de la Lonja genannt, öffnet sich am südlichen Querschiff.

In luftigen Höhen

Unbestreitbar ist die himmelsstürmende Giralda, vormals das Mina- Giralda
rett der Großen Moschee (1184–1196 erbaut), das Wahrzeichen
Sevillas. Der Turm wirkt grazil und wuchtig zugleich. Knapp 94 m ragt
er in den Himmel und wird gekrönt vom **Giraldillo**, der Symbolfigur
des Triumphs des Christentums.

Der Glockenturm der Kathedrale, die Giralda, war einst ein Minarett.

Auf römischen Sockeln strebt der Ziegelsteinbau in die Höhe, überzogen von einem rautenförmigen Sebka-Muster und unterbrochen
von Zwillingsfenstern, deren Säulenkapitelle aus dem Palast von Medina Azahara stammten. In maurischer Zeit schlossen vier vergoldete
Kupferkugeln den Turm ab. Längst von den Christen erobert, kam es
1568 zum Aufsatz der Glockenstube. Diese besteht aus dem Gestühl
mit 24 Glocken und der Matrarca, einem Holzgehänge mit den in der
Karwoche statt der Glocken benutzten Klappern.
Zu Fuß geht es die Giralda hinauf – auf einer sanft ansteigenden Rampe, zweieinhalb Meter breit, sodass hier einst zwei Reiter nebeneinander hinaufreiten konnten. Endstation ist die **Aussichtsgalerie** in
70 m Höhe. Von hier hat man eine prächtige Aussicht über die Stadt.

Verlockender Zitrusduft

Orangenhof Durch die Puerta del Perdón oder die Puerta de Oriente geht man
zunächst in den Patio de los Naranjos, den aus maurischer Zeit stammenden Orangenhof. Der achteckige Brunnen ist der Rest der muslimischen Midhâ, des Brunnens für religiöse Waschungen. Den West-

abschluss des Hofs bildet der **Sagrario** (1618–1662). Der Barockbau birgt ein Retabel mit einer »Kreuzabnahme« von Pedro Roldán. Das Gebäude gegenüber ist die im 13. Jh. gegründete Bibliothek des Domkapitels. Zu ihren Schätzen gehören u. a. Handschriften von Kolumbus und die Bibel Alfons' des Weisen. In der Capilla de la Granada in der Südostecke fand man Teile einer westgotischen Vorgängerkirche. In derselben Ecke öffnet sich der Hufeisenbogen der Puerta de Lagarto (Tor der Eidechse), so benannt nach dem darüber angebrachten Holzkrokodil. Hier liegt der Eingang der Kathedrale.

Goldene Zeiten

Der Innenraum bildet den eindrucksvollsten gotischen Kirchenraum Spaniens, der sich besonders durch die Klarheit seiner Proportionen und die Schönheit der Linienführung auszeichnet. Beleuchtung und Spiegel ermöglichen ein genaues Studium von Gewölbekonstruktion und -schmuck. Kunstexperten könnten mutmaßlich Jahre oder gar Jahrzehnte hier verbringen und aus den reich dekorierten Kapellen, Altären, Portalen, Bögen und all den Buntglasfenstern immer neue Details filtrieren. Die Höhepunkte monumentaler Prachtentfaltung sind die überkuppelte Capilla Real mit dem Sarkophag des Sevilla-Eroberers Ferdinand III., die Hauptsakristei, der ellipsenförmige Kapitelsaal, das (vermeintliche) Kolumbus-Grab, der Chor und der golden glänzende Hochaltar.

Vom Eidechsentor wenden Sie sich halbrechts zum Chor mit seinen 117-Sitzen (1475–1479). Die sich jenseits der Vierung anschließende **Capilla Mayor** grenzen an drei Seiten prachtvolle Gitter ein; alles überragt hier der mächtige Altar Mayor: Auf einer sagenhaften Fläche von über 450 Quadratmetern zeigt er Bilderreihen aus dem Leben Jesu und der Heiligen Jungfrau. Von 1482 bis 1564 machten sich Meister ihrer Epoche an diesem Hochaltar zu schaffen, dessen Schnitzwerk aus Lärchen-, Nussbaum- und Kastanienholz mit Blattgold überzogen wurde. In der Achse mit der Capilla Mayor schließt die **Capilla Real** das Mittelschiff ab. Der 38 Meter lange Renaissancebau wurde von 1551 bis 1575 an der Stelle der alten königlichen Grabkapelle erbaut und 1773 mit einem Gitter abgeschlossen, auf dem die Übergabe der Schlüssel Sevillas an Ferdinand dargestellt ist. Vor dem Retabel mit dem Bildnis der Virgen de los Reyes (13. Jh.) ruhen in einem 1729 gefertigten Silberschrein die Gebeine Ferdinands III. des Heiligen, links davon die Gebeine des Sohns Ferdinands, Alfons' X. des Weisen, rechts der Gemahlin Ferdinands, Beatrix von Schwaben. Zu den Ausstattungsstücken gehören Gemälde u. a. von Cano und Murillo sowie Fahne, Schwert und sogar eine Finger-Reliquie des hl. Ferdinand.

Von der Capilla Real geht es in die **Krypta** hinab. Peter der Grausame, seine Geliebte María de Padilla und mehrere Infanten sind dort begraben. Hier sehen Sie auch die aus dem 144. Jh. stammende Statu-

Kirchenraum

CATEDRAL DE
SANTA MARÍA DE LA SEDE

Die Kathedrale sollte auf Wunsch des Domkapitels so groß sein, dass »sie uns [die Domherren] für verrückt erklären«. Es ist gelungen: Mit 115 m Länge, 74 m Breite und einer Höhe von 40 m in der Vierung ist sie die größte gotische Kirche der Welt geworden.

❶ Giralda
Sie wurde als Minarett der Hauptmoschee von 1184-1196 errichtet.

❷ Galerie
Die Aussichtsgalerie liegt 70 m hoch.

❸ Brunnen
Der achteckige Brunnen ist der Rest der muslimischen Midhâ, des Brunnens für religiöse Waschungen.

❹ Bibliothek
Die im 13. Jh. gegründete Bibliothek des Domkapitels besitzt u. a. Handschriften von Kolumbus und die Bibel Alfons´ des Weisen.

❺ Sagrario
Der Sagrario (1618 – 1662), ein Barockbau, birgt ein Retabel mit einer »Kreuzabnahme« von Pedro Roldán.

❻ Kirchenschiff
»Im Mittelschiff könnte Notre-Dame von Paris erhobenen Hauptes spazieren gehen.«, so beschreibt Théophile Gautier den beeindruckenden Raum im Zentrum der Kirche.

❼ Chor
Den Chor schließt ein Gitter (1519) ab; das gotische Chorgestühl ist von 1475 – 1479. Die Capilla de la Concepción Chica an der Südwand bewahrt die »La Cieguecita« (»Die Blinde«) genannte Holzplastik der Jungfrau Maria.

❽ Capilla Mayor
Dominierend ist hier das Retabel mit 23 m Höhe und 20 m Breite. Es ist das größte Altarbild der Welt.

❾ Capilla Real
Vor dem Retabel mit dem Bildnis der Virgen de los Reyes (13. Jh.) ruhen in einem 1729 gefertigten Silberschrein die Gebeine Ferdinands III. des Heiligen, links davon Gebeine des Sohns Ferdinands, Alfons X. des Weisen, rechts der Gemahlin Ferdinands, Beatrix von Schwaben.

❿ Sacristía Mayor
Sie birgt wertvollste Kunstgegenstände, darunter die Schlüssel von Sevilla (1248), ein Reliquiar Alfons´ X. in Form eines Triptychons (»Tablas Alfonsinas«), eine Kreuzreliquie der hl. Helene, den Bronzekandelaber Tenebrario von Bartolomé Morel und das Gemälde »Kreuzabnahme« von Pedro de Campana.

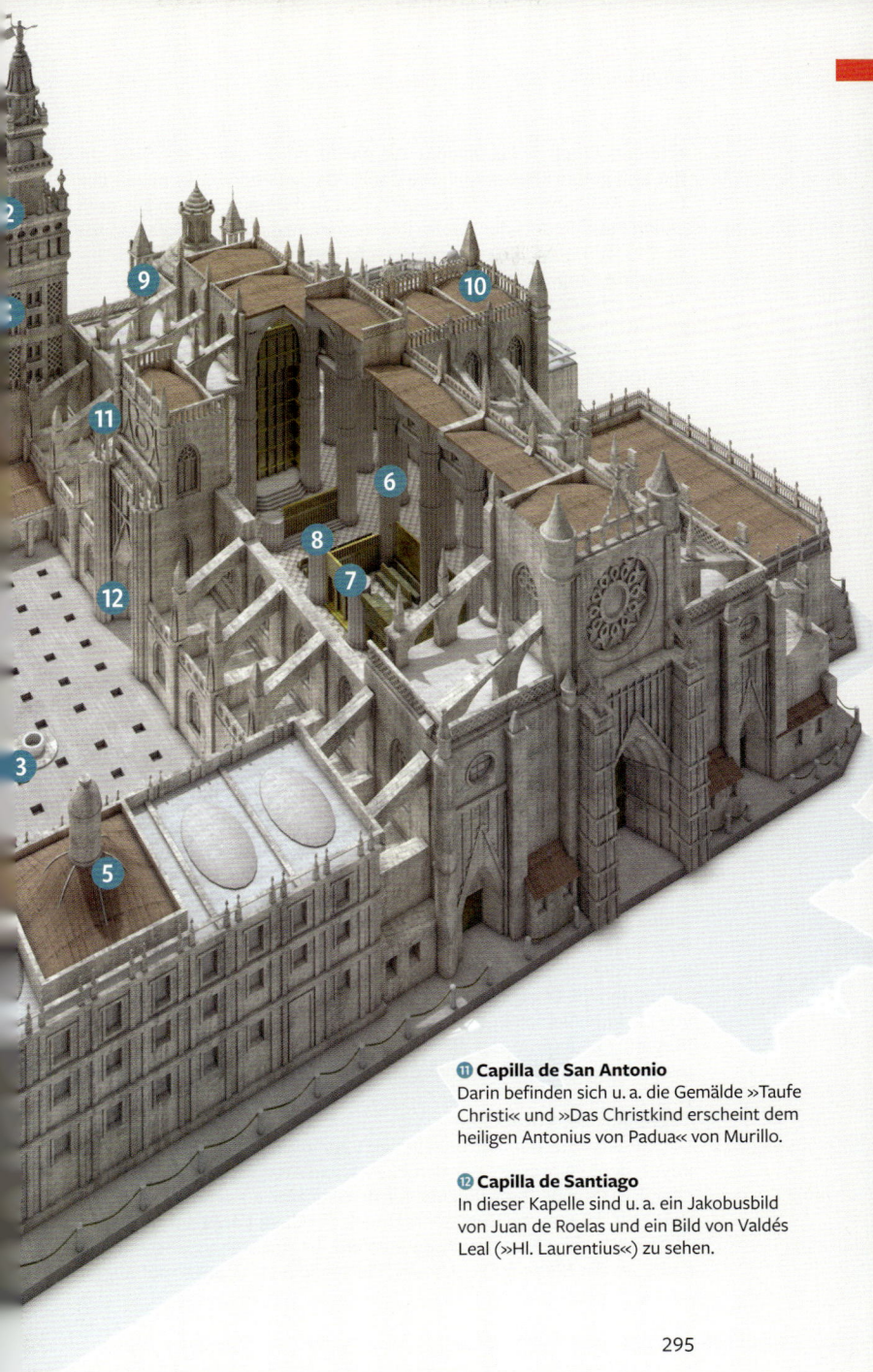

⓫ Capilla de San Antonio
Darin befinden sich u. a. die Gemälde »Taufe Christi« und »Das Christkind erscheint dem heiligen Antonius von Padua« von Murillo.

⓬ Capilla de Santiago
In dieser Kapelle sind u. a. ein Jakobusbild von Juan de Roelas und ein Bild von Valdés Leal (»Hl. Laurentius«) zu sehen.

ette der Virgen de las Batallas, die der hl. Ferdinand in der Schlacht mit sich geführt haben soll. Die Capilla de San Pedro links neben der Capilla Real birgt ein Retabel von Zurbarán mit neun Szenen aus dem Leben Petri. Rechts der Capilla Real betritt man die ovale Sala Capitular (1530–1592), die ganz beherrscht wird von dem Gemälde »Unbefleckte Empfängnis« von Murillo. Die **Sacristía Mayor** ist ein im 16. Jh. erbauter Prachtbau von Diego de Riaño und Diego de Siloé mit schöner Kuppeldecke. In der 1529 erbauten Sacristía de los Cálices neben der Sacristía Mayor sind vor allem die zahlreichen Gemälde von Interesse, u. a. von Goya »Hl. Justa und Rufina«, von Morales »Pietà«, von Valdés Leal »Hl. Drei Könige« und von Murillo »Hl. Familie«. Von großem Können zeugt auch das berühmte Kruzifix von Martínez Montañés.

Im **Grabmal des Christoph Kolumbus** ruht nach DNA-Analysen tatsächlich ein Teil seiner Gebeine. Der Leichnam des Seefahrers erlebte eine wahre Odyssee. Nach seinem Tod 1506 in Valladolid wurde Kolumbus bei Sevilla bestattet, 1596 nach Santo Domingo (Dominikanische Republik) überführt; 1795 wurden seine Gebeine nach Havanna auf Kuba überführt. Als Kuba im Krieg von 1898 verloren ging, schaffte man zumindest einen Teil der Gebeine schließlich an seinen heutigen Platz. Nach wie vor erhebt auch Santo Domingo Anspruch auf das Kolumbusgrab; DNA-Tets wurden bislang aber verweigert.

Von den Seitenkapellen sind besonders die Capilla de la Virgen de la Antigua (rechts vom Kolumbusgrab) am Ort des ehemaligen Mihrâbs der Moschee mit dem Fresko der Jungfrau und dem Renaissancegrabmal des Erzbischofs Diego Hurtado de Mendoza beachtenswert. Ebenso die Capilla de San Hermenegildo mit dem gotischen Grabmal von Erzbischof Juan de Cervantes und einem Zurbarán-Gemälde. Von den Kapellen an der Nordwand ist gleich die erste neben dem Giraldillo interessant, die **Capilla de San Antonio** mit u. a. den Gemälden »Taufe Christi« und »Das Christkind erscheint dem hl. Antonius von Padua« von Murillo, außerdem die Capilla de Santiago, danach an der Puerta de los Naranjos das Bild der Virgen de Belén von Alonso Cano, jenseits des Tors schließlich die Capilla de los Evangelistas.

Unter den **75 Glasgemälden** aus dem 15.–19. Jh. ragen diejenigen von Enrique Alemán in der Capilla de San José, vom Flamen Arnao de Vergara (»Jungfrau der Barmherzigkeit«) und von dessen Landsmann Arnao de Flandes in der Capilla de los Evangelistas heraus.

Tagebuch der Entdecker

Zwischen
Kathedrale
und Alcázar

Die Giraldaseite der Kathedrale zeigt zur Plaza de la Virgen de los Reyes, deren Nordseite der barocke Palacio Arzobispal (Erzbischöflicher Palast) einnimmt. Rechts vor dem Alcázar an der Plaza del Triunfo fällt das strenge Gebäuderechteck der **Casa Lonja** auf, 1583 bis 1598 nach Plänen von Juan de Herrera im Hochrenaissancestil erbaut, um die Börse aufzunehmen, die vordem im Orangenhof abgehalten worden war. Hier ist seit 1781 das **Archivo General de Indias** eingerichtet, das fast 40 000 spanische Dokumente über die Entdeckung und Eroberung Amerikas und der Philippinen bewahrt. Dazu gehören u. a. Autografen von Magellan, Pizarro und Cortés, das Tagebuch von Kolumbus und Stadtpläne der spanischen Gründungen in der »Neuen Welt« – eine Fundgrube nicht nur für Forscher, denn einige Stücke sind ausgestellt bzw. werden in einem Video gezeigt.

Archivo General de Indias: Di.–Sa. 9.30–17, So. 10–14 Uhr | Eintritt frei

Real Alcázar

Patio de Banderas, s/n | April–Sept. tgl. 9.30–19, Okt.–März tgl. 9.30 bis 17 Uhr | Eintritt: 13,50 € (untere Palastteile und Gärten), 19 € mit dem Cuarto Real Alto (noch heute genutze königliche Apartments) im oberen Teil | www.alcazarsevilla.org

Von Königen und Geliebten

Ursprünglich befand sich an selber Stelle die Burg der maurischen Herrscher – und nach der Einnahme Sevillas durch Ferdinand III. zogen die christlichen Könige ein. Peter der Grausame (Pedro el Cruel) beschloss dann Mitte des 14. Jh.s, seiner Geliebten María de Padilla eine

Historische Einordnung

Arabische Schriftzeichen und Azulejos mit geometrischen Mustern schmücken den Salón de los Embajadores auf das Schönste.

ALCÁZAR VON SEVILLA

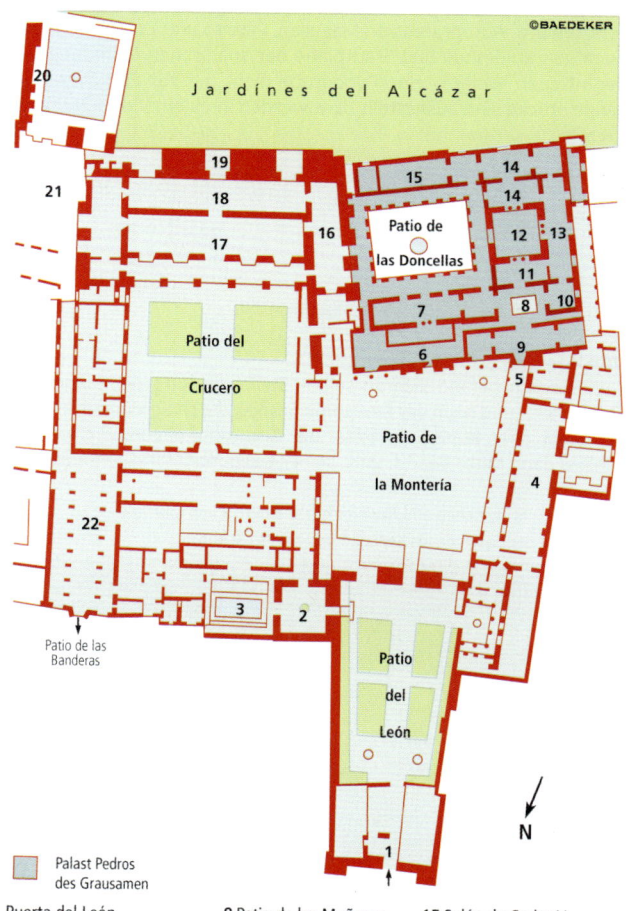

©BAEDEKER

Jardínes del Alcázar

Patio de las Doncellas

Patio del Crucero

Patio de la Montería

Patio de las Banderas

Patio del León

N

Palast Pedros des Grausamen

1 Puerta del León
2 Salón de Justicia
3 Patio de Yeso
4 Cuarto del Almirante
5 Treppe zu den königlichen Gemächern im Obergeschoss
6 Pasillo
7 Dormitorio de los Reyes moros

8 Patio de las Muñecas
9 Sala de los Príncipes
10 Gemächer der Katholischen Könige
11 Schlafgemach Philipps II.
12 Salón de los Embajadores
13 Comedor
14 Gemächer der María de Padilla

15 Salón de Carlos V
16 Capilla
17 Salón de Tapices
18 Salón del Emperador
19 Baños de María de Padilla
20 Galería de los Grotescos
21 Puerta de Marchena
22 Marstall

königliche Unterkunft bauen zu lassen. Nichts war ihm zu teuer oder aufwendig, und so ließ er maurische Baumeister und Handwerker aus Toledo und Granada kommen, um den heute nach ihm benannten Palastteil zu errichten. Auch die Katholischen Könige veränderten einige Räume, und unter Karl V. kam ein weiterer Anbau hinzu.

Wo Kolumbus seinen Vertrag verhandelte

Nahe der Kathedrale betreten Sie den von hohen Mauern umgebenen Alcázar von der Plaza del Triunfo aus durch die Puerta del León und gelangen in den mit Orangen und Blumen bepflanzten **Patio del León**, dessen Mauergeviert teilweise noch aus almohadischer Zeit stammt. Links liegen der 1330 unter Alfons XI. erbaute **Salón de Justicia** und dahinter der **Patio de Yeso** (Gipshof), der seinen Namen den Stuckornamenten und Bauteilen der siebenbogigen Galerie verdankt. *(Höfe und Räume)*

Geradeaus kommen Sie vom Patio del León auf den weitläufigen **Patio de la Montería**, einst Vorhof zu den Privatgemächern der Almohaden und Versammlungsplatz der Jagdgesellschaften, unter den Christen als Paradeplatz genutzt. In den beiden unteren Räumen des rechten Gebäudetrakts wurde Weltgeschichte geschrieben. Hier, im sog. **Cuarto del Almirante**, handelte Isabella die Katholische mit Kolumbus den Vertrag aus, der ihm seine Entdeckungsreise ermöglichte, und hier empfing sie ihn nach seiner zweiten Reise. An diesem Ort hatte von 1503 an die Casa de Contratación ihren Sitz, die für den Handel mit der »Neuen Welt« zuständige Kammer. Die mit Seefahrerbildnissen und einer Kassettendecke gestalteten Räume werden heute für offizielle Anlässe genutzt. Im hinteren Raum hängt Alejo Fernández' Bildnis der Virgen de los Navegantes, der Schutzheiligen der Seefahrer. Links neben der Tür zu den Admiralitätsräumen führt eine prachtvolle Treppe hinauf in die Gemächer der Katholischen Könige.

Links vom Patio de la Montería erreicht man über den **Patio del Crucero** den Palast Karls V., dessen große Räume die Kühle der Renaissance ausstrahlen. Hier zeigen u. a. Brüsseler Gobelins die Belagerung von Tunis durch die kaiserlichen Truppen im Jahr 1535.

Inbegriff eines Märchenpalasts

Die prächtige Fassade des Palastes schließt den Patio de la Montería Richtung Süden ab. Der Eingang öffnet sich zwischen zwei Vielpassbögen, darüber nach einer Reihe von Sebka-Mustern zwei Zwillings- und ein Drillingsfenster, gefolgt von einer lateinischen Inschrift zum Lobe Peters und einem kufischen Schriftband aus blauer Keramik, das verkündet: »Es gibt keinen Eroberer außer Allah« – der christliche König war wohl des Arabischen nicht mächtig … *(Der Palast von Peter dem Grausamen)*

Im Vorraum, dem Pasillo, wenden Sie sich nach links und gehen durch einen engen Gang in den **Patio de las Doncellas** (Mädchenhof), den bezaubernden Mittelpunkt des Palasts. Von 1369 bis 1379 erbaut, zeigt er prachtvolle Zackenbögen und durchbrochene Oberwände, getragen von 52 Marmorsäulen, dazu Azulejo-Verkleidungen und Stuckornamente; die Verspieltheit der Dekore und Formen erinnert an die Alhambra in Granada. Im 16. Jh. wurde die Galerie mit Rundbögen im Stil der Renaissance aufgesetzt. Mit Blick auf die Westwand liegt links der mit einer prachtvollen Kassettendecke ausgestattete **Salón de Carlos V**; rechts sehen Sie das herrlich gekachelte **Dormitorio de los Reyes moros**, das Gemach der Maurenkönige – doch die schliefen trotz des Namens dort nicht.

Geradeaus betreten Sie den ältesten und schönsten Saal im Alcázar: den **Salón de los Embajadores**, was sich mit Botschafter- oder Gesandtensaal übersetzen lässt. Er ist zweistöckig angelegt und wird von einer prachtvollen Stalaktitenkuppel aus Zedernholz abgeschlossen. Unter der Kuppel verläuft eine Freskoreihe mit Bildnissen spanischer Könige von der Westgotenzeit bis zu Philipp II. Was jedoch die Einzigartigkeit des Raums ausmacht, ist der Überschwang der arabischen Schriftzeichen und geometrischen Muster auf Azulejos, aus Lärchenholz und aus Gips, die im warmen, goldgelben Licht erstrahlen. Der Raum sah u. a. die glanzvolle Vermählung von Karl V. mit der portugiesischen Thronerbin Isabella im Jahr 1526.

Der Saal öffnet sich nach drei Seiten mit vollendeten Hufeisenbögen zu den Nachbarräumen, die in ihrem Glanz dem Gesandtensaal nur wenig nachstehen. Geradeaus verläuft der lang gestreckte **Comedor**, der Speisesaal Philipps II., dessen geschnitzte Decke Juan de Simancas schuf; rechts geht es durch das Schlafgemach Philipps II. in den stimmungsvollen kleinen **Patio de las Muñecas** (Puppenhof), der seinen Namen den puppenhaften Gesichtern in den Arkadenzwickeln verdankt und Mittelpunkt der königlichen Privaträume war. Vom Hof gelangt man geradeaus in die Sala de los Príncipes, wo der einzige Sohn der Katholischen Könige, Juan, geboren wurde. Links vom Puppenhof liegen die mit schönen Artesonadodecken abgeschlossenen Gemächer der Katholischen Könige. Links des Gesandtensaals wiederum richtete Peter der Grausame seiner María de Padilla zwei Wohnräume ein – ihretwegen hielt er seine rechtmäßige Gemahlin Blanca de Borbón in Medina Sidonia gefangen.

Komposition der Stile

Gärten
des Alcázar

Die Gärten des Alcázar vereinen auf wunderbare Weise die Gartenbaukunst des Islam mit jener der Renaissance – auf der einen Seite das Spiel mit Formen und Farben der Pflanzen, Wasserläufe und Grotten, auf der anderen Seite die Strenge, die in der Geometrie der Anlagen zutage tritt. Ein Spaziergang durch die Blütenpracht führt zu alten Badeanlagen, zur **Galería de los Grotescos** am großen Zierbecken mit einem bronzenen Merkur in der Mitte und daneben die platereske Puerta de Marchena von einem Palast der Herzöge von Arcos; inmitten der weitläufigen Anlage steht der Pabellón de Carlos I von 1543.

Ausgang durch den Waffenhof

Durch die Hallen des Marstalls, in dem einige Kutschen zu sehen sind, verlässt man den Alcázar und findet sich auf dem von weißen Mauern umschlossenen und mit Orangenbäumen bestandenen Patio de las Banderas wieder. Dieser Flaggenhof gehörte ursprünglich ebenfalls zum Alcázar und diente als Waffenhof.

Patio de las Banderas

Barrio de Santa Cruz

Auszeit von der Großstadt

Das verwinkelte, herausgeputzte Viertel Santa Cruz, Barrio de Santa Cruz, erstreckt sich zwischen Kathedrale, Alcázar-Gärten und Calle de Santa María Blanca. Es ist eines der schönsten in ganz Spanien! Hier lebte im Mittelalter die jüdische Gemeinde bis zu ihrer endgültigen Vertreibung 1492. Ein Interpretationszentrum vertieft das Thema der historischen Judería.

Stille Wahrzeichen

Hinter dem Fassadenweiß und all den schmiedeeisernen Toren verbergen sich die stillen Wahrzeichen Sevillas: Innenhöfe mit Springbrünnchen und Pflanzenpracht, wahre botanische Gärten en miniature und kühle Oasen im städtischen Strudel. Eine Prise ländliche Romantik. Und eine Wohltat an Sommertagen. Lassen Sie sich in aller Ruhe umhertreiben – durch verwinkelte Gassen, über kleine charmante Plätze. Am Abend ist das Viertel mit seinen kleinen Restaurants eines der lebhaftesten in Sevilla. Hier kehrt man einfach gerne ein und lässt die besondere Atmosphäre auf sich wirken.

Ebenso erwähnenswert sind einige herausragende Monumente: So auch die Kapelle des im 17. Jh. errichteten Priesterheims **Hospital de los Venerables Sacerdotes**, die beachtliche Kunstwerke vorzuweisen hat: Fresken und Gemälde von Valdés Leal, einen Elfenbeinchristus von Alonso Cano sowie Skulpturen bzw. Gemälde von Roelas, Rubens und Sassoferrato.

Die größte Kirche im Viertel ist die **Iglesia de Santa Cruz**. Unweit davon befindet sich in der Calle Santa Teresa 8 das Wohnhaus des Malers Bartolomé Esteban Murillo (1618–1682). Den Convento de las Descalzas gegenüber gründete die hl. Teresa von Ávila. Ab dem Murillo-Haus sind es wenige Schritte bis zur Plaza de Santa Cruz, deren Mitte ein schmiedeeisernes Kreuz aus dem 17. Jh. ziert.

Schließlich kommen Sie am östlichen Ende des Viertels zur Kirche **Santa María la Blanca** – bis 1391 eine Synagoge; hier lassen sich Kuppelmalereien von 1659 und eine Abendmahlszene von Murillo bestaunen.

Hospital de los Venerables Sacerdotes: Plaza de los Venerables, 8 | Mo.-Sa. 10-19, So. 10-15 Uhr | Eintritt: 10 €, inkl. Kirche, Kunstabteilungen (Centro Velázquez, Colección Arte Contemporáneo), Innenhof und Sakristei | http://hospitalvenerables.es

SEVILLA

ISLA DE
LA CARTUJA

Río Guadalquivir

Centro Andaluz de
Arte Contemporáneo

Pasarela de
la Cartuja

Convento de
San Clemento

Convento de
Santa Clara

Convento de
San Clemento

C. de Becquer

Basílica de
la Macarena

Hospital de las
Cinco Llagas

Muralla

C. Peral

C. Calatrava

C. Lumbreras

C. del Gran Poder

C. Peris Mencheta

C. de Relator

C. Torres

C. San Luis

C. Aniceto Sáenz

Ronda de Capuchinos

Macasta

Av. la Cruz Roja

Omniun
Sanctorum

Santa
Marina

San
Julián

C. Hombre
de Piedra

Santa Ana

Alameda
de
Hercules

Feria

Mercado

San Luis

Convento de
Santa Paula

San Lorenzo

C. de Juan Rabadán

Dios

LA MACARENA

Santa
Isabel

Pasaje Mallol

Enladrillada

Sol

C. Pascual de Gayagnos

C. de Baños

C. Alfaqueque

San Vicente

Jesús

Amor

C. Víriato

Corona

Castellar

Palacio
de las Dueñas

San
Marcos

C. Muro de los Navarros

Recaredo

Córdoba

Estación Santa Justa

Parlamento
de Andalucia

C. del
Parlamento

CENTRO

Metropol
Parasol

San
Pedro

Santa
Catalina

Calle

Pl. Ponce
de León

C. Azafrán

María Auxiliadora

C. Jandalo

Alfonso XII.

Imagen

Museo de
Bellas Artes

Palacio de
Lebrija

Cuna

Universidad
Vieja

Convento de
San Leandro

Casa de
Pilatos

Canalejas

Católicos

Sierpes

Iglesia del
Salvador

Cuesta del Rosario

C. de Alhóndiga

Rey

Santiago

C. de Arfe

Reyes

Ayuntamiento

Plaza
Nueva

Pl. S.
Francisco

Zaragoza

Museo
del Baile

Monolitos
Romanos

San
Illdefonso

C. San Esteban

C. Conde de Ibarra

C. Cabeza

Santa Maria
La Blanca

Acueducto

Adriano

Plaza de Toros
de la Maestranza

Avenida de la Constitución

Palacio
Arzobispal

Catedral

Sta.
Cruz

SANTA
CRUZ

Menéndez

Pelayo

Demetrio de los Ríos

Granada, Málaga

TRIANA

Río Guadalquivir

Paseo de Cristóbal Colón

Puente de Isabel II

Dos de Mayo

Archivo General
de Indias

Pl. del
Triunfo

Hospital de los
Venerables
Sacerdotes

Paseo de Catalina de Ribera

Calle

Estación
de Cádiz

C. Juan de Mata Carriazo

Santa
Ana

Pagés

Betis

Teatro de la
Maestranza

Hospital de
la Caridad

Alcázar

Jardines
del Alcázar

EL ARENAL

Estación
de Cádiz

Torre del Oro
(Museo Maritimo)

Puerta de
Jerez

San Fernando

Universidad
(Fábrica de
Tábacos)

Pl. de Juan
de Austria

Estación
de Autobuses

Av. de Carlos V

Puente
San Telmo

Palacio de
San Telmo

Palos
de la
Frontera

Plaza
de Cuba

Paseo de las Delícias

Teatro Lope
de Vega

Glorieta
S. Diego

Av. de Portugal

Dr. Pedro
de Castro

LOS
REMEDIOS

Asunción

C. Virgen de la Victoria

Juan Sebastián Elcano

Puente de
los Remedios

Av. de Maria Luisa

Av. de Isabel la Católica

Plaza de
España

Parque de
Maria Luisa

Plaza de
América

Av. de la República Argentina

200 m

©BAEDEKER

Huelva,
Itálica

Estación
de Autobuses

Av. Cristo de la
Expiación

C. de Arjona

Marqués de Paradas

Huelva,
Itálica

SEVILLA ERLEBEN

OFICINAS DE TURISMO
Plaza del Triunfo, 1–3
Tel. 954 21 00 05
Mo.–Fr. 9–19.30, Sa., So. 9.30 bis
19.30 Uhr
Weitere Büros am Paseo Marqués
del Contador, s/n (Tel. 955 47 12
32) und im Bahnhof Santa Justa
ggü. Gleis 6-7 (Tel. 954 78 20 02)
www.visitasevilla.es

Mit Metro, Straßenbahn und Bussen
gelangt man zu allen wichtigen Spots.
Metrotickets je nach Strecke 1,35 bis
1,80 €, Tagesticket 4,50 €.
www.tussam.es
www.metro-sevilla.es

Wer die Karprozessionen oder die
Feria de Abril erleben will, muss früh
die Unterkunft buchen und sich nicht
über die saftigen Aufschläge wundern!

SEMANA SANTA
Die Feierlichkeiten zur Semana Santa
(Karwoche) sind in Sevilla am eindrucksvollsten. Vielerorts bahnen
sich die Büßerprozessionen mit ihren
kunstvollen Standbildern den Weg
durch die Menge.

FERIA DE ABRIL
Die Feria de Abril in der zweiten Woche nach Ostern ist das sechstägige
weltliche Hauptfest Sevillas. Schauplatz ist das Festgelände Recinto
Ferial; die tausend Festhäuschen
(casetas) sind geschlossenen Gesell-
schaften vorbehalten. Zum Abschluss
gibt's ein riesiges Feuerwerk am Guadalquivir.

CALLE SIERPES
Die Haupteinkaufszone liegt zwischen
Plaza Nueva und Plaza San Francisco
und nördlich der Plaza del Duque de
la Victoria. Haupteinkaufsmeile ist die
Calle Sierpes, die Mode, Spanisches
(Cerámicas Sevilla 1952, Hausnr. 80;
www.ceramicassevilla.com),
Schmuck und auch Konditorwaren
bietet. Fächer gibt es bei Abanicos
Airearte Sevilla (Calle García de
Vinuesa, 30).

IM TRIANA-VIERTEL
Beliebter Markt im Triana-Viertel ist
der Mercado de Triana an der Plaza
Altozano (http://mercadodetriana
sevilla.com). Traditionelle Keramik
und anderes Kunsthandwerk gibt's
bei Cerámica Triana (Calle Callao, 14;
http://ceramicatriana.com).

<table>
<tr><td>❶ La Sede</td><td>❶ Alfonso XIII</td><td>❶ Los Gallos</td><td>❽ The Second Room</td></tr>
<tr><td>❷ Taberna del
Alabardero</td><td>❷ Las Casas
de la Judería</td><td>❷ Casa de la Memoria</td><td>❾ La Terraza del EME</td></tr>
<tr><td>❸ Casa Robles</td><td>❸ Patio de le Cartuja</td><td>❸ La Casa
del Flamenco</td><td>❿ La Gintonería</td></tr>
<tr><td>❹ Bodega Palo Santo</td><td>❹ Monte Carmelo</td><td>❹ Museo del Baile
Flamenco</td><td>⓫ Teatro Lope
de Vega</td></tr>
<tr><td>❺ Eslava</td><td>❺ Europa</td><td>❺ Tablao El Arenal</td><td>⓬ Teatro de la
Maestranza</td></tr>
<tr><td>❻ La Bartola</td><td></td><td>❻ La Carbonería</td><td></td></tr>
<tr><td>❼ Mechela</td><td></td><td>❼ Level 5th</td><td></td></tr>
<tr><td>❽ Bar El Comercio</td><td></td><td></td><td></td></tr>
</table>

FLOHMARKT UND SHOPPING

Flohmarkt (Mercadillo El Jueves)ist donnerstags in der Calle Feria ca. 9–14 Uhr. Beliebte Shoppingcenter: Centro Comercial Los Arcos (Avenida de Andalucía, s/n; www.cclosarcos.com), Centro Comercial Plaza de Armas (Plaza La Legión), Centro Comercial Nervión Plaza (Calle Luis de Morales, 3; www.nervionplaza.com)

FLAMENCO

Sevilla zählt zu den renommiertesten Flamencozentren in Andalusien. Getanzt und vorgeführt wird der Flamenco bei professionellen Shows in sogenannten Tablaos. Als eines der besten gilt Los Gallos im Barrio de Santa Cruz. Weitere gute Flamenco-Adressen mit regelmäßigen Darbietungen sind das Kulturzentrum Casa de la Memoria und La Casa del Flamenco – Auditorio Alcántara.

❶ LOS GALLOS

Plaza de Santa Cruz, 11
Shows 19 u. 20.45 Uhr | 35 €
Tel. 954 21 69 8
www.tablaolosgallos.com

❷ CASA DE LA MEMORIA

Calle de la Cuna, 6
Shows 18. u. 19.30 Uhr | 18 €
Tel. 954 56 06 70
www.casadelamemoria.es

❸ LA CASA DEL FLAMENCO –
AUDITORIO ALCÁNTARA

Calle Ximénez de Enciso, 28
Shows: Sommer 20.30, Winter 19, ggf. zusätzl 20.30 Uhr | 20 €
Tel. 955 02 99 99
http://lacasadelflamencosevilla.com

❹ MUSEO DEL BAILE
FLAMENCO

Calle de Manuel Rojas Marcos, 3
Shows 17, 19, 20.45 Uhr | 25 €
www.museoflamenco.com

❺ TABLAO EL ARENAL

Ein Klassiker unter den Tabalaos
Calle Rodo,
Tel. 954 21 64 92
http://tablaoelarenal.com

Sa., So. wird man im Barrio Santa Cruz in den Kneipenrevieren der Calle Mateos Gago und der Calle Argote Molina was erleben, ebenso um die Plaza de la Gavida und die Plaza del Salvador. Livemusik gibt es oft um die Plaza Alfalfa, an der Alameda de Hércules sowie in der Calle Tarifa. Von den Bars um die Plaza de Toros hat man einen schönen Blick auf den Guadalquivir. Im Sommer spielt sich das Nachtleben meist auf der östlichen Uferseite zw. Puente de Triana und der La-Barqueta-Brücke ab.

❻ LA CARBONERÍA

Guter Spot für Kulturveranstaltungen
Calle Céspedes, 21 A
http://lacarbonerialevies.blogspot.com

❼ LEVEL 5TH

Rooftop-Bar des Hotels Ribera de Triana, Drinks in stimmungsvoller Atmosphäre.
Plaza Chapina, s/n
www.hotelriberadetriana.com

❽ THE SECOND ROOM

Coole Bar mit klasse Cocktails
Calle Placentines, 19

❾ LA TERRAZA DEL EME

Fantastische Ausblicke auf die Giralda von der Terrasse des EME Catedral Hotels – gehobenes Preisniveau.
Calle Alemanes, 27
www.emecatedralmercer.com

❿ LA GINTONERÍA

Hier trifft man sich in lässiger Atmosphäre auf einen Gin Tonic.
Calle Marqués de Paradas, 55

⓫ TEATRO LOPE DE VEGA

Konzerte unterschiedlichster Art in
altehrwürdigem Theater
Avenida María Luisa, s/n
Tel. 955 47 28 22
http://icas.sevilla.org/espacios/
teatro-lope-de-vega

⓬ TEATRO DE LA MAESTRANZA

Das Theater, nahe der Stierkampfarena, bietet Opern, Jazz und Klassik.
Paseo de Cristóbal Colón, 22
Tel. 954 22 33 44
www.teatrodelamaestranza.es

🍴🍽

Wahrscheinlich die schönste Art des
Essengehens: ein Bummel durch die
Tapas-Bars im Barrio de Santa Cruz,
um die Plätze im Zentrum, im Triana-
und Los-Remedios-Viertel.

❶ LA SEDE €

Ein Paradies für Tapas, bei denen
auch das Auge mit isst. Als kleiner
Verdauungsspaziergang bietet sich
ein Bummel zu den nahen »Pilzen
von Sevilla« (Metropol Parasol) an.
Calle Regina, 1

❷ TABERNA DEL ALABARDERO €€€€

Die Taverne ist dafür berühmt, sevillanische Gerichte in den Olymp der
Gourmetküche gehoben zu haben.
Die Kulisse bildet stilgerecht ein alter
Stadtpalast.
Calle Zaragoza, 20
Tel. 954 50 27 21
www.tabernadelalabardero.es

❸ CASA ROBLES €€€€

Testen Sie die sevillanisch-gehobene
Küche, untergebracht in einem Haus
aus dem 18. Jahrhundert. Wem das
zu teuer ist, der kann sich an den ausgezeichneten Tapas versuchen.
Calle Alvarez Quintero, 58
Tel. 954 21 31 50
www.casa-robles.com

❹ BODEGA PALO SANTO €–€€

Etwas ab vom Schuss, aber das
macht nichts – alleine die Tapas sind
den Weg wert. Originelle Noten wie
Tintenfisch-Crepes gibt's auch. Schöne Präsentationen.
Plaza de la Gavidia, 5
Mobil: 695 54 89 57
http://bodegapalosanto.com

❺ ESLAVA €–€€

Als Gast gerät man hier gerne über
»Tapas wie aus dem Bilderbuch« ins
Schwärmen. Die Häppchen haben
wirklich exquisite Noten!
Calle Eslava, 3
Tel. 954 90 65 68
http://espacioeslava.com

❻ LA BARTOLA €–€€

Wartezeiten sind hier nicht ausgeschlossen, was für die Beliebtheit
spricht. Setzt bei den Tapas auf wunderbar kreative Gastronomie.
Calle San José, 24
Tel. 955 27 19 78

❼ MECHELA €€

Kleines, feines Restaurant. Traditionelle Küche mit modernen Noten und
beseelt von Erfindungsreichtum. Der
Weinkeller ist gut sortiert..
Calle Bailén, 34
Tel. 955 28 25 66
http://mechelarestaurante.es

❽ BAR EL COMERCIO €

Gut und günstig – was will man mehr in
dieser rustikalen, typischen Tapas-Bar?
Calle Lineros, 9
Mobil 670 82 90 53

**WEITERE TAPAS-BARS
UND -RESTAURANTS**
Cervecería Giralda
Calle Mateos Gago, 1
http://cerveceriagiralda.es
Casa Román
Plaza de los Venerables
http://casaromansevilla.com

El Rinconcillo
Calle Gerona, 40
www.elrinconcillo.es
Maquila Bar
Calle Degado, 4
www.maquilasevilla.com
Taberna Sol y Sombra
Calle Castilla, 147–151
www.tabernasolysombra.com

❶ ALFONSO XIII €€€€

Wer Luxus sucht, bekommt Luxus in
diesem Grandhotel der Extraklasse
mit 146 Zimmern, erbaut zur Ibero-
Amerikanischen Ausstellung 1929.
Das Haus gilt als Flaggschiff der andalusischen Hotellerie – was sich selbstverständlich auch im Preis nieder-
schlägt. Hier sind schon viele Promis
abgestiegen. Die Eleganz setzt sich im
Restaurant San Fernando fort.
Calle San Fernando, 2
Tel. 954 91 70 00
www.espanol.marriott.com

❷ LAS CASAS DE LA JUDERÍA €€€–€€€€

Fast schon ein eigenes Viertel im Barrio de Santa Cruz: Mehrere Häuser
des Duque de Béjar, untereinander
mit Patios und Gewölbegängen verbunden, bilden dieses Stadthotel, das
mit 134 stilvollen Zimmern und Brun-
nenhöfen verzaubert. Nach etwas
Eingewöhnungszeit haben Sie sich
orientiert. Pool auf dem Dach. Jedes
Zimmer ist anders eingerichtet.

Calle Santa María la Blanca, 5
Tel. 954 41 51 50
www.lascasasdelajuderiasevilla.
com

❸ PATIO CARTUJA €€–€€€

Eine etwas andere Unterbringung
und eine kleine Perle abseits vom
großen Luxus am Nordende der Alameda de Hércules: Komfortabel und
schlicht zugleich sind die 34 Apartments eingerichtet.
Calle Lumbreras, 8
Tel. 954 90 02 00
www.patiodelacartuja.com

❹ MONTE CARMELO €–€€

Guten Mittelklasse im Viertel Los Remedios. Die 65 Zimmer sind einladend modern eingerichtet, ohne
Schnörkel. Wer mit dem Auto an-
reist, sollte unbedingt einen Parkplatz
vorbuchen; die Kapazität ist stark begrenzt. Die schlichte Moderne setzt
sich bis in den Frühstücksraum fort.
Calle Virgen de la Victoria, 7
Tel. 954 27 90 00
www.hotel-montecarmelo.com

❺ EUROPA €

Ein Hotel der einfacheren Art (ein
Stern; 16 Z.), das mit der zentralen
Lage und dem Preisniveau punktet.
Der Stil kommt klassisch daher. Alle
wichtigen Sehenswürdigkeiten errei-
chen Sie von hier aus zu Fuß.
Calle Jimios, 5
Tel. 954 50 04 43
www.hoteleuropasevilla.com

▌ Entdeckungen nördlich der Kathedrale

Zwei Ansichten

Ayunta-
miento

An der Westseite der Plaza de San Francisco steht das Rathaus, ein
stattlicher Renaissancebau von Diego de Riaño. Die Fassade gilt als
eine der reizvollsten des platteresken Stils. Westlich liegt die **Plaza
Nueva** mit einer Reiterskulptur des hl. Fernando. Hier ist die Fassade
des Ayuntamiento klassizistisch geprägt.

Seele des Flamenco

Ein paar Straßenzüge östlich des Rathauses macht das multimediale **Museo del Baile Flamenco** mit modernster Technik den Flamenco, seine Ursprünge und Varianten sowie das typische Equipment wie Kostüme und Instrumente hör- und erlebbar. Im Haus aus dem 18. Jh. werden auch Flamencoshows veranstalte (▶ S. 304).

Tgl. 10–18 Uhr | Eintritt: 10 € | www.museoflamenco.com

Museo del Baile Flamenco

Shopping-Fieber

An der Nordseite der Plaza de San Francisco beginnt die Calle Sierpes, die Fußgängerzone ist die Hauptgeschäftsstraße der Stadt. Sie bekommt in der Sommerhitze ihre eigene Atmosphäre durch die in der Höhe befestigten Sonnensegel und endet an der Plaza La Campana, wo während der Semana Santa, der Karwoche, Tribünen für Karprozessionen aufgebaut sind.

Calle Sierpes

Die Vierung im Blick

Von der Calle Sierpes kommen Sie rasch zur Plaza del Salvador mit der gleichnamigen Barockkirche. Sie nimmt den Platz der einstigen Freitagsmoschee ein und wurde 1671–1712 errichtet. Der Glockenturm auf der Basis des Minaretts entstand schon im 14. Jahrhundert. San Salvador ist nach der Kathedrale die zweitgrößte Kirche Sevillas und beeindruckt besonders durch ihre machtvolle Vierungskuppel. Innen sind vor allem das riesige barocke Retabel sowie Werke von Montañés (»Ecce homo«), Juan de Mesa (»Cristo del Amor«) und Murillo (ebenfalls »Ecce homo«) beachtenswert.

Iglesia Colegial del Divino Salvador

Spuren nach Itálica

Ein schönes Beispiel für ein Sevillaner Adelshaus gibt der Palacio de Lebrija aus dem 16. Jahrhundert. Zu finden ist er in Haus Nr. 8 an der von der Salvador-Kirche nach Norden verlaufenden Calle de la Cuna. Im Innern ist eine Sammlung von römischen Mosaiken und weiterer archäologischer Funden aus der nahe gelegen Ruinenstadt ▶ Itálica zu sehen.

Calle Cuna, 8 | tgl. 10–17 Uhr | Eintritt: 12 €
http://palaciodelebrija.com

Palacio de Lebrija

Gläubige Studenten

Die Kirche der 1502 in einem Jesuitenkolleg gegründeten Alten Universität (Universidad Vieja), nicht weit vom Palacio de Lebrija entfernt, besitzt ein großes Retabel und Gemälde u. a. von Roelas, Alonso Cano und Pacheco.

Iglesia de la Anunciación

Futuristischer Pilz

An der Plaza de la Encarnación nördlich der Alten Universität grub man in den 1990er-Jahren Reste der römischen Kolonie aus. Viel

Metropol Parasol

Casa de Pilatos – Sevillas prächtigster Stadtpalast

spektakulärer aber ist die avantgardistische Architektur aus dem dritten Jahrtausend: die pilzartige, gigantische Überdachung des Areals (▶ Abb. S. 373), entworfen vom Stuttgarter Architekten Jürgen Mayer H. (er schreibt sich tatsächlich so). Sie besteht aus 3400 Einzelteilen aus Stahl und Furnierschichtholz und überdeckt nicht nur das Grabungsgelände, nunmehr bekannt als Antiquarium, sondern auch eine Markthalle, Läden und Restaurants. Auf der pilzartigen Überdachung verläuft ein über 250 Meter langer Steg, der Aussichtspunkt (Mirador) befindet sich in einer Höhe von gut 28 Metern. Im Volksmund heißt das Konstrukt »Setas de Sevilla«, also: Pilze von Sevilla. Nach eigenen Angaben hat man es hier mit der »größten Holzkonstruktion der Welt« zu tun – was so lange gilt, bis jemand das Gegenteil beweist ...

Steg und Aussichtspunkt: Pl. de la Encarnación, s/n | Apri-Okt. tgl. 9.30-0.30 Uhr, übrige Monate 9.30-Mitternacht | Eintritt: 10 € tagsüber, 12 € zum Sonnenuntergang, 15 € Nachttarif
http://setasdesevilla.com

Von Dichtern und Lenkern

Dieser Palast ist ein bezeichnendes Beispiel für die Sevillaner Adels-architektur und hat über ein halbes Jahrtausend Geschichte auf dem Buckel. Geschichtsträchtige Gärten, Innenhöfe, Salons und die Kunstsammlung mit Gemälden, Skulpturen, antiken Möbeln und Objekten laden zur Entdeckung ein. Im 15./16. Jh. erbaut und mit gotischen und maurischen Stilarten versehen, verdankt der Palacio de las Dueñas seinen Namen dem inzwischen verschwundenen Kloster Santa Maria de las Dueñas. Sein Ursprung fußt auf dem Palais einer einflussreichen Patrizierfamilie, später ging er in die Hände des Herzogshauses Alba über. Im 19. Jh. wurde das Gebäude zum Wohnhaus umfunktioniert und der große spanische Dichter Antonio Machado 1875 hier in einer Mietwohnung geboren. Im 20. Jh. kehrte dann der Palastglanz zurück, als sich Vertreter europäischer Königs- und Adelshäuser einfanden. Und der XIX. Herzog von Alba, Carlos Fitz-James Stuart, sorgte 2016 dafür, dass der Palacio de las Dueñas der Öffentlichkeit zugänglich gemacht wurde.

Palacio de las Dueñas

Calle de las Dueñas, 5 | April–Sept. tgl. 10–20, übrige Monate 10–18 Uhr | Eintritt: 12 € | www.lasduenas.es

Im Stile des Präfekten

Auf dem Weg zum nächsten Ziel liegt die **Iglesia de Santa Catalina** etwa auf halbem Weg. Die Kirche zeichnet sich durch ihre außerordentlich kunstfertige Artesonadodecke aus. Angekommen bei der Casa de Pilatos, vereint der heute den Herzögen von Medinaceli gehörende Palast die Elemente von Mudejarstil, Gotik und Renaissance so gelungen, dass er fast auf eine Stufe mit dem Real Alcázar zu stellen ist. Der Palastbau begann 1492 und wurde 1520 vollendet. Da der Bauherr 1519 nach Palästina gereist war, will der Volksmund seither wissen, das Gebäude sei eine Nachahmung des Hauses von Pontius Pilatus in Jerusalem.

Casa de Pilatos

Das Haus ist um einen einzigartigen Patio angelegt, den Sie durch ein triumphbogenartiges Portal aus Carrara-Marmor betreten, eine Arbeit des Genueser Künstlers d'Aprile. Der Hof präsentiert sich als zweistöckiges Geviert von Arkaden, deren Rundbogen mit mudejaren Mustern verziert sind. Farbige Azulejos bedecken die Wände, in die Nischen eingelassen sind Büsten von römischen Kaisern. Antikisierende Statuen griechisch-römischer Göttinnen haben in den Ecken Platz gefunden; die Mitte des Hofs nimmt ein Delfinbrunnen mit einem Januskopf ein. Im Untergeschoss liegt rechts der **Salón del Pretorio**, der sogenannte Goldene Saal, der sich durch herrlichen Fayenceschmuck und eine mudejare Kassettendecke auszeichnet. Dem Eingangsportal gegenüber kommt man in die Hauskapelle und ihren Vorraum, beide mit Artesonadodecken ausgestattet; es folgt ein Saal mit Renaissanceskulpturen und der Salón de la Fuente. Im linken Gebäudetrakt zeigt ein Museum griechisch-römische Skulpturen, u. a.

eine griechische Dionysos-Statue, einen Hermeskopf aus dem 5. Jh. v. Chr. und als Glanzstück aus derselben Zeit eine Statue der Minerva/Athene. Ins Obergeschoss führt ein prächtiges Treppenhaus. Hier sieht man Kunst aus der Sammlung der Herzöge, darunter auch bedeutende Archivalien wie eine Handschrift aus der Zeit Karls des Kahlen; unter den Deckengemälden ragt die Apotheose des Herkules (1609) von Pacheco heraus.

Plaza de Pilatos, 1 | April–Okt. tgl. 9–18 Uhr | Eintritt: 12 €
www.fundacionmedinaceli.org

Stelldichein der Meistermaler

Museo de
Bellas Artes

Letzte Station der kulturellen Highlights in diesem weiten Stadtgebiet ist das Museum der Schönen Künste. Wechseln Sie nach moderner Architektur und edlen Palästen aufs Neue die Richtung und gehen Sie von der Plaza La Campana auf der Calle de Alfonso XII Richtung Guadalquivir. Das Museum ist im ehemaligen Convento de la Merced (17. Jh.) untergebracht, **die Sammlung zählt zu den bedeutendsten Spaniens** und umfasst überwiegend spanische Maler des 17. und 18. Jahrhunderts. Zum Fundus zählen aber auch Skulpturen, Gemälde aus dem 19./20. Jh. sowie ein 1538 entstandenes Meisterwerk von Lucas Cranach, »Kalvarienberg«.

In den insgesamt 14 Sälen, dessen prächtigster die ausgemalte ehemalige Klosterkirche ist, sind u. a. folgende Meister vertreten: Francisco de Zurbarán: »Christus am Kreuz« und »Apotheose des Thomas von Aquin«; Bartolomé Esteban Murillo: »Der hl. Thomas von Villanueva verteilt Almosen«, »Die hl. Justa und Rufina« (die beiden Schwestern stützen in typischer Pose die Giralda) und »Vision des hl. Franziskus«; El Greco: »Bildnis seines Sohnes Jorge Manuel«; Francisco Pacheco: »Porträt des Ehepaares Orantes«; Uceda: »Heilige Familie«.

Plaza del Museo, 9 | Aug. Di.–So. 9–15, übrige Monate Di.–Sa. 9–21, So. 9–15 Uhr | Eintritt für EU-Bürger frei
www.museosdeandalucia.es

▌ La Macarena

Herkules trifft Julius Caesar

Zwischen
Alameda de
Hércules und
Guadalquivir

Ein Dorf in der Stadt, ein volkstümliches Viertel der kleinen Leute, ein Viertel der historischen Klöster und Kirchen – das und vieles mehr ist La Macarena nördlich des Altstadtbereichs. Fixpunkt ist die Alameda de Hércules, ein Park, an dessen Südseite zwei von einem römischen Tempel stammende Granitsäulen mit den Statuen des Herkules und Julius Caesars stehen. Westlich davon (also Richtung Guadalquivir) befindet sich die **mudejare Kirche San Lorenzo**, deren Hochaltar ein Bildnis des hl. Laurentius ziert; die viel verehrte Christusstatue Nuestro Señor de Gran Poder in einer Seitenkapelle stammt von Juan de

Ein Stück Sevilla pur erlebt man beim Besuch einer traditonellen Tapasbar.

Mesa. Gehen Sie von dort ein Stück weiter zur **Klosterkirche des Convento de Santa Clara** (16. Jh.); eindrucksvoll ist die Artesonadodecke. Auf Höhe eines weiteren Klosters, des **Convento de San Clemente** (13. Jh.), haben Sie fast den Guadalquivir erreicht; sehenswert in dieser Klosterkirche sind die Fresken von Valdés Leal, die Artesonadodecke, die Azulejosockel aus dem Jahr 1558 und das Grabmal der Maria von Portugal, Mutter Peters des Grausamen.
Gegenüber vom Kloster verbindet eine anlässlich der Weltausstellung 1992 über den Fluss gezogene Stabbogenbrücke, **Puente de la Barqueta**, die Innenstadt mit dem einstigen Expo-Areal auf der Isla de la Cartuja; Architekten waren Juan J. Arenas und Marcos J. Pantaleón.

Hier wird Politik gemacht

Den Nordrand des Viertels steckt der Renaissancebau des **Hospital de las Cinco Llagas** ab, heute Sitz des Regionalparlaments von Andalusien. In der Nähe haben sich Teile der almohadischen Stadtmauer erhalten; in der **Basílica de la Macarena** (erbaut 1941–1949) wird das Marienbildnis der Virgen de la Macarena verehrt. Die Basilika ist Sitz der Laienbruderschaft Hermandad de la Esperanza Macarena, die in einem Museum Prozessionsaltäre (pasos) und Schmuckkleider für das Gnadenbild zeigt.

Nordrand des Viertels

Museum Basilika: Calle Bécquer, 1-3 | tgl. 9-14, u. 17-21 Uhr
Eintritt frei | www.hermandaddelamacarena.es

Klösterlicher Glanz

Convento de Santa Paula

Vom östlichen Ende der Stadtmauerreste ist es nicht weit zum Convento de Santa Paula, im 15. Jh. von den Markgrafen von Montemayor gegründet und eines der schönsten Klöster der Stadt. Das belegt das farbenfrohe Kirchenportal von Niculoso Pisano und setzt sich fort im Freskenschmuck des Gewölbes über dem Altar; das Klostermuseum zeigt Gemälde von Ribera (»Hl. Hieronymus«, »Anbetung der Hirten«) und eine »Unbefleckte Empfängnis« von Alonso Cano.

Calle Sta. Paula, 11 | Di.–So. 10.30–13 Uhr | Eintritt: 3 €

▌ Am Río Guadalquivir

Entdecker-Promenade

Paseo de Cristóbal Colón

Im Südwesten der Altstadt beginnt an der Brücke (Puente de) Isabel II der Paseo de Cristóbal Colón. Auf der Uferseite lädt eine schöne Parkanlage zum Spazieren ein; in den Gassen hin zur Innenstadt finden Sie viele Bars und Restaurants. Der Paseo streift die 1761 begonnene **Plaza de Toros de la Maestranza**, mit 14 000 Plätzen die größte Stierkampfarena Andalusiens und eine der berühmtesten in Spanien. Es folgt das **Teatro de la Maestranza**, Schauplatz von Opern und Konzerten aller Art.

Lebenswandel und Wohltätigkeit

Hospital de la Caridad

An die Rückseite des Theaters grenzt das Hospital de la Caridad (1661–1664), gestiftet vom Calatrava-Ritter Miguel de Mañara, der nach einer Todesvision seinen ausschweifenden Lebenswandel völlig änderte. Mit der Ausstattung der Hospitalkirche beauftragte er zwei der größten Künstler seiner Zeit, Murillo und Valdés Leal – die heute hier zu sehende **Gemäldesammlung** gilt daher als die zweitbedeutendste Sevillas nach der im Museo de Bellas Artes.

Die Kuppelfresken stammen von Valdés Leal. Pedro Roldán schuf die Skulpturen des Altaraufsatzes mit dem Thema Grablegung Christi, während wiederum Valdés Leal den Hintergrund malte. Von Murillo sieht man vor allem »Wunderbare Brotvermehrung«, »Moses schlägt Wasser aus dem Fels« und »Die hl. Elisabeth von Thüringen pflegt die Aussätzigen«. Von geradezu deprimierender Düsterkeit sind die beiden Werke von Valdés Leal zum Thema Vergänglichkeit des irdischen Daseins: Auf dem Gemälde »In ictu oculi« schreitet der Tod über Papst- und Königskrone, Bücher, Rüstung und Prunkgewänder hinweg; »Finis gloriae mundi« zeigt die beiden verwesten Leichname eines Calatrava-Ritters und eines Erzbischofs.

Calle Temprado, 3 | Mo.–Fr. 10.30–19, Sa., So. 14–19 Uhr
Eintritt: 8 € | www.santa-caridad.es

Wahrzeichen Sevillas

Er ist so etwas wie der ewige Wächter am Flussufer, 36 m hoch: der »Goldturm«, Torre del Oro, nach der Giralda das zweite historische Wahrzeichen Sevillas und eines der bedeutendsten maurischen Bauwerke der Stadt. Der zwölfeckige Turm wurde um 1220 unter den Almohaden als Wach- und Leuchtturm erbaut; er hatte am anderen Ufer ein Gegenstück, zu dem eine schwere Kette gespannt werden konnte, sodass der Hafen gesperrt war. Unter Peter dem Grausamen diente er als **Schatzhaus und Gefängnis**. Ursprünglich war das Dach mit Goldazulejos gedeckt, daher der Name; der heutige Aufsatz wurde 1760 errichtet. Das Innere des Turms fungiert heute als Museum, das die Vergangenheit Sevillas als Hafenstadt thematisiert.

Aus einer ganz anderen Perspektive erleben Sie **Sevilla vom Wasser aus**: Nahe der Torre del Oro legen an der Muelle del Marqués del Contadero in regelmäßigen Abständen Boote zu einstündigen Touren auf dem Guadalquivir ab – gönnen Sie sich das Erlebnis!

Torre del Oro: Paseo de Cristóbal Colón, s/n | Mo.–Fr. 10.30–19, Sa., So. 14–19 Uhr | Eintritt: 3 € | www.fundacionmuseonaval.com

Bootstouren: Paseo Alcalde Marqués del Contadero, s/n | Mai–Sept. tgl. zwischen 11 und 22 Uhr stdl., übrige Monate bis 19 Uhr | Preis pro Person: 18 € | http://crucerosensevilla.com

Vom Wach- und Leuchtturm zum Wahrzeichen Sevillas: der Torre del Oro

Südstadt

Ausgangspunkt: Luxus

Palacio de
San Telmo

Entdecken Sie im weitläufigen südlichen Teil der Kernstadt weitere schöne Seiten Sevillas, angeführt vom Parque de María Luisa und der Plaza de España. Beginnen Sie den Spaziergang am besten von der Puerta de Jerez beim Luxushotel Alfonso XIII. hin zum Palacio de San Telmo, einem großen Barockgebäude. Es war ursprünglich als Seemannsschule gedacht und diente später als Priesterseminar; heute ist hier der Ssitz der Junta de Andalucía untergebracht. Das hohe Barockportal erinnert an einen Altar; an der dem Hotel zugewandten Seite sind zwölf Statuen berühmter Sevillaner aufgestellt.

Wo Carmen Zigarrenn drehte

Fábrica de
Tabacos

Direkt benachbart ist die ehemalige Tabakfabrik, Fábrica de Tabacos, ein 1757 errichteter riesiger Bau, der zum Zeitpunkt seiner Fertigstellung an Größe in Spanien nur vom Escorial übertroffen wurde. Hier ließ Prosper Merimée seine Carmen Zigarren drehen – in der Realität taten dies auf dem Höhepunkt der Produktion im 19. Jh. bis zu 10 000 Arbeiterinnen; sie sammelten die bei der Zigarrenproduktion anfallenden Tabakkrümel, wickelten sie in Papier und hatten so ein relativ billiges Rauchvergnügen. Um die Mitte des 19. Jh.s gelangten diese »papelitos« nach Frankreich, wo sie »cigarettes« genannt wurden – die Erfindung der Zigarette! 1965 wurde die Fabrik geschlossen. Heute gehört das Gebäude zur Universität, so kann man hier problemlos herumspazieren.

Zum Schweifen und Schwelgen

Parque de
María Luisa

Richtig durchatmen? Grün sehen? Dann auf in den Parque de María Luisa, eine ausgedehnte, von der Infantin María Luisa Fernanda de Borbón gestiftete Parkanlage. Das als englischer Garten angelegte Gelände erfuhr einschneidende Veränderungen durch die Bauten der hier 1929/1930 abgehaltenen Ibero-Amerikanischen Ausstellung. Erhalten haben sich davon das einstige Kasino, heute Teatro Lope de Vega, dann die Plaza de España, die Gebäude um die Plaza de América und ein kleiner Pavillon am Paseo de las Delicias, die Costurero de la Reina (Schneiderei der Königin), heute Büro der Stadtinformation.

Hollywood lässt grüßen

Plaza de
España

Welch eine märchenhafte Moderne des 20. Jahrhunderts! Die halbkreisförmige Plaza de España an der Avenida de María Luisa wurde im Zuge der Ibero-Amerikanischen Ausstellung 1929/1930 errichtet. Absicht des hierfür engagierten Architekten **Aníbal Gonzáles** war es, in dem riesenhaften Palacio Español alle Stilrichtungen der maurisch-andalusischen Architekturgeschichte zu zitieren – und die Besucherschaft nachhaltig zu beeindrucken.

In der Mitte erhebt sich der Palacio Central, von dem zwei Galerien zu den beiden 82 m hohen Ecktürmen leiten, die an die Giralda erinnern sollen. Am Sockel des Gebäudes haben die 52 spanischen Provinzen je eine Szene aus ihrer Geschichte auf Azulejos dargestellt. Auch die venezianischen Brücken über den Wasserlauf vor dem Gebäude sind mit Azulejos überzogen. Die Plaza und ihr kleiner Kanal werden von kaum einem Sevillaner Brautpaar für das obligatorische Foto ausgelassen. Und auch als **Filmkulisse** hielt der Platz gelegentlich her – u. a. für »Lawrence von Arabien« (britisches Hauptquartier in Kairo), »Star Wars, Episode II« (Palast von Naboo) und »Game of Thrones« (Palast von Dorne).

Gepflegte Volkskunde

Im Südteil des Stadtparks María Luisa umstehen drei ehemalige Ausstellungspavillons die Plaza de América: der Pabellón Real (Königlicher Pavillon), der Pabellón Mudéjar und der Pabellón del Renacimiento (Pavillon der Renaissance).

Plaza de América

Auf der Plaza de España gönnt man sich gerne ein Sonnenbad.

Im Pabellón Mudéjar zeigt das **Museo de Artes y Costumbres Populares** (Volkskundemuseum) u. a. Trachten, Kunsthandwerk, Möbel, Porzellan und häusliche Gerätschaften aus der Vergangenheit
Sevillas.

Das **Museo Arqueológico** stellt im Pabellón del Renacimiento Funde
aus dem westlichen Andalusien von der Frühzeit bis zu den Mauren
aus; Glanzstücke sind der aus dem 7./6. Jh. v. Chr. stammende, 21
Stücke umfassende Goldschatz von Carambolo und einige der
schönsten Mosaiken aius Itálica

Museo de Artes y Costumbres Populares: Juli, Aug. Di.–So. 9–15,
übrige Monate Di.–Sa. 9–21, So. 9–15 Uhr | Eintritt für EU-Bürger
frei | www.museosdeandalucia.es
Museo Arquelógico: wg. Renovierung bis auf Weiteres geschlossen

▌ Auf der anderen Seite des Guadalquivir

Heimat der Gitanos

Barrio de Triana

Müsste man ein Viertel als richtig typisch sevillanisch hervorheben,
dann dieses hier: Triana. Es breitet sich hinter dem rechten Ufer des
Guadalquivir aus, der Name leitet sich vom römischen Kaiser Trajan
ab. Auf dieser Flussseite, zwischen den heutigen Brücken San Telmo
und Isabel II, erstreckten sich die Kais für die Schiffe aus der »Neuen
Welt«. Triana war von alters her das Viertel der Gitanos, Seeleute
und Töpfer. Zwar findet man die viel besungene Volkstümlichkeit in
Triana nicht mehr unverfälscht vor, doch sind das Nachtleben und die
Gastronomie mit ihren Tapas-Bars einen Besuch wert. Und der Blick
hinüber auf die nächtlich erleuchtete Innenstadt (u. a. von den Restaurants in der Calle Betis) ist einfach fantastisch.

Ungefähr auf halber Strecke zwischen den beiden Brücken steht die
Kirche **Santa Ana**, die Alfons der Weise um 1280 im Mudejarstil errichten ließ; sie ist die **älteste Kirche der Stadt**. Zu ihrer Ausstattung gehören das Gnadenbild der Virgen de la Rosa und die Erscheinung der hl. Justa und Rufina von Alejo Fernández. Geschäftig geht es
im Viertel um die Calle San Jacinto, die Calle Castilla und auf dem
Markt zu.

▌ Isla de la Cartuja

Freizeitpark und zeitgenössische Kunst

EXPO 92

Diese riesige Insel im Guadalquivir hat auf ihre Art Geschichte geschrieben. 1992 war sie Schauplatz der Weltausstellung mit dem
Hauptthema Zeitalter der Entdeckungen und wurde durch zwei gigantische Brückenneubauten, die Puente del Alamillo von Santiago
Calatrava und die Puente de la Barqueta, mit der Kernstadt verbun-

den. Zu diesem Anlass entstand auf dem alten Expo-Gelände auch das Hightech-**Vergnügungszentrum Isla Mágica**, ein Magnet für Freizeit-Abenteuer, außerdem wurde das 1401 gegründete Kartäuserkloster **Monasterio de la Cartuja de Santa María de las Cuevas** restauriert. Hier bereitete einst Christoph Kolumbus seine Schiffsreise vor. Ab 1839 hatte sich hier eine Keramikfabrik eingerichtet. Heute ist es Sitz des **Centro Andaluz de Arte Contemporáneo** (CAAC). In wechselnden Ausstellungen oder aus der eigenen Sammlung präsentiert es zeitgenössische Kunst, vorwiegend Werke spanischer und andalusischer Künstler.

Centro Andaluz de Arte Contemporáneo: Av. Américo Vespucio, 2 |Di.–Sa. 11–21, So. 10–15.30 Uhr | Eintritt: 3 € | Eintritt frei: Di.–Fr. 19–21, Sa. 11–21 Uhr | www.caac.es

Isla Mágica: Avenida de los Descubrimientos | im Sommer tgl. 11–23 Uhr, sonst saisonal stark wechselnde Öffnungszeiten (s. Website) | Eintritt: 35 €, (online ab 24 €) Nachmittagstarif: 23 € (online ab 22 €), Abendtarif: 11 € | www.islamagica.es

Rund um Sevilla

▶ S. 191   Itálica

Größte almohadische Festung Spaniens

Schon die Römer erkannten die strategische Bedeutung des Orts 20 km südwestlich von Sevilla und legten hier ein Kastell an. Darauf errichteten die Mauren ihre Burg – die Ferdinand III. allerdings recht mühelos einnehmen konnte. Gewaltig erstreckt sich der zinnenbewehrte Mauerring mit seinen acht Türmen auf dem Hügel über der Stadt. Das Bauwerk ist von außen fotogener als von innen, denn außer dem Ring ist so gut wie nichts mehr erhalten. Von den Kirchen der Stadt sind die Iglesia de Santa María del Águila (13./14. Jh.) und die dreischiffige Iglesia de Santiago (15./16. Jh.) wegen ihres kachelverzierten Turms erwähnenswert.

Alcalá de Guadaira

Castillo: Juli, Aug. Mo.–Fr. 10–12 u. 20–22, übrige Monate Mo.–Fr. 9.30–11.30, Sa. 10–14 u. 16–18, So. 10–14 Uhr | Eintritt: frei

Gelobter Wein

Die Einsamkeit beginnt spätestens 50 km nördlich von Sevilla. Im Parque Natural Sierra Norte bahnen sich Flüsse ihren Lauf durch die Hügellandschaft, in der sich Weideflächen mit Eichen- und Mischwäldern abwechseln und Heimat für Adler, Geier, Rotwild und Wildschweine bieten.

Parque Natural Sierra Norte

Constantina ist ein hübscher Ort auf einem Bergrücken mit sehenswerter Altstadt, die wie die Burgruine aus maurischer Zeit stammt; das nahe Besucherbüro des Naturparks (Centro de Visitantes El Robledo) informiert über Wanderstrecken. Der Ort lag in römischer Zeit an einer wichtigen Handelsstraße und erzeugte einen Wein, der sogar in Rom gerühmt wurde.

Im ländlich-idyllischen **El Pedroso**, westlich von Constantina, wird Kork verarbeitet. Auf römischen und maurischen Fundamenten steht die gotische, barock umgestaltete Pfarrkirche.

Weiteres Ziel ist **Cazalla de la Sierra**, nordwestlich von Constantina. Die Mauren bauten den Bergort zur Festung aus, Herrenhäuser säumen die Straße zwischen der großen Ortskirche und der Plaza. Im ehemaligen Franziskanerkloster ist ein barocker Kreuzgang mit Rundbögen zu sehen. Ein Stück außerhalb von Cazalla de la Sierra liegt das einstige Kartäuserkloster La Cartuja de Cazalla. Es kann besichtigt werden, bietet auch ländliche Unterkunft, ist Künstlerwerkstatt und Begegnungszentrum.

Centro de Visitantes El Robledo: Juli, Aug. Fr.–So. 10–15, übrige Monate i.d.R. Do.–So. 10–15 Uhr

La Cartuja de Cazalla: Besuche: Sa., So. 11–15 Uhr | Eintritt: 4 € www.lacartujadecazalla.com

Sakrale Rundtour

Utrera und
Umgebung

Typisch andalusisches Landstädtchen mit Kirchenerbe – das zeichnet das 51 000 Einwohner große Utrera aus. Die Kleinstadt liegt knapp 35 km südöstlich von Sevilla inmitten der fruchtbaren, landwirtschaftlich geprägten Campiña de Sevilla. Unter den Gotteshäusern ragt die 1369 geweihte Santa María heraus; sie besitzt ein schönes Renaissanceportal mit Figuren der Schutzheiligen und der Apostel, im Innern ist der Graf von Arcos begraben. Im 15. Jh. entstand die Kirche Santiago, deren Turm eine Figur des Heiligen ziert. Die außerhalb Richtung Sevilla liegende Wallfahrtskirche Nuestra Señora de la Consolación besitzt ein schönes Renaissanceportal, churriguereske Altäre und eine prachtvolle Artesonadodecke. Die wundertätige Madonna soll Utrera 1962 vor einer Überschwemmung bewahrt haben.

Falls Sie eine kleine Rundfahrt angehen, können Sie zwei weitere Ziele einplanen: Arahal (24 km nordöstlich von Utrera) und Morón de la Frontera (36 km östlich von Utrera).

In **Arahal**, einst Zentrum der Landarbeiterbewegung, gibt ebenfalls das Sakralerbe die Wege vor: Die Kirche La Victoria bewahrt Teile eines mudejaren Kreuzgangs, die Türme von Santa María Magdalena sind mit farbigen Azulejos verkleidet, an der barocken Kirche Vera Cruz fallen Portal und Kuppel auf.

Morón de la Frontera war im Mittelalter Grenzstädtchen zum maurischen Gebiet; aus dieser Zeit stammen die Reste der 1240 von den Christen eroberten Burg. In die Kirche San Miguel treten Sie durch ein Portal mit Renaissance- und Mudejar-Elementen, interessant im Innern sind das Renaissance-Chorgitter und das Retabel.

SIERRAS DE CAZORLA, SEGURA Y LAS VILLAS

Provinz: Jaén | **Höhe:** 650–2107 m ü. d. M.

Am nordöstlichen Rand der Provinz Jaén erhebt sich steil ein Ungetüm aus Bergketten: die Sierras de Cazorla, Segura y Las Villas. Dieser gewaltige Naturpark hat es mit seinen Gebirgs-flanken, Schluchten, Stauseen, Flüssen und Bächen wirklich in sich. Populäres Tor in den Park ist der Ort Cazorla.

Aus dem hügeligen Getreide- und Olivenland der Provinz Jaén im Nordosten Andalusiens steigen die Sierra de Cazorla und die Sierra de Segura auf über 2000 m Höhe auf. Getrennt werden sie durch den Oberlauf des hier entspringenden Guadalquivir. Hier verläuft die Wasserscheide zwischen dem Mittelmeer, in das der Río Segura fließt, und dem Atlantik, den der Guadalquivir sucht. Die höchsten Erhebungen des Naturparks sind El Empañada (2107 m ü. d. M.) und El Cabañas (2036 m ü. d. M.). Zusammen mit der Sierra de Las Villas

Urwüchsige Natur

Badespaß am Oberlauf des Río Borosa in der Sierra de Cazorla

bilden die beiden Gebirge das riesige, weit über 200 000 ha große **Naturschutzgebiet** Parque Natural Sierras de Cazorla, Segura y Las Villas. Der Naturpark bietet zahlreichen Tieren und Pflanzen ein Zuhause; allein 2300 Pflanzenarten sind dokumentiert. Einzigartig ist die ausgedehnte Waldfläche, die wohl dank ihrer Unzugänglichkeit sämtliche Abholzungsaktionen in Iberien seit der Antike überstanden hat. Die Vielfalt reicht von Lorbeer über Buchs und Ahorn bis zur Stechpalme. Neben allerlei Laubbäumen gedeihen zudem drei Kiefernarten: Aleppokiefer, Strandkiefer und in höchsten Lagen die Schwarzkiefer. Sehr selten ist das nur hier vorkommende Cazorla-Veilchen; daneben wachsen u. a. Orchideen, Narzissen, Zistrosen und eine endemische Fettkrautart. Mit Geduld und Glück kann man den Iberischen Steinbock, Mufflons und Damwild beobachten; am Himmel kreisen Stein- und Zwergadler, Gänse- und Schmutzgeier.

Das hübsche Cazorl mit seinen weiß getünchten Häusern und der Burg liegt hingebettet vor der Kulisse der Sierras.

Unterwegs in wildromantischer Natur

Die beste Zeit für Wanderungen und weitere Unternehmungen sind Frühjahr und Herbst. Eine besondere Herausforderung ist der **Fernwanderweg** GR-247 Bosques del Sur mit 21 Etappen ab/bis Siles. Sie haben nicht so viel Zeit? Ein Tagesklassiker ist die Route Cerrada de Elías-Nacimiento del Borosa-Laguna de Valdeazores, die östlich des Besucherzentrums Torre del Vinagre beginnt; hin und zurück sind es 22 km, ausgewiesen als »mittelschwer« . Holen Sie dazu und zu anderen Routen entsprechende Infos im Besucherzentrum ein.

Weitere Unternehmungen im Naturpark sind Ausritte, Kajaktouren, und Canyoning. Für eigene motorisierte Entdeckungen ist ein (Leih-) Fahrzeug unverzichtbar.

Wandern und mehr

▌ Wohin im Naturpark?

Geschichtsträchtiges vor beeindruckender Kulisse

Wer aus Richtung Úbeda kommt, sieht schon aus der Ferne, wie sich Cazorla vor den hoch aufragenden Flanken des Gebirgsmassivs duckt. Der Ort mit seinen engen Gassen und netten Plätzen ist der Dreh- und Angelpunkt für den Tourismus in den Sierras und bietet reichlich Unterkünfte, Restaurants und Bars. Ein schneller Blick in die Geschichte zeigt, dass Cazorla nach achtjähriger Belagerung durch die Truppen von Rodrigo Ximénez de Rada, Erzbischof von Toledo, 1240 den Mauren entrissen wurde.

Cazorla

Cazorla besitzt zwei Festungen. Die auf die Mauren zurückgehende Burg La Yedra überragt auf einem Felsrücken die Plaza de Santa María und ist heute Heimat des **Museo de Artes y Costumbres Populares del Alto Guadalquivir;** es thematisiert die Geschichte der Sierra sowie Volkskunst. Die zweite Festung, die Templerburg La Iruela, passieren Sie an der Straße in den Naturpark hinein, wo sie rechts auf einer Felsnadel thront. Schön ist die altstädtische Plaza de Santa María, lohnend ein **Besuch der Boveda**, der unterirdischen Gewölbe, die der Río Cerezuelo gebildet hat.

14 km südwestlich von Cazorla liegt **Quesada,** ein typisch andalusisches Dorf, das in einem Museum seinen berühmtesten Sohn ehrt, den Maler Rafael Zabaleta (1907–1960).

Museo de Artes y Costumbres Populares: Juli, Aug. Di.-So. 9-15, übrige Monate Di.-Sa. 9-21, So. 9-15 Uhr | Eintritt für EU-Bürger frei | www.museosdeandalucia.es

Bóveda del Río Cerezuelo: Führungen alle 30 Min. Di.-So. 10-13 u. 16-20 Uhr | Eintritt 2 € (inkl. Kirchruinen Santa María und Turmaufstieg)

Museo Rafael Zabaleta: April-Okt. Mi.-So. 10-14 u. 17-20, übrige Monate Mi.-So. 10-14 u. 16-19 Uhr | Eintritt 4 € www.zabaletafundacion.org

SIERRAS DE CAZORLA, SEGURA Y LAS VILLAS ERLEBEN

OFICINA DE TURISMO
Paseo de Santa María, s/n
Cazorla
Tel. 953 71 01 02
www.turismoencazorla.com
http://cazorla.es/turismo

WANDERN
Unter www.turismoencazorla.com finden Sie Vorschläge für Wanderungen und Touren mit dem Auto, auch der Fernwanderweg GR-247 ist detailliert (auf Spanisch) beschrieben.

BLUES CAZORLA FESTIVAL
Bluesfestival in der ersten Juli-Hälfte

FESTIVAL CAZORLA FLAMENCA
Flamencofestival etwa Mitte August

LA CUEVA DE JUAN PEDRO €€€–€€€€
Typischer Landgasthof, wo Sie auf rustikalem Gestühl Platz nehmen und sich vor kalkweißen Wänden mit allerlei Dekor an Grillfleischgerichte machen. Populär sind – saisonabhängig –Wild wie Hirsch und Wildschwein aus den Wäldern der Sierra de Cazorla.
Plaza de Santa María, 10
Tel. 953 72 12 25

TABERNA QUINITO €
Begeisterte Spanier fällen hier ihr »bbb-Urteil«: bueno, bonito, barato. Will heißen: gut, schön, günstig. Das gilt in erster Linie für die exzellenten Tapas in dieser Taverne.
Plaza de Santa María, 7
Tel. 953 72 13 50

PARADOR DE CAZORLA €€–€€€
In den einsamen, wilden Bergen des Nationalparks Sierra de Cazorla – sehr hübsch und genau das Richtige für Naturfreunde! Und für Ruhesuchende, die es sich außerdem am Pool oder im Restaurant gut gehen lassen können. Januar und Februar geschlossen.
Sierra Cazorla
Tel. 953 72 70 75
www.parador.es

Auf Entdeckungsfahrt

Von Cazorla zum Embalse del Tranco

Ab Cazorla führt die Straße nordostwärts nach Burunchel, wo der Naturpark beginnt. Von dort kommen Sie zum **Aussichtspunkt** auf der Passhöhe Puerta de las Palomas, wo Sie mit etwas Glück (am Morgen!) Greifvögel beobachten können. Fahren Sie weiter zur Abzweigung der Straße zum **Stausee Embalse del Tranco**; hier könnten Sie auch die Richtung nach Vadillo wählen, von wo man den Parador und die **Quelle des Guadalquivir** erreicht. Die Hauptstrecke – die A-319 – geht jedoch im Tal des Guadalquivir Richtung Stausee, wo man bei Kilometer 48,8 zum **Informationszentrum Torre del Vinagre** mit seiner naturkundlichen Ausstellung über Geologie, Pflanzen und Tiere des Gebirges kommt. Am Südufer des Stausees werden im **Wildfreigehege Parque de Fauna Silvestre Collado del Almendral** die Großtiere der Sierra – Hirsche, Adler, Geier, Steinböcke, Mufflons –gehalten.

Wer die Fahrt über den See hinaus nach Norden ausdehnen will, kommt zum malerisch auf der Höhe liegenden **Hornos** (etwas rechts der Hauptstrecke), das eine auf das 11. Jh. zurückgehende Burg auf Zyklopenmauern überragt.

Parque de Fauna Silvestre Collado del Almendral: A-319, km 59,7
Sommer Di.–So. 10–20, Winter Di.–So. 10–16 Uhr | Rundfahrten im
Touristen-Züglein (Tren Turístico) 9 €
www.parquecinegeticocolladodelalmendral.com

Auf Augenhöhe mit den Gipfeln

Im Norden des Naturparks liegt Segura de la Sierra, einst Mittelpunkt einer Taifa, wie die Burg aus jener Zeit beweist. Nach der Eroberung durch die Christen wurde der Ort dem Santiago-Orden übergeben, der an vielen Häusern sein Kreuzeszeichen hinterließ. Von der Höhe der Feste haben Sie **überwältigende Ausblicke** auf das Gebirge. Sehenswert in der Ortschaft ist die Fuente de Carlos V, ein kolossaler Renaissancebrunnen.

Segura de
la Sierra

★ SIERRA NEVADA

Provinz: Granada | **Höhe:** 1000–3482 m ü. d. M.

Das Dach Andalusiens ist gleichzeitig das höchste Gebirge der Iberischen Halbinsel – und ein besonderes Kaliber. Im Winter lockt die Sierra Nevada als Skigebiet, sonst als Wanderterrain oder einfach zu einer Entdeckungsfahrt von Granada aus.

Die Zahlen beeindrucken, noch bevor man einen Fuß hineingesetzt hat: Als gewaltige Gebirgskette von fast 110 km Länge erstreckt sich die Sierra Nevada zwischen dem Río Almería im Osten und dem Valle de Lecrín im Westen. 3482 m ragt der Cerro de Mulhacén auf, 3394 m der Pico de Velata 3394 m, die beiden höchsten Gipfel.

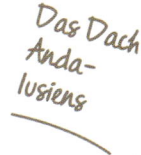

Das Dach Anda- lusiens

Dass die Sierra Nevada zum **Biosphärenreservat** der UNESCO und das Kerngebiet zum **Nationalpark** (85 883 ha) erhoben worden ist, hat sie nicht vor menschlichen Zugriffen bewahrt. Europas südlichstes Skigebiet zieht die Anhänger des weißen Sports an und ist schon Schauplatz von Weltcuprennen gewesen. Der Natur ist das nicht zuträglich.

Mehr als 2000 Pflanzenarten wachsen hier, davon über 60 endemische Arten. Tiere wie der Iberische Steinbock leben zurückgezogen, rar machen sich auch die Steinadler. Häufiger bekommt man in den Berggegenden Schmetterlinge zu sehen.

Geologischer Ursprung des Gebirges waren vergletscherte Gebiete, auf die Täler in U-Form und zahlreiche Seen zurückgehen. Felsformationen und Geröll lassen die oberen Bereiche recht karg wirken. Südlich der Sierra Nevada schließen sich die niedrigeren, fruchtbaren Berggegenden der Alpujarras an, die leichter zugänglich sind und schon zu maurischen Zeiten als »Obstgarten Granadas« dienten (▶ Las Alpujarras).

Ein Traum für Wintersportler

Skigebiet Zwischen November und April ist die Sierra Nevada Wintersportgebiet. Auf etwa 2100 Metern liegt die Skistation Sierra Nevada/Pradollano, wo Sie alles Wichtige finden: Unterkünfte, Restaurants, Lifte, Materialverleih, Skikursangebote.

Über 70 km Abfahrten, dazu Langlaufloipen, Fun- und Snowboardpisten und zwei Skistadien, durch Kabinen-, Sesselbahnen und Schlepplifte erschlossen, stehen bereit. Es gibt spezielle Zubringerangebote in Lifts bzw. Kabinen für Nacht-Ski oder um frühmorgens die ersten Spuren zu hinterlassen. Für die Pisten besteht aber keine Schneefallgarantie – bei Bedarf helfen Schneekanonen nach. Die stressfreieste Anfahrt haben Sie im Winter im Linienbus ab Granada. Wichtig: Frühzeitig die Unterkünfte buchen.

SIERRA NEVADA ERLEBEN

CENTRO DE VISITANTES EL DORNAJO

Carretera A 395, km 23
Tel. 958 98 02 46
www.miteco.gob.es/es/
red-parques-nacionales
Sommer Di.–So. 10–14 u. 17–19,
Winter Di.–So. 10–14 u. 16–18 Uhr
s. auch Tourismusbüros in ▶ Granada

CENTRAL DE RESERVAS SIERRA NEVADA

Die Website bietet eine hilfreiche Fülle an Informationen (span., engl.), auch Online-Bestellungen von Skipässen.
Tel. 958 70 80 90
http://sierranevada.es

MELIÁ SIERRA NEVADA
€€€–€€€€

Ein Klassiker für Skifahrer, die von hier aus nur eine kurze Wegstrecke zu den Lifts haben. 221 komfortable und helle Zimmer, mit Spa.
Plaza de Pradollano
Skistation Sierra Nevada
Tel. 958 48 04 00
www.melia.com

HOTEL TELECABINA €€

Mittendrin im Geschehen, solide unter zwei Sternen. 47 Zimmer. Nur in der Wintersaison geöffnet.
Tel. 958 48 20 00
http://hoteltelecabina.es

Und wenn kein Schnee liegt?

Außerhalb der Wintersportsaison wirken die Einrichtungen der Retortensiedlung trist. Trotzdem hat eine Auffahrt in den schneefreien Monaten ihre Reize – und Sie können sie problemlos in Eigenregie angehen. Dazu nehmen Sie südöstlich von ▶ Granada die gut ausgebaute Bergstraße A-395, die Sie etwa 35 km in die Hochgebirgswelt hinaufträgt – mit reichlich Kurven! Auf den Zwischenort Cenes de la Vega (737 m ü. d. M.), Olivenbäume, Kiefern und kleine Schluchten folgt ein immer grandioser werdendes Panorama der eisbesetzten Gipfelregion des Gebirges. Nach etwa 20 km passieren Sie die 1500-m-Grenze; wenig später hört der Baumwuchs auf. Hinter der Skistation geht's noch weiter aufwärts, bis hinter der 2500-m-Marke nahe der Albergue Universitario die Straße für den Durchgangsverkehr gesperrt ist. Ab dort brechen gut ausgerüstete Wanderer in die hochalpinen Regionen auf; erkundigen Sie sich vorher bei der Parkverwaltung nach geöffneten Schutzhütten. Auch Mountainbiker suchen ihre Herausforderungen im Hochgebirge.

Auffahrt außerhalb des Winters

Gipfelerlebnis: Der Pico de Veleta ist nach dem Cerro de Mulhacén der zweithöchste Berg der Iberischen Halbinsel.

TARIFA

Provinz: Cádiz | **Höhe:** 7 m ü. d. M. | **Einwohnerzahl:** 18 100

Der Wind bläst gewaltig, wie so oft. Er wirbelt Gischt und Sand auf und treibt draußen auf der glitzernden See Kite- und Windsurfer zu Höchstleistungen an. Im Hintergrund, 14 km entfernt, zeichnen sich die Gebirgskulissen Marokkos ab. Tarifa ist die südlichste Stadt des europäischen Festlands, eine Schnittstelle zwischen Europa und Afrika, zwischen Mittelmeer und Atlantik. Allein die Lage reizt zum Besuch!

Surfer-paradies

Das Meer vor Tarifa liegt an der Naht zwischen dem friedlichen Mittelmeer und dem unberechenbaren Atlantik und gilt als bestes Windsurfrevier Europas. Hier begegnen die wärmeren Ostwinde den stürmischen Böen aus dem Westen, die mit bis zu 8,5 m/s blasen und stürmen und auch die Windkrafträder im küstennahen Hinterland in Betrieb halten. Vor Tarifa lassen sich echte Cracks über das Wasser jagen. Die Surferszene gibt der Kleinstadt und der Umgebung mit ihren langen Strandkilometern einen ganz eigenen Charakter.

Stürmisch verlief auch die Geschichte von Tarifa. Schon Iberer und Phönizier ließen sich an diesem strategisch wichtigen Platz nieder. Für die Mauren war der Besitz der Stadt als Brückenkopf für die Überfahrt nach Marokko besonders wichtig; sie schickten 710 Tarif ibn-Malik, um die Gegend zu erkunden – ihm verdankt die Stadt ihren Namen. Erst 1292 eroberten die Christen sie zurück. Im 18. Jh. war Tarifa Aufmarschgebiet gegen die Briten, die sich in Gibraltar festgesetzt hatten. Heuzutage gerät Tarifa durch angelandete Boat People aus Nordafrika, die die Meerenge in kaum seetüchtigen Booten überquert haben, gelegentlich in die Schlagzeilen.

Wohin in Tarifa?

Tarifas sandiges Kapital

Strände

Die Strände bei Tarifa locken vor allem Kite- und Windsurfer an. Nach Nordwesten ziehen sich fast 10 km lang sehr schöne und feinsandige Strände, die Playa de los Lances und die Playa de Valdevaqueros, hinter der eine **Riesendüne** aufsteigt. Was der Surfer Freud' ist, bereitet anderen Leid: Der Wind, der den Sand durch die Gegend bläst, kann das Vergnügen von Sonnen- und Badegästen erheblich trüben.

Spuren der Vergangenheit

Altstadt

Die winkelige Altstadt war einst komplett von Mauern umschlossen; heute sind noch einige Teile erhalten, darunter die Puerta del Mar

Bolonia punktet nicht nur mit einem weiten Sandstrand ...

und die Puerta de Jerez. An ihr erinnert eine Azulejo-Gedenktafel an die Rückeroberung im Jahr 1292. Hier betreten Sie die Altstadt mit Rathaus und der dreischiffigen Kirche San Mateo. Hinter deren barocker Fassade verbirgt sich ein spätgotisches Kirchenschiff; im rechten Kirchenschiff verdient neben einer Christusstatue von Pedro de Mena ein westgotischer Grabstein Beachtung.

Blutrünstige Geschichte(n)

Trutzig schiebt sich die Burg zwischen Hafen und Altstadt. Das Kastell geht auf die Zeit Abd ar-Rahmans III. im 10. Jh. zurück; es wurde im 13. Jh. umgebaut. Der Name erinnert an **Alonso Pérez de Guzmán**, Kommandant nach der Eroberung 1292. Die Mauren belagerten die Burg sofort wieder, nahmen den jungen Sohn Guzmáns als Geisel und drohten, ihn zu ermorden, falls Guzmán nicht aufgeben wollte. Der Legende nach soll dieser den Mauren seinen Dolch zugeworfen haben, mit der Aufforderung, sie sollten ihn nehmen, falls sie keine eigene Waffe hätten, seinen Sohn umzubringen – was sie tatsächlich auch taten. Die Fensternische, an der sich das alles abgespielt haben soll, ist heute noch zu sehen. Guzmán hielt die Burg, wofür ihm König Sancho den Ehrentitel »El Bueno« (Der Gute) verlieh.

Die restaurierte Burg wird von der wuchtigen Torre de Guzmán mit besagter Nische beherrscht. Von hier haben Sie einen herrlichen Blick auf die Stadt, den unterhalb liegenden Fischerhafen und die

Castillo de Guzmán el Bueno

... Bolonia besitzt außerdem gut erhaltene römische Ausgrabungen.

Meerenge von Gibraltar. Eine schöne Aussicht auf die Meerenge bietet auch der **Mirador de Miramar**, eine kleine, aber feine Aussichtspromenade nahe der Burg.

Castillo: Mi.–So. 10–16 Uhr | Eintritt: 4 €
www.castilloguzmanelbueno.com

Blick nach Afrika

Land's End   Der Leuchtturm (Faro) von Tarifa markiert den südlichsten Punkt des europäischen Festlands, die Punta Marroquí oder Punta de Tarifa, die allerdings Militärsperrgebiet ist. Doch auch so sehen Sie von hier die nahe afrikanische Küste und können bei klarem Wetter sogar einzelne Häuser in den Dörfern und Städten unterscheiden.

Das Zubringersträßchen führt am Castillo de Santa Catalina und zwei Stränden vorbei: der kleinen Playa Chica (der letzte Strand des Mittelmeers) und der Playa de los Lances (der erste Atlantikstrand Andalusiens).

▌ Rund um Tarifa

Ein wunderbarer Strand und römische Ruinen

Bolonia   Einen wunderbaren Strand mit herrlicher Düne besitzt auch Bolonia, ca. 15 km westlich über eine Abzweigung von der N-340 zu erreichen. Er allein lohnt sich schon. Bolonia ist aber auch ein archäologisch interessantes Ziel, denn hier am Strand wurden die Ruinen des römi-

TARIFA ERLEBEN

OFICINA DE TURISMO
Paseo de la Alameda, s/n
Tel. 956 68 09 93
http://tarifaturismo.com
Sommer tgl. 10–20, Winter tgl.
10–14 u. 16–20 Uhr

SOUK €€€
Wie wär's zur Abwechslung mit Exo-
tik? Da Afrika so nah ist, könnten Sie
doch mal marokkanische Gerichte
probieren. Freundlicher Service, pas-
sende Dekoration.
Calle Mar Tirreno, 64
Tel. 956 62 70 65

CHILIMOSA €–€€
Ein kleines Lokal, das nicht viel Aufhe-
bens macht, aber mit seiner vegetari-
schen und veganen Kost und auch
dem Preisniveau überzeugt.
Calle del Peso, 6
Tel. 956 68 50 92
www.chilimosa.com

EL FRANCÉS €
Nehmen Sie an den einfachen Tischen Platz, und geben Sie sich fröh-
lich dem leckeren Häppchen-Vergnügen hin! Und all das auch noch zu
fairen Preisen.
Calle Sancho VI el Bravo, 21
Mobil 685 85 70 05

HURRICANE €€
Das im marokkanischen Stil erbaute
Hotel mit 33 Zimmern liegt außerhalb, direkt am Strand. Außergewöhnlich schön ist die Gartenanlage –
da kommt gleich Urlaubsstimmung
auf. Es gibt zwei Pools, eine Sauna
und einen Fitnessraum.
Carretera Nacional 340, km 78
Tel. 956 68 49 19
www.hotelhurricane.com

MISIANA €€
Wollen Sie mittendrin im Altstadt-Ge-
schehen sein, ohne auf eine charmante Unterkunft zu verzichten? Dann
könnte das Misiana mit seinen 15 geschmackvoll eingerichteten Zimmern
die richtige Wahl sein.
Calle Sancho IV El Bravo, 16
Tel. 956 62 70 83
http://misianahotel.com

schen **Baelo Claudia** ausgegraben. Diese 700 Jahre lang bewohnte,
von einer 4 m hohen Mauer umgebene Stadt lebte vom Fischfang und
der Herstellung von »garum«, einer als Würze im ganzen Imperium
beliebten Fischpaste. Steintröge, in denen die Fische gesalzen wurden, erinnern daran. Die Ruinenstadt umfasst sämtliche Teile einer
römischen Stadt. Freigelegt wurden das Forum mit einem halbkreisförmigen Brunnen, Reste von drei Tempeln, der Thermen und des
Theaters sowie das Stadttor aus der Zeit des Kaisers Claudius.
Conjunto Arqueológico de Baelo Claudia: Mitte Juni–Mitte Sept.
Di.–Sa. 9–19, So. 9–15, April bis Mitte Juni Di.–Sa. 9–21 , So. 9–15;
übrige Monate Di.–Sa. 9–18 und So. 9–15 Uhr | Eintritt für
EU-Bürger frei

Puerto del Cabrito

Nur schauen – oder erleben?

Die N-340 führt von Tarifa östlich bergauf zur Passhöhe Puerto del Cabrito in der Sierra del Algarrobo, von wo sich ein großartiger Blick über die Meerenge hinweg auf Afrika bietet. Falls Sie mehr als nur schauen wollen: Ein Kurzausflug bringt Sie ab Tarifa mit der Fähre in 35–40 Minuten ins marokkanische Tanger. Reisepass mitnehmen!

TORREMOLINOS

Provinz: Málaga | **Höhe:** Meereshöhe | **Einwohnerzahl:** 68 100

G 6

Sand, Sonne und Meer sind Erfolgsfaktoren, an denen es nichts zu rütteln gibt. Torremolinos ist allerdings auch ein Synonym für Massentourismus an der Costa del Sol. Rund 50 000 Hotelbetten warten auf Gäste. Bekannt machte den Ort einst ein Roman.

Preisgünstige Unterkünfte, angenehmes Klima, Nachtleben, rasche Anreise dank der Nähe zum Flughafen von Málaga – gute Argumente für viele Urlauber, eine der vibrierendsten Ferienstädte an der Costa del Sol aufzusuchen. Dass hier das alte Spanien unter Beton begraben liegt und Deutsch und Englisch verbreiteter sind als Spanisch, stört viele nicht. Die Badestadt trumpft mit 7 km Stränden samt breiten Liegeflächen und gefälligen Promenaden auf. Dass so viele hier Ferien machen, verdankte Torremolinos anfänglich dem Roman »Die Kinder von Torremolinos« von James A. Michener, ein Kultbuch der Hippiegeneration. Vor den 1960er-Jahren war Torremolinos ein verschlafenes Nest, hervorgegangen aus einer im 18. Jh. neben einigen Mühlen und dem Wachturm Torre de Pimentel gegründeten Siedlung. Heute bestimmt eine **kilometerlange Reihe von Betonburgen** das Ortsbild. Das Zentrum wird durch das Leben um die alte Straße San Miguel, heute Fußgängerzone, mit einer Vielzahl an Shops bestimmt; die beiden früheren Fischerviertel La Carihuela und El Bajondilla haben sich dem Tourismus angepasst.
Außerhalb der Sommersaison geht es ruhiger zu. Strandklassiker sind die Playa de la Carihuela und die Playa del Bajondillo.

Freizeitvergnügen für jeden Geschmack

Aktivangebote und Parks

Wassersport, Golf, Tennis, Reiten ... in Torremolinos wird viel geboten. Wer Spaß und Vergnügen sucht, hat unter diversen Discos und Bars die Wahl. In der Calle Cuba liegen der große **Aquapark** (Aqualand) und ein **Krokodilpark** (Crocodile Park). Und dann gibt es da noch das überraschend grüne Torremolinos. Nett aufgemacht ist der Stadtpark **Parque de La Batería**. Eine Entdeckung wert ist außer-

Badestadt im XXL-Format

TORREMOLINOS ERLEBEN

OFICINA DE TURISMO
Plaza de las Comunidades
Autónomas, s/n
Bajondillo-Playamar
Tel. 952 37 19 09
http://turismotorremolinos.es

TORREMOLINOS PRIDE
Mega-Event der LGBT-Gemeinschaft
in der ersten Juni-Woche

VIRGEN DEL CARMEN
Bootsprozession am 16. Juli

FERIA DE SAN MIGUEL
Stadtfest um den 29. September

LA PAELLA €€–€€€
Mediterrane Küche am Mittelmeer –
das passt zusammen. Das Lokal direkt
an der Strandpromenade tischt
selbstverständlich auch Paella auf.
Paseo Marítimo, Playa El Bajondillo
Tel. 952 37 20 21
www.restaurantelapaella.net

SERENDIPIA €– €€
Eine wunderbare Slowfood-Adresse
mit feinen Köstlichkeiten, schön prä-
sentiert.
Calle Casablanca, 20
Mobil: 637 21 94 85

MIAMI €
Angenehmes, strandnahes Hotel im
Landhausstil mit leicht exotischem
Touch. Im Garten lädt ein Swimmingpool zum Entspannen ein. 26 Zimmer
sorgen im Vergleich zu anderen Ho-
telblocks für eine familiäre Atmosphäre. Kostenloser Parkplatz.
Calle Aladino, 14
Tel. 952 38 52 55
www.residencia-miami.com

dem der botanische Garten **Jardín Botánico Molino de Inca**. Er
liegt nördlich des Stadtrands und ist mit Palmen und kleinen Wasserspielen eine echte Oase. Einst betrieben die Mauren hier Mühlen.
Jardín botánico: Camino de los Pinares | tgl. außer Mo. | Eintritt: 3 €
Freizeitparks: www.aqualand.es | www.cocodrilospark.com

▌ Rund um Torremolinos

Lust auf einen Ausflug?
Die Gemeindebezirke von Benalmádena Costa, Fuengirola und dem
sich nördlich anschließenden Málaga bilden heute eines der größten
Tourismusballungsgebiete Südeuropas – mit allen Vorzügen wie kurzen Wegen und Dienstleistungen aller Art, aber auch mit negativen
Folgen wie Überfüllung und Lärm. Was nicht heißt, dass es keine lohnenden Ausflugsziele gibt. Das beste Beispiel ist das nahe ▶ Málaga,
die Heimat Picassos und Stadt der Museen.

Zentren des Badetouris-mus

Bummeln, shoppen, entdecken

Benalmádena Strände, Freizeitvergnügen, Zulauf und dichte Bebauung setzen sich südwestlich von Torremolinos in der weit auseinandergerissenen Großgemeinde Benalmádena fort. Erstes Ziel ist der **Puerto Deportivo,** der über 1100 Liegeplätze starke Sporthafen, einer der größten und attraktivsten in Andalusien. Natürlich ist er künstlich entstanden, und die Gebäude in neomaurischem Stil mögen allzu aufgesetzt wirken – trotzdem ist es schön, um Becken und Stege zu bummeln. Restaurants, Pubs und Cafés verlocken zu einem Stopp. Familien mit Kindern steuern das **Aquarium Sealife** an, was allerdings nicht ganz billig ist. Gleiches gilt im Inland für den Meerespark **Selwo Marina.** I m Gemeindeteil Arroyo de la Miel lockt der Vergnügungspark Tivoli World mit Fahrgeschäften und Rummel. Abseits davon startet die Seilbahn **Teleférico Benalmádena** hoch hinauf auf den 769 m hohen Monte Calamorro. Dort oben können Sie ein kleines Wegenetz entdecken – und fantastische Aussichten über die Costa del Sol genießen. Das landeinwärts gelegene **Benalmádena Pueblo** zeigt, was aus den Dörfern ohne Tourismus geworden wäre. Es hat auch das interessante Museum Felipe Orlando, das präkolumbianische Kunst ausstellt.

Sealife: tgl. | Eintritt 17,50 € | www.visitsealife.com/benalmadena
Selwo Marina: tgl. ab 10 Uhr | Eintritt 22,90 € | www.selwomarina.es
Teleférico: tgl. ab 11 Uhr | Hin- uund Rückfahrt 16,90 € | www.telefericobenalmadena.com
Museo Felipe Orlando: Juli-Mitte Sept. Di.–Sa. 9.30-13.30 u. 18-20, übrige Monate Di.–Sa. 9.30-13.30 u. 16-19, So. 10-14 Uhr | Eintritt: frei

★ VEJER DE LA FRONTERA

Provinz: Cádiz | **Höhe:** 218 m ü. d. M. | **Einwohnerzahl:** 12 800

E 7

Zwei Argumente sprechen dafür, den Ort und seine Umgebung intensiv zu erkunden: Vejer de la Frontera ist eines der schönsten Weißen Dörfer Andalusiens, und eine kurze Fahrstrecke entfernt brodelt der Atlantik an der Costa de la Luz.

Verträumte weiße Gassen

Vejer de la Frontera klebt förmlich auf einem Felsen über dem Río Barbate – dieser Anblick stimmt Sie schon richtig ein, wenn Sie sich von der Küste her nähern. Bei Ihrem Ortsbummel kommt es weniger auf einzelne Gebäude oder Kunstschätze an, sondern auf den Gesamteindruck und auf die Details. Der maurische Charakter zeigt sich

Vejer de la Frontera, ein Weißes Dorf nicht weit von der Costa de la Luz

bis heute mit Gassenschneisen und leuchtend weißen Würfelhäusern, die immer wieder Einblicke in blumengeschmückte Patios bieten, abgelöst von versteckten Plätzen und Abschnitten der Stadtmauer. Über dem Häusergewirr thronen die Reste der Burg, von der man den Ort, die Küste und das Hinterland überblickt. Hier oben ragt auch der Turm der Pfarrkirche Divino Salvador heraus, die aus einer Moschee entstand. Andalusische Ruhe strahlt die palmengesäumte Plaza de España aus.

 ## Strände an der Costa de la Luz

Buchten von trubelig bis einsam

Tauschen Sie die teilen Gassen Vejers gegen salzige Seeluft – das gelingt besonders gut 15 km westlich in Conil de la Frontera, einem beliebten Badeort an der Costa de la Luz. Ohne große Sehenswürdigkeiten (von der maurischen Burg ist nur die Torre Guzmán erhalten) lebt der Ort vor allem vom Tourismus dank herrlicher langer Sandstrände – Playa de Bateles, Playa del Palmar –, die nach Süden bis zum Cabo de Trafalgar reichen, während Richtung Norden der Playa de Fontanilla von Fuente del Gallo an bis Roche die Steilküste verläuft, von der man aber immer wieder zu wunderschönen Badebuchten hinabsteigen kann. In der Saison wird es hier recht voll, denn in den Pinienwäldern, die den Küstenstreifen säumen, gibt es viele Campingplätze.

Conil de la Fronetrar

VEJER DE LA FRONTERA ERLEBEN

OFICINA DE TURISMO
Avenida de los Remedios, 2
Vejer de la Frontera
Tel. 956 45 17 36
www.vejerdelafrontera.orgs

SEMANA SANTA
Legendär sind die Karprozessionen.

JAZZ VEJER
Jazzfestival Mitte Juli

FESTIVAL VEJER FLAMENCO
Flamencofestival Anfang September.
2022 war die erste Auflage.

MESÓN JUDERÍA €€€-€€€€
Dieses Restaurant ist eine kleine Perle
in Vejer, die ihren Charme pflegt und
auch sehr beliebt ist – nicht nur wegen der guten Küche, sondern auch
wegen des schönen Blicks auf den
Ort.
Calle Judería, 3 A
Tel. 956 90 74 71
www.lajuderiadevejer.com

EL REFECTORIO €€-€€€
Das Restaurant gehört zum Hotel
Convento de San Francisco, das zentral in der Oberstadt Vejers in einem
ehemaligen Franziskanerkloster untergebracht ist. Die Auswahl einer
ehrlichen, bodenverhafteten Küche
reicht vom Garnelenspieß über frittierte Tintenfische bis zu hausge-
machten Kroketten. Mit Salaten und
Rühreigerichten liegen Sie ebenfalls
richtig.

La Plazuela, s/n
Tel. 956 45 10 01
www.tugasa.com

MESÓN PEPE JULIÁN €-€€
Falls Sie Appetit auf Tapas verspüren,
dann ist das der Ort, den sie aufsucen
sollten. Gut und günstig. Wer größe-
ren Hunger hat, nimmt im Restaurant
Platz.
Calle Juan Relinque, 7
Tel. 956 45 10 98

CASAS KAREN €€
Genau richtig für alle diejenigen, die
kein Hotel von der Stange wollen.
Hier, am Fuß des Naturparks Pinar de
Barbate und nur einen Spaziergang
vom Cabo de Trafalgar entfernt, können Sie zwischen unterschiedlichen
Unterbringungsmöglichkeiten wählen: Häuser, Hütten, Apartments –
andalusisch und marokkanisch eingerichtet.
Caños de Meca
Camino del Monte, 6
Tel. 956 43 70 67
www.casaskaren.com

FLAMENCO CONIL €-€€
Architektonisch ist das Haus mit sei-
nen 114 Zimmern sicher keine
Schönheit, aber es ist ein gutes Vier-
Sterne-Hotel ein Stück außerhalb auf
einer Klippe über dem Strand. Der
Außenpool mit Blick auf die Küste
überzeugt.
Conil de la Frontera
Calle Sevilla, 64–68
Tel. 956 44 07 11
www.hotelflamencoconil.com.

An der Steilküste bei Caños de Meca

Das eher unspektakuläre **Cabo de Trafalgar** (Kap Trafalgar), 16 km südlich von Vejer e la Frontera, schrieb Geschichte durch die Seeschlacht 1805, in der eine englische Armada unter Lord Nelson die französisch-spanische Flotte schlug. Nelson fand den Tod, und mit ihm starben mehr als 5000 Seeleute.

Östlich vom Kap beginnt die Steilküste von **Caños de Meca** mit Badegrotten und Süßwasserströmen, die von überhängenden Pflanzen herabschießen. Der Ort Caños de Meca selbst ist ein umtriebiger Sommerbadeort, den viele Sevillaner, vor allem jüngere, bevölkern.

Ein Küstenziel weiter südöstlich, zu erreichen über Barbate, ist **Zahara de los Atunes** mit wunderschönen, einsamen Stränden. Der Ortsname leitet sich von den Tunfischen (atunes) ab, einer traditionellen Wirtschaftsgrundlage der Fischer. Der Tunfischfang findet vor allem im Mai und Juni statt.

VÉLEZ BLANCO

Provinz: Almería | **Höhe:** 1125 m ü. d. M. | **Einwohnerzahl:** 1900

Es gibt mindestens drei gute Gründe, Vélez Blanco zu besuchen. Der erste ist das angenehme Höhenklima, der zweite die abgelegene Lage im äußersten Norden der Provinz Almería – hierher schafft es nicht jeder – und der dritte das Castillo, die Burg der Markgrafen von Vélez. Es gehört zu den schönsten Festungsbauten in Andalusien.

Klein, aber fein

Vélez Blanco liegt in den östlichen Ausläufern der Sierra de María und lebt vom Mandel- und Olivenanbau. Die Geschichte des kleinen Orts ist schnell erzählt: Nach der Rückeroberung aus maurischer Hand kam Vélez Blanco 1503 an den ersten Markgrafen von Vélez, Pedro Fajardo y Chacón. Neben den bereits erwähnten Anziehungspunkten lockt die wunderschöne Umgebung: Vélez Blanco liegt in einem Naturpark.

▌ Wohin in Vélez Blanco und Umgebung?

Castillo

Unerwartet filigran

Die denkmalgeschützte Burg erhebt sich über den Fundamenten des maurischen Festungsvorläufers und hoch über den weißen Häuschen des Orts. Sie ist ein Werk der Renaissance, 1506 begonnen und 1515 vollendet, und trägt dennoch filigrane Züge. Der Grundriss ist

VÉLEZ BLANCO ERLEBEN

OFICINA DE TURISMO
Avenida Marqués de los Vélez, s/n
Tel. 950 41 53 54
www.velezblanco.es

EL PALACIL €€
Zünftige Speisen zu gutem Preis in einem rustikalen Interieur.
Calle Cantarerías, s/n
Tel. 950 41 50 43
www.elpalacil.com

CASA DE LOS ARCOS €
Passend zum Umland: Ein bodenständiges Haus in guter Lage und mit einem Bogengang, der eine schöne Aussicht bietet. 14 rustikal eingerichtete Zimmer.
Calle San Francisco, 2
Tel. 950 61 48 05
http://hotelcasadelosarcos.es

---

unregelmäßig, die Zinnenreihen machen Eindruck. Leider ist das wertvolle Innenleben abgewandert: Fast die gesamte Einrichtung wurde 1904 von einem französischen Kunsthändler aufgekauft und 1913 an einen New Yorker Millionär weiterverkauft.
April–Sept. Mi.–So. 10-14 u. 17–20, Okt.–März Mi.–So. 10-14 u. 16–18 Uhr| Eintritt: frei

Die Höhle der Zeichen
Knapp 1 km südlich des Orts fand man 1868 in der Cueva de los Letreros steinzeitliche **Felsmalereien,** die Menschen und Tiere darstellen. Die menschliche Figur mit gespreizten Armen und einem Bogen ist als »Indalo« zum Symbol der Provinz Almería geworden, das allerorten begegnet.
Führungen: Mi.–Sa. 16-18, So. 12–14 Uhr | Eintritt 2 €
Reservierungen Tel. 694 46 71 36

Cueva de los Letreros

Barocke Architektur
In Vélez Rubio, dem früheren Hauptort der Grafschaft Vélez, und ein Stück weiter südlich gelegen, beeindruckt die barocke Kirche Santa María de la Encarnación.

Vélez Rubio

Direktkontakt zur Natur
Vélez Blanco und Vélez Rubio liegen im **Naturpark** Sierra de María-Los Vélez, ein zerklüftetes, bis zu 1500 m hohes Gebirge. Ausgangspunkt für abwechslungsreiche Wanderungen ist das Dorf María 6 km westlich von Vélez Blanco.

Parque Natural Sierra de María-Los Vélez

H

HINTER-
GRUND

Direkt, erstaunlich, fundiert

Unsere Hintergrundinformationen
beantworten (fast) alle Ihre
Fragen zu Andalusien.

Maurisches Erbe: Ornamente aus Alabastergips
und geometrische farbige Keramik im
Patio de los Arrayanes in der Alhambra in Granada ▶

DIE REGION UND IHRE MENSCHEN

Andalusien gilt als Inbegriff Spaniens, als Seele des Landes, als Schnittstelle zum Orient. Es riecht nach Orangenblüten und Lavendel. Olivenbaumreihen laufen im Inland bis zum Horizont, am Meer reihen sich Strände aneinander, gleißt der Widerschein der Sonne in den Augen.

▌ Andalusien ist besonders ...

... und tatsächlich bildet es in vielerlei Hinsicht einen Sonderfall, alleine geografisch. Spaniens südlichste Kontinentalregion stößt an Mittelmeer und Atlantik, die Konturen Nordafrikas liegen in Sichtweite. In den wüstenhaften Gegenden um Tabernas glaubt man sich in den Wilden Westen versetzt. Südöstlich von Granada ragt die Sierra Nevada knapp 3500 Meter hoch auf. Baden und Bergwandern, Schnorcheln und Skifahren – alles ist möglich in Andalusien, je nach Jahreszeit sogar an einem einzigen Tag. Blickt man von der Mittelmeerküste auf die schneebedeckten Flanken der Sierra Nevada, reibt man sich verwundert die Augen. Und fragt sich: Wo gibt es das sonst?

Hochandalusien Zwei große Naturräume prägen die andalusische Landschaft: Hochandalusien im Südosten mit der Costa de Sol als natürliche südliche Grenze sowie Niederandalusien im Nordwesten. Hochandalusien besteht aus den beiden parallel verlaufenden Gebirgszügen des Betischen Innengürtels (Cordillera Penibética) und des Betischen Außengürtels (Cordillera Subbética) – sie sind das Ergebnis alttertiärer Auffaltungsprozesse vor ungefähr 37 – 38 Millionen Jahren, die auch die Pyrenäen haben entstehen lassen. Steppen, Weiden, auch Macchiengestrüpp überziehen die geröllbedeckten Bergregionen; in tieferen Lagen gedeihen Korkeichen- und Kastanienwälder.

Die **Cordillera Penibética** erstreckt sich vom Río Guadiaro, der ca. 20 km nördlich von Gibraltar ins Mittelmeer mündet, bis zum Cabo de Palos an der Küste von Alicante. Im Westen dominieren die Kalk- und Tonschieferberge der »Masse von Málaga« mit einer der eindrucksvollsten Gebirgslandschaften Spaniens, der Jurakalklandschaft des Torcal de Antequera. Das Valle de Lecrín markiert den Einschnitt, hinter dem nach Nordosten die **Sierra Nevada** bis zum Mulhacén (3482 m ü. d. M.) aufsteigt, dem höchsten Gipfel des spanischen Festlands. Ein relativ niedrigerer Küstengebirgsstreifen, der bis zur Sierra Alhamilla, der **einzigen natürlichen Wüste Europas** reicht, trennt den Süden von der Mittelmeerküste.

Die Höhenzüge der **Cordillera Subbética** verlaufen nördlich des Innengürtels vom Campo de Gibraltar um die Masse von Málaga herum, mit dem markanten Jurakalkfelsen von Gibraltar. Nach Nordosten geht das Gebirge über in die kaum weniger scharfen Spitzen der Sierras de Cazorla y Segura, wo der Guadalquivir entspringt.

Beide Hauptgebirgszüge trennt die **Innerbetische Beckenflucht**, die aus den Becken der Serranía de Ronda, wo der Río Guadelevín sich einen atemberaubenden Durchbruch zum Río Guadiaro hin geschaffen hat, den Hochbecken von Antequera, der fruchtbaren Zentrallandschaft der Vega von Granada, und schließlich den Becken von Guadix und Baza gebildet wird.

Typisch für die andalusische **Mittelmeerküste** sind die nur wenige Kilometer hinter dem Küstenstreifen aufragenden Berge – vom Strand kann man durchaus die schneebedeckten Gipfel der Sierra Nevada sehen – und relativ kurze, immer wieder von Felsvorsprüngen unterbrochene Sand- und teilweise Kiesstrände. Sie unterteilt sich in die von der Spitze von Gibraltar bis in den Osten der Provinz Málaga reichende Costa del Sol und die im Westen um das Cabo de Gata herumführende östliche Costa de Almería; der dazwischen liegende kurze Abschnitt wird Costa Tropical genannt.

Der El Torcal de Antequera mit seinen surrealen Felsformationen ist ein außergewöhnliches Naturziel in Andalusien.

Lage: **Südspanien**
Sprache: **Spanisch**

Fläche:
87 599 km²

Küstenlänge:
836 km

Einwohner: **8,51 Mio.**
(ca. 18 % der Bev. Spaniens)
Größte Städte:
Sevilla (684 200 Einw.)
Málaga (577 400 Einw.)
Córdoba (322 100 Einw.)
Granada (231 800 Einw.)

Bevölkerungsdichte:
97 Einwohner/km²
Im Vergleich Deutschland: 235 Einwohner/km²

BAEDEKER WISSEN

5° 59′ 47″ westliche Länge

Madrid

Lissabon

312 km

392 km

Sevilla

150 km

Gibraltar

37° 22′ 58″ nördliche Breite

▶ Bevölkerung

Andalusien ist die am stärksten bevölkerte der 17 autonomen Regionen Spaniens. 300 000 Gitanos (Roma; 5,5 % der andalusischen Bevölkerung) und etwa 200 000 Afrikaner leben hier.

▶ Provinzen

Andalusien ist in acht Provinzen unterteilt. Die beiden spanischen Enklaven an der nordafrikanischen Küste – Ceuta und Melilla sind Autonome Städte. Gibraltar ist als Kronkolonie Teil Großbritanniens.

▶ Verwaltung

Hauptstadt: Sevilla
Regierung: »Junta de Andalucía«, zuständig für Kultur-, Bildungs-, Gesundheits- und Infrastrukturpolitik.
Ursprünglich war Andalusien eine Hochburg der Sozialistischen Arbeiterpartei PSOE (Partido Socialista Obrero Español). Bei den Parlamentswahlen 2022 siegte die konservative Volkspartei (Partido Popular) mit 43,1 % vor den Sozialisten (24,1 %) und der rechtspopulistischen Partei VOX (13,5 %).

Sevilla

A
E
F
B
G
H
D
C

Provinzen:
A: Huelva   E: Córdoba
B: Sevilla   F: Jaén
C: Cádiz   G: Granada
D: Málaga   H: Almería

▶ Tourismus

Gravierender Einschnitt durch die Corona-Krise 2020-2022, doch allmähliche Rückkehr zu den Zahlen von davor (etwa 30 Mio. Besucher, davon 1 Mio. aus Deutschland)

▶ Religion

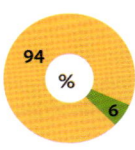

Katholiken **94 %**

Moslems, Juden und Protestanten **6**

▶ Wirtschaft

BIP pro Kopf (2022): **17 747 €**
(Spanien: 25 000 €)

Arbeitslosenquote (2022): **18,7 %**
(Spanien: 13 %)

BIP 2017:
150,5 Mrd. €
(Nr. 3 der Autonomen Gemeinschaften nach Madrid und Katalonien)

▶ Klimastation Córdoba

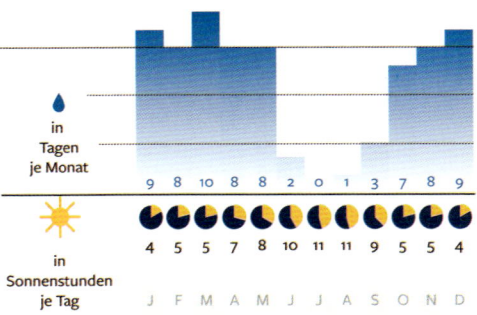

Durchschnittstemperaturen

MAXIMUM

MINIMUM

Niederschlag

9	8	10	8	8	2	0	1	3	7	8	9

in
Tagen
je Monat

4	5	5	7	8	10	11	11	9	5	5	4

in
Sonnenstunden
je Tag

J F M A M J J A S O N D

▶ Europas Treibhaus

320 Sonnentage im Jahr lassen in der Provinz Almería nicht nur den Tourismus gedeihen, sondern auch Tomaten, Paprika und Gurken. Dank der riesigen Anbauflächen unter Plastikfolien in Andalusien kann Spanien mit den großen Produktionsländern mithalten und versorgt Europa ganzjährig mit Gemüse. Die Erntehelfer im »mar de plástico«, meist aus Nord- und Schwarzafrika sowie Osteuropa, leben und arbeiten unter meist jämmerlichen Bedingungen; ca. 50 % von ihnen sind illegal im Land.

Anbaufläche	350 km²
Betriebe	ca. 15 000
Jahresproduktion (bei drei Ernten)	ca. 3 Mio. t
Arbeiter	ca. 80 000
Verdienst	ca. 36 € am Tag
Jährl. Verbrauch an Plastikfolie	ca. 1,25 Mio. t

Almeria

El Ejido

▮ Gewächshausflächen

20 km

**Nieder-
andalusien**

Niederandalusien besteht hauptsächlich aus dem Becken des Guadalquivir zwischen der Sierra de Morena im Norden und den hochandalusischen Gebirgen im Süden. Den Westen prägt die **Atlantikküste**, die Costa de la Luz mit ihrem bis zu 100 m breiten Dünenstreifen. Begrenzt wird sie von der **Campiña**, deren Hügelland zu den heißesten Zonen Europas gehört. Nach Nordosten hin schließt die bis auf 1300 m ansteigende Hochebene der **Loma de Úbeda** Niederandalusien ab.

**Sierra
Morena**

Im Norden der Guadalquivirebene steigt als natürliche Grenze zur Kastilischen Hochebene (Meseta) die Sierra Morena auf. Urlauber lieben die wunderschöne Natur und genießen Wanderungen in dem **von Kork- und Steineichenwäldern bedeckten Gebirge**.

Gewässer

Andalusien ist nicht mit Wasser gesegnet. Die großen Flüsse führen sechs Monate im Jahr unterdurchschnittliche Wassermengen; viele kleinere trocknen in den heißen Sommern gänzlich aus. In Zukunft dürfte sich die Situation durch die Folgen des Klimawandels noch verschärfen. Der in den Atlantik mündende **Guadalquivir** ist mit seinen 560 km Länge der bedeutendste Fluss Andalusien; noch in Sevilla machen sich die Gezeiten bemerkbar. Weitere wichtige Flüsse sind der Tinto, der Odiel sowie der Guadalete, die alle in den Atlantik münden. Ins Mittelmeer fließen der Guadiaro und der Guadalhorce. Eine wesentliche Rolle für die Bewässerung und Energiegewinnung spielen die **Stauseen**, vor allem wiederum am Guadalquivir: Die Stausysteme an seinem Oberlauf und an den Zuflüssen aus der Sierra Morena (u. a. Laguna de las Yeguas bei Andújar und Embalse Puente Nuevo nördlich von Córdoba) und der Sierra Nevada (Embalse de Iznájar / Río Genil) fassen mehrere Milliarden Kubikmeter Wasser. Auch entlang des Río Guadalete und des Río Guadalhorce sind große Speicherseen aufgestaut worden.

**Wasser-
mangel**

Ständig grün gehaltene Golfplätze, touristische Anlagen, ineffiziente Bewässerungsanlagen in der Landwirtschaft und vor allem die Turbozucht von Gurken, Tomaten und anderen Gemüsesorten (▶ S. 344) führen jedes Jahr zu Engpässen. Die Sommer sind oft so trocken, dass es kaum einen Tropfen regnet, und die Plastikhüllen der Gemüsefelder reflektieren das Licht und vertreiben jede noch so kleine Wolke, vor allem in der Provinz Almería. Zwischen Mai und September sinken die Wasserspiegel der wertvollen Stauseen, und die Flüsse trocknen aus. Die Andalusier erinnern sich noch mit Grauen an die Dürreperiode von 1995, als der Guadalquivir nur noch ein Rinnsal war und es in den Städten oft stundenlang gar kein Wasser gab. Aus Furcht vor einer weiteren Dürreperiode haben die Behörden in jüngerer Vergangenheit vermehrt in Entsalzungsanlagen an der Küste investiert. Eine besonders große steht heute in Carboneras am Cabo de Gata im äußersten Südosten Spaniens.

Pflanzen und Tiere

Pflanzen

Die riesigen Wälder, die Iberien einst bedeckten, fielen schon in der Antike erbarmungslosen Abholzungsaktionen zum Opfer. In den Bergregionen (Sierras) herrscht die typisch mediterrane Vegetation vor: Bäume und Sträucher von mittlerem und hohem Wuchs wie Stein- und Korkeichen, Mastixstrauch, Wegdorn, Zistrose sowie aromatische Pflanzen wie Rosmarin, Thymian und Wacholder. In den höheren Gebirgslagen und entlang des Küstenstreifens dominieren verschiedene Pinien- und Kiefernarten; die endemische Pinsapotanne kommt nur in einigen wenigen Naturparks (Sierra de Grazalema, Sierra de las Nieves, Sierra Bermeja) vor. In den mittleren Höhenlagen sieht man hauptsächlich Weideland und riesige Olivenhaine mit einer Mischung aus Bäumen, Gräsern und Kräutern. Eschen, Weiden und Pappeln wachsen in den Flusstälern, in Auen und um die Lagunen; auf Schilf- und Rohrgewächse trifft man in den Feuchtgebieten. In den Straßen und Gärten der Städte fallen Orangen- und Zitronenbäume ins Auge, genau wie Palmen, Zypressen, Feigen- und Palisanderbäume sowie zahlreiche Zierpflanzen.

Tiere

Der Tierreichtum Andalusiens insbesondere im Nationalpark Doñana und den geschützten Naturparks ist legendär (▶ Das ist Andalusien S. 12). Dort leben der äußerst seltene **Pardelluchs** und das Ichneumon, eine Schleichkatzenart. Auch Ginsterkatzen, Fischotter und der

Wölfe durchstreifen die Sierra Morena im Norden Andalusiens.

Iberische Steinbock zählen zu den gefährdeten Tieren. In den Wäldern und Gebirgen sind Wildschwein, Damwild, Bergziege, Mufflon und viele Greifvögel beheimatet, in den Ausläufern der Sierra Morena im Norden auch **Wölfe** und **Luchse;** hier weiden auch die berühmten schwarzen Schweine, die sich von Eicheln ernähren und den vielleicht schmackhaftesten Schinken überhaupt ergeben. Für zahlreiche Vogelarten dienen die Feuchtgebiete als Nistplätze und den Zugvögeln als Winterquartier. **Rosa Flamingos** nisten in der Lagune Fuente de Piedra (Málaga) und im Feuchtgebiet Doñana und im Marschland des Odiel (Huelva). Aus der Landschaft nicht wegzudenken ist die alte Rasse der **Kampfstiere** (»toros bravos«), die vor allem im Südwesten in der Provinz Cádiz im alten Land der Großgrundbesitzer gezüchtet wird. Weltberühmt ist auch das andalusische Pferd, eine Kreuzung aus spanischen und arabischen Rassen aus der Gegend um Jerez de la Frontera.

Schutz-
gebiete
Über 300 ökologisch wertvolle Gebiete sind offiziell geschützt – das sind über 20 % seiner Gesamtfläche, damit ist die Region Spitzenreiter in Spanien. Neben den Nationalparks ▶ Coto de Doñana und ▶ Sierra Nevada gibt es die Reserva natural und die Paraje natural; je nach Gebiet ist eingeschränkte Landwirtschaft möglich. In Schutzgebieten befinden sich auch Straßen und Dörfer.

❙ Bevölkerung

Bevölke-
rungs-
struktur
Der Großteil der andalusischen Bevölkerung lebt im Umfeld der Provinzhauptstädte, in den Zentren des Tourismus und in den landwirtschaftlich intensiv genutzten Gegenden. Entsprechende **Ballungsräume** sind daher Sevilla (Großraum ca. 1 Million Menschen), die Mittelmeerküste um Málaga (ca. 650 000) und das Industriegebiet um Cádiz (ca. 600 000). Am spärlichsten besiedelt sind die Sierra Morena, die Betischen Kordilleren und die Wüstengebiete in Ostandalusien. Die Alterspyramide wird in den Dörfern auf den Kopf gestellt, weil die Jungen ihre Heimat Richtung Málaga, Sevilla oder Madrid verlassen, um sich dort ihr Einkommen zu sichern. Die Landflucht ist seit Jahrzehnten ein Thema. Es aber auch gegenläufige Bestrebungen, zurück aufs Land zu gehen – vor allem seit der Corona-Pandemie.

Religion
Die meisten Andalusier bekennen sich zum Katholizismus, praktizieren aber immer wenige; gering ist der Anteil von Muslimen, Juden und Protestanten. In Granada gibt es eine islamische Gemeinde.

Gitanos
Die Gitanos (**Roma**) stammen ursprünglich aus Nordwestindien, von wo sie schon im Mittelalter auswanderten. Über Nordafrika kamen sie mit den Mauren nach Spanien, wo heute ca. 650 000 Gitanos leben.

Entgegen landläufiger Vorurteile ziehen nur wenige tatsächlich noch über Land. Viele haben sich in der Provinz Granada niedergelassen. Hohe Arbeitslosigkeit, keine Berufsausbildung, weit verbreiteter Analphabetismus, geringe Lebenserwartung und hohe Säuglingssterblichkeit kennzeichnen die Situation des Volkes, dem speziell Andalusien mit dem Flamenco (▶ Das ist Andalusien, S. 20) einen bedeutenden Beitrag zu Kultur und Folklore zu verdanken hat. Die Integration in die Gesellschaft stößt zum einen auf anhaltende Ressentiments in der Bevölkerung, zum anderen auf Widerstände seitens der Gitanos, die – mangels gesellschaftlicher Anerkennung – an ihren Traditionen festhalten und ihr starkes Zusammengehörigkeitsgefühl bewahren wollen.

Der Flüchtlingsstrom, der sich seit Jahren über die Meerenge von Gibraltar kämpft, reißt nicht ab. Nicht wenige dieser meist aus Algerien, Marokko, Subsahara-Afrika, aber auch aus Syrien, Pakistan, Irak und Afghanistan stammenden Menschen haben dabei ihr Leben verloren. Ohne gültige Papiere haben sie keine Chance, reguläre Arbeit zu bekommen, sodass sie sich allerhöchstens als Tagelöhner auf den Gemüse- und Obstplantagen etwas verdienen können – unter **erbärmlichsten Arbeits- und Lebensbedingungen**, wie man auch als Tourist etwa in der Provinz Almería feststellen kann. Die Behörden versuchen des Problems durch verstärkte Patrouillenfahrten auf der Meerenge Herr zu werden – bislang ohne durchschlagenden Erfolg.

Illegale Einwanderer

▌ Politik und Wirtschaft

Seit Oktober 1981 ist Andalusien autonome Gemeinschaft. Sitz der Regierung **Junta de Andalucía** ist Sevilla. Zwar sind die Kompetenzen der Zentralregierung in Madrid umfassender als die der deutschen Bundesregierung, dennoch kann man die autonomen Gemeinschaften durchaus mit deutschen Bundesländern vergleichen.

Verwaltung

Andalusien gehört zu den weniger entwickelten Regionen Spaniens. Noch immer gibt es eine große Zahl landloser Saisonarbeiter, die nur zur Erntezeit als Tagelöhner (»jornaleros«) Arbeit finden und dabei auch verstärkt der Konkurrenz afrikanischer Immigranten gegenüberstehen – Anlass für fremdenfeindliche Ressentiments. Staatliche Unterstützung für die Zeiten ohne Arbeit gibt es nicht. Kein Wunder also, dass die Schwarzarbeit blüht. Zwar fehlt es Andalusien nicht an Unterstützung – ein großer Teil der EU-Hilfen für Spanien fließt nach Andalusien –, doch stehen einem echten Aufschwung **strukturelle Probleme** entgegen. Dazu gehören nach wie vor besonders die Besitzverhältnisse in der Landwirtschaft, wo die Hälfte der bebauten Fläche sich in der Hand von Großgrundbesitzern befindet. Diese wiederum profitieren natürlich auch vom EU-Geldsegen.

Tagelöhner und Großgrundbesitzer

PROVINZEN

Landwirt-	Die **Haupterzeugnisse** der andalusischen Landwirte sind Weizen,
schaft	Oliven, Gemüse und Obst sowie Wein. Die Olivenbaumkulturen Nie-

derandalusiens bedecken ca. ein Drittel des Ackerlands. Die Regionen um Jerez de la Frontera, Málaga, Montilla-Moriles und Huelva sind die Schwerpunkte des Weinbaus; Kork wird vor allem in der Sierra Morena gewonnen. Dass weite Teile Andalusiens Agrarland sind, ist jedoch nur durch **groß angelegte Bewässerung** möglich. Hier wer- den Zitrusfrüchte, Sonnenblumen, Kartoffeln, Zuckerrüben, Baum- wolle und selbst Reis angebaut. Dank der Bewässerung unter Plastik- folie, die mehrere Ernten pro Jahr ermöglicht, versorgt Andalusien große Teile Europas mit seinen Produkten. Die Methoden allerdings sind ökologisch fraglich, denn an Schädlingsbekämpfungsmitteln wird nicht gespart; und sie sind sozial bedenklich, da der größte Teil der Arbeiter legal oder illegal eingewanderte Afrikaner sind, die unter Dritte-Welt-Bedingungen leben. Schließlich ist auch die Land- schaft verschandelt: Nicht umsonst wird das Anbaugebiet um Almería **Mar de Plástico** (»Plastikmeer«) genannt, denn viele Kilo- meter weit ziehen sich die Foliengewächshäuser dahin.

Nur noch relativ geringe Bedeutung hat die **Viehwirtschaft**. Wurde der **Fischfang** noch in den 1950er-Jahren in jeder Küstensiedlung betrieben, so haben heute die Ausbreitung des Tourismus, die Über- fischung traditioneller Fischgründe und die Beschränkung der Fangquoten die Fischerei sehr stark zurückgehen lassen.

Wirtschaftliche Perspektiven ergeben sich für Andalusien aus der **Nutzung erneuerbarer Energien**, für die es sehr günstige klimatische Bedingungen bietet wie z. B. für das Sonnenkraftwerk von Tabernas bei Almería. Besondere Bedeutung hat auch die Erzeugung von Windenergie in den Gebirgen zwischen Tarifa und Algeciras erlangt: Andalusien liefert über 20 % der gesamten durch Windkraft gewonnenen Energiemenge in Spanien (▶ Baedeker Wissen, S. 56). Die Zahl der Windparks erhöht sich beständig.

Solar- und Windenergie

Die Industrie ist nach wie vor relativ schwach vertreten. Sevilla entwickelte sich zum wichtigsten Industriezentrum. Dort konzentrieren sich nicht nur Industrien der Nahrungs- und Genussmittelbranche, sondern auch Hüttenwerke und Metallverarbeitung. In Algeciras und Huelva hat sich chemische und petrochemische Industrie angesiedelt, in Cádiz wird Schiffbau betrieben. Hinzu kommen traditionelle Produktionszweige wie die Meersalzgewinnung, vor allem in der Provinz Almería, und die Aufbereitung von Erzen. Das Hightech-Zeitalter ist bislang an Andalusien fast vorbeigegangen. Doch es gibt Ausnahmen. So begann 2009 in Sevilla die Endmontage und Erprobung des europäischen Transportflugzeugs Airbus A 400M – ein Beispiel dafür, dass zumindest vereinzelt »Advanced Technology« Einzug gehalten hat. Lange Zeit profitierte Andalusien vom Bauboom, bis die Immobilienkrise in ganz Spanien für ein jähes Ende sorgte. Viele Bauarbeiter iwanderten ins Ausland ab.

Industrie

Der Tourismus ist der mit Abstand wichtigste Wirtschaftsfaktor Andalusiens und nach dem Einbruch während der Coronakrise 2020 bis 2022 aufs Neue erstarkt.
Der Aufstieg zum **Ferienparadies** begann zaghaft in den 1950er-Jahren mit ersten Charterflügen und entwickelte sich ab den 1960ern zum wichtigsten Devisenbringer. Kerngebiet ist nach wie vor die Costa del Sol beiderseits von Málaga, wo sich Ferienzentren wie Torremolinos, Fuengirola, Marbella und Estepona aneinanderreihen – allesamt einst verschlafene Fischerdörfer, die binnen Kurzem zu Hotelstädten für Zigtausende mutierten. Diese Entwicklung löste zum einen eine Völkerwanderung Arbeit Suchender an die Küste aus und führte zum anderen schließlich dazu, dass heute **80 % aller Uferflächen Andalusiens verbaut** sind. Dem versuchte man 1988 mit dem Küstengesetz (»Ley de Costa«) zu begegnen, wonach bis 100 Meter hinter dem Strand und einen Kilometer von Flussmündungen entfernt nicht mehr gebaut werden darf.
Die Zukunft des Tourismus in Andalusien wird sehr davon abhängen, ob es gelingt, eine umweltverträgliche Entwicklung nachhaltig durchzusetzen und ob die Bemühungen der Regierung Erfolg haben, qualitativ bessere, individuellere Ferienerlebnisse anzubieten, die auch das reiche Hinterland miteinbeziehen.

Tourismus

GESCHICHTE

Viele Völker prägten Andalusien: Phönizier, Griechen, Karthager, Kelten, Römer, Westgoten. Am nachhaltigsten erwies sich der Einfluss der Mauren. Sie brachten Andalusien zu kultureller Blüte: Während der Zeit ihrer Herrschaft war Al-Andalus dem übrigen christlichen Spanien in ökonomischer, künstlerischer und wissenschaftlicher Hinsicht weit überlegen.

▎ Von der Vorgeschichte bis zur arabischen Invasion

Erste kulturelle Zeugnisse Die ersten Zeugnisse menschlicher Besiedlung sind Höhlenmalereien aus dem Paläolithikum (25 000 – 10 000 v. Chr.), gefunden u. a. in der Cueva de la Pileta bei Ronda und in der Cueva de Nerja an der Costa del Sol. Erste stadtähnliche Anlagen schafft die der Megalithkultur (3000 – 2000 v. Chr.) zuzurechnende Kultur von Los Millares. Dazu sind die im Jahrtausend später entstandenen großen **Grabanlagen bei Antequera** zu rechnen. In etwa diese Zeit fällt auch der Anfang der Glockenbecherkultur (ca. 2000 – 1500 v. Chr.), die in der heutigen Provinz Almería eines ihrer größten Siedlungszentren hatte.

Phönizier Die antike Vorstellungswelt endet an der Meerenge von Gibraltar bei den **»Säulen des Herkules«** – dem Djebel Moussa auf afrikanischer und dem Felsen von Gibraltar auf europäischer Seite. Die Phönizier wagen sich als Erste darüber hinaus und gründen um 1100 v. Chr. die Handelsstadt **Gadir (Cádiz), die älteste Stadt Europas.** Malaka (Málaga), Sexi (Almuñecar) und Abdera (Adra) folgen.

Tartessos Vom legendären Reich von Tartessos, von den meisten Historikern räumlich in der Gegend der Guadalquivir-Mündung und in seiner Blüte zeitlich etwa vom 8. bis 6. Jh. v. Chr. angesiedelt, zeugen Grabhügel. Die wichtigsten Berichte stammen aus späteren griechischen (Herodot) und römischen Quellen, die Tartessos übereinstimmend als Erzlieferanten für Phönizier und Griechen nennen. Letztere, hauptsächlich kleinasiatische Ionier aus der phokäischen Kolonie Massalia (Marseille), legen seit 700 v. Chr. an der Mittelmeerküste einige Häfen an, darunter Mainake beim heutigen Torre del Mar.

Karthager Die Griechen halten sich nur ein Jahrhundert lang. Seit 600 v. Chr. werden sie von den Karthagern verdrängt. Deren Konflikt mit Rom greift auch nach Iberien über, denn nach dem Verlust Siziliens im Ersten Punischen Krieg (237 v. Chr.) konzentrieren sich Hamilkar Barkas, Hasdrubal und Hannibal auf Iberien und dringen von Süden her bis zum Ebro vor. Diese Grenze wird von Rom anerkannt.

EPOCHEN

VON DER VORGESCHICHTE BIS ZUR MAURISCHEN INVASION

8. – 6. Jh. v. Chr.	Reich von Tartessos
600 – 237 v. Chr.	Die Karthager dringen nach Spanien vor.
27 v. Chr.	Unter Augustus entsteht die Provinz Baetica ungefähr in den Grenzen des heutigen Andalusiens.
507 – 711	Die Westgoten herrschen von Toledo aus.
711	Landung der Mauren

AL-ANDALUS

711	Tarik besiegt Roderich in der Schlacht von Jerez de la Frontera.
756 – 929	Emirat von Córdoba
929 – 1031	Kalifat von Córdoba
1086 – 1147	Herrschaft der Almoraviden, einer muslimischen Dynastie aus Marokko
1147 – 1212	Herrschaft der Almohaden, einer ebenfalls marokkanischen Dynastie

---

DIE RECONQUISTA

1212	Schlacht bei Navas de Tolosa, Markstein der Reconquista
1238 – 1492	Nasridisches Königreich Granada
2. 1. 1492	Die Katholischen Könige ziehen in Granada ein.

DIE ZEIT DER HABSBURGER UND BOURBONEN

1492	Kolumbus landet in der »Neuen Welt« und begründet damit das spanische Kolonialreich.
1496	Spanien fällt an die Habsburger.
1700 – 1873	Herrschaft der Bourbonen
1808	Napoleonische Truppen besetzen ganz Spanien mit Ausnahme von Cádiz.
1833 – 1876	Karlistenkriege

VON DER ERSTEN REPUBLIK BIS ZUM TOD FRANCOS

1873 – 1874	Erste Spanische Republik
1936 – 1939	Spanischer Bürgerkrieg
1939 – 1975	Faschistische Herrschaft Francos

NEUE DEMOKRATIE

1975	Tod Francos und Rückkehr Spaniens zur Demokratie
1992	Weltausstellung EXPO in Sevilla.
um 2000 – heute	Zahlreiche »Boat People« aus Nordafrika landen an den Küsten Andalusiens.
2022	Bei den andalusischen Parlamentswahlen wird die konservative Volkspartei (Partido Popular) stärkste Kraft

Zu Beginn des **Zweiten Punischen Kriegs** (219 – 206 v. Chr.) zerstört Hannibal das mit den Römern verbündete Sagunt. Diese dringen daraufhin immer tiefer in karthagisches Gebiet ein und erreichen 208 v. Chr. bei Baecula (Bailén) den Guadalquivir. Die Niederlage Karthagos ist zwei Jahre später mit dem Sieg des Publius Cornelius Scipio bei Ilipa (Alcalá del Río) in Spanien besiegelt. Scipio siedelt unweit des Schlachtfelds seine Veteranen an; daraus entsteht **Itálica**. Im Friedensschluss mit Rom 201 v. Chr. verzichtet Karthago auf den iberischen Besitz.

Römer Die Römer teilen Iberien in die Provinzen »Hispania citerior« im Nordosten und »Hispania ulterior« im Südwesten. 45 v. Chr. besiegt Julius Caesar im Römischen Bürgerkrieg bei Munda (südwestlich von Córdoba) die Söhne und Anhänger des Pompeius und wird Diktator im Römischen Reich. Bei der Neugliederung der Iberischen Halbinsel unter Augustus entsteht 27 v. Chr. auch die **Provinz Baetica** (nach dem von den Römern »Baetis« genannten Guadalquivir), die ungefähr die Grenzen des heutigen Andalusien hat. Hauptorte sind Hispalis (Sevilla), Corduba (Córdoba) und Itálica. Bereits ab ca. 100 n. Chr. setzt die Christianisierung der Iberischen Halbinsel ein.

Prähistorische Wandmalereien in der Cueva de la Pileta

Während der Völkerwanderung werden zu Beginn des 5. Jh.s für et-   Vandalen
was mehr als 20 Jahre die aus Ostgermanien gekommenen Vandalen
in Südspanien sesshaft. Sie setzen 429 unter Geiserich nach Nordafrika über und gründen dort ein Reich. In Andalusien hinterlassen sie
so gut wie nichts, doch verdankt es ihnen seinen Namen – er rührt
vom arabischen »al-Andalus« her, einer Ableitung aus dem gotischen
»landahlauts« (= **landlos**) als Bezeichnung für die Vandalen.

König Eurich (466 – 484), Herrscher des von Theoderich begründe-   Westgoten
ten Tolosanischen Westgotenreichs, dehnt die westgotische Herrschaft nach Spanien aus. Nach ihrer Niederlage gegen Chlodwig 507
bei Poitiers ziehen sie sich völlig nach Spanien zurück und herrschen
bis 711 von Toledo aus. Von 551 an haben sie sich der Byzantiner zu
erwehren, die die Südküste Spaniens erobern, bis diese im Jahr 624
wieder hinausgedrängt werden können. Unter Rekkared I. lösen sich
im dritten Konzil von Toledo die Westgoten vom Arianismus (der nur
die Gottähnlichkeit Christi anerkennt) und bekennen sich zum Katholizismus (der die Gottgleichheit Christi postuliert).

Der berberisch-muslimische Feldherr **Tarik Ibn-Sijad** überquert im   711
Jahr 711 mit einem 7000 Mann starken Heer die Meerenge von Gib-   Landung der
raltar und landet in der Nähe des heutigen Tarifa.   Mauren

▌Al-Andalus

Die Soldaten Tariks treffen auf einen durch die inneren Zwiste ge-   Eroberung
schwächten Gegner. Im Juli 711 schlagen sie das Westgotenheer un-   Iberiens
ter König Roderich entscheidend in der siebentägigen **Schlacht bei
Jerez de la Frontera**. In den folgenden drei Jahren erobern die muslimischen Heere bis auf die Berge Asturiens, Galiciens und des Bas-
kenlands fast die gesamte Iberische Halbinsel. Als »Al-Andalus« bildet das Gebiet eine **Provinz des Kalifats der Omaijaden** von
Damaskus. Zunehmend strömen weitere Muslime ein, darunter auch
viele nordafrikanische Berber aus der ehemaligen römischen Provinz
Mauretanien, weswegen verallgemeinernd nur noch von den »Mauren« die Rede ist. Ihr Siegeszug wird erst im Jahr 732 durch Karl Mar-
tells Sieg bei Tours und Poitiers gestoppt.

Der nach Al-Andalus geflüchtete Omaijade **Abd ar-Rahman I.**, einzi-   756 – 929
ger Überlebender seines Geschlechts im Kampf gegen die Abbasiden   Emirat von
aus Bagdad, begründet 756 das Emirat von Córdoba, das die ganze   Córdoba
Pyrenäenhalbinsel umfasst. Neue Kulturen (Reis, Zucker u. a.),
künstliche Bewässerung und wachsende Seiden- und Waffenproduk-
tion ermöglichen eine hohe wirtschaftliche und kulturelle Blüte. Die
Mauren üben im Allgemeinen gegenüber den unter ihnen lebenden

WICHTIGE SCHLACHTEN ZWISCHEN MAUREN UND CHRISTEN

Navas de Tolosa
1212

Córdoba
1236

Martos
1275

Jaén
1246

Écija
1275

Sevilla
712
1248

Granada
1492

Jerez
711

Málaga
1487

Almería
1489

Cádiz
1263

Río Salado
1340

Gibraltar
1309
1333
1462

Tarifa
1292

1344 Algeciras

711 Siege der Mauren
1492 Siege der Christen

Christen (Mozaraber) und Juden religiöse Toleranz. Viele Christen treten zum Islam über und nehmen arabische Sprache und Sitten an. 785 beginnt Abd ar-Rahman I. als äußeres Zeichen seiner Herrschaft mit dem Bau der **Moschee in Córdoba**. Er stirbt 788. Von Anbeginn aber regt sich, ausgehend von den nicht besetzten Gebieten in den Bergen Asturiens, der Widerstand der Christen gegen die Mauren, sodass sich das Emirat in ständigem Abwehrkampf befindet.

**929 – 1031
Kalifat von
Córdoba**

Abd ar-Rahman III. ernennt sich 929 zum Kalifen – ein ungeheurer Vorgang, denn als Kalif und rechtmäßiger Nachfolger des Propheten wird in der islamischen Welt eigentlich nur der Kalif von Bagdad anerkannt. Die maurische Kultur erreicht dennoch ihren Höhepunkt in Andalusien, der sich am deutlichsten in der 936 begonnenen Palaststadt Medina Azahara äußert. Auch im Kampf gegen die vorrückenden Christen ist der Kalif erfolgreich: 930 erobert er Toledo; ein Jahr darauf greift er sogar nach Nordwestafrika (bis Tahert), das 979 aber wieder verloren geht. Unter **Almansur** (»der Sieger im Namen Allahs«), dem Großwesir des Kalifen Hisham II., erlebt Spanien die **höchste militärische Machtentfaltung der Mauren**: Er erobert nacheinander Barcelona (985), León (987) und Santiago de Compostela (997). Mit seinem Tod 1002 zeichnet sich schon das Ende ab, das mit dem Sturz des letzten omaijadischen Kalifen Hisham III. 1031 besiegelt wird. Das Kalifat löst sich in mehr als 20 unabhängige Emirate (»Taifas«) auf, die meist untereinander zerstritten sind.

Die Uneinigkeit der Muslime nützen die Christen. Alfons VI. von Kastilien erobert 1085 Toledo und bedroht Sevilla. Der dortige Emir ruft 1086 Jûsuf Teschuf zu Hilfe, den Führer der in Nordafrika ansässigen, fundamentalistischen Berberdynastie der Almoraviden. In kurzer Zeit drängen sie die Christen zurück und vereinen den islamischen Südteil Spaniens mit ihrem nordafrikanischen Reich.

1086 – 1147
Almoraviden

Die ebenfalls berberischen Almohaden unter Abd al-Mumin erobern das Almoravidenreich. Fortwährend müssen sie Kämpfe gegen die christlichen Reiche führen und erringen dabei 1195 in der Schlacht von Alarcos den letzten großen Sieg der Muslime über die Christen. Dennoch entfalten sie eine rege Bautätigkeit – in ihrer Hauptstadt Sevilla entstehen der Alcázar und die Moschee, von der heute noch die Giralda steht.

1147 – 1212
Almohaden

▌ Die Reconquista

Der Almohadenkalif Mohammed en-Nasir erleidet **1212 bei Navas de Tolosa** gegen die verbündeten Heere von Kastilien, Aragón und Navarra eine schwere Niederlage, die den Untergang der islamischen Herrschaft und die endgültige Rückeroberung durch die Christen, die Reconquista einläutet. Es entstehen wieder kleinere Teilstaaten, die den Zerfall jedoch nicht aufhalten können. Die Mauren verlieren gegen Ferdinand III. den Heiligen und Alfons X. den Weisen u. a. Córdoba (1236), Sevilla (1248) und Cádiz (1263).

Vorrücken
der Christen

Als letztes maurisches Gebiet kann sich über einen längeren Zeitraum das 1238 von Mohammed ibn al-Ahmar aus dem Geschlecht der Beni Nasr gegründete Königreich von Granada halten. Es reicht von Gibraltar bis Almería. Seine Hauptstadt ist die reichste Stadt der Halbinsel und zugleich ihr kulturelles Zentrum; mit der im 14. Jh. erbauten **Alhambra** hinterlassen die Nasriden ein einmaliges Zeugnis ihrer Herrschaft. Mit den Christen wird 1246 ein brüchiger Friede durch die Unterwerfung unter Kastilien erkauft, dem die Nasriden tributpflichtig werden; bei der Eroberung von Sevilla 1248 zieht Granada sogar auf der Seite der Christen ins Feld. Diese setzen die Politik der Nadelstiche fort. Zwar siegt König Mohammed II. mit Hilfe des Merinidensultans Abu Jûsuf von Marokko 1275 noch über die Kastilier bei Écija und Martos, 1292 aber verliert Granada Tarifa und 1309 Gibraltar (das 1333 zurückgewonnen wird und bis 1462 maurisch bleibt). 1340 erleidet der mit dem marokkanischen Sultan verbündete Jûsuf I. eine schwere Niederlage am Río Salado nördlich des heutigen Vejer de la Frontera. 1344 ziehen die Kastilier in Algeciras ein. Mit der Heirat von Isabella von Kastilien und Ferdinand von Aragón **die »Katholischen Könige«**, im Jahr 1469 wird der Grundstein für

1238 – 1492
Nasridisches
Königreich
Granada

die Vereinigung der beiden großen spanischen Königreiche gelegt. Das Paar ist fest entschlossen, die Muslime zu verdrängen. Den Mauren erwächst ein übermächtiger Gegner. 1481 beginnt der offene Krieg zwischen Kastilien-León und Granada, das durch die Thronstreitigkeiten zwischen Muley Hassan (reg. 1464 – 1482) und Abu abd-Allah (Boabdil, reg. 1482 – 1492) innerlich geschwächt ist. 1487 stehen die Spanier in Málaga. Granada ist damit vom Meer abgeschnitten und wird 1491 belagert.

Ende des
Nasriden-
reichs

Am 2. Januar 1492 ziehen die Katholischen Könige in Granada ein. Der **letzte maurische Herrscher Boabdil** ergibt sich kampflos und zieht sich nach Afrika zurück. Mit ihm gehen fast acht Jahrhunderte islamischer Kultur in Südspanien zu Ende. Die anschließende **Vertreibung** mehrerer Hunderttausend Mauren und Juden bedeutet einen schweren Rückschlag für die weitere wirtschaftliche Entwicklung und das kulturelle Leben Spaniens.

▌ Die Zeit der Habsburger und Bourbonen

1492
Kolumbus
entdeckt die
»Neue Welt«

Noch vor dem Einzug in Granada schließt Isabella von Kastilien mit Christoph Kolumbus einen Vertrag, der ihm die Suche nach der Westroute nach Indien ermöglicht. Andalusische Häfen werden zum Ausgangspunkt seiner **vier Entdeckungsfahrten**: 1492 segelt er von Palos de la Frontera los, 1493 von Cádiz, 1498 von Sanlúcar de Barrameda und 1502 wieder von Cádiz (▶ Baedeker Wissen, S. 182). Die Heirat von Isabellas Tochter Johanna der Wahnsinnigen mit Philipp dem Schönen bringt Spanien im Jahr 1496 an die **Habsburger**.

Goldenes
Zeitalter

Die Entdeckung der »Neuen Welt« begründet das spanische Kolonialreich. Von Andalusien aus wird die Verbindung mit den Kolonien gehalten, deren **unermessliche Reichtümer** zuerst hier ankommen und Handel, Gewerbe und in dessen Gefolge auch die Kunst zu hoher Blüte bringen – nicht umsonst wird das 16. Jh. auch als das Goldene Zeitalter Andalusiens bezeichnet. Am meisten profitiert davon **Sevilla**, wo die Gold- und Silbergaleonen nach der Überquerung des Atlantiks anlegen. 1503 wird die Stadt Sitz der Casa de la Contratación, der ausschließlich für den Handel mit den neuen Kolonien zuständigen Kammer. 1519 sticht von hier aus der Portugiese Magellan zur ersten Weltumsegelung in See. Unter **Karl V.**, Kaiser des Heiligen Römischen Reichs und als Karl I. König von Spanien (reg. 1516 – 1556), erreicht das habsburgische Reich seine größte Ausdehnung. Er verewigt seine Herrschaft mit dem Bau seines Palasts auf der Alhambra in Granada und der Errichtung der Kathedrale inmitten der Moschee von Córdoba.

Boabdil übergibt Granada an die Katholischen Könige.

1492 lassen die Katholischen Könige die Juden aus dem Reich vertreiben, und auch für die nach der Eroberung von Granada gebliebenen Mauren, den sog. Morisken, ist das Zeitalter alles andere als golden. Viele ziehen sich in die Alpujarras zurück. Ständig von der Kirche unter Druck gesetzt, 1502 gar mit der Zwangstaufe bedroht, versuchen sie, ihre Situation zu verbessern, so beim Aufstand 1568 bis 1570 in den Alpujarras, den Philipp II. blutig niederschlagen lässt. Von 1609 an werden die letzten Morisken vertrieben.

Juden und Morisken

Mit Karl II. stirbt 1700 der letzte spanische Habsburger, ohne die Nachfolge geregelt zu haben. Mit Philipp V. besteigt ein Bourbone den Thron. Darüber entbrennt der Spanische Erbfolgekrieg – Philipp V. und Frankreich einerseits, Karl von Habsburg und Großbritannien andererseits –, in dessen Verlauf die Briten 1704 **Gibraltar** erobern, das ihnen 1713 im Frieden von Utrecht zugesprochen wird. Dafür akzeptieren sie die Bourbonenherrschaft. Unter deren Regierung verarmt Andalusien zusehends; die Kluft zwischen Großgrundbesitzern und landlosen Bauern wird immer größer. Auch der Reichtum aus den Kolonien fließt nur noch spärlich; auf dem versandenden Guadalquivir erreichen die Schiffe nicht mehr Sevilla. 1717 wird die Casa de la Contratación von dort nach Cádiz verlegt.

1700 – 1873 Bourbonen

Napoleon
und die
Folgen

In der **Seeschlacht vor dem Cabo de Trafalgar** vernichtet die englische Flotte am 21. Oktober 1805 unter Admiral Nelson die vereinigte französisch-spanische Flotte. Die frankreich-hörige Politik des Königshauses führt 1808 zum Aufstand; napoleonische Truppen besetzen Spanien und sehen sich unvermittelt einem Guerillakampf gegenüber. Nur das andalusische Cádiz wird nicht erobert; bei Bailén werden die Franzosen im Juli 1808 erstmals in Europa besiegt. Vor Napoleon nach Cádiz geflohene Parlamentarier beschließen **1812 eine liberale Verfassung**, die u. a. Presse- und Meinungsfreiheit garantiert und die Gewaltenteilung festschreibt. Nach der Vertreibung der Franzosen 1814 und der Wiedereinsetzung des spanischen Königtums verwirft Ferdinand III. diese jedoch und kehrt **zur alten absolutistischen Ordnung** zurück.

Auf dem Weg
zur Ersten
Republik

Die Liberalen geben sich aber nicht geschlagen. 1820 zettelt Rafael de Riego Nuñez in Cádiz einen Volksaufstand an, der den König zunächst wieder zur Annahme der Verfassung zwingt. Von der »Heiligen Allianz« geschickte französische Truppen schlagen den Aufstand 1823 nieder. Die für ihr Bekenntnis zur Freiheit hingerichtete **Mariana Pineda** aus Granada wird zur Volksheldin. Während der um die Thronfolge entbrannten **Karlistenkriege** (1833 – 1840, 1847 bis 1849, 1872 – 1876) verpasst Spanien den Anschluss an die Industrialisierung. Andalusien gerät ökonomisch mehr und mehr ins Hintertreffen; vor allem die Lage der Landarbeiter verschlechtert sich dramatisch. Im letzten Viertel des 19. Jh.s gewinnt aus diesem Grund sozialistisches und anarchistisches Gedankengut Anhänger unter den Landarbeitern, die ihre Not in Aufständen und Streiks ausdrücken.

▌ Von der Ersten Republik bis zum Tod Francos

Republik und
Restauration

Die Erste Spanische Republik währt nur von 1873 bis 1874. Nach ihrer Zerschlagung durch General Pavía wird die Monarchie restauriert. Die Lage in Andalusien bessert sich nicht, sodass 1910 die erste anarcho-syndikalistische Gewerkschaft Andalusiens gegründet wird. Zur selben Zeit beginnt die verstärkte Auswanderung nach Nordamerika. Von 1923 bis 1930 regiert **General Primo de Rivera** mit Billigung König Alfons' XIII. diktatorisch.

Unter
Franco

Nach der Abdankung Alfons' XIII. wird die Zweite Spanische Republik gebildet. 1936, am Vorabend des Bürgerkriegs, siegt die Volksfront bei den Parlamentswahlen in Andalusien. Im **Spanischen Bürgerkrieg (1936 – 1939)** ist Andalusien Aufmarschgebiet der aus Marokko unter General Franco kommenden aufständischen Truppen. Franco betritt bei Barbate wieder spanischen Boden. Morón nahe Sevilla ist einer der wichtigsten Stützpunkte der deutschen Legion Condor,

Im Spanischen Bürgerkrieg an der Front von Málaga

die Franco unterstützt. Der Westen Andalusiens steht auf der Seite der Nationalisten, während der Osten die Republik verteidigt. Der Sieg im Bürgerkrieg bringt dem »Caudillo« Francisco Franco die uneingeschränkte Herrschaft über Spanien. Demokratie- und Autonomiebestrebungen werden unterdrückt. Politisch orientiert sich Franco am Westen. Durch **Stützpunktabkommen mit den USA** gelingt es Spanien 1953, Wirtschaftshilfe in Millionenhöhe zu erhalten. Die Amerikaner bekommen den Luftwaffenstützpunkt Morón und den Hafen Rota, den sie zu einer riesigen Marinebasis ausbauen.

1954 wird in Marbella der »Marbella Club« eröffnet. Damit beginnt der **Aufstieg der Costa del Sol zur Ferienregion**, die in den 1960er- und vor allem in den 1970er-Jahren immensen Zulauf erhält.

▎ Neue Demokratie

Nach dem Tod Francos 1975 beginnt die Rückkehr Spaniens zur Demokratie. Der Bourbone **Juan Carlos** wird spanischer König und überlässt erst 2014 den Thron seinem Sohn Felipe. Am 15. Juni 1977 finden erstmals seit 1936 wieder **demokratische Wahlen** statt; bereits 1978 erlebt Andalusien die ersten Demonstrationen für seine Autonomie. 1981 entscheidet sich in einem Referendum die Mehrheit der Andalusier für ein Autonomiestatut. Bei den ersten Wahlen

Der Weg zur
Autonomie

zu einem andalusischen Regionalparlament 1982 gewinnen die Sozialisten. Aus den gesamtspanischen Wahlen gehen ebenfalls die Sozialisten als Sieger hervor; mit Felipe González aus Sevilla wird ein Andalusier Ministerpräsident.

Welt-ausstellung

Anlässlich der 500-Jahr-Feier der Fahrt des Kolumbus richtet Sevilla die Weltausstellung EXPO '92 aus. Die Gelder werden auch zur Verbesserung der Infrastruktur verwendet, so für die Ost-West-Autobahn Sevilla – Almería und die Strecke für den Hochgeschwindigkeitszug AVE Madrid – Sevilla. Der nachhaltige Aufschwung, insbesondere die Ansiedlung von Hightech-Industrien, bleibt aus.

Seit der Jahrtausend-wende

Für die Verbesserung der Infrastruktur, den Bau gepflegter Uferpromenaden und von Kläranlagen sowie die **Umorientierung auf qualitätsvollen, nachhaltigen Tourismus** hat Andalusien EU-Gelder in Milliardenhöhe erhalten. Die Arbeitslosenquote liegt heute bei etwa 20 %, eine substanzielle Verbesserung im Vergleich zu früheren Zeiten. Doch bewegt sich die Jugendarbeitslosigkeit um 35 %.

Ein anderes, nicht hausgemachtes Problem sind die **Bootsflüchtlinge**, für die Andalusien das Tor nach Europa bedeutet. Hier kommt es ein ums andere Mal zu regelrechten Flüchtlingswellen.

Durchatmen kann mittlerweile wieder der touristische Sektor, der durch die **Corona-Krise s**chwer in Mitleidenschaft gezogen wurde; eine spürbare Erholung setzte bereits 2022 ein.

In der Politlandschaft haben sich die Zeichen umgekehrt. War Andalusien eine Hochburg der Sozialisten, sind diese mittlerweile von den Wählern abgestraft worden. Bei den letzten Parlamentswahlen 2022 hatte die konservative Volkspartei (Partido Popular) mit 43,1 % deutlich die Nase vorn, während die Sozialisten auf 24,1 % absackten.

KUNST UND KULTUR

Bemerkenswerte Kunst- und Baudenkmäler der phönizischen, römischen, maurischen, jüdischen und christlichen Vergangenheit sind erhalten geblieben und gewähren Einblicke in ein Stück authentisches Andalusien (▶ Glossar, S. 435).

▎ Frühgeschichte und Altertum

Höhlenmalereien der Steinzeit

Bei Málaga und bei Huelva, aber auch im Landesinneren bei Ronda wurden die ältesten »künstlerischen Äußerungen« früher Bewohner des heutigen Andalusiens gefunden. Hauptsächlich Zeichnungen und

Felsritzungen auf Unterseiten von Felsvorsprüngen und in Höhlen haben sich über **20 bis 25 Jahrtausende** erhalten. Tiere waren die bevorzugten Motive dieser Jäger, doch hat man auch Handabdrücke und Symbole gefunden. Die Höhlen von Pileta und Nerja (beide Provinz Málaga) weisen die meisten derartiger Zeichnungen auf.

Die Überreste von Los Millares in der Sierra de Gádor sind, wenn auch nicht in ihrer Erhaltung, so doch in ihrer Ausdehnung, die wichtigsten Zeugnisse der Megalithkultur im 3. Jt. v. Chr.; ein gutes Jahrtausend später entstanden die Dolmen von Antequera.

Megalith-kultur

Ende des 3., Anfang des 2. Jt.s v. Chr. nahm eine europaweit wirkende Kultur ihren Anfang an der andalusischen Küste. Die frühen Bewohner der Iberischen Halbinsel legten ihren Toten verzierte Keramikbecher in Glockenform mit ins Grab, dazu oft eine knöcherne oder steinerne Armschiene, die als Schutz vor der zurückschnellenden Bogensehne diente. Diese Menschen, oder zumindest ihre Kulturtechniken, eroberten schnell den gesamten mitteleuropäischen Raum – von England über Frankreich und Deutschland bis Ungarn wurden solche Becher aufgefunden.

Glocken-becherkultur

Kupfer, neben Zinn der Grundstoff für Bronze, kam in reichen Lagerstätten in Andalusien vor. Zu Beginn des 2. Jt.s v. Chr. entstanden Handelsbeziehungen zwischen Südspanien, Ägypten und der Ägäis. Zu jener Zeit brachte die in der Provinz Almería entdeckte **»El Argar-Kultur«** (2200–1500 v. Chr.), ein Bergbau, Metallhandwerk und Landwirtschaft treibendes Volk, mit ihren wenig dekorierten Werkzeugen, Waffen und Keramik eine eigenständige Formensprache hervor.
Cádiz, die älteste Stadt Spaniens, wurde im 11. Jh. v. Chr. von den **Phöniziern** in ihrer damals westlichsten Kolonie als »Gadir« gegründet. Auch Málaga und Córdoba gehen auf diese Zeit zurück. Die lokalen Museen, besonders in Cádiz, vor allem aber das Archäologische Museum in Madrid, zeigen die kulturgeschichtlichen Zeugnisse dieser Epoche. Im 7. Jh. v. Chr. begannen die **Griechen** und **Karthager** weitere Städte an der Mittelmeerküste anzulegen. Südspanien wurde zum wichtigen Metall- und Erzlieferanten und auch zum Handelsstützpunkt der damaligen Weltmächte. Deren Einfluss zeigt sich stark in Keramik und Skulptur der Iberer, deren bedeutendste Hinterlassenschaft der Kopf der Dame von Baza ist.

Kupfererz und Handel

Im Friedensschluss mit den Römern nach dem Zweiten Punischen Krieg mussten die Karthager alle ihre Gebiete auf der Iberischen Halbinsel an Rom abgeben – fortan prägte die römische Kultur das Land. Die allerdeutlichste Hinterlassenschaft der Römer ist natürlich die Basis für die **spanische Sprache** selbst. Straßen, Brücken, Was-

Römer

serleitungen, Tempel, Theater und Thermen wurden gebaut und Bewässerungssysteme angelegt. Wichtigster Ausgrabungsort ist das bereits 207 v. Chr. gegründete **Itálica** in der Nähe von Sevilla. Die römischen Besatzer bildeten dort die politische und gesellschaftliche Oberschicht und richteten ihren Kunstgeschmack sehr stark am »reichsrömischen« Vorbild aus, sodass in Baetica nicht der sogenannte provinzialrömische »Mischstil« wie in anderen römischen Provinzen entstand. Weitere bedeutende Grabungen sind in Bolonia bei Tarifa und in der Nekropole von **Carmona** durchgeführt worden.

▌ Frühes Christentum

Völkerwanderung

Im Jahr 325, dem Jahr des Konzils von Nicäa, war das Christentum auch in Baetica bereits weit verbreitet. Der berühmte **Sarkophag von Écija**, der in der dortigen Kirche Santa Cruz als Altar dient, stammt aus jener Zeit. Die in der Folge Baetica durchziehenden Stämme prägten vor allem das Kunsthandwerk; die Vandalen allerdings, die die Region auf dem Weg nach Nordafrika plündernd durchquerten, hinterließen künstlerisch und kulturell nahezu nichts.

Westgoten

Die Westgoten (span. »visigodos«), mit den Römern zunächst verbündet, beherrschten das südspanische Gebiet nahezu 300 Jahre lang (418 – 711), brachten aber keine neuen künstlerischen Anregungen zuwege. Unter ihrer frühfeudalen Herrschaft wurden vor allem Kirchen gebaut. An Bauformen verwendeten sie neben den vorgefundenen römischen Elementen vor allem byzantinische, koptische und syrische Details wie Hufeisenbögen und Steingewölbe. Von einiger Bedeutung ist die Kalendariumssäule in der Kirche Santa María in Carmona.

▌ Maurische Kunst und Kultur

Jahrhundertelanger Einfluss

Von der Eroberung Südspaniens 711 durch Tarik bis zur Übergabe der letzten maurischen Bastion Granada 1492 an die Katholischen Könige hat die maurisch-islamische Kultur 780 Jahre lang die Kunstproduktion in Andalusien bestimmt. Ihr Einfluss währte jedoch noch viel länger; auch die spätere Kunst der Region beruft und bezieht sich klar auf die maurische Epoche, teils bis in die heutige Zeit.

Merkmale der maurisch-islamischen Kunst

Obwohl der Islam zur Zeit der maurischen Invasion in Andalusien noch keine hundert Jahre alt war, hatte er bereits eigene Kunstmerkmale herausgebildet: Da es im Islam z. B. keine Kultbilder gibt, sind Flächen bedeckende ornamentale Verzierungen vorherrschend. Die Ornamente, als Bildhauerarbeit oder auch stuckreliefartig ge-

BOGENFORMEN

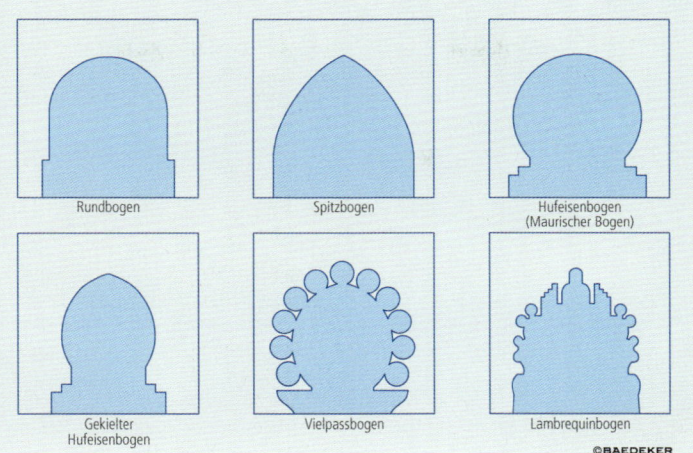

Rundbogen	Spitzbogen	Hufeisenbogen (Maurischer Bogen)
Gekielter Hufeisenbogen	Vielpassbogen	Lambrequinbogen

©BAEDEKER

schaffen, dominieren v. a. in der Fassadenarchitektur. Gipsstuck wurde entweder geschnitten oder, wo sich die Muster wiederholen, mit Modeln geformt. Eine dritte Verzierungstechnik waren aus Backsteinen gemauerte Rautenmuster, die **»ajaracas«**. Im Innenbereich fanden die Ornamente an den Decken und v. a. an den landestypischen bunten Wandfliesen, den **»azulejos«**, ihren Niederschlag. Darstellungen von Menschen und Tieren sind sehr selten, die Ornamente stammen vorwiegend aus dem pflanzlichen und dem geometrischen Bereich. Oft werden auch arabische Schriftzeichen mit Lobpreisungen Allahs oder einzelner Herrscher in die Ornamente miteinbezogen.

Wesentlichstes Merkmal der maurischen Baukunst sind jedoch die **vielfältigen Bogenformen**, vor allem der Hufeisenbogen, der bereits in westgotischer Zeit in Iberien bekannt war. Aus dieser Grundform wurde z. B. das charakteristische, aus zwei Hufeisenbögen bestehende Zwillingsfenster (»ajimez«) entwickelt. **Säulen**, oft alte römische Spolien, gliedern in Moscheen, Privathäusern und Palästen die Innenräume oder grenzen überdachte Wandelgänge zu den Innenhöfen ab. Die kunstvolle Gestaltung der Decken hat ebenfalls zu einem spezifischen Deckentyp, der reich geschnitzten Kassettendecke (**»artesonado«**), geführt. Ihren Höhepunkt fand die Steinmetz-, Stuckateurs- und Vergolderkunst in den Stalaktitengewölben, die vor allem in der Alhambra in Granada, aber auch in der Capilla Villaviciosa in der Mezquita von Córdoba noch zu bestaunen sind.

Schon 712 wurde **Córdoba** Sitz der maurischen Emire. Die herausragende Blüte der maurisch-andalusischen Kultur begann mit der Ankunft Abd ar-Rahmans I., dem letzten Überlebenden der arabischen Omaijadendynastie, im Jahr 756 aus Damaskus. Er ließ 785 den ersten Abschnitt der **Mezquita** beginnen, des heute größten noch existenten (ehemaligen) islamischen Gotteshauses nach der Moschee von Mekka. Dieser Bau folgte der omaijadischen Tradition mit quadratischem Grundriss und Vorhof. Im Unterschied zum gängigen Bild des bleistiftförmigen Minarette hatten die Türme für den Muezzin in Andalusien eine quadratische Grundform und waren mit Backsteinmustern verziert, hierin der Bauweise im nordafrikanischen Maghreb folgend. Wichtigster Platz in der Moschee war der **Mihrâb**, die nach Mekka ausgerichtete Gebetsnische. Vom kanzelartigen Mimbar wurde das Freitagsgebet gehalten.

Das Emirat der Omaijaden

929 ernannte sich Emir Abd ar-Rahman III., der sein spanisches Emirat wirtschaftlich und politisch aufs Beste konsolidiert hatte, in Córdoba zum Kalifen. Unter seiner Regierung erreichte das maurische Spanien mit Córdoba als Zentrum seinen **kulturellen Höhepunkt**. Medizin, Dichtkunst, Astronomie, Mathematik, aber auch Luxus, Komfort und Lebensart erlebten eine Blüte, wie sie die restliche Welt jener Epoche nicht kannte. In diese Zeit fällt die Gründung der Palaststadt **Medina Azahara** unweit von Córdoba, deren heutige Reste ein passendes Bild des Repräsentationsdrangs des Kalifen zeigen.

Das Kalifat Al-Andalus

Der letzte omaijadische Kalif wurde 1031 gestürzt und das Kalifat in mehr als 20 unabhängige Teilstaaten aufgelöst, von denen etliche jedoch 1039 von der nordafrikanischen Berberdynastie der Almoraviden wieder geeint wurden. Diese nahmen ihren Sitz in **Sevilla**. Ihre Nachfolger, die Almohaden, errichteten dort unter Emir Abu Jakûb Jusuf 1172 eine prächtige Moschee, die wohl mit der von Córdoba vergleichbar war. Ihre Stelle nimmt heute die Kathedrale ein; lediglich das Minarett, die Giralda, das heutige Wahrzeichen der Stadt, blieb leicht verändert erhalten und ist ein überragendes Beispiel für die Minarettform des westlichen Islams.

Almohaden

Auch in Granada machte sich 1031 eine neue Herrscherdynastie selbstständig, die Ziriden. Sie residierten auf dem Alhambraberg, allerdings in einem Vorgängerbau des heutigen Palasts. Dieser wurde erst unter den Nasriden erbaut. Mohammed I., der 1232 an die Macht kam, begann mit den ersten Abschnitten im östlichen Teil. Inzwischen war jedoch die Reconquista schon weit vorgedrungen; Mohammed erkannte die Zeichen der Zeit und verbündete sich mit Fer-

Granada

»Es gibt nichts Schlimmeres, als in Granada blind zu sein«, so der spansche Dichter Francisco Alarcón de Icaza angesichts des Patio de los Leones auf der Alhambra.

dinand III. Dieses Bündnis trug zwar dazu bei, dass auch Sevilla 1248 von den Christen eingenommen werden konnte, gewährleistete aber auch, dass das islamische Königreich Granada noch fast 250 Jahre lang neben den christlichen Reichen existieren und dort – heute vor allem repräsentiert durch die Alhambra – eine noch differenziertere künstlerische Entwicklung stattfinden konnte. Der **Patio de los Leones**, unter Mohammed V. in der zweiten Hälfte des 14. Jh.s gestaltet, zeigt diese Entwicklung hin zu einer noch filigraneren Formensprache in Architektur und Dekor und, durch den Löwenbrunnen, hin zu einer figürlichen Darstellung, was auch die zunehmende Öffnung gegenüber christlicher Kunst zeigt.

▌ Christlich-abendländische Kunst vor 1492

Romanik   Zeugnisse der romanischen Kunst und Architektur, die im 11. und 12. Jh. im christlichen Europa vorherrschend war, finden sich in Al-Andalus kaum. Dennoch existieren in früh zurückeroberten Gebieten einige Bauwerke und Steinmetzarbeiten. So steht im Ort Cantillana in der Nähe von Carmona noch die kleine romanische Ermita San Bartolomé. Einige Klöster hatten auch im muslimischen Al-Andalus weiterexistiert und in ihren Buchmalereiwerkstätten neben den karolingischen Handschriften und dem großen Vorbild des Beatus-Kommentars (Kommentar zur Apokalypse des Mönchs Beatus von Liébana aus dem 8. Jh.) auch die grafischen Elemente aus Arabien rezipiert. Diese eigene Formensprache christlich geprägter Kunst, jedoch mit arabischen Elementen vermischt, erhielt ihren Namen nach den sogenannten **Mozarabern**, den Christen unter muslimischer Herrschaft.

Gotik   Das heutige Andalusien wurde bis auf das Königreich Granada in der ersten Hälfte des 13. Jh.s von christlichen Königen erobert. Der Kirchenbau, vielfach auch den Plätzen zerstörter Moscheen, war den neuen Regenten vordringliche Bauaufgabe. Doch auch Klöster wurden gezielt angesiedelt, um möglichst schnell die Dominanz der »neuen« Religion auch städtebaulich sichtbar werden zu lassen. In allen großen Städten entstanden vom 14. bis 16. Jh. gotische Kathedralen, darunter die fünfschiffige **Kathedrale von Sevilla, die größte gotische Kirche der Welt**, 1402 an der Stelle der erst 200 Jahre alten Moschee begonnen und im Wesentlichen um 1500 vollendet. Als Monument des Sieges des Kreuzes über den Halbmond ist sie mit einer riesigen skulptierten Portalanlage an der Westseite ausgestattet worden. Das ehemalige Minarett der almohadischen Moschee (»Giralda«) blieb mit kleinen Veränderungen stehen. Stilprägendes Merkmal des Innenraums ist, wie in allen spanischen Kathedralen, der im Langhaus vor dem Altarraum frei stehende Chor.

OBEN: Der churriguereske Altar
der Jungfrau von El Rocío
UNTEN: Stern- und Netzgewölbe
in der Kathedrale von Sevilla

Mudejar-Stil

»Estilo mudéjar« wird nach dem arabischen Wort »mudejalat« (»unterworfen«) der **Stil der unterlegenen Mauren** genannt. Die katholischen Eroberer waren nach Jahrhunderten des Kampfes vorwiegend im Kriegshandwerk geübt. Eine ausreichende Zahl eigener Handwerker, Künstler und Baumeister stand nicht zur Verfügung, und so wurden v. a. die unterjochten maurischen Meister mit den neuen Bauaufgaben betraut. Das Ergebnis dieser gelungenen Vermischung gotischer und arabischer Formenelemente, später auch mit denen der Renaissance, ist in Andalusien **insbesondere in Sevilla** zu bewundern, am schönsten in dem um 1360 für Peter den Grausamen begonnenen Alcázar. Die damit beauftragten Handwerker und Künstler aus Granada brachten ihre Erfahrungen vom Bau der Alhambra mit und bauten in wenigen Jahrzehnten den Palast des christlichen Herrschers unter Verwendung von Spolien aus Córdoba und Medina Azahara. Die Casa de Pilatos zeigt eine Umsetzung dieses Stils am Beispiel eines reichen Sevillaner Privathauses.

Isabellinischer Stil

1492 zogen die Katholischen Könige Isabella und Ferdinand in Granada ein. Die »Neue Welt« war bald entdeckt, die Ablehnung und der Rassismus gegenüber den Mauren und Juden gestiegen, und so wurden immer mehr **französische und flämische Meister** ins Land geholt. Es begann ein vor allem in der Skulptur bemerkbarer Stileinfluss des Nordens. An den Terrakottaskulpturen der Westfassade der Kathedrale von Sevilla ist diese Entwicklung bereits schon vor 1492 ablesbar. Überreiche filigrane Verzierungen sind charakteristisch für diesen »Isabellinischen Stil«.

▌ Von der Renaissance zum Klassizismus

Architektur

Einen Palast im reinen Stil der italienischen Renaissance baute der Bramante- und Michelangelo-Schüler Pedro Machuca 1526 für Karl V. auf dem Gelände der Alhambra. Die Reichtümer der »Neuen Welt« hatten dem spanischen Königshaus auch zu großem politischen Gewicht verholfen. Entsprechend kam für die Kunstproduktion ein neuer Schub, der sich im Profanbau niederschlug. Beispiele hierfür sind die Renaissancepaläste in Úbeda und Baeza, dort insbesondere der Palacio de Jabalquinto. Die gliedernden Elemente der Renaissance zusammen mit dem dichten und hochkomplexen Ornament des Mudejar-Stils werden als **»plateresk«** (»in der Art eines Silberschmieds«) bezeichnet. Das Rathaus von Sevilla (1527–1564) sowie der Kapitelsaal und die Sakristei der dortigen Kathedrale sind Beispiele dieser in Architektur und Wandflächengestaltung umgesetzten Formensprache. Der Baumeister der Capilla Real in Granada, Enrique de Egas, und Diego de Siloé, der die Kathedralen von Granada und Málaga erbaut hat, sind ihre berühmtesten Vertreter.

Durch Philipp II. und die Heilige Inquisition wurden nicht nur die letzten christianisierten Mauren (»moriscos«) und Juden vertrieben und damit der Kulturvielfalt enormer Schaden zugefügt, auch in der Kunstpolitik und im Zeitgeist waren Wandlungen eingetreten. Weltmachtbewusstsein, gepaart mit Asketismus und religiösem Fanatismus, verbannten für einige Jahrzehnte das überreiche Ornament zugunsten einer **schlichten Monumentalität** von den Fassaden (»desornamentado«). Vor allem aber in den dunklen, ernsten Gesichtern der Porträtmalerei äußert sich der Geist dieser Epoche. Der Grieche **El Greco**, der 1579 das Probebild »Der Traum Philipps II.« malte, fand mit seinem folgenden Werk für den Escorial bei Madrid wegen seiner grellen Farbgestaltung kein Gefallen beim König und erhielt keine weiteren Aufträge. Dies hinderte ihn jedoch nicht, in kirchlichen Diensten seine tief mystischen Darstellungen und Lichtvisionen umzusetzen und so den **spanischen Manierismus** zur Blüte zu bringen. El Greco hatte jedoch vor allem in Toledo gewirkt.

Das 17. Jh. wird das **»Goldene Zeitalter«** der spanischen Kunst genannt, obwohl das Land politisch wie ökonomisch einen Niedergang erlebte. Die Goldlieferungen aus Amerika inflationierten die Binnenwirtschaft; Hungersnöte der ärmeren Bevölkerung waren die Folge. Dafür profitierten Königshaus, Aristokratie, Kirche und in zweiter Linie auch die Kunst vom Kolonialismus. Die Malerei dieser Zeit war vor allem an Caravaggio und Correggio orientiert; die Auftragsbücher der Künstler waren voll. **Francisco de Zurbarán** (1598 – 1664), der »Maler der Mönche«, und **Bartolomé Esteban Murillo** (1618 bis 1682) sind die bedeutenden Vertreter der stilbildenden **Malerschule von Sevilla**. Zurbarán hat die spanische Malerei bis zu dem Zeitpunkt angeführt, von dem an Velázquez ihr Weltgeltung verschaffte. Neu war ab den 1630er-Jahren seine Abkehr von den starken Hell-Dunkel-Kontrasten. 1632 wurde er zum Hofmaler des Königs ernannt, bekam Staatsaufträge und machte Karriere, bis gegen 1645/ 1650 Murillo ihn als Hofmaler überflügelte. Das Museo de Cádiz besitzt die wichtigste Sammlung von Zurbarán-Gemälden in Andalusien. Murillo, der als der volkstümlichste Maler Spaniens gilt, stammte ebenso aus Sevilla wie auch der etwas ältere Diego Velázquez de Silva.

Nach Madrid verschlug es **Diego Velázquez** (▶ Interessante Menschen) schon bald nach seiner Ausbildung. Ab 1623 am Hof, wurde er zum bedeutendsten spanischen Maler des 17. Jahrhunderts. Sein Talent und die unabhängige Stellung am Hof ermöglichten ihm, ganze Genres zu revolutionieren, neue Themen einzuführen und mit seiner stärker realistischen Bildauffassung neue Wege zu gehen. Im Erzbischöflichen Palast und im Museo de Bellas Artes in Sevilla hängen einige seiner Gemälde; die bedeutendsten allerdings, wie **»Las Meninas«**, die berühmte Darstellung der spanischen Königsfamilie inklusive seines eigenen Porträts, sind im Prado von Madrid zu sehen.

Malerei im 16. und 17. Jahrhundert

Die Schule von Madrid

Im berühmten Gruppenbildnis »Las Meninas« verewigte sich Velázquez am linken Bildrand selbst.

Barock   Der barocke Baustil, der den Desornamentado-Stil ablöste, der **Churriguerismus**, ist nach seinem wichtigsten Vertreter José de Churriguera (1665 – 1725) benannt. Immer üppiger wurde die figurale Ausgestaltung, beispielsweise puttenüberschwemmte Altarretabel. Luis de Arévalos' Ausgestaltung der Sakristei der Cartuja in Granada gilt als herausragendes Beispiel des Churriguerismus. Mit der Ausbreitung des Jesuitenordens setzte sich auch das Bestreben durch, dem Volk ein eindringliches Spektakel zu bieten: prachtvolle Altäre, gold- und silbergeschmückte Retabeln und die kostbar gekleidete »virgen«, die Jungfrau und Gottesmutter Maria, die noch heute bei Prozessionen v. a. in der Semana Santa ihre Bedeutung hat.

Goya   Eine Solitärstellung nimmt vor diesem Hintergrund Francisco de Goya y Lucientes (1746 – 1828) ein. In einer Phase, in der die höfische und akademische Kunst Spaniens keineswegs mehr europaweit tonangebend war, begann er mit einer »modernen« Auffassung von Kunst zu arbeiten. Er schlug zunächst ebenfalls eine Karriere in der Madrider Kunstakademie San Fernando ein, konnte aber schon bald den Thronfolger Karl IV. für sich einnehmen und wurde Hofmaler. Mit Andalusien hatte er bezeichnende Kontakte: 1792 reiste er nach

Cádiz, wurde dort von einer schweren Krankheit erschüttert und war von nun an taub. Dieser Einschnitt wird allgemein als der Anstoß zu seiner eigenen, neuen Kunstauffassung gewertet. Eine zweite Reise führte ihn schon 1796 nach Sanlúcar de Barrameda, wo er im Landhaus der Herzogin von Alba weilte, mit der er – unter Kunsthistorikern allerdings umstritten – wohl ein Verhältnis hatte. Aus dieser Zeit existieren Skizzenbücher, die im Prado in Madrid aufbewahrt werden. Goyas Bedeutung liegt vor allem in seiner **neuen realistischen Auffassung**, einer Weltsicht, die nach der Französischen Revolution, die die gottgegebene Absolutheit der Machtverhältnisse in Frage gestellt hatte, bestimmend wurde und die er als Erster umsetzte. Seine wichtigsten Werke in Andalusien sind die Gemälde der beiden Stadtheiligen von Sevilla, Justa und Rufina, in der Kathedrale von Sevilla.

▌ Vom 19. Jahrhundert bis heute

Im 19. Jh. wurde in Andalusien zwar enorm viel gebaut, jedoch erreichte die Architektur kaum größere Bedeutung. Auch die Malerei spiegelt die politisch aufgewühlten Zeiten kaum wider – doch vielleicht ist es gerade der geschönte Folklorismus, der sich als eine Reaktion auf »unsichere Zeiten« entlarvt, indem er ein **romantisierendes Andalusienbild** »malte«, ein Andalusien der feinen Adelsdamen, der Banditen und der Stiere. Die wirkliche Situation des Landes, das mit dem zunehmenden Verlust der Kolonien im 19. Jh. wirtschaftlich am Boden lag, wurde nicht in der Kunst dargestellt.

Folkloristische Malerei

In Córdoba war Julio Romero de Torres (1885 – 1930) berühmt. Er ist der Schöpfer einer bis heute auf Stierkampfplakaten und in der Werbung verwendeten Frauengestalt, die noch bis Anfang des 20. Jh.s dem Ideal der typisch andalusischen, sinnlichen Frau entsprach (▶ Abb. S. 128). Zu Lebzeiten war er bei seinen Zeitgenossen und insbesondere Zeitgenossinnen so beliebt, dass, so die Legende, Hunderte von Frauen bei seiner Beerdigung die Straße säumten und weinten.

Julio Romero de Torres

Erwähnt werden muss natürlich der berühmteste Maler und Andalusier, der in Málaga geborene Pablo Picasso, der vor allem in Frankreich lebte und dort Kunstgeschichte »schrieb« (▶ Das ist Andalusien, S. 18).

Picasso

1929, 31 Jahre nach dem Verlust der letzten Kolonien in Übersee, fand in Sevilla die **Ibero-Amerikanische Ausstellung** statt. Dazu legte man den Parque de María Luisa an und errichtete gewaltige Bauwerke, vor denen sich heute noch fast jede Hochzeitsgesellschaft fotografieren lässt. Aníbal González (1876 – 1929) war der Architekt der **Plaza de España**, einer halbkreisförmigen Platzanlage um den

Expo 1929 in Sevilla

eklektizistischen Palacio Central. Alle historischen Stile der spanischen Geschichte wollte man in diesem Gebäude vertreten sehen; ein arabisch angehauchter regionaler Historismus mit deutlichen Renaissance-Anleihen sollte die immer noch große Bedeutung der Nation vermitteln.

EXPO 92 In der Architektur setzen einige Bauten für die EXPO '92 in Sevilla neue Akzente, so der Bahnhof Santa Justa der Architekten **Cruz und Ortiz** oder die Puente de la Barqueta von **Santiago Calatrava** – Brückenarchitektur assoziiert man in Spanien mit Modernität.

Bis zur Jahrtausendwende Während der Zweiten Republik wie auch unter dem Franco-Regime konzentrierte sich das spanische Kunstschaffen auf die industriellen Regionen im Norden und die Hauptstadt Madrid. Erst seit den 1970er-Jahren versuchten andalusische Bildhauer und Maler wieder, international Anschluss zu bekommen. Künstlergruppen haben sich vor allem in Sevilla formiert. Der politische Übergang zur Demokratie in Spanien, der sich in den 1970er- und 1980er-Jahren vollzog, brachte vielfältige Kunstrichtungen hervor, die sich nun – ohne politische und ideologische Funktion – auf gesellschaftliche Entwicklungen bezogen. Da man die zeitgenössische Kunst als Synonym für Fortschritt und Modernität sah, wurde sie nicht nur toleriert, sondern auch gefördert. In ganz Spanien wurden neue Ausstellungszentren wie das **Centro Andaluz de Arte Contemporáneo in Sevilla** geschaffen.

In den 1980er- und frühen 1990er-Jahren bestimmten fast ausschließlich Maler und Bildhauer die Szene. Sie folgten den unterschiedlichsten Richtungen. Bekanntere Namen sind heute Guillermo Paneque (geb. 1963), Guillermo Pérez Villalta (geb. 1948), Luis Gordillo (geb. 1934), der mit seiner Synthese aus Figuration und Abstraktion großen Einfluss auf andere spanische Maler hatte, Ferran García Sevilla (geb. 1949) und Miquel Barceló (geb. 1957).

Bis heute Der genannte Sevillaner Guillermo Paneque und andere mischen bis heute in der Kunstszene mit. Architektonische Hingucker der Moderne sind v.a. die »Pilze von Sevilla« (»Setas de Sevilla«, 2011, Architekt Jürgen Mayer) und das Centre Pompidou in Málaga.

▌ Maurisches Leben in Andalusien

Maurische Stadtkultur Die maurische Kultur kannte auch eine für das Mittelalter **erstaunliche Toleranz**: In Al-Andalus lebten Muslime, Christen und Juden ohne allzu große Gegensätze zusammen. Obwohl der Islam die vorherrschende Religion war, zwangen die neuen Herren weder Christen noch Juden zur Konversion; lediglich eine Sondersteuer wurde ihnen abverlangt. In den ersten Jahren nach der Invasion nutzten

Die »Pilze von Sevilla« von Jürgen Mayer H. heißen offiziell »Metropol Parasol«.

Moslems und Christen die Kirchen sogar gemeinsam. In gewisser Weise war die maurische Gesellschaft dem damaligen christlichen Abendland an wissenschaftlichem Erkenntnisdrang, staatlicher Organisation, Lebensart und zivilisatorischer Raffinesse weit überlegen, eine Folge des engen Austauschs eben dieser drei Religions- und Kulturkreise. Die Gelehrten des maurischen Spanien hatten die Philosophie des antiken Griechenland aufgenommen, brachten die besten Mathematiker ihrer Zeit hervor, entwickelten komplizierteste Bewässerungsanlagen, und es gelang ihnen auch, die Papierherstellung zu perfektionieren.

Vor allem im heutigen Andalusien, in den großen Städten wie in den kleinsten Dörfern, lebt das Erbe dieser einzigartigen Kultur weiter – nicht nur an den noch vorhandenen Monumenten, sondern auch in den Gassen der Altstädte, in den »patios« der Häuser, auf den kleinen »plazas« der Stadtviertel, und selbst an manchen Gewohnheiten der Andalusier sind »maurische Ursprünge« deutlich sichtbar.

Der Städtebau des maurischen Spanien ähnelte demjenigen in Nord- **Städtebau** afrika und im Mittleren Orient. Das Zentrum der Stadt bildete die ummauerte **»medina«** mit dem Hauptplatz, dem als Residenz der Kalifen dienenden Alcázar und der Hauptmoschee. Vor den nachts verschlossenen Mauern lagen die Außenviertel. So auch in Córdoba: Die gepflasterten Hauptstraßen der Kernstadt führten zu den Stadt-

ZIVILISATION FÜR EUROPA

Fast 800 Jahre herrschten die Mauren in Andalusien. Sie brachten technische und zivilisatorische Neuerungen, die bis heute genutzt werden, sich in den Stadtbildern oder in der Sprache erhalten und zum Teil sogar ganz Europa nach vorne gebracht haben – etwa mit dem Gebrauch von Messer und Gabel ...

Schattenlage

▶ **Kühlsystem**
Im Winter wurde der Schnee aus den Bergen in Eisspeichern (»Cava de Hielo«) gelagert und zu Eis gepresst. Damit konnten Nahrungsmittel gekühlt und Handel getrieben werden.

Schnee

Schmelzwasser

Stroh, Zuckerrohr

Eis (gepresst)

▶ **Weitere Kulturtechniken der Mauren**

Architektur
In Andalusien gibt es bis heute viele »Patios«. In diesen schattigen Höfen spielte und spielt sich ein Großteil des Lebens ab.

Badekultur
Bei den Mauren war Reinlichkeit oberstes Gebot. Zahlreiche Badehäuser entstanden bereits im 10. Jh.

▶ »Es gibt keinen Gott
außer Allah«

▶ **Bewässerungssystem**
Staudämme und
Brunnen lieferten das
Wasser. Kanalsysteme
und riesige Schöpfräder
brachten es zum Ziel.

Hauptkanal
»Almatriche«

Seitenkanal
»Acequia«

▶ **Wasserversorgung**
Den Bauern wurden je
nach Feldgröße und
Trockenheit Wasser-
rationen zugeteilt
(»Almena«). Mehr Was-
ser aus den »Acequias«
zu entnehmen wurde
bestraft.

Kühlung
Die Kühlung von Lebensmitteln und Getränken war
in den heißen und trockenen Gebieten Spaniens
besonders wichtig. Poröse Tonkrüge ließen
die Flüssigkeit »schwitzen«, und durch die
Verdunstung blieb sie länger kühl.

Schöpfräder
Die zahlreichen Schöpfräder (»Norias«),
die meist von Eseln angetrieben wurden,
hoben das Wasser aus dem Brunnen
oder zu höher gelegenen Feldern.

375

OBEN: Zu maurischen Zeiten plätscherte in den Bädern von Jaén angenehm warmes Wasser.

UNTEN: In engen Gassen bleibt es kühler auf dem Albaicín, dem alten Stadtzentrum in Granada.

toren; die restlichen öffentlichen Wege bildeten ein Labyrinth aus kleinen Plätzen und Gassen, die alle paar Meter Richtung und Breite änderten oder auch abrupt endeten. Die Wichtigkeit einer Stadt maß man an der Anzahl ihrer Stadttore. Die »medina« von Córdoba hatte derer sieben, und nicht weniger als 21 Außenviertel umfingen das Zentrum, insgesamt gab es fast 500 kleinere Moscheen. Die großen Städte verfügten über gemauerte Abwassersysteme, zahlreiche Trinkwasserbrunnen und öffentliche Bäder. So zählte man zur Zeit des Kalifats in Córdoba mit seinen 300 000 Einwohnern fast 800 Brunnen – es war die damals bevölkerungsreichste und modernste Stadt Europas. Gewerbe und Handel waren zünftisch organisiert und meist jeweils in einer Straße oder in einem Stadtviertel zusammengefasst. Heute noch heißen viele Gassen in den Altstädten Andalusiens nach den Zünften: »calle lineros« – die Straße der Leinenweber, »calle armas« – die Straße, in der die Schmiede Waffen fertigten ...

Die Gassen waren eng bebaut, damit die unerträglich heiße sommerliche Sonne nicht einfallen konnte. Von außen sahen die Häuser schlicht, beinahe karg aus und gaben wenig Aufschluss über den sozialen Status ihrer Bewohner. Zweigeschossig erbaut, besaßen auch die ärmeren Häuser einen **»patio«** (Innenhof), der Licht und Luft einließ und **Zentrum des Familienlebens** war. Im Untergeschoss lagen die Schlafräume, nur eine schmale Treppe führte in den oberen Bereich, der für die Frauen reserviert war. In die kühlenden, bis zu 1 m dicken Mauern waren Nischen eingebaut, die zur Aufbewahrung des Hausrats benutzt wurden. Schränke, Stühle und Tische kannten die Mauren nicht. Das Leben fand auf Teppichen über dem gekachelten Boden statt; die Kleider wurden in Truhen aufbewahrt. *Hausbau*

Man weiß aus Poesie und Liedern, dass das Leben im Sommer um die Mittagsstunden erlahmte. Die drückende Hitze zwang die Menschen, sich in die mit Tüchern und Pflanzen beschatteten »patios« zurückzuziehen. Erst nach Sonnenuntergang begann das öffentliche Leben wieder zu pulsieren und dauerte dann bis in die späte Nacht hinein an. Die Sommertage waren zweigeteilt in Al-Andalus, und auch heute ist es noch so – die oft zitierte spanische »siesta« findet hier ihre natürliche und auch historische Erklärung. *»siesta« und »brasero«*
Trotz des milden Klimas war im Winter eine Wärmequelle notwendig. Die stattlicheren Häuser, die Bäder besaßen, leiteten das heiße Wasser in Tonröhren durch die Fußböden. Die Ärmeren besaßen große tönerne oder metallene Schalen (»brasero«), in denen Holzkohle glühte.

Die Mauren schätzten die Reinlichkeit des Hauses, der Kleidung und des Körpers. Sicherlich waren die **rituellen Waschungen** vor dem Gebet in der Moschee mit ein Grund für diese hohe kulturelle Bewertung der Hygiene. In den stattlicheren Häusern war das »Badezim- *Badekultur* mer« ein überaus wichtiger, höchst ästhetisch ausgestatteter Raum, und oft war darin eine aus einem Marmorblock gehauene Wanne zu finden. Die Paläste dagegen verfügten über eigene Thermen, wie sie heute zum Beispiel noch in der Alhambra in Granada zu sehen sind. Schließlich gab es noch die **öffentlichen Bäder**: Für das Córdoba des 10. Jh.s schätzt man 600 solcher Einrichtungen, die allen Bevölkerungsschichten zugänglich waren – was einem Badehaus für je 500 Stadtbewohner entspräche. In ihrem Aufbau imitierten die Badehäuser die **römischen Thermen**. Morgens hatten die Männer Zutritt, nachmittags die Frauen. Zuerst tauchte man in ein Becken mit heißem Wasser, dann in eines mit warmem, und zuletzt ging man ins kalte Wasser. Seifen und Handtücher konnten erworben werden, Masseure boten ihre Dienste an. Die Wände und Böden waren oft mit farbigen Fliesen oder gar mit Marmor ausgekleidet und teilweise sogar über Heißlufttröhren beheizbar.

Technologie und Wissenschaft

Die konsequente Förderung der Wissenschaften führte zu einer **Fülle von Entdeckungen und Erkenntnissen**, die teilweise vergessen und erst wieder in der Renaissance wahrgenommen wurden (▶ Baedeker Wissen S. 374). Die Talniederungen des Landes waren sehr fruchtbar, es fehlte jedoch an Wasser. Die Mauren perfektionierten die römische Technik der **Bewässerungslandwirtschaft**, indem sie tiefe Brunnen bohrten und das Wasser durch unterirdische Kanalsysteme zu den Feldern führten. Riesige Schöpfräder, durch die Strömung der Flüsse angetrieben, förderten das Wasser auf höher gelegene Flächen, von wo aus es wiederum über Kanäle auf die Äcker geleitet wurde. War die Kraft eines Flusses nicht nutzbar, wurden Maultiere zum Betreiben der Schöpfbrunnen eingesetzt. Manche solcher »noria« genannten Brunnen sind heute noch vereinzelt zu finden. Wind wurde genutzt für **Windmühlen**, die sich der Windrichtung anpassen ließen. In Vejer de la Frontera gibt es noch einige davon.

Doch das größte technologisch zu bewältigende Problem war die Hitze. Für Lebensmittel gab es eine Art **»Kühlschrank«**. In den Bergregionen bei Granada sammelten Eishändler im Winter den Schnee ein, verdichteten ihn in tiefen Felsspalten und verkauften das Eis in den Städten. Zum Kühlen der Getränke wurden bauchige, aus porösem Ton gebrannte Krüge benutzt. Ein Teil des Wassers konnte durch die poröse Wandung der gefüllten Gefäße »schwitzen« und verdunsten, wodurch die zur Kühlung notwendige Kälte entstand.

Eine der fortgeschrittensten Wissenschaften war die **Medizin**. Die Diagnostik, auf Hippokrates aufbauend, wurde verbessert, und **chirurgische Eingriffe** vorgenommen. Narkose, Desinfektion und das Schließen der Wunden mit Darmfäden waren allgemein praktizierte Methoden. Ärzte wie **Averroes** (▶ Interessante Menschen, S. 380) sezierten Leichen und leiteten davon ihre Theorien über den menschlichen Organismus ab.

Doch auch die Waffentechnik geht auf Al-Andalus zurück: Im jahrhundertelangen Kampf gegen die Christen setzten die maurischen Heere **zum ersten Mal in Europa Kanonen** auf dem Schlachtfeld ein.

Das Bild würde täuschen, wollte man den Blick allein auf den hohen Zivilisationsgrad richten. Insgesamt gesehen war der Lebensstandard der einfachen Bevölkerungsschichten niedriger als im Mittleren Orient. Weizen war Grundnahrungsmittel, und nur durch den Verzehr von Linsen, Kichererbsen und Bohnen konnte der Eiweißbedarf gedeckt werden; Fleisch war ein Luxusgut.

Kehrseiten

Auch blühte der **Handel mit Sklaven**. Von den Überfällen auf christliche Gebiete wurden Jungen und Frauen als Kriegsbeute mitgeschleppt und auf den Märkten verkauft. Galicierinnen waren besonders gefragt als Konkubinen für die Harems; Schwarzafrikaner waren aufgrund ihrer Körperkraft begehrte Arbeitssklaven.

Trotz einer allgemein verfassten Rechtsprechung, die auf dem Koran fußte, war die Bevölkerung häufig der **Willkür von Richtern** ausgesetzt. Abd ar-Rahman II. musste während seiner Regierungszeit nicht weniger als elf höchste Richter abberufen, da sie sich des Verstoßes gegen den Koran schuldig gemacht hatten.

Immer wieder gab es **fundamentalistische Strömungen**, die die Freizügigkeit des Denkens einschränkten oder den Lebensstandard der Elite als »ungesetzlich« im Sinne des Korans betrachteten. Das Ende des Kalifats von Córdoba führten von fundamentalistischen Berbergruppen angefachte Bürgerkriege herbei. Die Bibliothek von über 400 000 Bänden, die Al-Hakam II. aufgebaut hatte, wurde zensiert, und Tausende von Büchern gingen lange vor der christlichen Inquisition in Flammen auf.

INTERESSANTE MENSCHEN

▌ »Geißel der Christenheit«: Almansur

Almansur, mit vollständigem Namen Abu 'Amir Muhammad ibn Abi 'Amir al-Ma'afiri, war über zwanzig Jahre lang der unumschränkte Herrscher von Al-Andalus, obwohl formell »nur« Großwesir des Kalifen Hisham II. Sein Ehrenname Almansur (arab. »Sieger im Namen Allahs«) und sein Beiname »Geißel der Christenheit« charakterisieren diesen Mann, der über zwei Jahrhunderte nach der Invasion der

um 940 –
1002
Großwesir

Mauren den Machtbereich des Islam wieder auf fast die gesamte Iberische Halbinsel ausdehnte. Almansur, bei Tolox in der heutigen Provinz Almería geboren, wurde 979 Großwesir und degradierte Hisham II. bald zur Bedeutungslosigkeit. Von **Medina Azahara** aus regierte er das Kalifat und dehnte es in über 50 Kriegszügen wieder weit nach Norden aus; er eroberte 985 Barcelona und 997 Santiago de Compostela. Er starb während eines Feldzugs in der Festung »Medina Selim«, dem heutigen Medinaceli.

▌ »Der Kommentator«: Averroes

1126 – 1198
Gelehrter

Der in Córdoba geborene Averroes (Abu l-Walid Muhammad; auch **Ibn Rushd**), Spross einer muslimischen Juristenfamilie, war Richter in Sevilla und Leibarzt am Hof der Almohaden in Marokko. Außer als Verfasser juristischer Werke und einer Gesamtdarstellung der Medizin erlangte er größte Bedeutung als der **Aristoteles-Kommentator** des Mittelalters schlechthin und als Begründer der nach ihm benannten averroistischen Lehre, die nachhaltigen Einfluss auf die lateinisch-christliche und jüdische Philosophie ausübte. Die aristotelische Lehre von der Existenz einer in allen Menschen waltenden Vernunft (»nous«) und von der Ewigkeit der Welt interpretierte Averroes als »denkenden Geist« unabhängig von der menschlichen Existenz. Diese Weltsicht war für ihn im Koran wirksam. Ihm folgend, versuchten zahlreiche christliche und jüdische Theoretiker die Vereinbarkeit antiker Philosophie auch mit ihrer Religion zu beweisen. Zu den Gegnern des Averroismus zählten Albertus Magnus und Thomas von Aquin. Averroes starb 1198 in Marrakesch.

▌ »El Rey Chico«: Boabdil

um 1459 –
um 1536
König von
Granada

Es ist nicht bekannt, wann genau **der letzte König von Granada**, Abu abd-Allah, von den Christen Boabdil oder »el rey chico« (»der kleine König«) genannt, geboren wurde. Jedenfalls war er Sohn des Königs Muley Hassan und dessen Frau Aischa. Seine Jugend prägten die Auseinandersetzungen zwischen dem Vater und seiner Geliebten, der Christin Soraya, einerseits und seiner Mutter und dem Geschlecht der Abencerrajen andererseits. Diese wollten Boabdil auf den Thron heben, doch Muley Hassan erfuhr von der Verschwörung und ließ Mutter und Sohn im Comares-Turm auf der Alhambra einsperren. Sie konnten sich befreien und nach Guadix fliehen. Nur wenig später beendete ein Aufstand die Herrschaft Muley Hassans, und 1482 bestieg Boabdil den Thron. Nachdem er die Christen bei Loja und Ajarquía geschlagen hatte, belagerte er 1483 Lucena, wo er jedoch in Gefangenschaft geriet und nach Córdoba gebracht wurde.

Die Katholischen Könige zwangen ihn zur Unterwerfung. Sein Onkel Abu abd-Allah Muhammad el Zagal versuchte, die Mauren gegen die Christen zu einen und zwang Boabdil an seine Seite, was die Katholischen Könige als Verrat auslegten und deshalb 1486 Loja angriffen. Wiederum wurde Boabdil gefangen genommen, wiederum musste er sich unterwerfen und sich zudem gegen El Zagal stellen, den er auch mit Unterstützung der Christen besiegte. Dennoch forderten diese 1490 die Übergabe Granadas; als Boabdil ablehnte, wurde ihm aufs Neue Vertragsbruch vorgeworfen und die Belagerung begann. Am **2. Januar 1492** zogen die Katholischen Könige in die Stadt ein. Boabdil verließ seine Heimat am 6. Januar und zog sich in die Alpujarras zurück, doch wurde er 1493 erneut vertrieben und floh zum König von Fez in Marokko. Über sein Todesjahr ist nichts bekannt. Ein spanischer Chronist des 16. Jh.s schreibt, Boabdil sei in den Diensten des marokkanischen Königs 1536 in einer Schlacht gefallen.

▌ »Stimme des Flamenco«: Camarón de la Isla

José Monje Cruz war ein schmächtiger, blonder, unscheinbar anmutender Gitano aus Isla del León/San Fernando in der Provinz Cádiz, weshalb ihn sein Onkel »Camarón« nannte, nach den fast durchsichtigen kleinen Krabben, die aus dem Atlantik vor Cádiz gefischt werden. Der Sohn eines Schmieds hatte mit acht Jahren seinen ersten Auftritt als Flamenco-Sänger, und schon damals erkannten die Experten, dass er wie kein anderer Emotion, Authentizität und Ausdruck vereinte. Es begann eine beispiellose Karriere, die ihn zum **größten »cantaor« der Gegenwart** werden ließ und ihm 1975 den Nationalpreis für Gesang der Flamencoschule von Jerez de la Frontera eintrug. Er blieb zunächst beim traditionellen Gesang, vor allem während der kongenialen Zusammenarbeit mit dem Gitarristen **Paco de Lucía**. Später ließ er Elemente des Jazz und des Rock einfließen und schuf einen von ihm so genannten »flamenco rock gitano«. Als einer der wenigen Gitanos hatte er es geschafft, Anerkennung auch in der Welt der »payos«, der Nichtgitanos, zu finden, doch blieb er immer seiner Herkunft treu. Zur Beerdigung in seinem Heimatdorf folgten 50 000 Menschen dem Sarg.

*1950 - 1992
Flamenco-
Sänger*

▌ Opfer der Faschisten: Federico García Lorca

Mit Federico García Lorca und anderen Schriftstellern der »Dichtergeneration von 1927« strebte die moderne spanische Lyrik einem letzten Höhepunkt vor Ausbruch des Bürgerkriegs zu. In Fuente Vaqueros in der Provinz Granada geboren, studierte er Philosophie, Literatur und Jura, hielt sich 1929/1930 in New York und Kuba auf und übernahm 1931 die Leitung der Wanderbühne »La Barraca«, die in

*1898 – 1936
Schriftsteller*

OBEN LINKS: Christoph Kolumbus, der Seefahrer
OBEN RECHTS: Federico García Lorca wurde von Franco-Gefolgsleuten ermordet.
UNTEN: Paco de Lucía revolutionierte das Flamenco-Gitarrenspiel.

der Provinz die spanischen Klassiker auf die Bühne brachte. Seine eigenen Dramen – am bekanntesten sind **»Bernarda Albas Haus«** und **»Bluthochzeit«** – spielen oft in andalusischer Umgebung. Ein zentrales Thema seiner Lyrik war ebenfalls die andalusische Heimat, ihre Landschaft und Kultur, ihre Mythen, die Leidenschaftlichkeit der Bewohner, insbesondere der »gitanos«. Federico García Lorca wurde am 19. August 1936 in Viznar von Falangisten ermordet.
In Granada wurde 2015 in einem postmodernen Gebäude das Federico-García- Lorca-Zentrum eingeweiht. Auf einer Gesamtfläche von 4700 m² geht es um die Erhaltung, Pflege und das Studium der Werke des andalusischen Dichters und Dramatikers.

▌ Kirchenlehrer: Isidor von Sevilla

Isidor, in Cartagena geboren, wurde im Jahr 600 zum Bischof von Sevilla ernannt. Er gilt als der letzte der abendländischen Kirchenväter, der durch seine theologischen Schriften wie »Sententiarum libri tres«, einem Lehrbuch über Ethik und Dogmatik, bis ins hohe Mittelalter wirkte. Darüber hinaus verfasste er Chroniken und historische Werke wie »Historia Gothorum«, eine Geschichte der Westgoten, und mit den 20-bändigen »Etymologiae« eine Enzyklopädie des Wissens seiner Zeit. Er tat sich aber auch als Judenfeind hervor und bereitete mit seinen Predigten und seiner Schrift »De fide catholica contra Iudaeos« den Nährboden für Pogrome.

um 560 - 636 Theologischer Gelehrter des Frühmittelalters

▌ Nobelpreisträger: Juan Ramón Jiménez

Juan Ramón Jiménez gilt als der bedeutendste Vertreter des spanischen Modernismus und war richtungsweisend für die ihm nachfolgenden Schriftstellergenerationen. In Moguer als Sohn eines Weinhändlers geboren, war sein Leben geprägt von depressiven Phasen und Erkrankungen, die als starke Gefühlsimpressionen Eingang in sein Werk fanden, in dem er oft auf landschaftliche und volkstümliche Motive seiner Heimat zurückgriff. Sein größter Erfolg wurde der 1917 erschienene Roman **»Platero y Yo«** (»Platero und ich«), die Geschichte eines kleinen Esels in seiner Heimatstadt Moguer. 1951 siedelte Jiménez nach Puerto Rico über. 1956 erhielt er den Nobelpreis für Literatur.

1881 – 1958 Dichter

▌ Entdecker der »Neuen Welt«: Christoph Kolumbus

Der aus Genua stammende Seefahrer Christoph Kolumbus kam 1476 in die portugiesische Hauptstadt Lissabon. Dort untersuchte er die Möglichkeiten, den seit der Antike erwähnten Seeweg nach Indien zu

1451 – 1506 Seefahrer

finden, fand aber bei der Krone kein Interesse. So zog er nach Spanien, wo ihm im **Kloster La Rábida** der Beichtvater der Königin Isabella ein Empfehlungsschreiben mitgab. Mit ihr schloss er einen Vertrag, der die geplante Seereise zusicherte und ihm den Rang eines Großadmirals und Vizekönigs der zu entdeckenden Gebiete verlieh und darüber hinaus 10 % des Erlöses des Unternehmens garantierte. Am 3. August 1492 verließen die »Santa María«, »Pinta« und »Niña« **Palos de la Frontera** an der andalusischen Atlantikküste. Am 12. Oktober sichteten die Seefahrer die Insel Guanahani in der Bahamagruppe; später erreichten sie Kuba und Haiti. Drei weitere Fahrten schlossen sich an: Von **Cádiz** aus fuhr Kolumbus zu den Kleinen Antillen, nach Puerto Rico und Jamaika (1493 – 1496), von **Sanlúcar de Barrameda** erreichte er die Nordküste Südamerikas (1498 – 1500) und wiederum von Cádiz segelte er nach Honduras und Panama (1502 bis 1504). In Spanien allerdings zeigte man sich enttäuscht, dass er nicht das reiche Indien gefunden hatte, sondern ein vermeintlich unkultiviertes, von Wilden bewohntes Land, das keinerlei wirtschaftlichen Nutzen versprach. So blieb Kolumbus Zeit seines Lebens der Erfolg versagt – selbst die von ihm entdeckte »Neue Welt« erhielt den Namen eines anderen, des Italieners Amerigo Vespucci. Und nicht einmal sein Begräbnisort ist gesichert – sowohl Sevilla als auch die dominikanische Hauptstadt Santo Domingo reklamieren das Kolumbus-Grab für sich (▶ Baedeker Wissen, S. 182).

▌ Großmeister der Flamenco-Gitarre: Paco de Lucía

1947 - 2014
Gitarrist

Paco de Lucía, als Francisco Sánchez Gómez in Algeciras geboren, war der bedeutendste Flamenco-Gitarrist der Gegenwart. Ausgestattet mit einer grandiosen Spieltechnik, bestach er als Sologitarrist ebenso wie als Begleiter von Sängern, vor allem des legendären Flamencosängers **Camarón de la Isla**. Er arbeitete auch mit Jazzgrößen wie Al Di Meola, Larry Coryell und John McLaughlin zusammen. 1983 schrieb er die Musik für Carlos Sauras Musik- und Flamenco-Film »Carmen«, wobei er sich in dem Film selbst darstellte. Paco de Lucía starb 2014 in Mexiko an einem Herzinfarkt.

▌ Jüdischer Gelehrter: Moses Maimónides

1135 - 1204
Philosoph,
Rechtsgelehrter und
Arzt

Der in Córdoba geborene Moses Maimónides (Rabbi Mose ben Maimon, gen. Rambam) war das geistige und zeitweise auch das amtliche **Oberhaupt der jüdischen Gemeinde in Ägypten**. Er beschäftigte sich eingehend mit Astronomie, Mathematik, Philosophie und Medizin. 1148 musste seine Familie vor den Verfolgungen der Almohaden aus Andalusien fliehen; 1167 kam er nach Ägypten, wo er Leibarzt des Sohns von Sultan Saladin und fünf Jahre später Vorsteher der jüdischen Gemeinde wurde. Maimónides verfasste medizinische Abhandlungen; vor allem aber schrieb er einen Kommentar zur ersten Niederschrift der jüdischen Religionsgesetze, der »Mischna«, die er in »Mischne Tora« (»Wiederholung des Gesetzes«) für Jahrhunderte verbindlich kodifizierte. Mit seinem **Hauptwerk »More Nevuchim«,** in dem er auf den erst durch die Philosophie ergründbaren tieferen Sinn der Offenbarung verweist, wirkte er auf die christliche Scholastik, namentlich auf Albertus Magnus und Thomas von Aquin.

Populärster Torero seiner Zeit: Manolete

Manuel Rodríguez Sánchez, genannt »Manolete«, Spross einer Stierkämpferfamilie aus Córdoba, war der populärste Torero seiner Zeit. Nach seiner zehnjährigen Ausbildung triumphierte er von 1940 an in allen großen Arenen Spaniens und Lateinamerikas, von den »aficionados« seiner ruhigen Kampfweise wegen gerühmt. Er erfand eine neue Schrittfolge, die ihm zu Ehren »La manoletina« genannt wird. Das Ende seiner Karriere und seines Lebens begegnete ihm in ▶ Linares in Gestalt des Stiers »Islero«, der ihn bei einem Kampf auf die Hörner nahm. Im Stierkampfmuseum von Córdoba sind viele persönliche Gegenstände Manoletes ausgestellt.

1917 - 1947
Stierkämpfer

Pablo Picasso (1881 – 1973)

▶ Das ist Andalusien, S. 16

Volksheldin: Mariana Pineda

In Spanien wird sie in vielen Liedern, Gedichten und Bildern verehrt, Federico García Lorca setzte ihr in seinem gleichnamigen Drama ein Denkmal. Die in Granada geborene Mariana Pineda entstammte der unstandesgemäßen Verbindung eines adligen Kapitäns mit einer Landarbeiterin. Mit 14 Jahren lernte sie einen sehr viel älteren Mann, einen Vertreter des Liberalismus, kennen und lieben. Liberale Forderungen zu vertreten, war zur Zeit der Restauration unter der Herrschaft des absolut regierenden Ferdinands VII. lebensgefährlich. Als Pinedas Mann nach wenigen Jahren starb, stand sie mit zwei kleinen Kindern alleine da. Trotzdem verfolgte sie weiterhin die Missstände in ihrem Land, wies auf Unterdrückung und Gewalt hin und geriet selbst in große Schwierigkeiten. 1828 verhalf sie einem als Revolutionär Verurteilten zur Flucht und wurde ab diesem Zeitpunkt von der Polizei überwacht. Schließlich wurde sie verhaftet und nach standhafter

1804 - 1831
Liberale
Revolutionärin

Weigerung, dem Richter entweder sexuell zu Diensten zu sein oder die Namen ihrer liberalen Mitverschwörer preiszugeben, zum Tod verurteilt und mit der Garotte erdrosselt.

▎ Stoiker: Seneca

um 4 v. Chr.
bis 65 n. Chr.
Dichter und
Philosoph

Lucius Annaeus Seneca wurde im römischen Córdoba als Sohn des Rhetorikers Seneca d. Ä. geboren. Nach einer Rhetorik-Ausbildung wurde er hoher Finanz- und Archivbeamter unter Caligula. Kaiserin Messalina ließ ihn im Jahr 41 n. Chr. nach Korsika verbannen, von wo er acht Jahre später von Kaiserin Agrippina zurückgeholt wurde, um ihren Sohn Nero zu erziehen. In den Anfangsjahren von dessen Regierungszeit war Seneca **Neros engster Vertrauter**, wandte sich jedoch zunehmend von ihm ab, bis ihn der Kaiser schließlich der Teilnahme an der Pisonischen Verschwörung verdächtigte und zum Selbstmord zwang. Die stoische Weise war für ihn die Idealform menschlicher Existenz. Seine Hauptwerke sind die »Epistulae morales ad Lucilium« und die »Naturales quaestiones« mit naturwissenschaftlichen Erörterungen und moralischen Reflexionen. Als Tragödiendichter kam es ihm darauf an, die fatalen Folgen menschlicher Leidenschaften zu zeigen.

▎ Als das Römische Reich am größten war: Trajan

53 - 117
Römischer
Kaiser

Marcus Ulpius Traianus, in Itálica in der römischen Provinz Baetica geboren, war **der erste Kaiser Roms, der aus einer Provinz stammte**. Im Jahr 98 übernahm er die Herrschaft über das Weltreich, das durch seine Feldzüge in Dakien (etwa das heutige Rumänien) und in Arabien im Jahr 106 und im Krieg gegen die Parther 114 bis 117 mit der Eroberung von Armenien, Assyrien und Mesopotamien seine größte Ausdehnung erreichte. Von der Eroberung Dakiens kündet noch heute die Trajanssäule in Rom auf dem Forum Traianum. Trajan starb in Selinus in der Provinz Anatolien.

▎ »Der Maler der Maler«: Diego de Silva y Velázquez

1599 - 1660
Maler

War er wirklich ein so übergroßer Künstler, der »Maler der Maler«, wie der Impressionist Édouard Manet ihn nannte? Zumindest war Velázquez, in Sevilla geborener Schüler von Pacheco de Río, der bedeutendste spanische Maler seiner Zeit, der noch viele große Kollegen beeinflussen sollte. Seine künstlerische Entwicklung lässt sich in drei Perioden einteilen: In seiner sevillanischen Frühzeit malte er, beeinflusst von Caravaggio, religiöse Themen und andalusische Volkstypen. 1623 wurde er nach Madrid berufen, wo er Philipp IV. porträtierte und bald zum **Hofmaler** aufstieg. Sein erster Italienaufenthalt von 1629 bis 1631 veränderte unter dem Eindruck der Kunst Tizians und Tintorettos seine Malerei, die nun in kräftigen Farben oft wenig schmeichelnde Porträts der königlichen Familie und eines seiner Hauptwerke, »Las Lanzas« (»Die Übergabe von Breda«; 1634/ 1635), hervorbrachte. Seine zweite Italienreise 1649 bis 1651 beeinflusste wiederum seinen Stil, indem er sich zu einem Vorläufer des Impressionismus entwickelte, der die flüchtigen Eindrücke von Licht und Farbe auf der Leinwand festhielt. Die Porträtmalerei gab er nicht auf: 1656 entstand eines seiner bekanntesten Werke, **»Las Meninas«** (»Die Infantin Margarita mit Hofstaat in der Werkstatt des Künstlers« ▶ Abb. S. 370), auf dem er Mitglieder des Königshauses beim Modellsitzen und vor allem sich selbst, hinter der Leinwand hervorschauend, porträtierte. Das Museo de Bellas Artes in Sevilla besitzt die bedeutendste Sammlung seiner Gemälde in Andalusien.

▌ Der Erfinder des Reiseführers: Karl Baedeker

Als Buchhändler kam Karl Baedeker viel herum, und überall ärgerte er sich über die »Lohnbedienten«, die die Neuankömmlinge gegen Trinkgeld in den erstbesten Gasthof schleppten. Nur: Wie sollte man sonst wissen, wo man übernachten könnte und was es anzuschauen gäbe? In seiner Buchhandlung hatte er zwar Fahrpläne, Reiseberichte und gelehrte Abhandlungen über Kunstsammlungen. Aber wollte man das mit sich herumschleppen? Wie wäre es denn, wenn man all das zusammenfasste? Gedacht, getan: Zwar hatte er sein erstes Reisebuch, die 1832 erschienene »Rheinreise«, noch nicht einmal selbst geschrieben. Aber er entwickelte es von Auflage zu Auflage weiter. Mit der Einteilung in »Allgemein Wissenswertes«, »Praktisches« und »Beschreibung der Merk-(Sehens-)würdigkeiten« fand er die klassische Gliederung des Reiseführers, die bis heute ihre Gültigkeit hat. Bald waren immer mehr Menschen unterwegs mit seinen »Handbüchlein für Reisende, die sich selbst leicht und schnell zurechtfinden wollen«. Die Reisenden hatten sich befreit, und sie verdanken es bis heute Karl Baedeker. Andalusien beschreibt er erstmals in der 1897 erschienenen 1. Auflage von »Baedeker's Spanien und Portugal«.

1801 – 1859

»

Man wird von einem Commis geführt, und erhält auch einige Proben zum Kosten; man hüte sich vor dem Zuviel, da in den Kellern schon die Luft berauscht.

«

Baedeker's Spanien und Portugal, 1. Auflage 1897
(über den Besuch der Bodegas in Jerez)

E
ERLEBEN &
GENIESSEN

Überraschend, stimulierend, bereichernd

Mit unseren Ideen erleben und
genießen Sie Andalusien.

Drei Tage Lärm und Frömmigkeit:
In El Rocío findet die ausgelassenste
Wallfahrt Andalusiens statt. ▶

BEWEGEN UND ENTSPANNEN

Spaß haben, Kalorien verbrennen, die Region auf andere Art kennenlernen – Andalusien bietet seinen Gästen zahlreiche Aktivitäten. Das fängt bei den Badestränden und beim Wassersport an, hört dort aber noch lange nicht auf. Auch Wintersportangebote gibt es in der Region. Und natürlich Flamencokurse!

▎ Flamencokurse

Spanische Eleganz Der Arm geht langsam nach oben, streckt sich aus. Und dann dreht sich die Hand, als stünde man unter einem Apfelbaum und drehte die Frucht vom Ast. »Coger la manzana«, wörtlich: »den Apfel pflücken«, das ist eine der ersten Übungen bei einem Flamencokurs in Andalusien. Und Flamencoschulen gibt es viele, manchmal in Kombination mit Sprachschulen.

Am Anfang ist es eine kleine Herausforderung, und etwas Zeit sollte man sich nehmen, aber wohl keine Bewegungsart ist so südspanisch und geschmeidig-elegant wie diese. Der Einsatz wird belohnt: Wer auf einem Dorf- oder anderweitigen Volksfest mittanzen kann, hat schon halb gewonnen beim Kontakt mit den Einheimischen.

▎ Sport im Grünen und in den Bergen

Wandern Die Gebirgsgegenden der Sierra Nevada und Alpujarras sind unter Wanderern beliebt. Die Höhenlagen machen dort die Temperaturen erträglich. Im Naturpark Cabo de Gata empfehlen sich Wanderungen nur außerhalb der heißen Monate.

Radfahren Radler finden schöne Nebensträßchen im Gebirge, aber auch »Vías Verdes«, die **»Grünen Routen«.** Diese sind in Spanien zu einem Markenzeichen für die Wiederbelebung alter Transportwege geworden. Dort, wo einst Züge voranzuckelten bzw. Bahnprojekte geplant waren, verlaufen heute diese Trassen. Ein Beispiel: die 128 km lange **Vía Verde del Aceite** durch Olivenanbaugebiete in den Provinzen Jáen und Córdoba. Früher verluden Arbeiter die Olivenernte auf die Waggons, dann ging's über Eisenbrücken bis zur nächsten Verladestation. Wo man Räder leihen kann, erfahren Sie im örtlichen Tourismusbüro. Es gibt auch Vías Verdes, die kürzer sind als 10 km.

Genug vom Radfahren? Die Vías Verdes können Sie – ganz oder abschnittsweise – auch unter die Wanderschuhe nehmen.

Der Flamenco ist Teil der andalusischen Alltagskultur,
die Tanzschulen haben regen Zulauf.

Bergsteiger und Wanderer werden von der Sierra Nevada und der entlegenen Sierra de Cazorla nahe Jaca begeistert sein. Empfehlenswerte Quartiere in den Berggegenden geben Landhäuser (casas rurales) ab.

Bergsteigen, Bergwandern

Das ganze Jahr über ist Andalusien auch das Ziel für ein ganz besonders schönes Urlaubsvergnügen: Reiten auf einem andalusischen Edelblut. Reithöfe finden sich überall im Gebiet verteilt, an der Küste wie im Hinterland. Wer mehr als nur einen Kurs buchen will: Spezialveranstalter bieten komplette Reiterreisen nach Andalusien an.

Reiten

Andalusien bietet mit rund 120 Golfanlagen optimale Voraussetzungen für den Golfsport. Über 30 Anlagen gibt es allein an der Costa del Sol, die inzwischen den Beinamen **»Costa del Golf«** erhalten hat. Die Plätze bieten von Berg- oder Meerblick über Seen und Olivenbaumhaine bis zur tropischen Vegetation eine wunderbare Anbindung an die Natur. Und: Sie sind ganzjährig bespielbar und locken deshalb außerhalb der Sommersaison besonders viele Golfer an.

Golf

Entlang der gesamten Costa del Sol gibt es unzählige Tennisplätze. Viele Hotelanlagen unterhalten eigene Spielfelder, die auch externe Gäste mieten können.

Tennis

| Badeurlaub

836 km Küste

Badeurlaub ist ein wichtiges Argument für einen Andalusien-Trip. Die Frage ist: Mittelmeer oder Atlantik? Im Mittelmeer ist der Einstieg oft flacher und deshalb besser für Kinder geeignet. Der Atlantik hat mit Wind, Wellen und Strömungen größere Tücken, dafür sind die atlantischen Strände oft nicht so stark frequentiert. Insgesamt erstreckt sich die andalusische Küste über 836 km Länge. Die Abschnitte am **Mittelmeer** sind von Osten nach Westen die Costa de Almería (Küste der Provinz Almería), die Costa Tropical (Provinz Granada) und die weltberühmte Costa del Sol (Provinz Málaga). Am **Atlantik** erwartet Sie die »Küste des Lichts«, Costa de la Luz. Viele Strände haben während der Saison Duschen und Strandbars.

Am Mittelmeer

Die **Costa del Sol**, die Sonnenküste, erstreckt sich rund 100 km westlich und 60 km östlich von Málaga. Die endlos langen Feinsandstrände westlich/südwestlich von Málaga sind die Keimzelle des Badetourismus. Ab den 1960er-Jahren entstanden hier große Touristenzentren wie Torremolinos, Marbella, Fuengirola und Estepona. Die Strände sind gut gepflegt, aber während der Saison oft überfüllt. Dafür gibt's eine Sonnen- und Immer-was-los-Garantie. An der östlichen Costa del Sol und der anschließenden Costa Tropical, also zwischen Rincón de la Victoria und Castell de Ferro, wechseln sich eher

Mensch und Natur in schöner Harmonie: Ausritt am Cabo de Trafalgar an der Costa de la Luz

felsige Abschnitte mit hübschen Badebuchten ab. Die Strände bestehen größtenteils aus feinem Kiessand, mitunter kann es auch steinig werden. Die Küste ist viel weniger zugebaut als die »Betonküste«, wie der westliche Abschnitt der Costa del Sol auch genannt wird, und bis auf die Stadtstrände um Nerja und Almuñécar auch deutlich weniger überlaufen.

Die **Costa de Almería** bringt es auf einige Dutzend Strände. Während an der Bucht von Almería weitgehend der Massentourismus herrscht, findet man vor allem östlich vom Cabo de Gata noch wunderbare, wenig frequentierte **Naturstrände.** Für Schatten sorgt dort nur der Sonnenschirm, den Sie selber mitbringen müssen. Fehlende Infrastruktur ist der Preis für größere Einsamkeit.

Die 280 km lange **Costa de la Luz,** die Küste des Lichts, erstreckt sich zwischen der Landzunge von Tarifa an der Meerenge von Gibraltar und der Mündung des Río Guadiana an der portugiesischen Grenze. Sie besitzt vorzügliche, ausgedehnte Sandstrände und im **Nationalpark Doñana,** der die Küste in zwei Hälften teilt und den man weiträumig umfahren muss, zum Teil noch unberührte **Dünenlandschaften.** Zwischen Tarifa und Sanlúcar de Barrameda erstrecken sich rund 40 Strände, mit die schönsten der andalusischen Küste. An der Küste von Huelva liegt u. a. mit der Playa de Castilla ein großer Strand aus feinem weißen Sand. Lediglich in der direkten Umgebung der Provinzhauptstadt Huelva lässt die Wasserqualität zu wünschen übrig. — *Am Atlantik*

Die wichtigsten Badestrände werden während der Saison überwacht. Die aktuelle Lage zeigen farbige Flaggen an: grün = Baden uneingeschränkt erlaubt, gelb = Baden gefährlich, rot = Baden verboten. — *Kleine Flaggenkunde*

Saubere Strände, sauberes Wasser – die Strandgemeinden engagieren sich. Zudem sind manche Strandziele mit Promenade und Bepflanzungen verschönert worden. Dort kann man abends nun mit Blick aufs Meer flanieren, begleitet vom Rascheln der Palmen.   An vielen Stränden weht die **Blaue Flagge** der Stiftung Umwelterziehung in Europa, die auf sauberes Wasser und eine gute Infrastruktur hinweist. — *Qualität der Strände*

Rauchverbote in der Gastronomie sind längst Standard, aber auch an Spaniens Stränden greifen immer mehr Rauchverbote. — *Rauchen*

▌ Wassersport

Beliebte Territorien von Tauchern sind u. a. die Felsküste der Costa Tropical sowie der Naturpark Cabo de Gata. Angeboten werden diverse Kurse. Für Fortgeschrittene geht's zum Wracktauchen. — *Tauchen*

NÜTZLICHE ADRESSEN

FLAMENCOKURSE

**ESCUELA CARMEN
DE LAS CUEVAS**
Granada
www.carmencuevas.com

RADFAHREN

VÍAS VERDES
Die »Grünen Routen« sind für Rad-
touren ausgelegt und folgen stillge-
legten Bahnstrecken. Infomaterial
auch Deutsch, s.
www.viasverdes.com

ALMERÍA BIKE TOURS
Organisierte Touren um das Cabo de
Gata und bis in die Sierra Nevada;
auch individuelle Arrangemen
www.almeria-bike-tours.de

REITEN

EQUIBERIA
Organisierte Reiterferien in Andalusien
www.equiberia.com

GOLF

Gute Übersicht, inkl. Suchmaschine:
www.andalucia.org/de/golf

STRÄNDE MIT BLAUER FLAGGE
www.blueflag.global

TAUCHEN

ISUB DIVE CENTER
SanJosé, Cabo de Gata
(Prov. Almería)
www.isubsanjose.com

BUCEO LA HERRADURA
La Herradura, Costa Tropical
(Prov. Granada)
www.buceolaherradura.com

WIND-UND KITESURFEN

LADUNA
um Tarifa
www.tarifawindsurfing.es

WINDSURF LA HERRADURA
Costa Tropical
http://windsurflaherradura.com

SKIFAHREN

SIERRA NEVADA
Portal des Skisresorts in der
Sierra Nevada
http://sierranevada.es

Segeln Die Hafenstimmung ist immer eine ganz besondere, und Andalusiens
Mittelmeerküste hat über zwei Dutzend **moderne Sporthäfen.** Sie
können mit der eigenen Jacht anlegen oder Törns buchen. Aufgeholt
haben mittlerweile die Sporthäfen an der atlantischen Küste, die allerdings deutlich höhere Anforderungen an Segler stellt.

**Wind-und
Kitesurfen** Windsurfer und Wellenreiter finden vor allem an der Atlantikküste
gute bis sehr gute Verhältnisse. International bekannt ist das Surfge-
biet bei **Tarifa.** Dort kann man Kurse buchen oder auch nur Material
leihen. Mancherorts sind außerdem Kitesurfen und Stand-up-Padd-
ling möglich.

▌ Wintersport

Die Sierra Nevada ist das südlichste Skigebiet Europas und bietet von November bis April/Mai einige Pisten zum Wedeln, Rodeln und Tief-schneewandern (teilweise helfen Schneekanonen reichlich nach). Die wichtigste Station heißt Sol y Nieve, »Sonne und Schnee«. **Skifahren**

ESSEN UND TRINKEN

Hauchdünn sind die Scheiben, die der Kellner in schwarzer Hose und strahlend weißem Hemd von der Schinkenkeule schneidet. So dünn, dass man das Messer durchschimmern sieht.

Die Kulisse: eine Taverne in der Altstadt von Málaga, Kachelwände mit naiven Stierkampfmotiven, ein schmaler Gang mit langer Bar, als Tapas Sardellen, würzige Hackbällchen und eingelegte Oliven unter Glas, dahinter der schlichte Essraum, wo es ab 14 Uhr brechend voll wird, und wo es alles gibt, was die Region zu bieten hat: leckere Gazpacho, saftiges Kalbfleisch, frittierten Fisch und einfachen Salat. Keine Schnörkel, der Fernseher läuft, und das Stimmengewirr übertönt die Musik des knallbunten Glücksspielautomaten.
So sieht sie aus, die typische andalusische Taverne – abseits der Strandpromenade mit Pommes und deutschem Filterkaffee. Und wer eintritt, guckt mitten hinein in die andalusische Seele. **Die typische Taverne**

Andalusiens reiches historisches Erbe ist »schuld« an der wunderbar vielfältigen Küche. Aus maurischer Zeit stammen **Gewürze** wie Pfeffer, Zimt, Koriander, Muskatnuss, Kreuzkümmel und Safran sowie Mandeln, Honig und Orangen. Nach der Entdeckung durch Kolumbus brachten schwer beladene Schiffe im 15. Jh. Kartoffeln, Paprikaschoten und Tomaten aus Mittelamerika zu den Häfen von Cádiz und Sevilla. Das war die Geburtsstunde für die erfrischende, kalte Gemüsesuppe Gazpacho ebenso wie für das nahrhafte Kartoffelomelett Tortilla – einfache Gerichte zwar, aber überaus beliebt. **Historisches Erbe**

▌ Genießen auf Andalusisch

Besonders auf dem Land ist die Küche **bodenständig** und Olivenöl dabei das Maß aller Dinge. Es stammt vor allem aus der nordandalusischen Provinz Jaén und hat bekanntermaßen eine so hohe Qualität, dass auch internationale Spitzenköche danach fragen (▶ Baedeker Wissen, S. 200 ff.). **Olivenöl**

TAPAS-TOUR

Machen Sie's wie die Spanier: Ziehen Sie von Kneipe zu Kneipe, um so viele köstliche Tapas wie möglich zu kosten. Scheuen Sie sich bloß nicht vor randvollen Bars, genießen Sie die Enge und Menge an lachenden Gesichtern, die Wortmalerei der temperamentvollen Sprache – und treffen Sie Ihre Wahl zwischen ausgefallenen Kreationen und begehrten Klassikern: Wie wäre es mit aromatischen Oliven, Boquerones (eingelegten Sardellen) oder nussigem Ibérico-Schinken?

Suppen und Eintöpfe Heiße Suppen (sopas) und Eintöpfe (cocidos) sind im Hinterland Andalusiens beliebter als an der Küste, wo eine kühle Gazpacho gefragter ist. Grund dafür sind vor allem die niedrigeren Temperaturen in den Wintermonaten im Gebirge wie der Sierra Nevada. Dort gönnen sich die Bewohner gerne einmal einen schmackhaften Eintopf namens **Habas de Jamón,** dicke weiße Bohnen mit Schinkenstücken. Aus Kichererbsen und Schweineragout wiederum ist die regional sehr gefragte **Olla de Trigo.**

Fisch und Fleisch Natürlich hat die Region Spitzenköche hervorgebracht. Doch es sind auch die einfachen, hüttenartigen Chiringuitos (Strandlokale) am Meer, die mit frittierten Fischen (pescaíto frito) locken und damit zeigen, wie sehr die Andalusier ihr Seafood verehren.

Die besten Krusten- und Schalentiere der andalusischen Küste gibt es in der Provinz Cádiz. **Gambas de Huelva** (Garnelen) sind besonders gut und frisch, da sie nicht mit dem Treibnetz gefangen werden. Fleisch wird gerne mariniert (en escabeche) oder in einem Sud aus Öl und Knoblauch langsam gedünstet. Geschmortes Rindfleisch (estofado de ternera) ist dabei genauso gefragt wie Stierschwanz (rabo de toro), Kaninchen und Lamm. Und was wäre Andalusien ohne seine Schinken, ob Jamón serrano oder den noch edleren Jamón ibérico (▶ Baedeker Wissen, S. 398).

Die Klöster Andalusiens haben eine lange Tradition in der Herstellung von Süßwaren (dulces). Mit Mandeln, Datteln und Honig verfeinern sie sie gerne zu kunstvollen Köstlichkeiten. Die Zutaten mögen maurischen Ursprungs sein, die Namen sind umso christlicher. Aus Zucker und Kürbis besteht Cabello del ángel (Engelshaar); Tocinos de cielo (Himmelsspeckchen) enthalten aus Mandelöl, Zitrone, Zucker und viel Eigelb. *Der süße Schluss*

▍ Essen in Gesellschaft

An den Küstenorten bieten international ausgerichtete Restaurants Pizza und Pasta zu mitteleuropäischen Uhrzeiten an. Anders im Landesinneren und in weniger besuchten Strandorten: Erst ab 13.30/14 Uhr essen die Andalusier zu Mittag und abends nicht vor 21 Uhr. **Gute Kleidung** ist ihnen dabei wichtig, selbst in einfachen Tabernas, wo Leute in Shorts und Schlappen schlicht als »sandalitos« gelten. Dabei ist die Gastfreundschaft der Andalusier legendär und zu jeder Uhrzeit sichtbar. *Wann wird gegessen?*

Das Frühstück fällt jenseits vom Hotelbuffet eher schlicht aus. In den Bars gibt es einen Toast, ein Croissant oder Churros (Bandteiggebäck) – das war's. Die **Variation an Kaffees** ist dafür beachtlich. Zur Auswahl stehen Café solo (Espresso), Café con leche (Milchkaffee), Cortado (Kaffee mit einem Schuss Milch) und in Hafentavernen auch schon mal Carajillo (Kaffee mit einem Schuss Schnaps). Mittags, aber vor allem abends ist **Tapeo** angesagt (▶ Baedeker Wissen, S. 400). Dann trifft man sich zu einem Glas Wein, einem Bier oder einem Gläschen Sherry (▶ Das ist Andalusien, S. 24 und Baedeker Wissen, S. 208 ff.) und sucht sich aus, was die Theke zu bieten hat: Oliven, Käse, Venusmuscheln, Schinken, Tortilla, Boquerones, ob als kleine tapa oder etwas größere ración. Wesentlich reichhaltiger als das Frühstück fallen das Mittagessen (comida bzw. almuerzo) und vor allem das Abendessen (cena) aus. Und die Andalusier nehmen sich gerne viel Zeit dafür – drei oder sogar vier Gänge sind durchaus angezeigt. *Morgens, mittags, abends*

TYPISCHE GERICHTE

Andalusiens Köche schwärmen von ihrem Olivenöl, dem Sherry und dem Schinken der Region. Doch auch maurische Einflüsse sind unverkennbar.

Pescaíto frito: Ob Sardinenspieße auf offenem Feuer, Flussforellen, Langostinos oder Tunfisch, frittiert mögen die Andalusier ihren Fisch besonders gern. In den Freidurías (Frittierstuben) und Chiringuitos (Strandkneipen) sind sie ein Hit. Frittierte Fischchen auf andalusische Art sind in Cádiz genauso beliebt wie in Sevilla oder Málaga, wo sie fritura malagueña heißen. Man bekommt sie auf die Hand oder an Tischen serviert, gerne auch als gemischte Platte verschiedener Fische (fritura mixta oder fritura variada).

Alfajores andaluces: Dieses Gewürzgebäck essen die Andalusier ganz besonders gern zum Kaffee. Es besteht, wie viele Produkte maurischer Tradition, aus Honig, Mandeln, Nelken, Zimt und Feigen – und etwas Sherry darf auch nicht fehlen.

Gazpacho andaluz: Die Suppe ist ja kalt! Wer das über die Gazpacho in einem andalusischen Restaurant sagt, bringt garantiert die anderen Gäste zum Lachen. Sie ist es absichtlich, in heißen Sommermonaten kommt sie sogar mit einem Krug Eiswürfeln auf den Tisch. Die Gazpacho besteht aus pürierten Tomaten und Paprika, Gurken, Knoblauch, Weißbrot-Bröseln und etwas Weinessig.

Jamón: Andalusien ist die Hochburg der Schinkenproduktion, und wer in seiner Bar oder Taverne keinen Schinkenhalter mit angeschnittener Keule stehen hat, führt wahrscheinlich ein japanisches oder italienisches Etablissement. An den Wänden und Decken rustikaler Restaurants hängen die Schinken sogar im Dutzend. Jamón serrano ist der Klassiker unter den Gebirgsschinken; den besten Ruf genießt der rund um den Ort Trévelez hergestellten. Er wird gesalzen und getrocknet und reift mindestens zwölf weitere Monate. Jamón ibérico de Bellota ist die noch wertvollere Variante. Die Schweine der Rasse Pata negra ernähren sich drei Monate vor ihrer Schlachtung ausschließlich von Eicheln, was einen nussigen Geschmack erzeugt. Am besten und teuersten ist der Jamón ibérico aus der Provinz Huelva.

Tortilla: Andalusier lieben ihre Tortillas und bereiten sie das ganze Jahr über zu. Dabei kommt viel Öl in die Pfanne und dann die Kartoffelstückchen hinein. Sind sie goldbraun angebraten, gibt man sie in einen Topf mit geschlagenen Eiern, sie werden verrührt, dann als Masse wieder in die Pfanne gegeben und nach ein paar Minuten gewendet. Als Tapa bestellt man am besten einen pincho de tortilla, also ein Stückchen Tortilla.

Rabo de toro: Geschmorter Stierschwanz ist ein Klassiker, zubereitet mit Zwiebeln, Kartoffeln und Tomaten, Knoblauch und Safranfäden. Zwar ist er überall in Andalusien beliebt, doch vor allem die Köche Córdobas und Málagas sind sich sicher, dass keiner auf der Welt die rustikale Kost so herrlich zubereitet wie sie.

AUF ZUM HÄPPCHEN-STREIFZUG!

Denkt man an Tapas, denkt man an Bars. Manche Bars bieten mindestens fünf Spezialitäten des Hauses mit marktfrischen Zutaten an – von Käsestreifen und eingelegten Oliven über luftgetrockneten Schinken, kleine gebackene Tintenfische sowie Nierchen in Sherry bis zu gebackenen Champignons.

In andalusischen Bars kommen und gehen die Leute, bestellen ohne Eile unter einem Himmel voller Schinken, halten ein Schwätzchen und bleiben meist nicht lange. Zum Bier, Sherry oder Wein werden Schälchen mit zwei, drei herzhaft-leckeren **Appetithäppchen** serviert. Von denen kann und soll man sich nicht satt essen, sie machen lediglich das Gläschen, die Unterhaltung und das Leben genussvoller und halten den Kopf klarer. Tapa bezeichnet also nicht die Art, sondern die Menge des Essens. Man kann sie aber auch als ración (Portion) für mehrere Personen oder als media ración (halbe Portion) für eine Person bestellen.

Woher der Begriff Tapa kommt, ist nicht unumstritten: Am ehesten bezeichnete er wohl das Stück Brot oder die Scheibe Wurst, die in andalusischen Bodegas, zuerst in Sevilla, im 18. Jh. als **Deckel (tapa)** auf ein Weinglas gelegt wurde zum Schutz vor Staub und Fliegen. Mit Sicherheit jedoch meint Tapa ein Gericht, das ein Getränk begleitet. Das **Tapeo,** die Tradition des Tapas-Essens, ist Sache der ganzen Familie. Die andalusische Tapas-Kultur verbreitete sich nach der

Die Theke wird für den großen Ansturm vorbereitet.

Diktatur des Generals Primo de Rivera, der ein eingefleischter Tapas-Liebhaber war, in den 1920er-Jahren über ganz Spanien.

Was gibt's?

Vor dem eigentlichen Essen geht man Tapas essen, um die Wartezeit zu überbrücken. Zieht man **von Bar zu Bar** und probiert jedes Mal eine andere Tapa-Köstlichkeit, lernt man nicht nur deren Vielfalt kennen, sondern kann danach eigentlich auf eine Hauptmahlzeit verzichten. Ab und zu werden sie noch nach alter Sitte unaufgefordert und kostenlos zum Getränk gereicht. Der mäßige Alkoholgenuss, Trinken als soziales Ritual der Annäherung und des entspannten Miteinanders hängt mit den Tapas zusammen, die in unzähligen Formen angeboten werden. Es gibt Eier- und Teiggerichte, in die in der Tor-

tilla al sacromonte Lammhirn und Hammelhoden eingebacken sind; ebenso reicht man Tapas in Form von Gemüse, Obst und Salaten, beispielsweise Coliflor al ajo arriero (Blumenkohl auf Maultiertreiberart) oder Bananen-, Dattel- und Backpflaumenspieße. Zu den Fleischgerichten gehören Cabrito a la pastoril (Zicklein auf Hirtenart) oder Callos a la andaluza (Kutteltopf), außerdem gibt es Fischgerichte wie Rape al vino blanco y naranja (Seeteufel in Weißwein und Orange) sowie Schalentiere wie Almejas en Jerez (Venusmuscheln in Sherry).

Freunde treffen sich in der Bar; man lädt kaum zu sich nach Hause ein, sondern zieht gemeinsam von Bar zu Bar. Bezahlt wird immer rundenweise; dazu gibt jeder vorher einen Betrag in die **Gemeinschaftskasse**, was sich auch als Tourist empfiehlt, will man die Abrechnung enfach gestalten.

Appetithäppchen, ob mit Krabben ...

... oder mit Sardellen

Eine(r)
zahlt!

Eine **Faustregel,** wenn Sie mit mehreren Gästen das Lokal besuchen: Eine(r) zahlt die Rechnung. Das erleichtert die Arbeit des Kellners, der dann mehr Zeit hat – und lustvoll gekonnt wieder die hauchdünnen Schinkenscheiben von den Keulen schneidet.

»Ist hier
noch frei?«

Im Restaurant gilt noch eine andere Regel: Niemals zu Fremden an einen Tisch setzen. Eine Frage wie »Ist hier noch frei?« wird nicht gestellt. Aber auch an einen freien Tisch setzt man sich nie einfach so. Grundsätzlich bleibt man zunächst im Eingangsbereich des Restaurants stehen. Binnen Sekunden kommt der Kellner, fragt nach der Personenzahl und unterbreitet Tischvorschläge. Dann werden die Gäste zum gewählten Platz geleitet.

Trinkgeld

Beim Trinkgeld am Ende sind Spanier eher knauserig. In Kneipen lässt man allenfalls etwas Wechselgeld auf dem Tresen liegen. In Restaurants gibt man um die fünf Prozent des Rechnungsbetrags, falls man zufrieden gewesen ist.

Rauchfrei

In spanischen Restaurants und Bars darf ausnahmslos nicht mehr geraucht werden. Abgetrennte Raucherbereiche gibt es nicht.

FEIERN

Einen wunderbaren Einblick in die Seele Andalusiens bieten die Ferias (Volksfeste). Die Andalusier feiern sie mit viel Musik, traditionellen Kostümen und stolzen Rassepferden – die Fiesta in Reinkultur.

▌ Die Feria – das große Sommerfest

Ursprung

Andalusiens Ferias gehen fast immer auf die Viehmärkte aus dem 19. Jh. zurück. Heute steht der Fiesta-Charakter im Vordergrund, auch wenn die Festtrachten und die berittenen »señoritos« noch immer das Kolorit vergangener Zeiten widerspiegeln.

Feria de
Málaga

Die Malagueños feiern ihren Jahrmarkt Mitte August mit Sevillana-Tanz und Livemusik bis zum Morgengrauen, doch mit weit weniger Gedränge als die Stadt Sevilla. Selbst den hier geborenen Schauspieler Antonio Banderas sieht man dann schon mal in einem der Festzelte, wenn er gerade zu Besuch in seiner Heimatstadt ist. Schaubühne ist das Gelände **Recinto de la Feria** etwas außerhalb des Stadtkerns. Zahlreiche Busse pendeln zwischen dem Zentrum und dem Recinto,

Zu einer Romería, einem festlich-fröhlichen Pilgerzug, gehören bunte Kostüme.

aber richtig los geht es ab 21 Uhr. Es macht Spaß, sich einfach von Zelt zu Zelt zu wagen, hier und da eine Band zu beobachten und mitzutanzen. Zwei Dinge sollte man wissen: Von Mitte bis Ende August sind freie Hotelzimmer eine Rarität, also früh buchen. Und: Weil die ganze Stadt auf dem Recinto de la Feria unterwegs ist, ist es in der Altstadt von Málaga an diesen Tagen erstaunlich still.

Während der Feria de Abril in Sevilla (nach Ostern) stellen Familie, Freunde und Organisationen Zelte und Pavillons auf dem riesigen Festgelände **im Viertel Los Remedios** auf, in denen – in privater Runde! – bis in den frühen Morgen gesungen und getanzt wird. Öffentlich dagegen sind die täglich stattfindenden prächtigen Reiter- und Kutschenumzüge und die täglichen Stierkämpfe in der Arena La Maestranza. Die Stierkämpfe (▶ Baedeker Wissen, S. 268 ff.) sind nach wie vor fester Bestandteil der Ferias – anders als in Katalonien und auf den Kanaren, wo sie verboten sind.

Feria de Abril in Sevilla

▍ Romerías – festlich-fröhliche Pilgerzüge

In fast jedem andalusischen Dorf wird mindestens einmal im Jahr eine Romería begangen. Diese nach Rom benannten Wallfahrten führen zu den Santuarios (Heiligtümern), kleinen Kapellen oder Kir-

In jedem Dorf eine Romería

GESPENSTISCHE BILDER

Während der Karwoche, der Semana Santa, versinken andalusische Städte und Orte in gespenstische Anblicke. Büßer in langen Gewändern, ihre Gesichter unter spitz zulaufenden Kapuzen verhüllt, ziehen durch die Straßen. Einige der Laienbrüder tragen aufwendig gefertigte, golden verzierte Aufbauten mit Heiligenskulpturen. Seien Sie Zaungast und lassen Sie sich treiben!

chen, die oft mitten der freien Landschaft aus Anlass von Marienerscheinungen oder anderen Wundertaten errichtet wurden. Über Spaniens Grenzen hinaus bekannt geworden ist die Wallfahrt zum Marienheiligtum von **El Rocío** (▶ S. 259).

Wallfahrt, Andacht und Fest

Am Santuario angekommen, werden Lager aufgeschlagen und über offenen Feuern eine Paella zubereitet. Meist noch am Abend wird als religiöser Höhepunkt eine Messe zelebriert, bei der sich die Pilger der Andacht und der Verehrung der Marienfigur hingeben. Doch der Rest der Nacht gehört der Fiesta. Bis zum Morgengrauen wird üppig gegessen, getrunken und getanzt.

▌ Semana Santa – die Karwoche

Weihrauch und Orangenblüten

Für den außenstehenden Betrachter ist die Semana Santa, die Karwoche, überraschend und verwirrend. Zwei Düfte beherrschen in diesen Tagen vor Ostern die Städte und Dörfer: Weihrauch symboli siert die Passion Christi, Orangenblüten drücken den Festcharakter und das Erwachen des Frühlings aus – das Mit-Leiden und Buße-Tun vermengt sich mit weltlicher Lebensfreude und Ausgelassenheit.

Die Semana Santa beginnt am Palmsonntag, wenn die Bruderschaften (Cofradías oder Hermandades) in den einzelnen Stadtvierteln ihre Umzüge starten, bei denen sie **Pasos,** üppigst geschmückte Heiligenschreine, durch die Straßen tragen. Die Träger (Costaleros) müssen dabei Schwerstarbeit verrichten – die Pasos wiegen mehrere Zentner, und die Gassen sind eng. Zu jeder Prozession gehören auch die in Kutten und Spitzhüte gehüllten Büßer (Nazarenos oder Penitentes). Besondere Kartraditionen mit stundenlangen Prozessionen pflegen Sevilla, Málaga und Granada.

Aus jeder Kirche kommt eine Prozession

Brennende Kerzen, Blumen und reichlich Silberwerk: Die Schreine der Madonna (Paso de palio), die als Königin dargestellt wird, sind bei den Prozessionen luxuriös geschmückt, und bis zu drei Meter lange Schleppen umgeben die Madonnenfigur. Die Gottesmutter ist als kindhafte Mädchenfigur (Virgen) gestaltet, mit barock-realistischem Gesicht, das Glasaugen und Tränen noch zusätzlich betonen. Die Zuschauer feiern ihre Virgen lauthals mit »bonita«-Rufen, loben ihre Schönheit und trinken Wein zu ihrer Ehre.

La Virgen

VERANSTALTUNGSKALENDER

GESETZLICHE FEIERTAGE

1. Januar (Neujahr): Año Nuevo
6. Januar (Dreikönigsfest): Reyes Magos
28. Februar (Andalusientag): Día de Andalucía
1. Mai (Tag der Arbeit): Día del Trabajo
15. August (Mariä Himmelfahrt): Asunción
12. Oktober (Entdeckung Amerikas): Día de la Hispanidad
1. November (Allerheiligen): Todos los Santos
6. Dezember (spanischer Nationalfeiertag): Día de la Constitución
8. Dezember (Mariä Empfängnis): Inmaculada Concepción
25. Dezember (Weihnachten): Navidad

BEWEGLICHE FEIERTAGE

Jueves Santo (Gründonnerstag)
Viernes Santo (Karfreitag)
Corpus Christi (Fronleichnam)

FESTE UND EVENTS

JANUAR

GRANADA

Mit dem **Día de la Toma** erinnert Granada an die endgültige Vertreibung der Mauren durch die Katholischen Könige am 2. Januar 1492.

ALMERÍMAR

Romería de la Virgen del Mar: **Meereswallfahrt** (erster Sonntag im Januar)

FEBRUAR / MÄRZ

CÁDIZ / MÁLAGA
Mit Umzügen und Festwagen wird ausgelassen **Karneval** gefeiert.

OSTERN

KARWOCHE (SEMANA SANTA)
Die Karwoche wird nicht nur in Sevilla, sondern auch in zahlreichen Gemeinden Andalusiens feierlich begangen.

APRIL

ANDÚJAR
Romería de la Virgen de la Cabeza: Wallfahrt am letzten So. im April aus Anlass der Marienerscheinung 1227

SEVILLA
Feria de Abril: Beginn zwei Wochen nach Ostern (▶ S. 95)

MAI

CÓRDOBA
Cruces de Mayo: am 1. Maiwochenende; auf den Straßen werden Altäre mit Maikreuzen aufgebaut, vor denen abends getanzt und gefeiert wird.
Festival de los Patios Córdobéses: Der schönste Innenhof wird prämiert.

GRANADA
Cruces de Mayo: Schmücjkn der Stadt mit Blumenkruezen am ersten Maiwochenende

SANLÚCAR DE BARRAMEDA
Feria de la Manzanilla: Sherry-Fest; sechstägiges Event in der zweiten Mai-Hälfte

PFINGSTEN

EL ROCÍO
Romería del Rocío: eine der bedeutendsten Wallfahrten Spaniens, durch den Nationalpark Doñana

JUNI

GRANADA
Etwa Mitte Juni bis Mitte Juli beginnen die **Internationalen Musik- und Tanzfestspiele** mit Veranstaltungen im Palacio Carlos V auf der Alhambra.

RONDA
Romería de la Virgen de la Cabeza: Wallfahrt am 14. Juni zur Kapelle, die im 9. Jh. in einer Höhle angelegt wurde

CABRA
Romería Nacional de los Gitanos: Die Gitanos-Wallfahrt am dritten Sonntag im Juni wird seit 1969 abgehalten

JULI

NERJA
Sommerfestival: zweite Julihälfte; Musik und Ballett in den Cuevas

AUGUST
Im August beginnen in vielen Orten die meisten **Ferias**, ursprünglich Viehmarkttage, die immer mit Stierkämpfen verbunden sind.

SEPTEMBER

CARMONA
Romería de la Virgen de Gracia: Wallfahrt am ersten Sonntag im September zur Erinnerng an die christliche Rükceroebrung im Jahr 1247

GRANADA
Romería del Albaicín: Wallfahrt, letzter Sonntag im September zu Ehren des Erzegels Michael Schutzpatron des Viertels. Zu den Festivitäten gehört auchein Fußbalspie unter Nachbarn.

SHOPPEN

Vom Schinkenhalter bis zur ausgefallenen Keramik bietet Andalusien eine Menge Ideen für originelle Andenken und Mitbringsel. Ein echtes Erlebnis sind die Mercadillos mit ihrem kunterbunten Angebot. Sherry kauft man am besten in einer der Bodegas rund um Jerez de la Frontera.

Der wöchentliche Mercadillo (dt. »allerlei«) ist die beste Shoppingbühne ganz Andalusiens. Ob in den großen Städten oder in den kleinen Dörfern am Mittelmeer und in den Bergregionen: Die Stände rund um die Kirchen und Hauptplätze biegen sich unter frischen Granatäpfeln, Würsten, Kleidung und Hausrat. Vor allem frühmorgens sind die bunten Mercadillos ein echtes Erlebnis. Wer den Tag verpasst und vor Ort für Kulinarisches trotzdem nicht leer ausgehen möchte, sollte die Markthallen besuchen, etwa in Málaga, wo der hochgewachsene Mario im weißen Kittel seit Jahren einen kunterbunten Stand hat und jedem Besucher gleich klarmacht: »Ich habe die besten Oliven der Welt, den besten Käse und den besten Serrano-Schinken des Universums.« Aha, andalusischer Stolz selbst hinter der Einkaufstheke. Übrigens: Die Märkte sind zwar von Montag bis Samstag geöffnet, schließen aber anders als andere Läden meist schon gegen 13.30 Uhr.

Buntes Treiben auf den Märkten

Ob Schinken, Käse, Früchte: In der Markthalle von Málaga wird man fündig.

Das Schneiden des Jamón ibérico ist eine Kunst für sich. Das sollte man bedenken, bevor man sich einen Schinken mitsamt Halterung als Souvenir anschafft.

Kunst handwerk Auch wenn die Liebe durch den Magen geht: Beim Einkaufen in Andalusien fasziniert das traditionelle Kunsthandwerk. Jede Provinz hat ihre eigenen **Keramikhochburgen.** In der Provinz Almería sind es Albox, Níjar und Vera, in der Provinz Córdoba Bujalance, La Rambla, Lucena und Montilla, in der Provinz Granada Cúllar de Baza, Granada und Guadix, in der Provinz Huelva Aracena und Cortegana, in der Provinz Jaén Alcalá la Real, Andújar, Arjonilla, Bailén, Martos und Úbeda, in der Provinz Sevilla das Triana-Viertel in der andalusischen Hauptstadt. In Úbeda etwa gibt es originelle Keramik am Rathausplatz bei Alfarería Tito.

Beim Kunsthandwerk ist Granada das Maß aller Dinge. Das maurische Erbe lebt hier fort, und abgesehen von wertvollen Hölzern und Flamencogitarren ist vor allem weiß glasiertes **Geschirr** mit geometrischen Mustern ein Hit. In Níjar und Vera sind die bäuerlichen Teller und Tassen rustikaler verarbeitet und in kräftigeren Farben gehalten. In Cádiz, Arcos de la Frontera, Sanlúcar de Barrameda und Jaén stellen Handwerker **Metallarbeiten** (forja) her, vom Fenstergitter über Leuchter bis hin zu Bettgestellen. Etwas sperrig für den Transport? **Korbwaren** aus Alhabía und Níjar in der Provinz Almería oder aus Medina Sidonia und Jerez de la Frontera sind auch nicht wesentlich einfacher zu transportieren. Aber Andalusiens traditionelles Kunsthandwerk hat ja noch mehr zu bieten. Kunstvolle **Bleiglaslampen** sind eine Spezialität granadinischer Kunsthandwerker; volkstümlicher sind Blechlampen, ebenfalls aus Granada. Auch **Lederwaren** finden Sie in Andalusien: Korduanleder gibt es u. a. in Belalcázar, Provinz Córdoba, Saffian-Lederwaren und Narbenleder in Ubrique, Provinz Huelva und Schuhe in Valverde del Camino. **Flamencogitarren** werden nicht nur in Granada, sondern auch in Málaga und Córdoba hergestellt. In Córdoba findet man außerdem sehr schönen **Silberschmuck,** etwa bei Creaciones Espaliu Berdud (Parque Joyero).

Mode und Labels

Beliebt sind auch **Stickereien,** wie die Mantillas aus Granada und die Mantones de Manila (Sevilla), schön bestickte seidene Schultertücher mit Fransen, sowie **Webarbeiten:** handgewebte Wolldecken aus Grazalema, Provinz Cádiz, handgewebte Teppiche aus Níjar, Provinz Almería, und farbenfrohe Decken aus den Dörfern der Alpujarras, wo seit Jahrhunderten die besten Wolldecken und Pullover aus Schafwolle angefertigt werden. Bei Artesanía Textil in Sevilla (Calle García de Vinuesa 33) gibt es Stolen, Schals und Tischwäsche – alles handgeknüpft. In Sachen Mode müssen es nicht unbedingt Marbellas sündhaft teure Nobelshops sein, auch preisgünstigere **spanische Designermode** von Cortefiel über Zara bis Desigual ist zu haben, vor allem in den größeren Stores und in den gigantischen Hipermercados (Einkaufszentren) am Stadtrand der andalusischen Metropolen Sevilla, Córdoba und Granada.

Kulinarische Mitbringsel

Sehr beliebt sind **Weine, Sherry** und **Brandy** aus Jerez de la Frontera und Sanlúcar de Barrameda, aus Montilla und aus Málaga (▶ Das ist Andalusien, S. 24; Baedeker Wissen, S. 208 ff.) sowie Olivenöl (▶ Baedeker Wissen, S. 200 ff.).
Die besten **Schinken** Spaniens stammen aus Trevélez in der Provinz Granada und aus Jabugo in der Provinz Huelva. Hinter der Bezeichnung »Jamón ibérico de Bellota« verbirgt sich der wirklich gute und sehr teure Schinken aus Eichelmast. Manch einer nimmt sich sogar eine ganze andalusische Schinkenkeule mit nach Hause.
Süßes Gebäck wie Cabello de ángel oder Polverones haben nicht nur viele Pastelerías (Konditoreien) in der Auslage, sie werden oft auch von Ordensschwestern hergestellt. Allerdings lassen diese Traditionen der Nonnen wegen der Überalterung der Gemeinschaften nach.

Öffnungszeiten

Die meisten Geschäfte haben montags bis freitags von 9.30 bis 13.30/14 und von 16.30 bzw. 17 bis 20 Uhr geöffnet. Samstags können Sie bis 13.30/4 Uhr einkaufen. Da es in Spanien keine festgesetzten Ladenschlusszeiten gibt, findet man vor allem in den Tourismuszentren Supermärkte und andere Geschäfte, die außerhalb der genannten Geschäftszeiten und auch am Sonntag geöffnet haben.

ÜBERNACHTEN

Ein Bett in einer weiß getünchten Felshöhle oder im historischen Maurenpalast? Andalusiens Unterkünfte sind vielfältig und teilweise sehr originell. Für jedes Budget ist etwas dabei. Wer lieber campen möchte, wacht auf manchen Plätzen mit Blick aufs Meer auf.

Wie will ich wohnen? Die Nachfrage steigt, und damit steigen auch die Angebote bei den Unterkünften in Andalusien. Mit den gesichtslosen Bettenburgen aus den 1960er-Jahren muss man sich heute nicht mehr begnügen – viele Einrichtungen haben Stil bekommen. Die Auswahl reicht bis hin zum rustikalen, aber dennoch erschwinglichen Landhotel oder einer Edeladresse mit Pool, Spa und angeschlossenem Golfplatz. Ein

Viel Ambiente und eine außerordentliche Lage: der Parador de Málaga Gibralfaro

besonderes Angebot sind die Parador-Hotels, und viele Städte punkten mittlerweile mit unterschiedlichsten Boutiquehotels. Empfehlungen für Unterkünfte in den einzelnen Orten werden im Kapitel ▶ Reiseziele von A bis Z gemacht.

Unterkünfte gibt es für jeden Geldbeutel. Hotels (Abkürzung: H, mit Restaurant) sind mit einem bis fünf Sternen klassifiziert, aufsteigend von einfach bis Luxus. Hoteles-Apartamentos (HA) haben eine Kochgelegenheit auf den Zimmern, können aber auch mit Restaurant oder Café ausgestattet sein. Einfacher bettet man sich in Hostals (HS), also in Gasthöfen. Sehr einfach sind Pensionen (P), Fondas (F) und schlichte Gasthäuser (Casas de Huéspedes, CH). **Hotel, Apartment oder Pension?**

Die Sterne-Klassifizierung ist nur bedingt ein Anhaltspunkt für die Preise, denn die variieren je nach Jahreszeit ganz erheblich. Im Hochsommer, während der Karwoche und anderer Feste steigt der Tarif bis auf das Zwei- oder Dreifache der Nebensaison. **Und die Preise?**

NÜTZLICHE ADRESSEN

PARADORES DE TURISMO
Detaillierte Häuserbeschreibungen
und Buchungsmöglichkeit
www.parador.es/de

WOHNHÖHLLEN
http://cuevasdeandalucia.org

AGROTOURISMUS
www.encantorural.com
www.escapadarural.com
www.clubrural.com

CAMPING
https://campingsandalucia.es
www.vayacamping.net
www.guiacampingfecc.com

JUGENDHERBERGEN

IN SPANIEN:
RED ESPAÑOLA DE ALBERGUES
JUVENILES
www.reaj.com

IN ANDALUSIEN: INTURJOVEN
www.inturjoven.com

Im Übernachtungspreis ist das Frühstück (ca. 6 – 30 €, je nach Standard und Qualität des Hauses) in der Regel nicht enthalten (und natürlich gehört ein Frühstück in einer Bar zu einem Andalusien-Uralub einfach dazu! S. ▶ 397). Erkundigen Sie sich auch vorab, ob der für die Hotellerie relevante Mehrwertsteuer-Aufschlag (IVA) in Höhe von 10 % enthalten ist.

Agro-
tourismus
Wer die Ferien in der ländlichen Umgebung des Binnenlands verbringen will, hat die Auswahl unter zahlreichen Landhäusern (casas rurales) bzw. Apartments/Zimmern in solchen Landhäusern. Sie bieten Möglichkeiten für naturnahen, **sanften Tourismus** und sind auch für Familien mit Kindern eine gute Wahl. Unter den Oberbegriff **Turismo rural** fallen kleine und größere Ferienhäuser bzw. Landhotels, die meist historische ländliche Gebäude nutzen. Diese Häuser sind einfach, aber durchaus komfortabel ausgestattet und liegen in landschaftlich interessanten Gegenden.

Paradores
Charme, historisches Ambiente und besondere Gastronomie: All das fließt in den staatlich begründeten Parador-Hotels, kurz: Paradores, zusammen. Paradores sind oft in geschichtlich wertvollen Gebäuden und **in vorzüglicher Lage** untergebracht. So thront man etwa in den Paradores von Málaga und Jaén hoch über den Städten in Burgen und wohnt in Úbeda in einem prachtvollen Palais aus der Renaissance. Der Parador in Ronda ist zwar nicht alt, aber hervorragend gelegen: 120 Meter über einer Felsenschlucht. Das gilt auch für den Parador von Cazorla – er liegt mitten im Naturpark Sierras de Cazorla, Segura y Las Villas. Sonderstatus genießt der Parador von Granada, unterge-

bracht in einem einstigen Franziskanerkloster im Alhambra-Bezirk. Er ist nicht nur einer der schönsten, sondern auch einer der teuersten und am meisten gebuchten Paradores in Spanien.

Die Atmosphäre in den Paradores ist feudal, aber nicht angestaubt. Auch jüngeres Publikum wird angesprochen. Besonderen Wert legt man auf die Küche mit regionalen Noten. Typisch spanisch sind auch die späten Essenszeiten: mittags oft erst ab 14, abends ab 21 Uhr.

Eine originelle Unterkunft geben Höhlenhotels (**Cuevas Turísticas**) ab, vor allem in der Provinz Granada bzw. im Raum Guadix. Mittlerweile stehen Hunerte 700 Betten in solchen Wohnhöhlen zur Verfügung. Wohnhöhlen sind nicht ungewöhnlich, sie dienen ansonsten auch als normale Domizile. Kalt und feucht ist es nicht, die Temperaturen innerhalb der weiß getünchten Mauern bewegen sich im Jahresschnitt um 18–22° C. Auch wenn die Einrichtung auf den ersten Blick prähistroisch erscheint: Bad, TV und Internet gehören zum Standard.

Übernachten in der Höhle

Die Campingplätze verzeichnen den größten Zulauf in der Sommerreisezeit. Melden Sie sich unbedingt rechtzeitig an! Das Angebot konzentriert sich besonders auf die Küsten, die Campingplätze dort können ein umfangreiches Sport-, Freizeit- und Serviceangebot bieten. Geöffnet haben sie teilweise nur von Ostern bis Oktober. Über herkömmliche Stellplätze und Zeltparzellen hinaus bieten manche Campingplätze Unterkunft in kleinen Bungalows; das ist vor allem interessant, wenn man mit einer Gruppe unterwegs ist. **Wildes Campen** ist generell verboten.

Camping

In Andalusien gibt es etwa 20 Jugendherbergen, die sich mit dem Jugendherbergsausweis benutzen lassen (gilt auch für Familien). Erkundigen Sie sich rechtzeitig, in welchen Monaten Ihre Wunschherberge geöffnet ist.

Jugendherbergen

P
PRAKTISCHE INFOS

Wichtig, hilfreich präzise

Unsere Praktischen Infos
helfen in allen Situationen
in Andalusien weiter.

Die einstigen Osborne-Werbetafeln mit dem
schwarzen Stier haben es längst zu einem
nationalen Symbol gebracht. ▶

KURZ & BÜNDIG

ELEKTRIZITÄT
220 Volt/50 Hz; Adapter sind nicht notwendig.

GELD UND WÄHRUNG
Spanien gehört zur Eurozone.

BANKEN & GELDAUTOMATEN
Bankomaten heißen **cajeros automáticos**.
Für gewöhnlich nehmen Restaurants und Geschäfte keine 200- und 500-Euroscheine an. Auch mit 100-Euro-Noten kann es problematisch werden.
Banken: Mo.–Fr. 8.30–14 Uhr

BARGELDLOSES ZAHLEN
Banken, Hotels, Restaurants und viele Einzelhändler akzeptieren die gängigen Kreditkarten, vor allem Visa und Mastercard.

SPERRNOTRUF
Unter folgender Nummer kann man Bank- und Kreditkarten, Handys und Krankenkassenkarten sperren lassen:
Tel. +49 116 116 o.
+49 30 4050 4050
www.sperr-notruf.de

LÄNDERVORWAHLEN
nach Spanien: 0034
nach Deutschland: 0049
nach Österreich: 0043
in die Schweiz: 0041

NOTRUFE

ALLGEMEINER NOTRUF
Polizei, Feuerwehr, Ambulanz
Tel. 112

ACE-NOTRUFZENTRALE STUTTGART
Tel. +49 711 530 34 35 36

ADAC NOTRUFZENTRALE MÜNCHEN
Tel. +49 89 22 22 22 (bei Fahrzeugschaden)
Tel. +49 89 76 76 76 (bei Erkrankungen / Verletzungen)

DEUTSCHE RETTUNGSFLUGWACHT STUTTGART
Tel. +49 711 7 00 70

DRK-FLUGDIENST
Tel. +49 211 91 74 99 39

ZEIT

MITTELEUROPÄISCHE ZEIT
Sommerzeit Anfang April bis Ende Oktober

ANREISE · REISEPLANUNG

Mit dem Auto Die kürzeste Anfahrt führt **durch Frankreich** auf der Rhônetal-Autobahn und weiter über Perpignan. Bei Le Perthus / La Jonquera fährt man über die französisch-spanische Grenze, dann geht es erst auf der Mittelmeerautobahn, danach auf der A-7/E-15 weiter bis Almería. Eine Alternative ist die Achse Paris – Bordeaux – San Sebastián – Madrid. Die Autobahnen in Frankreich und Spanien sind **gebührenpflichtig** mit Ausnahme der spanischen Autovías, die auf dem Standard von Autobahnen stehen.

Die Bahn fährt über Paris – Madrid – Córdoba – Sevilla oder über Genf – Narbonne – Cerbère / Port-Bou – Barcelona – Granada. Schneller ist die Anfahrt via Madrid und von dort mit dem **Hochgeschwindigkeitszug AVE** (Tren de Alta Velocidad) jeweils via Córdoba nach Sevilla (ca. 2,5 Std.) und nach Málaga (ca. 3 Std.). Die Hauptstrecken betreibt die **Staatsbahn RENFE** (Red Nacional de los Ferrocarriles Españoles). Über Verbindungen und Tarife informiert die Website von RENFE.

Mit der Bahn

Europabusse von Eurolines fahren von diversen Städten Deutschlands nach Málaga, Sevilla, Granada und Córdoba. Flixbus steuert Málaga, Sevilla und Granada an. Die Fahrt kann durchaus 35 Stunden dauern.

Mit dem Bus

Von vielen deutschen Flughäfen sowie aus Österreich und der Schweiz werden Málaga, Almería, Jerez de la Frontera und Sevilla angeflogen. Weitere Verbindungen bestehen über Madrid und Barcelona.

Mit dem Flugzeug

▌Ein- und Ausreisebestimmungen

Reisende aus Deutschland, Österreich und der Schweiz benötigen für die Einreise einen gültigen Personalausweis oder einen Reisepass. Kinder müssen ein eigenes Reisedokument vorweisen – je nach Alter einen Kinderreisepass, Reisepass oder Personalausweis.

Personalpapiere

Nationaler Führerschein und Kraftfahrzeugschein werden bei Bürgern aus EU-Staaten anerkannt und sind mitzuführen. Die Mitnahme der Internationalen Grünen Versicherungskarte wird empfohlen. Kraftfahrzeuge müssen, sofern sie kein EU-Nummernschild haben, das ovale Nationalitätskennzeichen tragen.

Fahrzeugpapiere

Im vorgeschriebenen EU-Heimtierpass müssen die Kennzeichnung des Tiers durch Mikrochip und eine gültige Tollwutimpfung eingetragen sein. Die Impfung muss mindestens 21 Tage zurückliegen, darf aber nicht länger als zwölf Monate vor der Einreise erfolgt sein.

Haustiere

Die Mitgliedsstaaten der Europäischen Union (EU) bilden einen gemeinsamen Wirtschaftsraum, in dem der Warenverkehr für private Zwecke weitgehend zollfrei ist. Innerhalb der EU-Länder gelten gewisse obere Richtmengen: 800 Zigaretten oder 400 Zigarillos oder 200 Zigarren oder 1000 g Tabak, 10 l Spirituosen über 22 Vol.-% Alko-

Zollbestimmungen

NÜTZLICHE ADRESSEN

BAHN
www.renfe.com

BUS
www.eurolines.de
www.flixbus.de

FLUGHÄFEN

AEROPUERTO DE ALMERÍA
9 km östlich
Verkehrsanbindung: Bus (Linie 30),
Taxi

AEROPUERTO DE JEREZ DE LA FRONTERA
8 km nordöstlich
Verkehrsanbindung: Bus (mehrere Linien, M-050 auch nach Cádiz), Nahverkehrszug (C-1), Taxi

AEROPUERTO COSTA DEL SOL
8 km südwestlich
Verkehrsanbindung: Bus (Verbindung ins Zentrum mit dem Expressbus, ansonsten auch Verbindungen nach Marbella und Estepona), Nahverkehrszug (Málaga, Fuengirola, Benalmádena), Taxi

AEROPUERTO DE SAN PABLO, SEVILLA
12 km östlich
Verkehrsanbindung: Bus (Linie »EA Especial« zum Zugbahnhof und ins Zentrum), Taxi

---

holgehalt oder 20 l unter 22 Vol.-% Alkoholgehalt sowie 90 l Wein und 110 l Bier. Bei Stichproben durch die Finanzbehörden ist nachzuweisen, dass die Waren nur privaten Zwecken dienen.

Wiedereinreise in die Schweiz

Für die Schweiz gelten folgende Freimengengrenzen: 250 g Kaffee, 100 g Tee, 200 Zigaretten oder 50 Zigarren oder 250 g Tabak, 2 l Wein oder andere Getränke bis 15 % Alkoholgehalt sowie 1 l Spirituosen mit mehr als 15 % Alkoholgehalt. Souvenirs dürfen in die Schweiz bis zu einem Wert von 300 sfr zollfrei eingeführt werden.

▎ Reiseversicherung

Krankenversicherung

Auch im EU-Ausland müssen die gesetzlichen Krankenkassen die Kosten für ärztliche Leistungen erstatten. Voraussetzung ist, dass dem behandelnden Arzt die **Europäische Krankenversicherungskarte** vorgelegt wird. Auch mit dieser Karte sind in vielen Fällen ein Teil der Behandlungskosten bzw. Ausgaben für spezielle Medikamente selbst zu bezahlen. Gegen Vorlage der Quittungen übernimmt die Krankenkasse im Heimatland ggf. die Erstattung der Kosten. Da die Kosten für ärztliche Behandlung und Medikamente teilweise vom Patienten zu tragen sind und die Kosten eines evtl. Rücktransports von den Krankenkassen nicht übernommen werden, empfiehlt sich der Abschluss einer privaten Reisekrankenversicherung.

AUSKUNFT

NÜTZLICHE ADRESSEN

**SPANISCHE FREMDEN-
VERKEHRSBÜROS**
Meist kein Publikumsverkehr
www.spain.info/de

IN DEUTSCHLAND
Lichtensteinallee 1
10787 Berlin
Tel. 030 882 65 43
berlin@tourspain.es

Reuterweg 51-53
60323 Frankfurt a. M.
Tel. 069 72 50 33
frankfurt@tourspain.es

Postfach 15 19 40
80051 München
Tel. 089 530 74 611
munich@tourspain.es

IN ÖSTERREICH
Walfischgasse 8/14
1010 Wien
Tel. 01 512 95 80
viena@tourspain.es

IN DER SCHWEIZ
Seefeldstr. 19
8008 Zürich
Tel. 044 253 60 50
zurich@tourspain.es

KONSULATE IN ANDALUSIEN

DEUTSCHLAND
Deutsches Konsulat Málaga
Ed. Eurocom, Mauricio Moro
Pareto, 2-5°
E-29006 Málaga
Tel. 952 36 39 58
http://spanien.diplo.de

ÖSTERREICH
Honorarkonsulat Málaga
Alameda de Colón, 26, piso 2,
Esc. izqu.
E-29001 Málaga
Mobil: 646 060 972
www.bmeia.gv.at

Honorarkonsulat Sevilla
Avenida de Cádiz, 27-29
E-41004 Sevilla
Tel. 955 517 717
consulado.austria.sevilla
@gmail.com

SCHWEIZ
Konsulat Málaga
Apartado de Correos 7
(nur Postfach)
E-29080 Málaga
Mobil: 6 45 01 03 03
www.eda.admin.ch

INTERNET

WWW.SPAIN.INFO/DE
Website der spanischen Fremdenver-
kehrsbehörde

WWW.ANDALUCIA.ORG/DE
Website der andalusischen Touris-
muszentrale; ständig gepflegt und
aktuell. Auch auf Deutsch.

WWW.ANDALUCIA.COM
Alles, aber auch wirklich alles über
Andalusien. Teils auf Deutsch, verläss-
licher ist Englisch.

**HTTP://DE.VISITCOSTADELSOL.
COM**
Interessantes und Wissenswertes
über die Costa del Sol und Málaga

HTTP://CVC.CERVANTES.ES
Das Online-Fenster zur spanischen
Sprache, Literatur und Kultur

WWW.PARADOR.ES
Alles über die Parador-Hotels. Mit Bu-
chungsfunktion.

HTTP://ELPAIS.COM
Spaniens führende Tageszeitung El
País online; auch Andalusien ist im-
mer wieder vertreten. Auf Spanisch.

WWW.ELMUNDO.ES
Der Tageszeitungsonkurrent El
Mundo punktet ebenfalls mit News.
Auf Spanisch.

WWW.COSTANACHRICHTEN.
COM
Aktuelle Informationen, vor allem
über den Küstenabschnitt am Mittelmeer. Auch viele lokale News.

ETIKETTE

Kleidung In Spanien legt man viel Wert darauf, eine gute Figur zu machen. Egal
ob weiblich oder männlich, Spanier verlassen das Haus wie aus dem
Ei gepellt, selbst an schwülen Sommertagen. Knappe Shorts, Achsel-
shirts und ausgelatschte Gesundheitsschlappen? Nicht für den spanischen Mann! Überhaupt hat Strandkleidung in der Stadt nichts zu
suchen. Auch Frauen machen sich stadtfein. Sie zeigen zwar durchaus viel Haut, aber das chic und immer modisch. In Kirchen und Klös-
tern gelten Shorts und freie Schultern bei beiden Geschlechtern in
jedem Fall als ungehörig. Für die Abendstunden – zu Kulturveranstaltungen oder im Nachtleben – sollte man zu jeder Jahreszeit noch ein
etwas eleganteres Kleidungsstück zum Ausgehen bereithaben.

Begrüßung Zur Begrüßung hauchen sich Mann und Frau sowie Frau und Frau ein
Küsschen rechts und links auf die Wange, auch wenn sie nicht eng
befreundet sind. Enger Körperkontakt ist dabei zu vermeiden. Männer begrüßen sich untereinander mit einem festen Händedruck oder
klopfen sich bei der Begegnung kumpelhaft auf die Schulter. Nach
der Corona-Krise sind solche Körperkontakte wieder angesagt, nur
einige wenige hegen noch Vorbehalte. Statt mit dem formellen »buenos días« (»Guten Tag!« bis etwa zur Mittagessenszeit) oder »bu-
enas tardes« (»Guten Tag!« am Nachmittag bzw. »Guten Abend!«)
begrüßt man sich oft lieber mit dem lockeren »hola« (»Hallo!«).

Die Bar als **Einladungen** werden schnell und gern ausgesprochen, aber man lädt
Wohnzimmer nur ganz selten nach Hause ein. Als Ersatz fungiert die Bar oder das
Restaurant. Man bleibt jedoch nicht allzu lange, sondern zieht lieber
umher. Spanier gehen nicht gerne allein aus, lieber in kleinen oder auch
größeren Gruppen. Bringt jemand einen Freund zum abendlichen Treff
mit, so wird dieser schnell integriert und gehört sofort dazu. Das gilt

auch für Ausländer, da gibt es kaum Berührungsängste. Eine tiefere Freundschaft darf allerdings niemand erwarten, der mit einem lockeren »Ruf mich doch mal an« verabschiedet wird. Man muss der Aufforderung auch nicht gleich am nächsten Tag nachkommen...

GESUNDHEIT

In Spanien gibt es keine unterschiedlichen gesetzlichen Krankenkassen und keine freie Arztwahl. Zuständig ist das jeweilige **örtliche Gesundheitszentrum** (centro de salud). Im Notfall wenden Sie sich dorthin oder an eines der Krankenhäuser.

Ärztliche Versorgung

Apotheken (span. farmacias) sind in Spanien meist durch ein grünes Kreuz auf weißem Grund gekennzeichnet. **Öffnungszeiten:** Mo–Fr. 9.30–13.30 und 16.30–20 sowie Sa. 9/9.30–13.30 Uhr. Apotheken mit Notdienst entnimmt man dem Anschlag **»Farmacia de Guardia«**, der in jeder Apotheke aushängt, den Zeitungen oder online.

Apotheken

LESETIPPS

Eduard Freundlinger: Die schwarze Finca. Piper 2013. Obgleich etwas angejahrt, ist dieser spannende Thriller mit viel Lokalkolorit aus der Gegend um Almuñécar ein Longseller. Vom selben Autor liegen weitere Krimis aus Andalusien vor.

Belletristik

Manfred Gmeiner (Hg.): Europa erlesen: Andalusien. Wieser Verlag 2022. Eine abwechslungsreiche Lesereise quer durch die Zeiten.

Washington Irving: Die Alhambra. Boer Verlag 2022. Neuausgabe des wundervollen Buches von US-Schriftsteller Washington Irving (1783 – 1859), den es 1829 auf die Alhambra verschlug. Illustrationen von Norman Irving Black.

James A. Michener: Die Kinder von Torremolinos. Goldmann 1991. Junge Leute aus aller Welt machen sich auf nach Torremolinos – dort scheint schließlich immer die Sonne ... Ein interessantes Fundstück aus dem modernen Antiquariat und immer noch lesenswerte Schilderung der Gefühlswelt von jungen Leuten in der Aus- und Aufbruchstimmung der Hippiezeit, über eine Generation, der die Sinnsuche wichtiger war als Wohlstand und bürgerliche Geborgenheit.

Emma Wagner: Das Geheimnis von Granada. Tinte & Feder, 2022. Roman um eine verschlungene Familiengeschichte, die bis ins Granada der Franco-Ära zurückreicht.

Bildband   **Anja Keul** und **Frank Heuer:** Andalusien. DuMont Reiseverlag 2019. Kenntnisreiche, atmosphärische Texte und stimmungsvolle Fotos über die bedeutendsten Ziele in Andalusien aus den Bereichen Natur, Kultur und Erleben.

Film   **Ein Sommer in Andalusien** (Deutschland 2020). Regie: Michael Keusch. Fernsehfilm um Liebe und Herzschmerz, gefühlvoll für die einen, schmalzig für die anderen.

Ostwind – Aufbruch nach Ora (Deutschland, 2017), Regisseurin: Katja von Garnier. Mika und ihr Pferd Ostwind suchen in Andalusien nach Ostwinds Wurzeln und stellen sich großen Herausforderungen. Ein Film für die ganze Familie; der dritte Teil der Ostwind-Reihe.

ÖFFNUNGSZEITEN

Montag ist der Schließtag vieler wichtiger Museen und Monumente, auch sonntagnachmittags haben viele geschlossen. Haarsträubend kann der Wechsel von Öffnungszeiten bei Sehenswürdigkeiten sein: bis zu fünf oder sechs verschiedene im Jahr. Es kommt auch vor, dass die eigene Website oder das Tourismusbüro Öffnungszeiten von Sehenswürdigkeiten nennt, die sich vor Ort als falsch erweisen. Deshalb sind diese Angaben immer mit Vorsicht zu genießen.

PREISE · VERGÜNSTIGUNGEN

In der Gastronomie (abgesehen von sehr einfachen Restaurants), in Hotels sowie in Museen und anderen Sehenswürdigkeiten muss man in etwa mit Preisen wie in Deutschland rechnen. EU-Bürger zahlen in staatlichen Museen oft keinen Eintritt. Beim Essen und Trinken kommt man mit dem mittäglichen Tagesmenü meist am günstigsten weg. Wein ist in Kneipen recht günstig, vor allem auf dem Land, ebenso ein Kaffee in Bars (ab ca. 1,50 €). Tapas gibt es mancherorts kostenlos zum Wein oder Bier dazu; bestellt man separat ein Häppchen, kann das durchaus 1,50 € kosten. Die öffentlichen Verkehrsmittel sind preiswerter als daheim, zuweilen sehr deutlich. Extrem ins Urlaubsbudget gehen hingegen Freizeit- und Aquaparks. Benzin ist etwas billiger als in Deutschland.

Kinder und Senioren über 65 profitieren bei Eintrittsgeldern von Preisnachlässen oder haben sogar freien Eintritt in manche Museen und Sehenswürdigkeiten. Unter Vierjährige haben freie Fahrt in spanischen Zügen, Vier- bis Dreizehnjährige zahlen lediglich 60 % des Normalpreises. Für Senioren über 60, Schüler und Studenten gibt es ebenfalls verbilligte Bahntickets.

REISEZEIT

Der **Frühling** in Andalusien beginnt im März, wenn die Wärme die ersten Blumen und Bäume blühen lässt. Ab April steigen die Temperaturen bereits auf über 20 °C. Während es im Landesinneren und an der Costa del Sol schon im Juni 30 °C sein können, sorgt der Wind vom Atlantik an der Costa de la Luz für etwas niedrigere Temperaturen. Die **Sommermonate** sind heiß: Zwischen Juni und September liegen die Höchsttemperaturen bei etwa 35 °C, teilweise werden auch Temperaturen von bis zu 40 °C erreicht. Nachts fallen die Werte nur auf etwa 20 °C. In dieser Zeit regnet es nur selten, speziell im Juli und August fast nie. Von Oktober an zieht der Herbst ein, es wird ein wenig kühler und auch regnerischer, doch bis in den November hinein sind Höchsttemperaturen von 20 °C möglich. Die Übergangszeit zwischen Herbst und **Winter** ist die feuchteste Zeit im Jahr. Im kältesten Monat Januar werden Temperaturen zwischen 10 und 15 °C gemessen, nachts ca. 5 °C. Im Winter, manchmal sogar bis in den Mai, liegt auf den Gipfeln der Sierra Nevada Schnee. **Jahreszeiten**

Dank des milden Klimas ist Andalusien das ganze Jahr über ein tolles Reiseziel. Mit gemäßigten Temperaturen und viel Sonnenschein sind Frühjahr und Herbst **für Kulturinteressierte und Aktivurlauber** die beste Reisezeit. Der Frühling ist attraktiv, doch Frühjahrsurlauber aufgepasst: Der April ist durch häufige Kaltluftvorstöße ins westliche Mittelmeer oft noch kühl und unbeständig. Stabiler ist das Wetter im März, ab Mai auch erheblich wärmer. Besonders günstig sind auch **Beste Reisezeit**

KLIMA

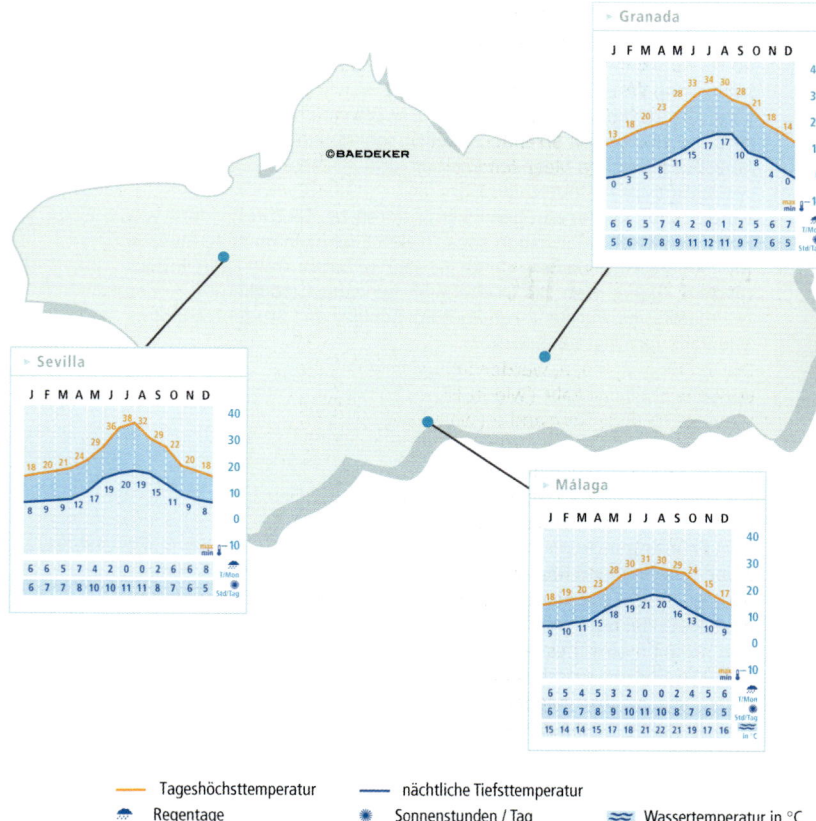

September und Oktober mit angenehmen Luft- und Wassertemperaturen und stabilen Wetterverhältnissen bis in die zweite Oktoberhälfte hinein. Für einen **Badeurlaub** ist die Zeit zwischen Mai/Juni und September perfekt, sowohl an der Costa de la Luz als auch an der Costa del Sol. Die Atlantikküste ist wegen der Windverhältnisse vor allem bei Surfern beliebt. **Wintersportler** in der Sierra Nevada empfinden die Zeit zwischen Dezember und März als optimal. Überhaupt ist der Winter meist angenehm und sonnig. Folge dieses Klimas ist die frühe **Mandelblüte**, die in Niederandalusien schon Ende Januar einsetzt.

Die Wassertemperaturen sind vom Atlantik geprägt, dessen kühle Strömungen sich durch die Straße von Gibraltar bis zur östlichen Costa del Sol auswirken. Dabei gilt: **je weiter östlich, desto wärmer.** Von Juni bis Oktober locken Wassertemperaturen ab 19 °C zum Schwimmen. Am wärmsten ist das Wasser Mitte August, wenn am Golf von Cádiz durchschnittlich 21 °C, an der Costa del Sol bei Málaga 22 °C und an den Stränden von Almería 23 °C gemessen werden. Am kühlsten ist das Meer Anfang März mit 14 bis 15 °C.

Wassertemperaturen

SPRACHE

Die Vokale a, e, i, o, u, werden im Spanischen kurz und offen **ausgesprochen**. Langvokale (wie in Boot, lieb) existieren nicht, ebenso wenig geschlossenes e und o (wie in Weg, groß).

Vokale

c vor a, o, u wie deutsches »k«
c vor e, i stimmloser Lispellaut, stärker als engl. »th« (Bsp.: gracias)
ch stimmloses deutsches »tsch« wie in tschüs
g vor a, o, u wie »g«
g vor e, i wie deutsches »ch« in Bach
gue, gui / que, qui hier ist u immer stumm, wie deutsches »g«, »k«
h ist immer stumm
j immer wie deutsches »ch« in Bach
ll wie »lj« oder deutsches »j« (Bsp.: Mallorca)
ñ wie »gn« in Champagner
z stimmloser Lispellaut, stärker als engl. »th«

Konsonanten

SPRACHFÜHRER SPANISCH

AUF EINEN BLICK

Ja.	**Sí.**
Nein.	**No.**
Vielleicht.	**Quizás./Tal vez.**
In Ordnung!/Einverstanden!	**¡De acuerdo!/¡Está bien!**
Bitte./Danke.	**Por favor./Gracias.**
Vielen Dank.	**Muchas gracias.**
Gern geschehen.	**No hay de qué./De nada.**
Entschuldigung!	**¡Perdón!**
Wie bitte?	**¿Cómo dice/dices?**
Ich verstehe Sie/dich nicht.	**No le/la/te entiendo.**
Ich spreche nur wenig ...	**Hablo sólo un poco de ...**
Können Sie mir bitte helfen?	**¿Puede usted ayudarme, por favor?**

PRAKTISCHE INFORMATIONEN
SPRACHE

Ich möchte ...	**Quiero .../Quisiera ...**
Das gefällt mir (nicht).	**(No) me gusta.**
Haben Sie ...?	**¿Tiene usted ...?**
Wie viel kostet es?	**¿Cuánto cuesta?**
Wie viel Uhr ist es?	**¿Qué hora es?**

KENNENLERNEN

Guten Morgen!	**¡Buenos días!**
Guten Tag!	**¡Buenos días!/¡Buenas tardes!**
Guten Abend!	**¡Buenoas tardes!/¡Buenas noches!**
Hallo! Grüß dich!	**¡Hola!**
Ich heiße ...	**Me llamo ...**
Wie ist Ihr Name, bitte?	**¿Cómo se llama usted, por favor?**
Wie geht es Ihnen/dir?	**¿Qué tal está usted?/¿Qué tal?**
Gut, danke. Und Ihnen/dir?	**Bien, gracias. ¿Y usted/tú?**
Auf Wiedersehen!	**¡Hasta la vista!/¡Adiós!**
Tschüss!	**¡Adiós!/¡Hasta luego!**
Bis bald!	**¡Hasta pronto!**
Bis morgen!	**¡Hasta mañana!**

UNTERWEGS

links/rechts	**a la izquierda/a la derecha**
geradeaus	**todo seguido/derecho**
nah/weit	**cerca/lejos**
Wie weit ist das?	**¿A qué distancia está?**
Ich möchte ... mieten.	**Quisiera alquilar ...**
... ein Auto	**... un coche.**
... ein Boot	**... una barca/un bote/un barco.**
Bitte, wo ist ...	**Perdón, dónde está ...**
... der Bahnhof?	**... la estación (de trenes)?**
... der Busbahnhof?	**... la estación de autobuses/ la terminal?**
... der Flughafen?	**... el aeropuerto?**

PANNE

Ich habe eine Panne.	**Tengo una avería.**
Würden Sie mir bitte einen Abschleppwagen schicken?	**¿Pueden ustedes enviarme un cochegrúa, por favor?**
Gibt es in der Nähe eine Werkstatt?	**¿Hay algún taller por aquí cerca?**
Wo ist bitte die nächste Tankstelle?	**Dónde está la estación de servicio/ a gasolinera más cercana, por favor?**
Ich möchte ... Liter ...	**Quisiera ... litros de ...**
... Super./...Diesel.	**... súper./... diesel.**
Volltanken, bitte.	**Lleno, por favor.**

UNFALL

Hilfe!	**¡Ayuda!, ¡Socorro!**

Achtung!	¡Atención!
Vorsicht!	¡Cuidado!
Rufen Sie bitte schnell ...	Llame enseguida ...
... einen Krankenwagen.	... una ambulancia.
... die Polizei.	... a la policía.
... die Feuerwehr.	... a los bomberos.
Haben Sie einen Verbandskasten?	¿Tiene usted un botiquín de urgencia?
Es war meine (Ihre) Schuld.	Ha sido por mi (su) culpa.
Könnten Sie mir Ihren Namen	¿Puede usted darme su nombre
und Ihre Anschrift geben?	y dirección?

EINKAUFEN

Wo finde ich ...	Por favor, dónde hay ...
... einen Markt?	... un mercado?
... eine Apotheke?	... una farmacia?
... einen Supermarkt?	... un supermercado?

ARZT

Können Sie mir einen	¿Puede usted indicarme
guten Arzt empfehlen?	un buen médico?
Ich habe ...	Tengo ...
... Durchfall.	... diarrea.
... Fieber.	... fiebre.
... Kopfschmerzen.	... dolor de cabeza.
... Halsschmerzen.	... dolor de garganta.
... Zahnschmerzen.	... dolor de muelas.

ÜBERNACHTUNG

Können Sie mir bitte ... empfehlen?	¿Podría usted recomendarme ...
... ein Hotel	... un hotel?
... eine Pension	... una pensión?
Ich habe ein Zimmer reserviert.	He reservado una habitación.
Haben Sie noch ...	¿Tienen ustedes todavía...
... ein Einzelzimmer?	... una habitación individual?
... ein Doppelzimmer?	... una habitación doble?
... mit Dusche/Bad?	... con ducha/baño?
... für eine Nacht?	... para una noche?
... für eine Woche?	... para una semana?
Was kostet das Zimmer mit ...	¿Cuánto cuesta la habitación con
... Frühstück?	... desayuno?
... Halbpension?	... media pensión?

BANK

Wo ist hier bitte ...	Por favor, dónde hay por aquí ...
... eine Bank?	... un banco?
Ich möchte SFr in Euro wechseln.	Quisiera cambiar francos suizos en euros.

PRAKTISCHE INFORMATIONEN
SPRACHE

POST, TELEFON, INTERNET

Was kostet ...	¿Cuánto cuesta ...
... ein Brief ...	... una carta ...
... eine Postkarte ...	... una postal ...
nach Deutschland?	para Alemania?
Briefmarken	sellos, estampillas
Ich suche eine Prepaidkarte	Busco una tarjeta prepago
für mein Handy.	para mi móvil.
Internetanschluss	conexión a internet
Computer	ordenador
Ladegerät	cargador
Akku	recargable
Internetadresse	dirección de internet
E-Mail	correo electrónico
E-Mail-Adresse	dirección de correo electrónico
@-Zeichen	arroba

ZAHLEN

0	cero	18	dieciocho
1	un, uno, una	19	diecinueve
2	dos	20	veinte
3	tres	22	veintidós
4	cuatro	30	treinta
5	cinco	40	cuarenta
6	seis	50	cincuenta
7	siete	60	sesenta
8	ocho	70	setenta
9	nueve	80	ochenta
10	diez	90	noventa
11	once	100	cien, ciento
12	doce	200	doscientos, -as
13	trece	1000	mil
14	catorce	2000	dos mil
15	quince	10000	diez mil
16	dieciséis	$\frac{1}{2}$	medio
17	diecisiete	$\frac{1}{4}$	un cuarto

RESTAURANT/RESTAURANTE

Wo gibt es hier ...	¿Dónde hay por aquí cerca ...
... ein gutes Restaurant?	... un buen restaurante?
... ein nicht zu teures Restaurant?	... un restaurante no demasiado caro?
Könnten Sie uns bitte für heute Abend einen Tisch für vier Personen reservieren?	¿Puede reservarnos para esta noche una mesa para cuatro personas?
Auf Ihr Wohl!	¡Salud!
Die Rechnung, bitte!	¡La cuenta, por favor!
Hat es (Ihnen) geschmeckt?	¿Le/Les ha gustado la comida?
Das Essen war ausgezeichnet.	La comida estaba excelente.

almuerzo, comida	**Mittagessen**
botella	**Flasche**
cena	**Abendessen**
camarero/camarera	**Kellner/in**
cubierto	**Gedeck, Besteck**
cuchara/cucharita	**Löffel/Kaffeelöffel**
cuchillo	**Messer**
desayuno	**Frühstück**
lista de comida, menú	**Speisekarte**
plato	**Teller**
sacacorchos	**Korkenzieher**
tenedor	**Gabel**
taza	**Tasse**
vaso	**Glas**
ahumado	**geräuchert**
a la plancha	**gegrillt**
a punto	**medium**
bien hecho	**durchgebraten**
crudo	**roh**
empanado	**paniert**
frito	**frittiert**
hervido	**gekocht**
jugoso	**blutig**

DESAYUNO/FRÜHSTÜCK

café con leche	**Milchkaffee**
café cortado	**Espresso mit Milch**
café solo	**Espresso**
café descafeinado	**koffeinfreier Kaffee**
chocolate/cola cao	**Schokolade/Kakao**
churros	**im Fett gebackene Brandteigkringel**
fiambre	**Aufschnitt**
huevo tibio	**weiches Ei**
huevos fritos	**Spiegeleier**
huevos revueltos	**Rühreier**
jamón crudo/cocido	**roher/gekochter Schinken**
jugo de fruta	**Fruchtsaft**
mantequilla	**Butter**
medialuna	**Croissant**
mermelada	**Marmelade**
miel	**Honig**
pan/bolillo/pan tostado	**Brot/Brötchen/Toast**
queso	**Käse**
té con leche/limón	**Tee mit Milch/Zitrone**

ENTRADAS, SOPAS/VORSPEISEN, SUPPEN UND EINTÖPFE

caldo	**Brühe**
cazuela	**Eintopf**
empanada	**kleine Pastete**

ensalada mixta	**gemischter Salat**
menestra	**Gemüsetopf**
puchero	**Eintopf**
	(Fleisch mit Gemüse, Kartoffeln)
sopa de fideos	**Nudelsuppe**
sopa de mariscos	**Meeresfrüchtesuppe**
sopa de pescado	**Fischsuppe**
sopa de verduras/sopa juliana	**Gemüsesuppe**

TAPAS

albóndigas	**Fleischbällchen**
boquerones en vinagre	**Sardellen in Essig-Knoblauch-Marinade**
calamar	**Kalamar**
caracoles	**Schnecken**
chipirones	**kleine Tintenfische**
chorizo	**Paprikawurst**
ensaladilla rusa	**russischer Salat (Kartoffeln,**
	gekochte Eier, Mayonnaise)
jamón serrano	**luftgetrockneter Schinken**
morcilla	**Blutwurst**
pulpo	**Tintenfisch**
tortilla de patatas	**Kartoffelomelett**

PESCADOS Y MARISCOS/FISCHE UND MEERESFRÜCHTE

atún	**Thunfisch**
besugo	**Brasse**
centolla	**Königskrabbe**
corvina	**Adlerfisch**
dorada	**Brasse**
langostinos	**Riesengarnelen**
lenguado	**Seezunge**
ostras	**Austern**
pulpo	**Krake**
salmón	**Lachs**
trucha	**Forelle**

CARNE Y AVES/FLEISCH UND GEFLÜGEL

bife	**Steak**
cabrito	**Zicklein**
carne picada	**Hackfleisch**
cerdo	**Schwein**
ciervo	**Wild**
cochinillo	**Milchferkel**
chorizo	**Paprika-Knoblauch-Wurst**
chuleta	**Kotelett**
conejo	**Kaninchen**
cordero	**Lamm**
criadillas	**Hoden**
escalope	**Schnitzel**

estofado	**Schmorfleisch**
hígado	**Leber**
lechón	**Spanferkel**
lengua	**Zunge**
lomo/filete	**Lenden- oder Rückenstück**
milanesa	**paniertes Schnitzel**
mollejas	**Bries**
morcilla	**Blutwurst**
parrillada	**Grillplatte (Fleisch)**
pato	**Ente**
pavo/guajolote	**Pute**
pollo/gallina	**Huhn/Henne**
riñones	**Nieren**
res	**Rind**
ternera	**Kalb**
vacio	**Hüftsteak**

ENSALADA Y VERDURAS/SALAT UND GEMÜSE

arroz	**Reis**
guisantes	**Erbsen**
berenjenas	**Auberginen**
calabacín	**Zucchini**
batata	**Süßkartoffel**
cebollas	**Zwiebeln**
espárragos	**Spargel**
espinaca	**Spinat**
lechuga	**Kopfsalat**
patatas	**Kartoffeln**
patatas fritas	**Pommes frites**
pepinos	**Gurken**
perejil	**Petersilie**
pimientos	**Paprikaschoten**

POSTRES, PASTELES/NACHSPEISEN, GEBACKENES

copa de helado	**Eisbecher**
crema, nata	**Sahne**
dulces	**Süßigkeiten, Desserts**
dulce de leche	**Karamellcreme**
dulce de membrillo	**Paste aus Quittenmus**
flan	**Pudding, Creme caramel**
frutas en almíbar	**Obst in Sirup**
galletitas	**Kekse**
natillas	**Cremespeise (sahnig)**
nieve	**Fruchteis, Sorbet**
pan dulce	**Kuchen, ähnlich dem italienischen Panettone**
pastel/tarta	**Kuchen/Torte**
queso	**Käse**
tocino del cielo	**Dessert aus Eiern, Zucker, Sahne**

FRUTAS/OBST

cerezas	**Kirschen**
ciruelas	**Pflaumen**
albaricoques	**Aprikosen**
melocotón	**Pfirsich**
limón	**Zitrone**
manzana	**Apfel**
melones	**Honigmelonen**
membrillos	**Quitten**
naranjas	**Orangen**
nueces	**Walnüsse**
peras	**Birnen**
plátanos	**Bananen**
sandías	**Wassermelonen**
nectarinas	**Nektarinen**
uvas	**Weintrauben**

BEBIDAS/GETRÄNKE

aguardiente	**Schnaps**
agua mineral	**Mineralwasser**
con/sin gas	**mit/ohne Kohlensäure**
cerveza	**Bier**
caña	**Glas Fassbier**
gaseosa	**weiße Limonade**
horchata	**Erdmandelmilch**
jugo/exprimido de naranja	**Orangensaft**
leche	**Milch**
manzanilla	**Kamillentee**
té	**Tee**
vino	**Wein**
blanco/tinto	**weiß/rot**
rosado	**rosé**
trocken/süß	**seco/dulce**

TELEKOMMUNIKATION · POST

Telefonieren   Mobiltelefone (**móvil**) wählen sich automatisch in das spanische Partnernetz ein. Gewarnt sei vor teuren »Servicenummern«, die mit 901 oder 902 beginnen. Gebührenfreie Nummern beginnen mit 900.

WLAN   WLAN – in Spanien **WiFi** – ist in Hotels etc. Standard, allerdings nicht immer überall auf den Zimmern, sondern manchmal nur in allgemeinen Räumlichkeiten wie der Lobby.

Je nach Stadt oder Ort haben Postämter (Correos) Mo.–Fr. unterschiedliche Öffnungszeiten: mal nur vormittags, mal auch nachmittags nach der Siesta, mal durchgehend. Samstags sind alle nur bis zur Mittagszeit geöffnet, gewöhnlich 9–13 Uhr. Briefmarken (sellos) bekommt man in den Postämtern und in Tabakgeschäften (estancos). Das Porto für eine Postkarte beträgt 1,65 €, Tendenz steigend. Poststücke mit wichtigem Inhalt sollten nur als Einschreiben (certificado) verschickt werden. Bei unterschiedlichen Briefkästen gehört die Auslandspost in den Kasten mit der Aufschrift »extranjero« (Ausland).

Postämter

VERKEHR

Die **Autobahnen** (autopistas, AP-...) sind **gebührenpflichtig** (peaje). Autobahnähnliche **Schnellstraßen** sind die »autovias« (A-...), die kostenlos befahren werden können.
Die nummerierten **Nationalstraßen** (Carreteras Nacionales; N-...) entsprechen etwa deutschen Bundesstraßen.
Die nummerierten **Landstraßen** (Carreteras autonomas; A-... bzw. Kürzel der Provinz) sind, soweit es sich um wichtigere Verbindungen handelt, ebenfalls in gutem Zustand. Nicht nummerierte Nebenstraßen können sich jedoch als **Piste** entpuppen.

Straßen

In Spanien herrscht **Rechtsverkehr.** Es gelten folgende **Höchstgeschwindigkeiten:** innerorts 50 km/h, außerorts: 90 km/h. Auf Straßen mit mind. zwei Fahrstreifen in jeder Richtung: 100 km/h. Auf Autobahnen: 120 km/h. Für Pkw mit Wohnanhängern: 70 km/h; auf Autobahnen: 80 km/h. Das Anlegen der Sicherheitsgurte auf Vorderund Rücksitzen ist Pflicht. Die **Promillegrenze** beträgt 0,5 Promille. **Telefonieren am Steuer** ist nur mit Freisprecheinrichtung erlaubt.
Beim **Linksabbiegen** außerhalb der Ortschaften gibt es auf größeren Straßen eigene Fahrspuren, die zunächst nach rechts ausweichen und dann die Hauptstraße kreuzen (nach einem Stoppschild). Konfliktpunkte sind **Kreisverkehre,** da einheimische Fahrer oft von der Innenspur über die Außenspur zum Abbiegen ausscheren. Ersatzglühbirnen müssen mitgeführt werden. **Abschleppen** durch Privatfahrzeuge ist verboten; es muss ein Abschleppdienst gerufen werden.

Verkehrsregeln

Wenn nicht unbedingt nötig, sollte man Fahrten in die **Innenstädte vermeiden**, insbesondere in Altstadtkerne hinein, wo es oft sehr eng zugeht. Die Einbahnstraßenregelung tut ein Übriges. Auch Bergdörfer haben mit engen Stellen ihre Tücken; stellen Sie das Fahrzeug am besten sicher am Ortsrand ab.

Stadtverkehr

Parken	In Städten ist Parken auf blau gekennzeichneten Plätzen gebühren-pflichtig, an gelb bezeichneten Stellen verboten. Die Bezahlung erfolgt auf Privatparkplätzen bei Parkwächtern, sonst am nächsten Parkscheinautomaten. Bei Überschreitung der Parkzeit auf Straßenparkplätzen kann es vorkommen, dass Ihr Fahrzeug abgeschleppt wird – das geht extrem ins Geld!
Panne	Bei einer Panne oder einem Unfall muss das Fahrzeug mit zwei Warndreiecken nach vorn und hinten gesichert werden; ausländische Wagen benötigen jedoch nur ein Warndreieck. Außerdem ist das Tragen einer reflektierenden **Warnweste** beim Verlassen des Fahrzeugs im Falle einer Panne oder eines Unfalls außerhalb geschlossener Ortschaften vorgeschrieben.
Bahn und Bus	Zwar sind alle großen Städte Andalusiens mit der Bahn erreichbar, doch ist das Schienennetz in Andalusien insgesamt nicht sehr engmaschig, sodass Bahnfahrten zur zeitraubenden Angelegenheit werden können. Dafür sind die Preise wiederum deutlich niedriger als in Deutschland; das gilt auch für Busse. Hochgeschwindigkeitszüge fahren nach Córdoba, Sevilla und Málaga (▶ Anreise). Ein dichtes Netz von Buslinien verbindet alle großen und viele kleinere Städte Andalusiens untereinander. Die meisten Städte besitzen einen Busbahnhof (estación de autobuses).
Tren Al Andalus	Ein besonderes, wenn auch teures Erlebnis ist eine 7-Tage- bzw. 6-Nächte-Fahrt mit dem nostalgischen Luxuszug Al Andalus. Zwischen April und Mitte/Ende November verkehrt er von Sevilla nach Málaga oder auf umgekehrter Route. Stationen unterwegs sind Klassiker wie Córdoba, Granada, Ronda und Jerez de la Frontera; weitere Informationen: http://eltrenalandalus.com
Taxi	Man kann am Taxistand einsteigen oder ein freies Taxi (grünes Licht auf dem Dach) heranwinken. Für Tag-, Nacht- und Sonntagsfahrten gelten unterschiedliche Tarife. Für Übergepäck sowie Fahrten vom/zum Bahnhof und Flughafen werden Zuschläge erhoben.
Mietwagen	Autovermietungen heißen »Alquiler de coches«. Wer ein Fahrzeug mieten will, muss i. d. R. über 21 Jahre alt sein, den Führerschein seit mindestens einem Jahr besitzen und eine Kreditkarte vorlegen können. Reservierungen sollte man mit zeitlichem Vorlauf bereits von daheim über einschlägige Portale vornehmen; das ist erfahrungsgemäß günstiger als eine spontane Anmietung vor Ort.

GLOSSAR

Ajaraca Rautenmuster an maurischen Bauten
Ajímez Zwillingsfenster mit Mittelsäule
Alcázar (arab. a-kasr) Maurische Burg oder Palastanlage
Alcazaba maurisches Schloss
Alfiz Rechteckiger Rahmen um Bogenfenster und Portale
Aljibe Arabische Zisterne
Archivolte Bogenlauf an romanischen und gotischen Portalen
Artesonado Reich verzierte Kasetten- oder Felderdecke mit geometrischen Mustern
Ayuntamiento/Casa Consistorial Rathaus
Azulejos (arab. az-zulaiğ) Glasierte Keramik, Kacheln
Camarín Altarnische hinter dem Hauptaltar
Capilla Mayor Hauptkapelle mit dem Hochaltar
Cartuja Kartause
Casa Haus, im erweiterten Sinn Adelshaus
Castillo Burg
Churriguerismus Barockstil mit überreicher Ornamentik, benannt nach dem Bildhauer und Baumeister José Benito Churriguera (1665 – 1725)
Cimborrio Vierungskuppel
Claustro Kreuzgang
Colegio Schule, Hochschule, Erziehungsanstalt
Concepción Empfängnis (bei Mariendarstellungen)
Convento Konvent, Kloster
Coro Chor, Chorgestühl
Crucero Querschiff
Custodia Meist silbernes Gehäuse für die Monstranz
Ermita Wallfahrtskapelle, Einsiedelei
Estrella Fensterrose
Fuente Brunnen
Gewände Schnittflächen an Fenstern oder Portalen, oft mit Säulen oder Skulpturen besetzt
Herrera-Stil Feierlich-strenger Renaissancestil, benannt nach dem Baumeister Juan de Herrera (1530 – 1597)
Isabellinischer Stil Spätgotischer, nach Isabella der Katholischen (1451 – 1504) benannter Stil, der gotische und maurische Elemente verschmelzt und sich durch reichste Ornamentik und Skulpturenschmuck auszeichnet
Kapitell Meist verzierter oberer Teil einer Säule
Mantilla Kopftuch aus Spitzen und Tüll
Maßwerk Geometrische Bauornamentik der Gotik
Medreses Koranschule
Mezquita (arab. mesdschid) Moschee

Midhâ Wasserbecken für rituelle Waschungen im Vorhof einer Moschee

Mihrâb Richtung Mekka weisende Gebetsnische in Moscheen

Mirador Söller, Dachterrasse, Aussichtspunkt

Mozarabischer Stil Baustil der unter den Mauren lebenden Christen

Mudéjar-Stil (arab. mudejalat = unterworfen) Stil der von den Christen unterworfenen Mauren, in dem sich gotische und maurische Elemente vereinen.

Muqarnas Hohlformen und Stuckaturen mit Stalaktiteneffekt

Nave Kirchenschiff

Palacio Schloss, Palast

Parroquia Pfarrkirche

Paso Prozessionsgruppe mit Heiligenfiguren

Patio Innenhof

Plateresker Stil Filigran-ornamentaler Baustil; der Name leitet sich von der Verwandtschaft zu den Formen von Silberschmiedearbeiten (span. platero = Silber) ab.

Puerta del Perdón Name des Haupttors vieler Kathedralen, weil den hier Eintretenden Ablass zugesichert wurde

Predella Unterbau des Retabels

Reja Gitter

Retabel Mit Gemälden oder Skulpturen geschmückter Altaraufsatz

Sacristía Sakristei

Sala Capitular Kapitelsaal

Seo/Catedral Kathedrale (von span. seda = Bischofsstuhl)

Sillería Chorgestühl

Taifa Unabhängiges Emirat

Trascoro Umfassungswand des Coro

Trasagrario Rückseite des Hochaltars

Triforium Laufgang unter den Fenstern von Mittelschiff, Querschiff und Chor

Tympanon Meist skulpturengeschmücktes Bogenfeld zwischen Türsturz und Portalbogen

REGISTER

D

E

F

VERZEICHNIS DER KARTEN UND GRAFIKEN

BILDNACHWEIS

IMPRESSUM

Ausstattung:
140 Abbildungen, 50 Karten und grafische Darstellungen, eine große Reisekarte

Text:
Dr. Andreas Drouve, Rainer Eisenschmid und Tobias Büscher

Bearbeitung:
Baedeker-Redaktion
(Rainer Eisenschmid)

Kartografie:
Franz Huber, München
Klaus-Peter Lawall, Unterensingen
MAIRDUMONT Ostfildern
(Reisekarte)

3D-Illustrationen:
jangled nerves, Stuttgart

Infografiken:
Golden Section Graphics GmbH, Berlin

Gestalterisches Konzept:
RUPA GbR, München

16., aktualisierte Auflage 2023

© MAIRDUMONT, Ostfildern

Der Name Baedeker ist als Warenzeichen geschützt. Alle Rechte im In- und Ausland sind vorbehalten. Jegliche – auch auszugsweise – Verwertung, Wiedergabe, Vervielfältigung, Übersetzung, Adaption, Mikroverfilmung, Einspeicherung oder Verarbeitung in EDV-Systemen ausnahmslos aller Teile des Werkes bedarf der ausdrücklichen Genehmigung durch den Verlag.

Trotz aller Sorgfalt von Redaktion und Autoren zeigt die Erfahrung, dass Fehler und Änderungen nach Drucklegung nicht ausgeschlossen werden können. Dafür kann der Verlag leider keine Haftung übernehmen.
Kritik, Berichtigungen und Verbesserungsvorschläge sind jederzeit willkommen. Schreiben Sie uns, mailen Sie oder rufen Sie an:

Baedeker-Redaktion
Postfach 3162
D-73751 Ostfildern
Tel. 0711 4502-262
info@baedeker.com
www.baedeker.com

Printed in China

ATMOSFAIR

Reisen verbindet Menschen und Kulturen. Doch wer reist, erzeugt auch CO_2. Der Flugverkehr trägt mit bis zu 10% zur globalen Erwärmung bei. Wer das Klima schützen will, sollte sich nach Möglichkeit für die schonendere Reiseform entscheiden (wie z. B. die Bahn). Gibt es keine Alternative zum Fliegen, kann man mit atmosfair klimafördernde Projekte unterstützen.

atmosfair ist eine gemeinnützige Klimaschutzorganisation unter der Schirmherrschaft von Klaus Töpfer. Flugpassagiere spenden einen kilometerabhängigen Betrag und finanzieren damit Projekte in Entwicklungsländern, die den Ausstoß von

nachdenken • klimabewusst reisen

atmosfair

Klimagasen verringern helfen. Dazu berechnet man mit dem Emissionsrechner auf **www.atmosfair.de** wieviel CO_2 der Flug produziert und was es kostet, eine vergleichbare Menge Klimagase einzusparen (z. B. Berlin – London – Berlin 13 €). atmosfair garantiert die sorgfältige Verwendung Ihres Beitrags. Alle Informationen dazu auf www. atmosfair.de. Auch der Karl Baedeker Verlag fliegt mit atmosfair.

BAEDEKER VERLAGSPROGRAMM

Viele Baedeker-Titel sind als E-Book erhältlich.

A
Ägypten
Algarve
Allgäu
Amsterdam
Andalusien
Australien

B
Bali
Baltikum
Barcelona

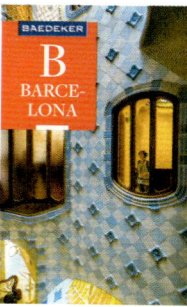

Belgien
Berlin · Potsdam
Bodensee
Böhmen
Bretagne
Brüssel
Budapest
Burgund

C
China

D
Dänemark
Deutsche
  Nordseeküste
Deutschland
Dresden
Dubai · VAE

E
Elba
Elsass · Vogesen
England

F
Finnland
Florenz
Florida
Frankreich
Fuerteventura

G
Gardasee

Golf von Neapel
Gomera

Gran Canaria
Griechenland

H
Hamburg
Harz
Hongkong · Macao

I
Indien
Irland
Island
Israel · Palästina
Istanbul
Istrien · Kvarner Bucht
Italien

J
Japan

K
Kalifornien
Kanada · Osten
Kanada · Westen

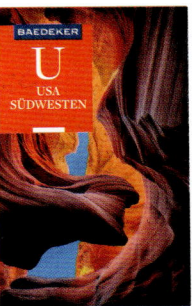

Meine persönlichen Notizen